FACHWÖRTERBUCH

TERMINHANDEL

dt./engl., engl./dt.

Jens Borgwardt

Viking Verlag

FACHWÖRTERBUCH TERMINHANDEL
dt./engl., engl./dt.
Jens Borgwardt

Viking Verlag, A. Albrecht
Hauptstr. 55, 25799 Wrohm
Tel: 04802 - 1284
Fax: 04802 - 1283

ISBN 3-929521-09-1

Druck: Tuk GmbH, Saarbrücken

1. Auflage 1994

Vorwort

Wer sich beruflich oder privat in der heutigen Zeit mit Börsen oder Wirtschaftsthemen befaßt, wird immer wieder feststellen, daß unser "Wirtschaftsdeutsch" überaus englisch geprägt ist. Tatsächlich fällt es innerhalb dieses Themenkreises schwer, überhaupt einen Satz zu bilden, der völlig frei von englischen Vokabeln oder Redewendungen ist. Mit einem regulären Standardwörterbuch ist einem leider meist wenig geholfen, denn die Wirtschafts- und Börsensprache hat ihren eigenen Jargon entwickelt.

Die U.S. Börsenaufsichtsorgane (CFTC, NFA) verlangen schon seit Jahren von jedem Broker die sogenannte Series 3-Prüfung. Jetzt wird diese Anforderung auch in Europa gestellt, Stichtag ist der 1. 1. 96.

Da wir Seminare anbieten, in denen wir zukünftige Börsenmakler für die Absolvierung der Serien 3 und 7 der NASD (National Association of Securities Dealers) ausbilden, ergab sich beinahe täglich die Notwendigkeit, unseren Schülern Vokabellisten zu erstellen. Aus der Not wurde somit eine Tugend und der Grundstein für das vorliegende Buch war gelegt.

Viking Verlag
Wrohm, den 1. 12. 1994

ENGLISCH - DEUTSCH

A

AAEI: see *American Association of Exporters and Importers*

AAS: see *Automated Accounting Systems*

ABCS: see *Automated Bill Collection System*

ABI: see *Automated Broker Interface*

above par: <über Pari> above an even value, e.g. above 100.

Über einem glatten Wert, d.h. beispielsweise über 100. siehe auch *below par.*

above and below the line: <Haushalt, ordentlicher und außerordentlicher> Totality of all budget items - regular and irregular.

Gruppierung der Elemente eines öffentlichen Budgets in solche, die innerhalb des Rechnungsjahres abgeschlossen sind (ordentlicher Haushalt) und solche, die nicht innerhalb des laufenden Jahres abgeschlossen sind, wie beispielsweise Investitionen, die über mehrere Jahre gehen (außerordentlicher Haushalt).

abroad: <Ausland/übrige Welt> Countries outside the domestic domain; not domestic; foreign

Sektor in der volkswirtschaftlichen Gesamtrechnung, der alle Wirtschaftsteilnehmer im Ausland umfaßt. Im Gegensatz zu den anderen Sektoren ist dieser Sektor nicht durch bestimmte Aktivitäten gekennzeichnet, sondern beinhaltet sämtliche Aktivitäten des gesamten Auslands.

absenteeism: <Absentismus> phenomenon of employees failure to appear at their working place, mostly due to illness.

Abwesenheit der Mitarbeiter eines Unternehmens infolge Urlaub, Krankheit, Streik usw. Die Abwesenheitsquote des Personals ist die Anzahl nicht gearbeiteter Stunden in Prozent der vertraglich vereinbarten Bruttoarbeitszeit.

abstinence: <Abstinenz> voluntarily not consuming something.

Bezeichnung einiger Wirtschaftstheoretiker des 19. Jahrhunderts für das Sparen, d.h. für den freiwilligen Konsumverzicht. Die ethische Begründung für die Abstinenz erlaubte diesen Theoretikern, den Gewinn als Belohnung für dieses Verhalten moralisch zu begründen.

abundance: <Überfluß> too much of something;

Vorhandensein eines Wirtschaftsgutes in großer Menge. Das Gegenteil des Überflusses ist Knappheit. Streng genommen können nur nicht wirtschaftliche Güter im Überfluß vorhanden sein, da das Vorhandensein eines Preises, d.h. eines Tauschwertes, eine Knappheit des Gutes voraussetzt. Gewisse Güter erwecken den Eindruck, sie seien im Überfluß vorhanden, da sie nichts kosten, doch tatsächlich werden sie immer knapper, beispielsweise gebührenfreie Parkplätze in Städten. Im engeren Sinn kann aber aus dem Vorhandensein eines Preises geschlossen werden, daß das betreffende Gut knapp ist, doch ist die Umkehrung dieses Schlusses nicht immer zutreffend.

AC: see *Assistant Commissioner*(s)

accelerated cost recovery system (ACRS): <ein Abschreibungssystem> A statutory schedule of depreciation deductions for assets put into service after 1980 and before 1987. Salvage value is disregarded in computing ACRS allowances. Replaced by MACRS.

Eine in den Vereinigten Staaten vorgeschriebene Abschreibungsmethode für Güter, die zwischen 1980 und 1987 in Dienst genommen wurden. Schrottwert wird bei dieser Methode nicht berücksichtigt.

accelerated inspection system: <beschleunigtes Inspektionssystem>

accelerated quota unit accep-

tance: <beschleunigte Quoteneinheitsbewilligung (U.S.A.)>

acceleration principle: <Akzelerationsprinzip/Beschleunigungsprinzip> The principle of increasing speed.

Wirtschaftserscheinung, daß die Nachfrage nach Investitionsgütern sich stärker verändert als die Endnachfrage, die die Investitionen ausgelöst hat. Dieses Phänomen wurde 1913 vom französischen Wirtschaftswissenschaftler Aftalion und 1917 vom amerikanischen Wirtschaftswissenschaftler J. M. Clark erstmals beschrieben. Die in den letzten 50 Jahren erfolgten Untersuchungen zeigten, daß ein Anstieg der Endnachfrage eine überproportionale Steigerung der Nachfrage nach Investitionsgütern zur Folge hat, während ein Rückgang der Endnachfrage von einem proportionalen Rückgang der Investitionsgüternachfrage begleitet ist. Zusammen mit dem Multiplikatorprinzip verdeutlicht das Akzelerationsprinzip jedenfalls die antreibende Wirkung der Investitionen auf den Rhythmus des Konjunkturzyklus.

accelerator: <Akzelerator, siehe *Akzelerationsprinzip*> Means to implement the acceleration principle.

Mittel und Maßnahmen das Akzelerationsprinzip anzuwenden.

acceptance: <Akzept> bill of exchange;

Annahme eines gezogenen Wechsels durch den Bezogenen (Trassat), der sich dadurch verpflichtet, den Wechselbetrag bei Fälligkeit zu zahlen. Beim gezogenen Wechsel, gibt der Aussteller (Trassant) einer anderen Person, dem Bezogenen, den Auftrag, dem Wechselbegünstigten oder Wechselinhaber an einem bestimmten Datum oder bei Vorlage des Wechsels einen bestimmten Betrag zu zahlen. Durch die Annahme des Wechsels wird der Bezogene Schuldner und verpflichtet sich, die im Wechsel aufgeführten Bedingungen einzuhalten. Unter Akzept wird deshalb auch ein akzeptierter Wechsel verstanden, im Gegensatz zur Tratte, die (noch) nicht durch den Bezogenen angenommen wurde.

access time: <Zugriffszeit> required time to gain access to something;

Zeitbedarf, der zum Lesen oder Schreiben eines elektronischen Speicherinhalts erforderlich ist. Innerhalb der Zentraleinheit beträgt die Zugriffszeit um 100 Nanosekunden und hängt allein vom technischen Aufbau des Arbeitsspeichers ab. Bei Zugriffen auf externe Speicher wie Magnetplatten, Magnetbänder, Floppy Disk usw. hängt die Zugriffszeit im wesentlichen vom durchschnittlichen Zeitbedarf für die Positionierung des Schreib- oder Lesekopfs ab und beträgt bei Magnetplatten etwa 10-70 Millisekunden, bei Floppy Disk etwa 100 bis 200 Millisekunden.

account: <Konto> listing of debits and credits;

Auflistung von Soll- und Habenbuchungen.

account balance: <Saldo> Höhe des Soll- oder Habensaldos eines Bankkontos zu einem bestimmten Zeitpunkt. Differenz zwischen den beiden Summen der Haben- und Sollseite eines Kontos.

account, balance of an: <Kontostand> balance of debits and credits.

Saldo der Soll- und Habenbuchungen.

account, books of: <Geschäftsbücher> collection of records used for bookkeeping.

Buchhaltungsaufzeichnungen und Unterlagen, zu deren Führung und Aufbewahrung die im Handelsregister eingetragenen Firmen gesetzlich verpflichtet sind.

account,   capital: <Kapitalverkehrsbilanz>

account,   consolidated: <Konsolidiertes Konto> Zusammenfassung der Konten mehrerer Wirtschaftseinheiten. Dabei werden die zwischen den Wirtschaftseinheiten stattgefundenen Transaktionen saldiert.

account,   current: <1) Kontokorrent;   2) Leistungsbilanz/Ertragsbilanz; 3) Rechnung, laufende; 4) Scheckkonto (GB)> Vertrag zwischen zwei Parteien, die sich aus dem gemeinsamen Geschäftsverkehr ergebenden Gutschriften und Belastungen kontomäßig gegeneinander aufzurechnen und nur in festen zeitlichen Abständen den Saldo zu ermitteln und zu begleichen. Grundsätzlich kann ein Kontokorrent zwischen zwei beliebigen Parteien geführt werden, doch ist in der Regel eine der beiden Parteien eine Bank. Ein Kontokorrentkredit in der einfachsten Form wird durch die Erlaubnis gewährt, das Kontokorrent bis zu einer vereinbarten Höhe (Kreditrate) nach Bedarf überziehen zu dürfen. Teilbilanz der Zahlungsbilanz. Die Leistungsbilanz ist eine Zusammenfassung der Handelsbilanz, der Dienstleistungsbilanz und der Übertragungsbilanz. Die Leistungsbilanz enthält sämtliche

alproduktes Auskunft geben. Die volkswirtschaftliche Gesamtrechnung im weiteren Sinne besteht aus dem oben erwähnten Kontensystem und wird durch eine Reihe von Spezial- und Ergänzungsrechnungen erweitert, verfeinert und ergänzt. Die wichtigsten dieser Spezialrechnungen sind die Input-Output-Tabellen und die Zahlungsbilanz. Im Rahmen der Europäischen Wirtschaftsgemeinschaft wurde zur Harmonisierung des volkswirtschaftlichen Rechnungswesens ein Europäisches System volkswirtschaftlicher Gesamtrechnungen (ESVG) entwickelt, das von den Mitgliedsländern, wenn auch in meist modifizierter Form, verwendet wird. Weitere Standardsysteme sind dasjenige der Vereinten Nationen (SNA) und das Konzept der materiellen Produktion (MPS) wie es die Länder des RGW (COMECON) verwendeten. System der volkswirtschaftlichen Gesamtrechnung, das von den internationalen Wirtschaftsorganisationen empfohlen wird.

accounts, chart of: <Kontenplan, allgemeiner> Von den Behörden empfohlene oder verbindlich erklärte Gliederung der Buchhaltungskonten für Unternehmen.

accounts receivable: <Forderungen> Recht auf eine Sach- oder Geldleistung von einem Dritten. Das Gegenteil zu den Forderungen sind die Verpflichtungen desjenigen, der die Leistung erbringen muß. Bei den Forderungen wie den Verpflichtungen spielt nicht nur der Wert der betreffenden Leistung, sondern auch der Zeitpunkt der Fälligkeit eine Rolle. In der Buchhaltung des Gläubigers sind die Forderungen im Soll des betreffenden Kontos gebucht und stehen auf der Aktivseite der Bilanz (Debitoren). Bestehen Zweifel hinsichtlich der Bonität des Schuldners, d.h. der Zahlungsfähigkeit zum Zeitpunkt der Fälligkeit, werden Rückstellungen in der Höhe des eventuellen Verlustes gebildet. Forderungen, die nicht erfüllt werden, müssen zu Lasten der Erfolgsrechnung abgeschrieben werden.

accounts, special treasury: <Sonderkonten der Staatskasse> Zusätzliche Konten der Staatskasse, in denen Einnahmen und Ausgaben, erfaßt werden, die durch die Finanzgesetzgebung vorgesehen, aber nicht im Öffentlichen Haushalt erfaßt werden.

account statement: <Kontoauszug>

accounts, system of: <Kontenrahmen, volkswirtschaftlicher> In der volkswirtschaftlichen

Leistungen, die zwischen dem In- und Ausland ausgetauscht wurden und zeigt deshalb, inwieweit sich die Nettoposition einer Volkswirtschaft gegenüber dem Ausland durch die laufenden Transaktionen verändert hat. see also: *checking account*

accountant, chartered/certified public: <Rechnungsprüfer/Wirtschaftsprüfer>

account, deposit: <Depositenkonto>

account executive (AE): <Kundenberater/Kontoführer>

accounting: <Buchführung/Buchhaltung> bookkeeping; Verfahren, durch das sämtliche Aktivitäten eines Unternehmens nach einheitlichen Grundsätzen zahlenmäßig erfaßt werden. Die Buchführung dient in erster Linie der Überwachung des Unternehmens durch die Geschäftsleitung und - soweit veröffentlicht - durch die Eigentümer, Gläubiger usw. sowie der Ermittlung des Jahreserfolges, bzw. der Vermögenssituation des Unternehmens. Die Buchführung nimmt je nach Buchführungsobjekt (Unternehmen, öffentlicher Haushalt, Volkswirtschaft) verschiedene Formen an, doch basiert sie bei allen diesen Formen auf denselben Grundprinzipien, nämlich der objektiven Erfassung der einzelnen Komponenten sämtlicher Aktivitäten (Buchungen) und der Zusammenfassung dieser Komponenten in einem Gesamtüberblick (Bilanz und Erfolgsrechnung).

accounting, national (US): <1) Volkswirtschaftliche Gesamtrechnung; 2) Nationale Buchführung> see *business sector*. see *accounting social*

accounting, public: <Buchführung, öffentliche>

accounting, social (GB): <Volkswirtschaftliche Gesamtrechnung> macroeconomic bookkeeping; see *business sector;*

Buchführungssystem, das eine quantitative Darstellung der wirtschaftlichen Tätigkeiten einer Volkswirtschaft ermöglicht. Die volkswirtschaftliche Gesamtrechnung im engeren Sinne, häufig auch als Nationale Buchführung bezeichnet, besteht aus einem Kontensystem, in dem die zwischen den verschiedenen Wirtschaftseinheiten stattfindenden Transaktionen im Sinne einer doppelten Buchführung erfaßt werden. Aus der Zusammenfassung dieser Konten lassen sich wichtige wirtschaftliche Größen ermitteln, die über die Entstehung, die Verteilung und die Verwendung des Sozi-

Gesamtrechnung verwendeter Kontenplan. Im Kontenplan werden vier Hauptkonten, nämlich das Produktionskonto, das Einkommenskonto, das Vermögensveränderungs- und das Finanzierungskonto unterschieden. Im Produktionskonto werden die mit der Produktion zusammenhängenden Einnahmen und Ausgaben, d.h. der Wert der Produktion und die Kosten der Erstellung erfaßt. Im Einkommenskonto werden die erhaltenen Einkommen, einschließlich der Bestandteile aus Umverteilungen und deren Verwendung, erfaßt. Im Vermögenskonto werden die im Vermögensveränderungskonto saldiert ausgewiesenen Finanzierungskomponenten brutto nach Forderungen und Verbindlichkeiten ausgewiesen. Häufig wird das Finanzierungskonto in der volkswirtschaftlichen Gesamtrechnung weggelassen, da die drei anderen Konten ausreichen, um die Entstehung, Verteilung und Verwendung des Sozialproduktes darzustellen.

accredited investor: <Anleger, anerkannter (muß bestimmte Bedingungen erfüllen)> An investor in an offering who meets certain criteria under *Regulation D*, according to which he or she does not have to be counted as an investor. The four most common types of accredited investors are (i) those with net worths of $1,000,000 or more; (ii) people who invest $150,000 or more in the offering; (iii) people who made $200,000 each year for the last two years and expect to make that much this year, and (iv) institutional investors.

Ein Anleger, der bestimmte Kriterien unter *Regulation D* erfüllt, nach denen er nicht als Anleger eingestuft werden muß. Die vier häufigsten Arten eines anerkannten Anlegers sind: (i) die mit einem Nettovermögen von mehr als USD1.000.000, (2) Leute, die mindesten USD150.000 anlegen, (iii) Leute, die in den vergangenen zwei Jahren mindesten USD200.000 verdient haben und erwarten im laufenden Jahr ebenfalls mindestens soviel zu verdienen, (iv) institutionelle Anleger.

accretion: <Akkretion>The process of adjusting the cost of a bond purchased at a discount. Only original-issue discount municipal bonds are accreted. Die Vornahme einer Kostenangleichung einer Obligation die mit Rabatt gekauft wurde. Ausschließlich original emittierte Kommunalobligationen werden akkretiert.

accruals and deferrals: <Abgrenzungskonten> Konten in der Buchführung, durch die eine periodengerechte Zurechnung der Einnahmen und Ausgaben erzielt wird. Da das Ziel der Buchführung die Ermittlung des periodengerechten Erfolgs, d.h. des Erfolgs im betreffenden Rechnungsjahr ist, dürfen wirtschaftliche Transaktionen, die vor der betreffenden Rechnungsperiode begannen und in der Periode abgeschlossen wurden, bzw. Transaktionen, die in der Rechnungsperiode begannen, aber noch nicht abgeschlossen sind, nur entsprechend ihrem Anteil innerhalb des Rechnungsjahres berücksichtigt werden. Diese Abgrenzung erfolgt über die Abgrenzungskonten.

accumulation: <Akumulation> In der marxistischen Wirtschaftstheorie Bezeichnung für die Erhöhung des Sachkapitals durch Investitionen. Gelegentlich wird der Begriff auch in den übrigen Wirtschaftstheorien für die Nettoinvestitionen verwendet, d.h. jenen Teil der Investitionen, der die Abschreibungen übersteigt.

accumulation units: <Akkumula-tionseinheiten> An accounting measurement used to measure the annuitant s ownership of the separate account during the deposit period of a variable annuity contract. Eine Buchführungsmethode, mit der man den Besitzanteil eines Annuitanten an einem gesondert geführten Konto für einen Kontrakt auf eine variable Annuität innerhalb eines bestimmten Berechnungszeitraumes berechnet.

ACH: see *Automated Clearing House* (Electronic Funds Transfer System)

acid test ratio: see *quick ratio*.

acoustic coupler: <Akustikkoppler> Peripheriegerät, mit dem digitale Signale in Frequenzen im hörbaren Bereich, bzw. Töne in digitale Signale umgewandelt werden können. Wie Modems werden Akustikkoppler zur Verbindung von Computersystemen über Telephonleitungen benötigt.

acquisition: <Erwerb> Eigentümer von Gütern, Dienstleistungen oder Rechten werden. Erwerb kann nicht nur durch Kauf, d.h. gegen Entgelt erfolgen, sondern auch ohne Entgelt, nämlich durch Schenkung, Erbschaft, Zuwachs, Ersetzung usw.

ACRS: see *Accelerated Cost Recovery System*.

ACS: see *Automated Commercial System*

activation: <Activierung> Durchführung eines im voraus

geplanten und organisierten Verfahrens. Beispiel: Aktivierung der Sonderziehungsrechte des Internationalen Währungsfonds. In der Buchhaltung versteht man darunter die erfolgsneutrale Verbuchung von Aufwendungen.

active: <aktiv>

activity, economic: <Wirtschaft-stätigkeit>

actuals: <Ware, zugrunde liegende/Lokowaren/Kassawaren>the physical, or cash commodity. The goods underlying a futures contract. Die materielle Ware oder Kassaware, die dem Terminkontrakt zugrundeliegende Ware.

actuarial theory: <Finanzmathematik/Versicherungsmathematik>

AD: see *Area Director*(s)

AD/CVD: see *Anti-dumping/Countervailing Duty*

ADD: see *Anti-dumping Duty*

additional bond test: <Obligations-test, zusätzlicher> An income test, which ascertains that revenues must meet certain levels to allow the sale of additional bonds against the financed facility. A provision in the indenture of an open end revenue bond.

Ein Einkommenstest, der besagt, daß Umsätze eine gewisse Höhe erreichen müssen, bevor zusätzliche Obligationen zum Zwecke der Finanzierung eines Objektes verkauft werden können.

additional takedown: <Zusatzgewinn> The profit to a syndicate member selling municipal bonds to brokers/dealers who are not members of the syndicate. Der zusätzliche Gewinn, den ein Syndikatsmitglied erwirtschaftet, wenn er Kommunalobligationen an Broker verkauft, die nicht Mitglieder des Syndikats sind.

adjustment[1]: <Berichtigung/Bereinigung/Adjustierung> Korrektur einer Wirtschaftsgröße.

adjustment[2]: <Berichtigung/Bereinigung/Adjustierung> Wirtschaftskennzahlen: Wirtschaftskennzahlen, die jahreszeitlichen Schwankungen unterliegen, werden zu Vergleichszwecken saisonal bereinigt.

adjustment[3]: <Berichtigung/Bereinigung/Adjustierung> Aktienkurse: Anpassung des Aktienkurses bei Abgang von Bezugsrechten, Ausgabe von Wandelanleihen oder Aktienaufteilungen. Der ursprüngliche Aktienkurs wird entsprechend dem (theoretischen) Wertverlust

9

bereinigt.

adjustment bonds: see *income bonds.*

adjustment of the draft budget: <Korrektur des Haushaltsentwurfs> Änderung der Mittelzuteilung im Budget durch die Regierung nach Vorlage des Budgetentwurfs, jedoch vor dessen Genehmigung durch das Parlament.

administration, public: <Verwaltung, öffentliche> Öffentliche Einrichtungen, deren Aufgabe die Erbringung von Dienstleistungen ist, die von privatwirtschaftlichen Unternehmen nicht oder nicht zu kostendeckenden Preisen angeboten werden können. Die Tätigkeit der Verwaltung erfolgt im Verwaltungsverfahren, das aus einer Vollziehung der Gesetze und Verordnungen besteht.

admission, temporary: <vorübergehende Einfuhr> Zollverfahren, das für eine befristete Zeit die abgabenfreie Einfuhr von Waren ermöglicht, die nach Bearbeitung oder Benutzung · wieder ausgeführt werden.

ADP: see *Automated Data Processing*

ADR: see *American Depository Receipt.*

Ad Val: see *Ad Valorem Tariff*

Rate

ad valorem: <ad valorem/zum Wert> Aufgrund des Wertes eines Gutes berechnete Steuern, Abgaben oder Zölle. (Lateinisch: ad valorem = vom Wert). Dem Wertzoll steht der spezifische Zoll gegenüber, der aufgrund physikalischer Masse berechnet wird, beispielsweise der Gewichtszoll.

ad valorem tariff rate: <Werttarifquote>

ad valorem taxes: <"Sachwertsteuer"> A tax levied "by value," usually used to describe property taxes.

Eine Steuer die auf den "Wert" einer Sache berechnet wird, z.B. Grundsteuer.

ad valoreum equivalent: <Wertgleichheit>

advance: <Vorschuß> Gewährung eines Kredits für eine kurze Frist. Im allgemeinen Zahlung eines Teils einer Verpflichtung vor deren Fälligkeit, wobei der Vorschuß bei der späteren Tilgung vollumfänglich angerechnet wird. Beispielsweise Lohnvorschuß, Lieferungsvorschuß. Im Bankwesen kurzfristiger Kredit, der bis zum Zahlungseingang von Forderungen aus der Geschäftätigkeit des Kreditnehmers gewährt wird (Bevorschussung von

Forderungen).

advance decline ratio:
<Anstieg-Abfall Quote/Zuwachs-Verlust quote> The ratio of the number of stocks increasing in price to the number of stocks decreasing in price. Also called the "breadth of the market."

Das Verhältnis der Anzahl der Aktien, deren Kurse steigen, zu der Anzahl der Aktien, deren Kurse fallen. Auch Marktbreite genannt.

advanced passenger information system: <vorzeitiges Passagier Informationssystem>

advance on receivables: <Forderungsbevorschussung> Kurzfristiger Kredit, den eine Bank einem Unternehmen gegen Vorlage von Rechnungen an Kunden des Unternehmens gewährt. Im Gegensatz zur Forderungsabtretung werden die Forderungen dabei nicht an die Bank zediert. Zur Sicherstellung des Kredites stellt das kreditnehmende Unternehmen in der Regel einen Wechsel aus, den die Bank diskontiert. Die Forderungsbevorschussung kann in diesem Fall als eine Art Globaldiskontierung mehrerer Forderungen angesehen werden.

advertising: <Werbung> Alle Maßnahmen und Handlungen, um das Bedürfnis nach einem Produkt oder einer Dienstleistung zu wecken, zu verstärken oder zu beeinflussen. Betrifft die Werbung nicht die einzelnen Produkte oder das Sortiment, sondern mehr das Unternehmen selbst, spricht man von Öffentlichkeitsarbeit.

AE: see *Account Executive*

AECA: see *Arms Export Control Act*

AERP: see *Census Automated Export Reporting Program*

AFB: <siehe *Französische Bankenvereinigung (AFB)*>

AFEEF: <siehe *Französische Vereinigung der Banken und Finanzgesellschaften* (AFEEF)>

affidavit: <Affidavit> Eidesstattliche Erklärung, beispielsweise bezüglich des Besitzes oder der Herkunft von Wertpapieren (lateinisch: er hat bestätigt).

affiliated persons (AP): <angegliederte Person> Insiders or control persons, such as officers, directors and principal stockholders (10 % ownership or more) and their immediate families, also people in a position to influence a corporation s decisions.

Firmeninterne Personen, wie zum Beispiel leitende Angestellte, Direktoren und Aktioäre (mit einem 10 % Aktienpaket oder mehr) und ihre Familien. Auch Leute in einer Einflußposition innerhalb einer Gesellschaft.

afloat: <schwimmend, "über Wasser halten">

after hours: <nach Geschäftsschluß> Geschäfte, die nach dem offiziellen Geschäftsschluß getätigt werden.

age: <Alter> Zeitdauer seit der Entstehung oder der Geburt. In der Demographie ist das Alter ein Merkmal, das für zahlreiche statistische Auswertungen benutzt wird. Das Durchschnittsalter einer Bevölkerung ist die Summe der Lebensjahre aller Bevölkerungsmitglieder dividiert durch die Gesamtzahl der Bevölkerung.

Agency for International Development: <Behörde für internationale Entwicklung (U.S.A.)>

agent: <Agent> One who acts for another. When a firm acts as agent, it is acting as a broker, bringing together a buyer and a seller. As agent it does not buy or sell for its own account.

Jemand , der für jemand anderes handelt. Wenn eine Firma als Agent auftritt, tritt sie als Broker auf; sie bringt Käufer und Verkäufer zusammen. Als Agent tätigt die Firma keinerlei Käufe oder Verkäufe auf eigne Rechnung.

agglomeration: <Siedlung>

Gruppe von maximal 200 Meter voneinander entfernten . Wohnstätten, in der mindestens 50 Personen leben. (Definition gemäß Konferenz europäischer Statistiker, einer Sondereinrichtung der UNO.)

aggregate: <Aggregat, volkswirtschaftliches> Kenngrößen der Wirtschaftstätigkeit, die durch Summierung von Einzelwerten ermittelt werden. In der Volkswirtschaft werden die Aggregate durch Zusammenfassung der einzelnen Konten ermittelt. Die wichtigsten volkswirtschaftlichen Aggregate sind das Bruttosozialprodukt, das Bruttoinlandsprodukt und das Volkseinkommen.

aggregate exercise price: <Gesamtausübungspreis> In an options position, the total amount of money involved in the resulting stock trade if the position is exercised.

Bei einer Aktienopionsposition die Gesamtsumme, die für den resultierende Aktienhandel erforderlich ist, sollte die Option ausgeübt werden.

agio1: <Agio/Aufschlag>

agio2: <Agio/Aufschlag> Börse: Differenz zwischen dem Nennwert und dem höheren Kurswert eines Wertpapiers, in der Regel ausgedrückt in Prozent des Nennwerts. Ist der

Kurswert niedriger als der Nennwert, spricht man von Disagio.

agio[3]: <Agio/Aufschlag> Devisenhandel: Differenz zwischen dem Kassakurs und dem höheren Terminkurs.

agiotage: <Agiotage> Ursprünglich die Ausnutzung von Kursbewegungen zur Gewinnerzielung. Im negativen Sinne künstliches Herbeiführen von Kursfluktuationen, um daraus Nutzen zu ziehen.

agreement among underwriters: <Syndikatsvereinbarung> The contract that governs the syndicate members in a negotiated offering.

Der Vertrag, der das Verhältnis der Syndikatsmitglieder bei einem öffentlichen Angebot (Emission) regelt.

agreement, collective: <Kompensationsabkommen> Vertrag zwischen den Arbeitnehmerorganisationen (Gewerkschaften) und den Arbeitgeberorganisationen oder einzelnen Arbeitgebern über die Arbeitsbedingungen. Die Tarifverträge regeln insbesondere die Arbeitsbedingungen als solche (Arbeitszeiten, Urlaubsansprüche Schicht- und Nachtarbeit), die Lohnbedingungen (Stunden- und Monatslöhne, Zulagen für Überstunden, Schicht-, Nachtarbeit), die Einstufungs- und Beförderungsbedingungen und die sozialen Vergünstigungen, die dem Arbeitnehmer gewährt werden. Die Tarifverträge können auf nationaler, regionaler oder lokaler Ebene abgeschlossen und angewendet werden. In der Regel gelten sie für einen bestimmten Wirtschaftszweig, können aber auch mehrere Branchen betreffen.

agreement, offsetting: <Tarifvertrag> Handelsvertrag, durch den vereinbart wird, daß die Ausgabenen -mit den Einnahmen zwischen zwei Ländern verrechnet werden. Bilaterale Kompensationsabkommen wurden infolge von Währungsproblemen und Devisenrestriktionen vor allem seit 1929 abgeschlossen. Nach dem Zweiten Weltkrieg wurde im Rahmen der OEEC und der Europäischen Zahlungsunion (EZU) ein multilaterales Abkommen geschaffen, das durch die Rückkehr zum freien Warenverkehr und der freien Konvertibilität der Währungen nach und nach seine Bedeutung verlor.

agreement of limited partnership: <Gesellschaftsvertrag, beschränter> The contract between the general partners and the limited partners that governs the limited partnership.

Der Vertrag zwischen einem voll haftenden Gesellschafter und seinem begrenzt haftenden Gesellschaftern in einer Gesellschaft mit beschränkter Haftung.

Al: <KI> see *artificial intelligence;* Abkürzung für künstliche Intelligenz.

AID: see *Agency for International Development*

AII: see *Automated Invoice Interface*

airport mail facility: <Flughafenpostamt (U.S.A.)>

airport mail facility John F. Kennedy International Airport : <Flughafenpostamt John F. Kennedy International Airport (U.S.A.)>

airport mail facility Los Angeles: <Flughafenpostamt Los Angeles (U.S.A.)>

airport mail facility O'Hare International Airport Chicago: <Flughafenpostamt O'Hare International Airport Chicago (U.S.A.)>

airport mail facility San Francisco: <Flughafenpostamt San Francisco (U.S.A.)>

airport model analysis system: <Flughafenmodellanalyse System>

AIS: see *Accelerated Inspection System*

AISI: see *American Iron & Steel Institute*

AIT: see *American Institute in Taiwan*

aleatory: <zufällig> see *random*

all-in price: <Inklusivpreis>

all-in rate: <Inklusivrate>

all-or-none: <alle oder keine/allles oder nichts> A limit order for multiple bond lots that bars partial execution of the order. The customer waits until the entire order can be filled in a single trade. Often abbreviated "*AON.*"

Eine limit order für mehrere Bondlots, die Teilausführungen verbietet. Der Auftrag wird erst ausgeführt, wenn er in seiner Gesamtheit ausgeführt werden kann. Der Auftrag wird of "*AON*" abgekürzt.

all-or none underwriting: <Ganz oder garnicht Angebot> An AON of best-efforts underwriting that withdraws the offering if it cannot be sold completely.

Ein Angebot, das nur in seiner Gesamtheit angenommen werden kann. Anderenfalls wird das Angebot zurückgezogen.

allotment: <Assortierung> Systematische Lagerung von Waren, beispielsweise auf einem Flughafen, urn nach Abwicklung der Zollformalitäten deren Identifikation durch die Eigentümer und die Abholung zu erleichtern.

allowance: <Taschengeld, Etat, Budget (für kleinere Projekte)>

alpha: <Alpha> A statistical measurement used to determine the percentage of the change in a stock s price due to factors internal to the company, rather than to the stock market s fluctuations.

Ein statistischer Wert, der genutzt wird, um die prozentuale Kursveränderung einer Aktie aufgrund von firmeninternen Faktoren anstatt aufgrund der Marktfluktuationen der Aktie auszudrücken

alphanumeric: <alphanumerisch> Informationen, die durch Ziffern, Buchstaben und bestimmte Sonderzeichen dargestellt werden können.

alternative minimum tax: <alternative Mindeststeuer> A tax on certain preference items, most of which are tax deductions allowed under the normal income tax calculation. Taxpayers pay either the regular tax or the alternative minimum tax, whichever is greater.

Eine Steuer auf bestimmte Vorzugsbuchungen, von den die meisten Steuerfreibeträge sind, die bei der normalen Einkommenssteuerberechnung gewährt werden. Steuerzahler zahlen entweder die regulären Steuern oder die alternativen Minimumsteuern.

alternative minimum taxable income (AMTI): <alternatives versteuerbares Mindesteinkommen> The amount on which the alternative minimum tax liability is calculated.

Der Betrag auf den sich die alternative Minimalsteuerverbindlichkeit berechnet.

alternative orders: <Alternativaufträge> A type of order with two parts. When one part is filled, the other part is automatically canceled.

Ein zweiteiliger Börsenauftrag; wenn ein Teil ausgeführt ist, wird der andere autommatisch gekündigt. see also: *one cancels other, OCO.*

AMAS: see *Airport Model Analysis System*

amendment, right of: <Abänderungsrecht> Recht des Parlaments, Änderungen, Ergänzungen und Streichungen im Haushaltsentwurf vorzunehmen, sofern dadurch andere gesetzliche Bestimmungen nicht verletzt werden.

american association of exporters and importers: <Amerikanischer Verband der

Exporteure und Importeure (U.S.A.)>

american depository receipt (ADR): <amerikanischer Depotschein> A receipt for shares of a foreign corporation on deposit with a foreign branch of an American bank.

Beleg für Aktien einer ausländischen (nicht U.S. ansässigen) Gesellschaft bei einer ausländischen Filiale einer U.S.amerikanischen Bank.

american institute in Taiwan: <Amerikanisches Institut inTaiwan (U.S.A.)>

american iron & steel institute: <Amerikanisches Eisen und Staal Institut>

AMF: see *Airport Mail Facility*

AMF-JFK: see *Airport Mail Facility John F. Kennedy International Airport*

AMF-LA: see *Airport Mail Facility Los Angeles*

AMF-O'Hare: see *Airport Mail Facility O'Hare Internatinal Airport Chicago*

AMF-SF: see *Airport Mail Facility San Francisco*

amortization: <Amortisation>A reduction in a debt by periodic payments covering interest and part of principal. In municipal bonds, amortization refers to adjusting the cost of a bond for any premium paid.

Eine Schuldverringerung durch regelmäßige Zahlung von Zinsen und Hauptschuld. Bei Kommunalobligationen bezieht sich der Begriff Amortisation auf die Korrektur des Preises der Obligation für die bereits gezahlte oder noch zu zahlende Prämie.

AMTI: see *Alternative Minimum Taxable Income.*

analysis of deviation: <Abweichungsanalyse> Verfahren, bei dem Ist-Werte (tatsächliche Werte) mit Soll-Werten (erwartete oder budgetierte Werte) systematisch verglichen werden.

anarchism: <Anarchismus> Lehre der bedingungslosen Verherrlichung der Freiheit und der Gleichheit der Menschen. Der Anarchismus fordert zwangsläufig die Abschaffung des Staates und seiner Institutionen.

ANDEAN: see *Andean Pact Countries*

Andean Pact countries: <Anden Pakt Länder>

Andean trade preference act: <Anden Handelsvorzugsgesetz>

annuity: <1) Annuität 2) Renten/Pensionen> Konstante jährliche Aufwendungen eines Schuldners für die Zinsen und die Rückzahlung einer Schuld. Die Jahreszahlung enthält einen Tilgungsanteil und den Zins, wobei im Verlauf des Rückzahlungszeitraumes der Zinsanteil abnimmt und der Tilgungsanteil zunimmt. Periodisch geleistete Zahlungen einer juristischen oder natürlichen Person, dem Rentenschuldner, an eine natürliche Person, den Rentenempfänger. Eine Rente wird beispielsweise für die Versorgung nicht mehr aktiver Erwerbstätiger durch den Staat und das betreffende Unternehmen (Rente oder Pension) oder anstelle eines Kaufpreises für die Überlassung eines Gutes oder eines Vermögens (Leibrente) entrichtet.

annuity units: <Annuitätseinheit> An accounting measurement used to determine the annuitant s ownership in the separate account during the annuity period, when payments are being made to the investor on a variable annuity contract.

Eine Buchführungsmethode, die benutzt wird, um den Besitzanteil an einer Annuität in einem separat geführten Konto während einer Annuitätsperiode festzustellen, wenn Zahlungen an einen Anleger auf eine variable Annuität ergehen.

antagonism, theory of: <Antagonismustheorie> Wirtschaftstheorie, die davon ausgeht, daß bei der Einkommensverteilung ein grundsätzlicher und nicht beseitigbarer Interessenskonflikt zwischen den Unternehmern und den Lohnempfängern besteht. Diese bereits von Ricardo vertretene These wurde in der marxistischen Theorie unter dem Begriff des Klassenkampfes verfeinert und vertieft.

anticipation: <Antizipation> Etwas vorwegnehmen, im voraus ausdenken oder im voraus ausführen. In der Wirtschaft werden häufig Entscheidungen aufgrund antizipativer Erwartungen und Hypothesen über die zukünftige Entwicklung der Wirtschaft getroffen, so daß positive oder negative Erwartungen einen großen Einfluß auf die Konjunkturentwicklung haben.

anti-dilution clause: <Anti-Verwässerungsklausel> A clause in the trust indenture of a bond offering which provides that the conversion price (or conversion rho) of a convertible bond be adjusted in the case of stock splits or stock dividends paid to common stockholders.

Eine Bedingung bei einem Obligationsangebot, die verfügt, das der Konversionspreis (Konversionsrho) einer konvertierbaren Obligation im Falle eines Aktiensplittings oder einer Dividendenzahlung an den gewöhnlichen Aktionär angepaßt wird.

anti-dumping/countervailing duty: <Antidumping/-Gegenmaßnahme>

anti-dumping duty: <Antidumpinggebühr>

AON: see *all-or-none*.

AP: see *Associated Person*

APIS: see *Advanced Passenger Information System*

appeal against tax assessment: <Einspruch (Steuer)> Einspruch gegen Steuerveranschlagung.

applications software: <Anwendersoftware> Computerprogramme, die unmittelbar der Lösung bestimmter Probleme des Benutzers dienen. Bei der Anwendersoftware wird zwischen Individualsoftware, d. h. für einen Benutzer speziell entwickelten Programmen, und Standardsoftware, die für bestimmte Anwendungsgebiete entwickelt wurden, unterschieden. Gegenteil zur Anwendersoftware ist die Betriebssoftware.

appreciation: <Kursavance> Wertzunahme einer Währung auf den Devisenmärkten infolge des Spiels von Angebot und Nachfrage. Das Gegenteil ist der Kursrückgang. Im Gegensatz zur Kursavance erfolgt die Aufwertung einer Währung aufgrund eines Entscheids der Zentralbank, die offizielle Währungsparität zu verändern.

appropriation: <1) Aneignung; 2) Verabschiedete Mittel> Eigentümer einer Sache oder eines Rechts werden. Im Gegensatz zum Erwerb durch Kauf, Schenkung, Erbe usw. wird bei der Aneignung ein neuer Eigentümer durch Enteignung des alten Eigentümers eingesetzt. Die vom Parlament für einen bestimmten Verwendungszweck bewilligten Budgetmittel.

approval, notice of: <Genehmigungsbescheid>

AQUA: see *Accelerated Quota Unit Acceptance*

arbitrage: <Arbitrage> The purchase of a commodity against the simultaneous sale of a commodity to profit from unequal prices. The two transactions may take place on different exchanges, between two different commodities, in different delivery months, or between the cash and futures markets. see *spreading*.

Der gleichzeitige Erwerb und Verkauf einer Ware zur Gewinnerzielung durch abweichende Kurse. Die beiden Transaktionen können an verschiedenen Börsen, mit zwei verschiedenen Waren, mit verschiedenen Terminmonaten oder zwischen Kassa- oder Terminmarkt stattfinden. Vergleiche

Spreading. Kombinierter Kauf und Verkauf eines Wirtschaftsgutes (z.B. Wertpapiere, Devisen, Banknoten) auf verschiedenen Märkten zur Ausnützung des auf den beiden Märkten bestehenden Preisunterschiedes.

arbitration: <Schiedsgericht> A method of settling disputes. The parties put their arguments to a panel of one or more arbitrators who will render a decision. There are no appeals from arbitration.

Eine Methode Rechtsstreite außergerichtlich zu schlichten. Die streitenden Parteien bringen ihre Argumente vor einem unparteischen Ausschuß vor. Die Ausschuß- oder Schiedsgerichtsmitglieder fällen die Entscheidung. Es gibt keine Berufungsmöglichkeit bei einem Schiedsgericht.

area director(s): <Gebietsmanager>

argumentation: <Argumentarium> Sammlung von Argumenten für eine Sache oder einen Entscheid. Ein Verkaufsargumentarium beispielsweise enthält alle Argumente, die für den Kauf eines bestimmten Produkts oder einer Dienstleistung sprechen sowie Antworten auf allfällige von Kunden vorgebrachte Einwände. Das Verkaufsargumen-

tarium wird den Verkäufern als Hilfsmittel für die Verkaufsgespräche mit den Kunden zur Verfügung gesteut.

Arms Export Control Act: <Waffenexportkontrollgesetz (U.S.A.)>

article: <Gut, Zeitungsartikel, Paragraph (Gesetz)>

artificial intelligence (AI): <künstliche Intelligenz> Versuch, die natürliche Intelligenz des Menschen durch speziell konstruierte Computer und Software nachzuahmen. Die Schwierigkeiten bei der Nachahmung menschlicher Intelligenz bestehen hauptsächlich darin, die assoziativen und intuitiven Fähigkeiten des Menschen nachzuvollziehen.

ASAP: see *as soon as possible*

ascending: <aufsteigend>

ASCII: <ASCII> Abkürzung für *American Standard Code of Information Interchange.* Standardcode für die Darstellung von Informationen in Computersystemen.

asking price: <Verkaufspreis> the price the seller of a good or commodity is asking in order to sell.

Der Preis den der Verkäufer einer Ware verlangt.

assessment, basis of:

<Bemessungsgrundlage>

assessment reconciliation, period for: <Berichtigungsfrist (Steuern)> Den Steuerbehörden zustehendes, zeitlich begrenztes Recht, ihre Veranlagungsbescheide zu berichtigen, wenn sie bei der Überprüfung der Steuererklärung oder der Steuerunterlagen des Steuerpflichtigen Fehler, Unterlassungen oder Verheimlichungen von steuerbaren Tatbeständen entdecken.

asset: <Besitz, Vermögensteil, Wertsache, Vorteil>

assets: <1) Aktiva/Aktiven; 2) Vermögen> Das auf der linken Seite der Bilanz aufgeführte Vermögen eines Unternehmens, das aus der Gesamtheit der dem Unternehmen gehörenden Güter und Forderungsrechte besteht. Die Aktiven werden bei Industrie- und Handelsunternehmen nach folgendem Schema gegliedert: 1. ⅏ Anlagevermögen; 1.2. Finanzanlagevermögen (Beteiligungen, gewährte langfristige Kredite); 2. ⅏ Umlaufvermögen 2.1. Vorräte (Rohstoffe, Halbfabrikate, Fertigfabrikate); 2.2. Sonstiges Umlaufvermögen (Forderungen aus Lieferungen, Bankguthaben, Kassa); 3. ⅏ Rechnungsabgrenzungsposten

4. ⅏ Verlust (sofern kein Gewinn erzielt wurde); Das Gegenstück zu den Aktiva sind die Passiva.

assets and liabilities: <Aktiva und Passiva>

assets, current: <Umlaufvermögen> Teil der Aktiven, der im Laufe eines Produktionszyklus aufgebraucht, bzw. umgesetzt wird. Das Umlaufvermögen besteht aus Vorräten an Roh-, Hilfs- und Betriebsstoffen, Halb- und Fertigfabrikaten und aus sonstigem Umlaufvermögen wie Forderungen aus Lieferungen, Bankguthaben, Kassabestand, geleisteten Anzahlungen u. ä. Das Umlaufvermögen wird im Gegensatz zum Anlagevermögen während der Produktion verbraucht oder umgesetzt. Der Aufwand für diese Produktionselemente geht direkt zu Lasten der Erfolgsrechnung und wird nicht wie beim Anlagevermögen durch Abschreibungen berücksichtigt.

assets, financial: <Finanzvermögen> see *assets, non-financial*

assets, movable: <Bewegliche Vermögenswerte> Leicht mobilisierbare, d.h. in Zahlungsmittel umwandelbare Vermögenswerte, insbesondere Forderungen und Wertpapiere.

assets, net: <Reinvermögen> Nettovermögen eines Unternehmens, d.h. Gesamtvermögen, abzüglich der bestehenden Verbindlichkeiten.

assets, non-current: <Anlagevermögen> Teil der Aktiven, der für mehrere Produktionszyklen, also langfristig, eingesetzt wird. Das Anlagevermögen besteht aus dem Sachanlagevermögen und dem Finanzanlagevermögen. Das Sachanlagevermögen besteht aus dauerhaften Vermögensgegenständen wie Grundstücken, Gebäuden, Maschinen, Lizenzen u.ä. Das Finanzanlagevermögen umfaßt Beteiligungen, Wertpapiere und langfristig gewährte Kredite. Das Anlagevermögen wird im Gegensatz zum Umlaufvermögen nicht verbraucht, sondern genutzt. Die Wertminderungen durch Verschleiß und Obsoleszenz werden durch Abschreibungen berücksichtigt.

assets, non-financial: <Sachvermögen> Die materiellen Komponenten des Anlage- und Umlaufvermögens, d.h. das Sachanlagevermögen und die Vorräte. Gegenstück zum Sachvermögen ist das Finanzvermögen. see also: *assets, financial.*

assets, short-term realizable: <kurzfristig realisierbare Aktiva> Die Aktiva eines Unternehmens, die innerhalb eines Jahres in liquide Mittel umgewandelt werden können.

asset value: <Wert der Aktiva>

assignat: <Assignat> 1776 geschaffene Staatsanleihen, die später (1796) in Papiergeld umgewandelt wurden.

assignment: <Zuteilung, Auftrag>

assistant commissioner(s): <Vize-Ausschußmitglied>

associate: <Mitarbeiter, Kollege, Vereins-, Verbandsmitglied, etc.>

associated: <verbunden, angegliedert>

Associated Person: <Mitarbeiter> Employees of a brokerage firm who are required to be licensed.

In der Hierarchie der NFA Vorschriften jemand der einem registrierten Broker angegliedert ist und über diesen Broker selbst als "angegliederte Person" registriert ist..

association: <Berufsverband/Gewerkschaft/Fachverband>

as soon as possible (ASAP): <sobald wie möglich>

ASYCUDA: see *Automated System for Customs Data*

at a premium: <zu einem erhöhten Preis>

ATB: see *Automated Ticket and Boarding Pass*

ate: see *to eat,*

ATF: see *Bureau of Alcohol, Tobacco and Firearms*

atomistic: <Atomistisch> Marktform, bei der einer großen Anzahl von Anbietern eine große Anzahl von Nachfragenden gegenübersteht, s0 daß keiner der Marktteilnehmer eine Vormachtstellung einnehmen kann. Angebot und Nachfrage bestehen deshalb beide aus einer großen Zahl »unendlich« kleiner, gleichwertiger Elemente, wie Atome in der Materie.

ATPA: see *Andean Trade Preference Act*

at-risk rule: <Risikoregel> A provision in the tax code stating that a limited partner may only include debt as part of his or her basis in the partnership if he or she is personally liable for the debt (i.e. a recourse loan).

Eine Vorgabe im U.S. amerikanischen Steuergesetz, die einem Gesellschafter mit beschränkter Haftung nur erlaubt Schulden in die Gesellschaft einzubringen, wenn der beschränkt haftende Gesellschafter für diese Schuld persönlich haftet.

at-the-close order: <Schlußauftrag> An order to be executed at or near the close of trading.

Ein Kauf- oder Verkaufsauftrag der gegen Ende (meist die letzten zwei Minuten) des Börsenhandels ausgeführt werden soll.

at the market: <am Geld> Situation when option strike price and futures price are equal.

Situation, in der der Optionsbasispreis dem Preis des Futures entspricht.

at-the-opening order: <Marktöffnungsauftrag> An order to be filled on the first trades of the day. If the order cannot be filled on the first trades of the day, it is canceled.

Ein Börsenauftrag der zum Eröffnungskurs ausgeführt werden soll, wird er nicht innerhalb eines bestimmten Zeitraumes, meist die ersten zwei Minuten, ausgeführt, verfällt der Auftrag. Je nach Broker oder Börse kann eine at-the-opening order auch bedeuten, daß die Order ausschließlich zum Eröffnungskurs ausgeführt werden kann.

auction: <Auktion/Versteigerung>

auction market: <Auktionsmarkt> A market in which the price of a commodity is determined by supply and demand, through a continuous auction. Exchanges are auction markets.

Ein Markt, bei dem der Preis einer Ware über Angebot und Nachfrage ermittelt wird und zwar durch eine fortlaufende Auktion. Börsen sind Auktionsmärkte.

audit office, national: <Rechnungshof> Einrichtung, die mit der Überprüfung der Rechnungsführung der öffentlichen Körperschaften beauftragt ist. Die Organisation und die Kompetenzen des Rechnungshofs sind von Land zu Land verschieden. In der Regel ist der Rechnungshof infolge seiner Überwachungsfunktion der öffentlichen Verwaltung als unabhängiges Gericht ausgestaltet.

auditor: <Rechnungsprüfer/Wirtschaftsprüfer> Person, die von den Eigentümern (beispielsweise Aktionären) mit der Prüfung der Buchhaltung und der Finanzen eines Unternehmens beauftragt ist. Die Wirtschafts- oder Rechnungsprüfer haben folgende Aufgaben: - Ä Überprüfung der Buchhaltung und der Bewertung der Aktiven und Passiven. - Ä Überprüfung der Ordnungsmäßigkeit und der Richtigkeit des Abschlusses. - Ä Die Erstellung der obligatorischen und fakultativen Berichte zuhanden der Ei-

gentümer und der Unternehmensorgane. - Ä Meldepflicht einer allfälligen Unterkapitalisierung, die die ordnungsgemäße Fortführung des Unternehmens in Frage stellt. In der Ausübung ihrer Funktion gehen die Wirtschaftsprüfer eine zweifache persönliche Verantwortung ein. Eine strafrechtliche Haftung bei gesetzeswidriger Ausübung ihrer Funktion, bei bewußter Falschinformation ihres Auftraggebers oder Unterlassung einer Meldepflicht, und eine zivilrechtliche Haftung gegenüber dem Auftraggeber für Schäden, die infolge mangelnder Funktionserfüllung der Buchprüfung entstehen.

autarky: <Autarkie> see *self-sufficiency;* Situation eines Landes, das sich vollumfänglich selbst versorgen kann und deshalb nicht auf Handelsbeziehungen mit anderen Ländern angewiesen ist.

automated accounting systems: <automatisiertes Buchhaltungssystem>

automated bill collection system: <automatisiertes Inkassosystem>

automated broker interface: <automatisierte Brokerschnittstelle>

automated clearing house (electronic funds transfer system): <automatisierte

Verrechnungsstelle>

automated commercial system: <automatisiertes Handelssystem>

automated data processing: <automatisierte Datenverarbeitung>

automated invoice interface: <automatisierte Rechnungsschnittstelle>

automated system for customs Ddata: <automatisiertes System für Zolldaten (U.S.A.)>

automated ticket and boarding pass: <automatisierte(r) Flugschein und Platzkarte>

automation: <Automation> Gesamtheit der Kenntnisse und Verfahren, die sich mit der Regelung und Steuerung von Systemen befassen. Mit steigender Komplexität beinhaltet die Automation: - die Vorwärts steuerung (automatischer Ablauf), - die Feedbacksteuerung, - die Selbstregelung.

automatism: <Automatismus> Selbstregelung der Wirtschaft durch die individuellen Entscheidungen und Handlungen der einzelnen Wirtschaftsteilnehmer. Die Selbstregelung ist eines der wichtigsten Postulate der klassischen liberalen Schule, die davon ausging, dai3 die Wirtschaftserscheinungen von Naturgesetzen bestimmt sind.

autonomy, financial: <finanzielle Unabhängigkeit> Fähigkeit einer Person oder eines Unternehmers, die finanziellen Verpflichtungen aus eigener Kraft, d.h. durch vorhandene Mittel und Ausschöpfung der Finanzierungsmöglichkeiten zu regeln.

AVE: see *Ad Valoreum Equivalent*

B

backwardation (GB): <Deport> Gegenteil des Reports in mehreren Bereichen des Termingeschäfts. Im Devisentermingeschäft die Differenz zwischen dein Kassakurs und dem tieferen Terminkurs. im Wert-

papiertermingeschäft Entgelt für ein Termingeschäft, bei dem ein Wertpapierinhaber (meist eine Bank) am ursprünglich vereinbarten Liquidationstermin die zur Deckung erforderlichen Wertpapiere leihweise zur Verfügung stellt, so daß die ursprüngliche Transaktion auf einen späteren Liquidationstermin verlängert werden kann.

balance: <Saldo> Differenz zwischen den beiden Summen der Haben- und Sollseite eines Kontos.

balance carried forward: <Saldovortrag> Teil des Gewinns, der weder ausgeschüttet, den Reserven zugewiesen oder sonst verwendet wurde und auf die Konten des nächsten Rechnungsjahres übertragen wird. Überträge von Gewinnteilen werden als Gewinnvortrag, Überträge des gesamten oder Teile des Verlusts als Verlustvortrag bezeichnet.

balance of goods and services: <Waren- und Dienstleistungsbilanz> Teilbilanz der Zahlungsbilanz, Zusammenfassung der Handelsbüanz und der Dienstleistungsbilanz. Die Waren- und Dienstleistungsbilanz enthält sämtliche Güter- und Dienstleistungen, die in einem bestimmten Zeitraum mit dem Ausland ausgetauscht wurden.

balance of payments: <Zahlungsbilanz> A summary statement comparing the money coming into the United States with the amount of money leaving the United States.

Zusammenfassung sämtlicher Transaktionen, die während eines bestimmten Zeitraums zwischen dem Inland und dem Ausland stattgefunden haben. Die Zahlungsbilanz enthält verschiedene Teilbilanzen, von denen die wichtigsten die Handelsbilanz, die Dienstleistungsbilanz, die Leistungsbilanz, die Ertragsbilanz, die Kapitalverkehrsbilanz und die Devisenbilanz sind. Der Begriff Zahlungsbilanz ist insofern irreführend, als die Zahlungsbilanz keine Bestände im Sinne einer Unternehmensbilanz und nicht nur Zahlungen enthält. Die Zahlungsbüanz muß definitionsgemäß stets ausgeglichen sein. Wenn daher von einem Zahlungsbilanzüberschuß oder Zahlungsbilanzdefizit gesprochen wird, bezieht sich diese Aussage auf eine Teilbilanz, in der Regel auf die Devisenbilanz.

balance sheet: <Bilanz> Zu einem bestimmten Zeitpunkt emüttelte Gegemiberstellung der Aktiven und Passiven eines Unternehmens. Die Aktiven stellen das Vermögen des Unternehmens dar, so daß die Aktivseite der Bilanz zeigt, wie die vorhandenen Mittel verwendet werden. Die Aktiven zerfallen in das Anlageverinögen (Grundstücke, Gebäude, Einrichtungen usw.) und das Umlaufven-nögen (Rohstoffe, Hilfsstoffe, Forderungen, Kassabestände usw.). Die Passiven stellen das zur Verfügung stehende Kapital dar, so daß die Passivseite der Bilanz zeigt, woher die vorhandenen Mittel stammen. Die Passiven zerfallen in das Eigenkapital und das Fremdkapital, letzteres wird in der Regel in kurzfristiges und langfristiges Fremdkapital untergliedert. Die Summe der Aktiven und der Passiven muß gleich groß sein. Der Ausgleich wird durch den Gewinn (auf der Passivseite), bzw. den Verlust (auf der Aktivseite) herbeigeführt. Dieser Gewinn oder Verlust stimmt mit dem Saldo der Erfolgsrechnung überein.

BAN: see *Bond Anticipation Note.*

bank: <Bank> Spezialisiertes Unternehmen, das öffentlich von natürlichen und juristischen Personen Gelder gegen Entgelt entgegennimmt und diese Gelder an andere Personen gegen Entgelt weitergibt. Neben dieser bilanzwirksamen Tätigkeit erbringen Banken weitere Leistungen auf dem finanziellen Gebiet, die sich nicht in der Bilanz der Bank niederschlagen, beispielsweise Beratung, Verwaltung von Vermögen usw. Zur Abrundung ihres Leistungsangebots bieten Banken gelegentlich auch bankfremde Leistungen an, beispielsweise durch angeschlossene Reisebüros. Die wesentliche Komponente der Bankentätigkeit beinhaltet jedoch die Entgegennahme, Verwaltung und Weitergabe von Geld. Dabei erfolgt in der Regel eine Fristentransformation und Schaffung von Giralgeld.

Bank Charter Act: <Bank Charter Act> Gesetz, das die Notenausgabe durch die Bank von England regelt. Dieses Gesetz wurde 1844 verabschiedet und wird nach seinem Urheber Sir Robert Peel auch »Peel s Act« genannt.

bank deposits: <Bankeinlagen/Depositen> Gelder, die eine Bank von einem Dritten (dem Einleger) mit oder ohne Entgelt (Zinsen) erhält. Die Bank ist berechtigt, diese Gelder im Rahmen der Banktätigkeit zu verwenden, muß aber dem Einleger einen Kassendienst gewährleisten. Die bei den Banken vorhandenen Einlagen bilden mit Ausnahme der Spargelder und der Termineinlagen einschließlich

der Einlagen in Form von Wertpapieren das Giralgeld im Sinne
der Geldmengenaggregate. Für
die Bank selbst sind die Einlagen, zusammen mit den eigenen
Mitteln, die Finanzierungsmittel
für die an Dritte gewährten
Ausleihungen. Aus diesem
Grund ist das Volumen und die
Zusammensetzung der Einlagen
für die Aktivitäten der Bank von
entscheidender Bedeutung.

bankers acceptances: <Bankak-
zept> A short-term instrument
used to finance import/export
activities. Usually sold at a
discount.

Ein kurzfristiges Instrument, das
im allgemeinen genutzt wird, um
Im- und Export zu finanzieren,
gewöhnlich mit Diskont
verkauft.

**Bank for International Settle-
ments (BIS):** <Bank für
internationalen Zah-
lungsausgleich (BIZ)> 1930 im
Rahmen des Young-Plans
gegründete supranationale Bank
mit Sitz in Basel. Mitglieder der
BIZ sind alle europäischen
Zentralbanken. Die Aufgabe der
BIZ ist die Förderung der
Zusammenarbeit der Zentralbanken, die Schaffung neuer
Möglichkeiten für internationale
Finanzgeschäfte und die Mitwir-
kung als Treuhänder oder
Durchführungsorgan bei
internationalen Zahlungen, die

ihr aufgrund von Verträgen mit
den beteiligten Parteien
übertragen werden. Die BIZ war
seit 1950 im Rahmen der
Europäischen Zahlungsunion
(EZU) und ab 1972 im Rahmen
des Europäischen Währungs-
abkommens (EWA) tätig. Seit
1964 ist die BIZ Geschäftsstelle
des Ausschusses der
Zentralbankgouverneure und seit
1973 Durchführungsorgan des
Europäischen Fonds für
währungspolitische Zu-
sammenarbeit (EFWZ), der im
Rahmen des Europäischen Währungssystems (EWS) eine
koordinierende Funktion hat.

banking school: <Bankschule>
Theorie, gemäß der die
Zentralbanken Zahlungsmittel
entsprechend der jeweiligen
Nachfrage emittieren sollen, da
das Geldvolumen anschließend
durch einen Selbstrege-
lungsmechanismus automatisch
wieder reduziert werde. Diese
von Tooke und Fullarton
entwickelte Theorie führte in
Großbritannien zwischen 1810
und 1844 zu einer heftigen
Kontroverse mit der von Ricardo
vertretenen Currency school.

**banking supervisory
authority:**
<Bankenaufsichtsbehörde>
Staatliche Behörde, die mit der
Kontrolle der Banken und deren

Tätigkeiten beauftragt ist. Die Organisation der Bankenaufsichtsbehörde und die ihr zur Verfügung stehenden Mittel und Instrumente sind von Land zu Land verschieden.

Bank of Economic Cooperation (CCCE): <Zentralkasse für wirtschaftliche Zusammenarbeit> Bankähnliches Institut in Frankreich, das das zentrale Organ der Entwicklungshilfe ist.

bankruptcy: <Konkurs> Durch ein Gericht festgestellte Rechtslage, daß eine Person oder ein Unternehmen zahlungsunfähig ist, was zur Einleitung eines Konkurs- oder Vergleichsverfahrens führt.

bankruptcy proceedings: <Konkursverfahren> Verfahren, durch das die Gläubiger einer Person oder eines Unternehmens, das seine Zahlungsunfähigkeit erklärt hat, gleichzeitig und gleichmäßig aus dem vorhandenen Gesamtvermögen (Konkursmasse) befriedigt werden.

bankruptcy trustee: <Konkursverwalter/Liquidator> Vom Konkursgericht bestellte Person, die während des Konkurs oder Vergleichsverfahrens das betreffende Unternehmen verwaltet, die Aktiven und Passiven ermittelt und die

Gläubigergemeinschaft vertritt.

bank system: <Bankwesen> Die Gesamtheit der Banken und bankähnlichen Institutionen eines Landes. Je nach Land bestehen unterschiedliche Kriterien, welche Banken oder bankähnliche Institutionen zum Bankensystem gezählt werden. In Frankreich umfaßt das Bankensystem gemäß den Währungsbehörden (Bank von Frankreich und Kredit- und Bankenkommission) die eingetragenen Banken, die Volksbanken, die französische Außenhandelsbank und die landwirtschaftlichen Kreditbanken. In der Schweiz umfaßt das Bankensystem die dem Bundesgesetz über und Sparkassen unterstellten Banken und Finanzgesellschaften der Eidgenössischen Bankenkommission. In der Bundesrepublik Deutschland umfaßt das Bankensystem sämtliche Unternehmen, die zumindest eines der in 1 des Kreditwesengesetzes (KWG) aufgezählten Geschäfte betreiben. In Österreich umfaßt das Bankensystem alle Banken und bankähmichen Unternehmen, die dem Bundesgesetz über das Kreditwesen unterstehen.

bar chart: <Balkendiagram> Graphische Darstellung einer Kursentwicklung, wobei jeder Balken die Kursspanne für den angegebenen Zeitraum darstellt.

bargain **price:**
<Sonderangebot> Reduzierter
Preis für ein besonders günstiges
Angebot, zum Beispiel im
Sommerschlußverkauf o.ä..

barometer, **economic:**
<Konjunkturbarometer> Gruppe
von Kennzahlen, und
Indikatoren, die als Gesamtheit
die Wirtschaftslage wider-
spiegeln. Solche Kennzahlen
und Indikatoren sind beispielsweise der
Konsumentenpreisindex, der
Index der industriellen Produktion, Auftragsbestand der
Industrie, Arbeitslosenrate usw.

barter: <Tauschhandel>
Handelsbeziehung, bei der für
die Überlassung eines Gutes
nicht Geld, sondern ein anderes
Gut hingegeben wird. Obwohl
der »Umweg« über das Geld
weltweit die Regel ist, hat der
Tauschhandel als älteste Han-
delsform im Bereich der
internationalen Wirtschaftsbeziehungen nach wie vor eine
nicht unerhebliche Bedeutung.

basis[1]: <Basis/Grundwert> The
cost · or book value of an
investment. The gain or loss on
an investment is the sale price
less the basis. Basis is often
called cost basis.

Der Kosten- oder Buchwert
einer Investition. Der Zuwachs
oder Verlust bei einer Investition

ist der Verkaufspreis abzüglich
der Basis. Bais wird oftmals
auch Kostenbasis genannt.

basis[2]: <Basis/Grundwert> The
difference between the cash
price and the futures price of a
commodity. CASH - FUTURES
= BASIS. Basis also is used to
refer to the difference between
prices at different markets or
between different commodity
grades.

Der Unterschied zwischen
Kassapreis und Terminpreis
einer Ware. KASSA - TERMIN
= BASIS. Von Basis spricht man
auch im Zusammenhang mit
Preisunterschieden an
verschiedenen Märkten oder
zwischen Waren verschiedener
Güteklassen.

basis book: A series of tables
used to determine the dollar
price of a serial municipal bond
issue (quoted on a yield to
maturity basis), or to determine
the yield to maturity on a term
bond (quoted in the same manner as corporate bonds).

Eine Sammlung von Tabellen,
die genutzt werden den
Dollarpreis von Kommunal-
obligation zu ermitteln (die
Notierungen erfolgen auf
Rendite-zu-Fälligkeit Basis),
oder um die Rentdite zur
Fälligkeit bei einem Zeitbond zu
ermitteln.

basis **of** **assessment:**

<Bemessungsgrundlage> Ermittlung und Bewertung des Steuerobjektes als Grundlage für die Berechnung der betreffenden Steuer oder Abgabe.

basis points: <Basis Punkte> 0.01% in yield. Increasing from 5.00% to 5.05%, the yield increases by five basis points. 0,01 Prozent an Rendite.

Wenn die Rendite von 5 auf 5,05 Prozent steigt, dann steigt sie um 5 Basispunkte.

bear¹: <Bär>

bear²: <Baissier> Person, die auf einen Kursrückgang an der Börse setzt.

bear covering: <Baisse Glattstellung> Baissiers stellen ihre Positionen glatt.

bearer: <Halter/Besitzer> Certificates (usually bonds) that are not registered in the holder s name, but are payable to the bearer when due.

Dokumente, die nicht auf den Namen des derzeitigen Besitzers ausgestellt sind, sondern an denjenigen auszahlbar sind, der das Dokument in Händen hält.

bear market: <baissiger Markt> Marktsituation in der die Marktteilnehmer eine Baisse erwarten. Bei folgenden Konstellationen spricht man von einem Baisse Markt: fallende Preise bei steigendem Volumen; steigende Preise bei fallendem Volumen; fallende Preise bei steigendem offenen Interesse; steigende Preise bei fallendem offenen Interesse; Extremfall: fallende Preise bei steigendem Voumen und steigendem offenen Interesse.

bearish: <baissig, baissisch> Marktstimmung, die von Baissiers beherrscht wird.

bear spread: <baisseträchtiger Spread> Sale of near month futures contracts against the purchase of deferred-month futures contract in expectation of a price decline in the near month relative to the more distant month. Example: selling a December contract and buying the more distant March contract. An options spread position that is profitable when price decreases. The position is characteristically entered by purchasing a high strike price option and selling a low strike price option.

Verkauf eines Futures mit nahem Andienungsmonat gegen den Kauf eines Futures mit entfernteren Andienungsmonat in der Erwartung eines Kursverfalls im näheren Andienungsmonat im Verhältnis zum entfernteren. Z.B.: Verkauf eines Dezember Futures and Kauf eines März Futures. Ein Optionsspread der gewinnträchtig ist wenn die Preise fallen. Die Positon wird im allgemeinen mit dem Kauf eines hohen Basispreises gegen den Verkauf eines niedrigeren Basispreises eingegangen.

Bedaux system: <Bedaux system> Vom Amerikaner Charles Bedaux entwickeltes Prämienlohnsystem, bei dem das Arbeitsentgelt anhand einer Normalarbeitsleistung je Minute berechnet wird.

before hours: <vor Geschäftsbeginn>

behaviourism: <Behaviorismus> Wirtschaftswissenschaftliche Schule, die in Anlehnung an den Behaviorismus in der Psychologie und Soziologie die Wirtschaftserscheinungen als Folge des individuellen Verhaltens untersucht und erklärt.

to be hammered: <ugs: festgenagelt, durch jmd anderes festgelegt>

below par: <unter Pari> unter einem glatten Wert, d.h. unter 100. siehe auch *above par.*

Benelux:< Benelux> Abgeleitet von Belgique, Nederland und Luxembourg - Zollunion, deren Mitgliedstaaten Belgien, Holland und Luxemburg sind.

Bernoulli distribution: <Binomialverteilung/Bernoulli-Verteilung>

best-efforts underwriting:

<garantielose Emission> Underwriting without a guarantee to the issuer to sell the securities. The underwriters act as brokers.

Emission ohne Garantie an den Emittanten die zugrundeliegenden Wertpapiere zu verkaufen. Die Emittanten fungieren als Makler.

to be subject to: <etwas ausgesetzt sein; unter der Bedingung, daß>

BET: see *Border Envelope Team*

bet: see *to bet*

to bet, bet/betted, bet/betted: <wetten>

beta[1]: <Beta> A statistical measurement correlating a stock s price change with the movement of the stock market.

Ein statistisches Maß, das die Kursveränderung einer Aktie in Verhältnis zu den Marktbewegungen setzt.

beta[2]: <Beta> A measure correlating stock price movement to the movement of an index. Beta is used to determine the number of contracts required to hedge with stock index futures or futures options.

Eine Maßeinheit, die das Verhältnis zwischen Aktienkursbewegungen und Bewegungen eines Indizes zeigt. Beta dient der Bestimmung der benötigten Anzahl an Verträgen, um die Kurse mit Aktienindizes oder Terminoptionen zu sichern.

beta coefficient: see *beta*[1]

betted: see *to bid,*

BFCE: <siehe Französische Außenhandelsbank>

bias: <Fehler, systematischer/Bias>

to **bid**, bade/bid, bidden/bid: <bieten>

bid: <Gebot/Zahlungsangebot> der Preis, den ein potentieller Käufer für eine Ware/Aktie zu zuzahlen bietet.

bid and ask: <Gebot and Forderung> Zahlungsangebot und Zahlungsverlangen.

bid-price: <Gebotspreis> der vom potentiellen Käufer angebotene Preis für eine Ware/Aktie.

bilateralism: <Bilateralismus>

Organisation des internationalen Handels durch eine Reihe von einzelnen Abkommen, die jeweils zwischen zwei Staaten geschlossen werden. Im Gegensatz zum Multilateralismus erhalten damit die beteiligten Staaten nicht automatisch dieselben Bedingungen.

bill: <Geldschein, Rechung, Gesetzesentwurf>

bill guarantee: <Aval/Wechselbürgschaft> Durch Unterschrift auf dem Wechsel eingegangene Verpflichtung einer Person, die weder Aussteller, Bezogener noch Indossant ist, mit dem eigentlichen Wechselschuldner im Bedarfsfalle solidarisch zu haften. Da ein Wechsel umso sicherer ist, je mehr Personen durch ihre Unterschrift für die Zahlung bürgen, sind Wechsel mit einer oder mehreren Wechselbürgschaften leichter bei einer Bank zu diskontieren.

bill of exchange: <Wechsel> Wertpapier mit gesetzlichen Formvorschriften, in dem der Aussteller (*Trassant*) dem Bezogenen (*Trassat*, Schuldner) die unbedingte Anweisung erteilt, dem Begünstigten eine bestimmte Summe zu einem bestimmten Zeitpunkt zu zahlen.

bill of lading: <1) Konosssement; 2) Frachtbrief> see *freight bill;* Dokument, durch das der Versand einer Ware festgestellt wird. Frachtbriefe sind Beweisurkunden. Bestimmte Arten von Frachtbriefen können in verschiedenen Ländern übertragen und gehandelt werden, haben daher Wertpapiercharakter. Urkunde (Wertpapier), mit der der Kapitän eines Schiffes, bzw. die Schiffsgesellschaft den Erhalt einer Ware, die Transportbedingungen und die Verpflichtung zur Auslieferung der Ware an den rechtmäßigen Konnossementinhaber bestätigt.

bill of loading: <Ladepapiere>

bill, out-of-town: <Distanzwechsel>

bills & money: <Gesetze & Geld>

bimetallismus: <Bimetallismus> Währungssystem, bei dem gleichzeitig zwei Edelmetalle (Gold und Silber) als Währung dienen, bzw. die Währung gleichzeitig gegenüber zwei Edelmetallen definiert ist.

binary number system: <Binärsystem/Dualsystem> Zahlensystem, das auf der Basis 2 aufbaut. Die beiden Grundelemente sind die Zahlen 0 und 1. Das binärsystem wird in der Computertechnologie verwendet, da die Halbleiter nur zwei physikalische Zustände annehmen können und diesen die Werte 0 oder 1 zugeordnet werden.

to bind, bound, bound: <binden>

binomial distribution/Bernoulli distribution: <Binominalverteilung/Bernoulli-Verteilung> Statistische Verteilung mit zwei Parametern. Anwendbar auf wiederholte Zufallsexperimente, bei denen das Eintreten eines bestimmten Ereignisses bei jeder Wiederholung gleich groß ist und die Wiederholungen sich gegenseitig nicht beeinflussen. Beispiel: Würfeln. Die Binomialverteilung mit den Parametern n und p gilt für die diskrete Variable x, wenn die Häufigkeit durch

$$f = C_n{}^x\ p^x\ (1\text{-}p)^{n\text{-}x}$$

n > 1, ganzzahlig und

0 < p < 1 definiert ist.

birth rate: <Geburtenziffer> Maßzahl für die Häufigkeit der Geburten einer Bevölkerung.

BIS: <siehe Bank für Internationalen Zahlungsverkehr (BIZ)>

bit: see *to bite,*

bit: <Bit> Abkürzung für binary digit, also binäre Ziffer. Kleinste Speichereinheit in Computersystemen, die nur die Werte 0 oder 1 annehmen kann.

to bite, bit, bitten: <beißen>

bitten: see *to bite,*

black Friday: <schwarzer Freitag> Bezeichnung für einen kritischen Tag im Börsen- und Bankbereich. Der Schwarze Freitag nimmt Bezug auf verschiedene Börsenkrisen, die jeweils an einem Freitag begannen. Freitag, 11. Mai 1866 in London, infolge des Zusammenbruchs der Bank Overend and Gumey. Freitag, 24. September 1869 in Amerika, infolge eines Corners von Gold.

Der bekannteste Schwarze Freitag, der allerdings ein Donnerstag war, 24. Oktober 1929, Zusammenbruch von Wall Street infolge Aktienspekulationen. Der jüngste Schwarze Freitag, diesmal in Realität ein Montag, ereignete sich am 19. Oktober 1987, als infolge vorheriger Überhitzung die Aktienbörsen weltweit große Verluste hinnehmen mußten.

black market: <Schwarzmarkt> In Zeiten der Rationierung, Preiskontrolle oder allgemeinen Mangels sich bildender inoffizieller Markt, auf dem Güter zu meist stark überhöhten Preisen gehandelt werden. In der Regel ist der Schwarzmarkt verboten und die Teilnahme unter Strafe gestellt.

Bland Allison Act: <Bland Allison Gesetz> Gesetz der Vereinigten Staaten von Amerika vom 28. Februar 1878, durch das der Silberdollar neben dem Golddollar wieder gesetzliches Zahlungsmittel wurde.

bled: see *to bleed*,

to **bleed**, bled, bled: <bluten>

blew: see *to blow*,

BLOC: see *Blue Lighting Operation Center*

blocking minority: <Sperrminorität> Minderheitsbeteiligung am Kapital einer Aktiengesellschaft in einer Höhe, die die Inhaber in die Lage versetzt, sich bestimmten, eine qualifizierte Mehrheit erfordernden Entscheidungen zu widersetzen.

to **blow**, blew, blown: <blasen>

blown: see *to blow*,

blue chip (stocks): <bevorzugte (Aktien)> Stocks of strong, well established corporations with a history of paying dividends in good and bad times.

Amerikanischer Ausdruck für Anlagepapiere eines erstklassigen Unternehmens. Blue chips weisen für den Anleger praktisch keine Risiken auf. Siehe auch Mündelsichere Wertpapiere.

blue list: <blaue Liste> A listing of municipal bonds offered for sale in the secondary market.

Eine Liste von Kommunalobligationen, die auf dem Sekundärmarkt gehandelt werden.

blue list total: <Blaulistensumme> The total par value of the bonds offered for sale on the blue list. This is a measure of the secondary market for municipal bonds.

Der Gesamtnominalwert der Obligationen, die auf der blue list zum Verkauf stehen. Die Summe ist ein Maß des Sekundärmarktes für Obligationen.

blue skying: <behördliche Registratur> The process of registering a new issue with the states.
Der Registrationsvorgang einer Neuemission bei den Behörden.

blue sky laws: <> State securities laws. The name is derived from a court decision in which a state judge held that a particular offering had "no more substance than the blue sky above."
Wertpapiergesetz (US); Der Name stammt von einem Gerichtsurteil, bei dem ein Richter die Meinung vertrat, daß eine gewisses Angebot "nicht mehr Substanz als der blaue Himmel hätte."

board of directors: <Verwaltungsrat> Führungs- oder Überwachungsorgan einer Aktiengesellschaft, das von der Hauptversammlung der Aktionäre gewählt wird. Beachte, daß die Funktion und Organisation des Verwaltungsrates von Land zu Land verschieden und deshalb nur schwer vergleichbar ist. Vergleiche auch Aufsichtsrat und Vorstand.

board order: <>

bond: <Obligation/Schuldver- schreibung> Als Wertpapier ge- staltete, mittel- oder langfristige Schuldverpflichtung.

Entsprechend den jeweiligen Konditionen unterscheidet man folgende Haupttypen von Obligationen: ↳ *Straight bonds* mit festem Zinssatz und Laufzeit. ↳ *Floating rate notes* mit variablem, periodisch neu festgelegtem Zinssatz und fester Laufzeit. ↳ Ewige Renten mit festem Zinssatz und unbe- grenzter Laufzeit. ↳ Wandel- obligationen mit einem Recht, die Obligation innerhalb eines bestimmten Zeitraums in ein anderes Wertpapier umzutau- schen. ↳ Optionsanleihe, mit einem Recht innerhalb eines bestimmten Zeitraums zusätzlich ein anderes Wertpapier erwerben zu können. Das Optionsrecht kann von der Optionsanleihe abgetrennt werden und ist dann separat handelbar (*Warrant*/Optionsschein). ↳ *Zero-bonds* oder Nullprozenter ohne Zinssatz. Die Zero-bonds werden diskontiert ausgegeben. ↳ Doppelwährungsanleihen mit festem, auf eine andere Währung lautendem Zinsbetrag als die Obligation. - ↳ Kassenobligationen oder Kassenanleihen, von einer Bank oder gesetzlich ermächtigten Stelle laufend nach Bedarf ausgegebene Obligationen mit fester Laufzeit und Zinssatz.

bond anticipation note: <vorgezogene Anleihe> A short-term municipal note issued in advance of a long-term bond financing, commonly referred to as a BAN. The BAN is repaid from the proceeds of the bond issue. BAN s are normally general obligations of the issuer.

Eine kurzfristige Kommunalschuldverschreibung im Vorwege einer langfristigen Finanzierung mittels Schuldverbreibung. Wird vielfach BAN genannt. Der BAN wird aus den Erträgen aus der Schuldver-schreibungsemission getilgt. BANs sind gewöhnlich Obligationen des Emittanten.

bond buyer: <Bondkäufer> A publication which contains news of interest to the municipal bond market; also contains worksheets designed to assist syndicates in preparing their bids for an offering.

Eine Publikation, die Nachrichten für und über den Kommunalobligationsmarkt, beinhaltet außerdem Arbeitsblätter, die Syndikaten helfen sollen, ihre Gebote vorzubereiten.

bond, convertible: <Wandelanleihe/Wandelobligation> Obligation, die innerhalb eines bestimmten Zeitraums gegen Aktien umgetauscht werden kann. Im Gegensatz zur Optionsanleihe ist das Wandel-

recht untrennbar mit der Anleihe verbunden.

bonded warehouse: <Zollager>

bondholder: <Inhaber einer Schuldverschreibung>

bond index: An index of 20 high quality, general obligation municipal bonds, also known as the 20 Bond Index.

Ein Index von 20 hochqualitativen allgemeinen Kommunalobligationen, oftmals 20 Bond Index genannt.

bond, index-linked: <Indexanleihe/Indexierte Schuldverschreibung> Schuldverschreibung, bei der der Zinssatz und der Rückzahlungsbetrag an die Entwicklung eines Index (meist Konsumentenpreisindex) gebunden sind. Durch die Indexierung der Schuldverschreibung wird der Anleger vor den Folgen der Geldentwertung geschützt.

bond note: <Zollbegleitschein/-Bürgschaftsschein> Begleitdokument bei bestimmten Warenbewegungen, das eine ausführliche Beschreibung der Waren und der Zollverpflichtungen enthält. Der Zollbegleitschein muß vom Zollpflichtigen und einem Solidarbürgen unterschrieben sein, die sich damit unter Strafandrohung verpflichten, die aufgeführten Auflagen und Verbindlichkeiten fristgemäß zu erfüllen.

bond   swap:
<Anleiheaustausch>   Selling
municipal bonds (usually at a
loss) and using the proceeds to
buy other municipal bonds, to
establish a loss for tax purposes,
to diversify a portfolio, to
increase cash flow, or increase
yield.

Verkauf   von
Kommunalobligationen (meist
mit Verlust) und Verwendung
der   Erträge   um   andere
Obligationen zu kaufen, um
einen Steuerverlust zu erzielen,
ein Portfolio zu diversifizieren,
den Cash Flow zu erhöhen oder
die Rendite zu erhöhen.

bonus   share:
<Tantiementeilung>

book entry: <Bucheintrag> A
bond registration procedure in
which the bondholder does not
receive the physical certificates
held by a depository. The
depository maintains ownership
records and forwards interest
payments.

Eine Bondregistrationsprozedur,
bei der der Inhaber die
Originalzertifikate nicht erhält.
Die   Depotstelle   führt
Inhaberakten und veranlaßt
Dividendenzahlungen.

book value: <Buchwert>

boost: <Ankurbelung>
Maßnahmen   zur

Wiederbelebung   der   Wirtschaftstätigkeit.

bottom: <Boden> Tiefstpunkt
eines Kursverlaufs.

bought: see *to buy*,

bound: see *to bind*,

BP   Option: <Option   auf
Britische Pfund> BP is the
abbreviation for British Pound.
Kürzel für Option auf Britische
Pfund.

branch of business: <Branche>
Alle Produktionseinheiten einer
Wirtschaft, die gleiche oder
ähnliche Produkte herstellen
oder die gleiche oder ähnliche
Tätigkeiten ausüben.

breadth of the market: see *ad-
vance/decline ratio.*

to   **break,**   broke,   broken:
<brechen>

break: <Pause, Unterbrechung>

breakeven   point: <Gewinn-
schwelle/Nutzschwelle> Grenze,
ab der eine wirtschaftliche
Tätigkeit einen Gewinn abwirft,
da die mit der Tätigkeit verbundenen Kosten durch die erzielten
Erträge gerade gedeckt werden.

breakpoint: <Rabattmenge> A
purchase amount that qualifies
for a reduced sales charge for
mutual funds.

Eine Kaufmenge die eine
reduzierte Verkaufsgebühr bei
Obligationen erlaubt (praktisch

ein Mengenrabatt).

breakpoint sale: <Rabattmengenverkauf> A prohibited practice of selling mutual fund shares in an amount just under a breakpoint (usually within $1,000 of a breakpoint).

Verbotene Vorgehensweise beim Oligationsverkauf, bei dem die Anzahl gerade eben unter dem Breakpoint vorgenommen wird (gewöhnlich innerhalb von $1.000).

bred: see *to breed,*

to **breed**, bred, bred: <brüten>

to **bring**, brought, brought: <bringen>

broke: see *to break,*

to be **broke:** <ugs.:pleite sein>

broken: see *to break,*

broker: <Broker/Makler> (see also: *Agent*) An agent who executes trades (buy or sell orders) for customers. He receives a commission for these services. Other terms used to describe a broker include: a) *account executive* (AE), b) *associated person* (AP), c) *registered commodity representative* (RCR), d) *NFA Associate.*

Ein Vermittler, der für Kunden Handel treibt (kauft oder verkauft Orders). Er erhält für diese Dienstleistungen eine Provision. Andere Bezeichnungen, die zur Benennung eines Brokers benutzt werden, sind: a.) Account Executive (AE)<Kontoführer> b.) Associated Person (AP) <beteiligte Person> c.) Registered Commodity Representative (RCR) <zugelassener Warenvermittler> d.) NFA Associate <NFA Geschäftspartner> Person, die gegen Entgelt Marktinformationen beschafft, Ratschläge gibt und ihre Beziehungen auf dem Markt für die Abwicklung von Geschäften zur Verfügung stellt.

brokerage: <Courtage/Maklergebühr> Entgelt, das ein Makler erhält. An der Börse die Vergütung an den Börsenhändler für den Kauf oder Verkauf von Wertpapieren.

brokerage firm: <Maklerfirma>

broker's broker: <Broker eines Brokers> A municipal securities firm that acts as broker for other firms with customers and do not trade their own accounts.

Ein Wertpapierhändler, der als Broker für andere Firmen mit Kunden agiert und keine eigenen Konten handelt.

brought: see *to bring,*

Brussels Tariff Nomenclature: <Brüsseler Tarif Nomenklatur>

BTN: see *Brussels Tariff Nomenclature*

budget: <Budget/Etat> Aufstellung der für einen bestimmten Zeitraum geplanten oder erwarteten Einnahmen und Ausgaben. Das Budget ist ein wichtiges Instrument für die Organisation und Planung der Zukunft, wobei die Nützlichkeit des Budgets von der Zuverlässigkeit und Genauigkeit der zugrundeliegenden Berechnungen abhängt. Budgets werden von Privaten, Unternehmen, öffentlichen Körperschaften und dem Staat aufgestellt. Diese Budgets beziehen sich in der Regel auf ein Jahr, doch werden vor allem in Unternehmen zunehmend auch mittelfristige und langfristige Budgets aufgestellt. In den meisten Unternehmen sind die Budgets verbindlich und allfällige Abweichungen werden nachträglich genau untersucht. Im öffentlichen Haushalt ist das Budget bindend und wird von der Legislative als Gesetz verabschiedet. Überschätzungen auf der Ausgabenseite bedürfen daher einer offiziellen Genehmigung in Form einer Nachtragskreditbewilligung.

budgetary item: <Haushaltstitel> Einzelne Ausgabenposition eines Budgets oder Haushalts. Der Haushaltstitel ist eine Unterredung der Haushaltshaupttitel oder Haushaltskapitel in einzelne Ausgaben.

budgetary item, main: <Haushaltshauptmittel> Unterteilung des Haushaltkapitels in Gruppen von Ausgabenfunktionen.

budget audit: <Haushaltsrechnung> Formelles Gesetz, in dem die tatsächlichen Einnahmen und Ausgaben des vergangenen Haushaltsjahres festgestellt und genehmigt werden.

budget, category of: <Haushaltskapitel> Zusammenfassung der im Haushaltsgesetz vorgesehenen Mittel zur Deckung von Ausgaben für gleichartige Funktionen, die einem Ministerium bewilligt wurden.

budget deficit: <Budgetdefizit> Differenz zwischen den Gesamteinnahmen und den Gesamtausgaben des Staates in einem Rechnungsjahr, wobei die Ausgaben größer sind als die Einnahmen.

budget funds, appropriated: <Haushaltsmittel, zugeteilte> Die im Haushaltsgesetz für einen bestimmten Verwendungszweck vorgesehenen Geldmittel.

budget law: <Budgetgesetz/-Haushaltsgesetz> Gesetz, mit dem für jedes Jahr (meist Kalenderjahr) die gesamten Einnahmen und Ausgaben des Staates geplant und genehmigt werden.

budget, **social:** <Sozialhaushalt> see *social budget*

budget, **special:** <Zusatzbudget/Sonderhaushalt> Spezieller, neben dem Hauptbudget geführter Haushalt, in dem die Einnahmen und Ausgaben bestimmter Verwaltungsabteilungen gesondert geführt werden, um diesen ein gewisses Maß an finanzieller Autonomie zu gewähren. Die Führung von Zusatzbudgets verstößt gegen das Vollständigkeitsprinzip und gegen das Prinzip der Nicht-Zweckgebundenheit des öffentlichen Haushalts.

budget **specialization:** <Budgetspezialität> Grundsatz, daß die in einem Budget vorgesehenen und genehmigten Mittel einem bestimmten Haushaltstitel zugewiesen sind und ausschließlich für diesen Zweck verwendet werden dürfen.

budget **transactions:** <Haushaltsvorgänge> Entsprechend der Trennung des Haushalts in den ordentlichen und den außerordentlichen Haushalt werden bei den Vorgängen abgeschlossene Vorgänge (ordentlicher Haushalt) und dauernde Vorgänge (außerordentlicher Haushalt) unterschieden.

buffer: <Puffer> In der EDV ein Speicher, der zwischen zwei Geräten (z. B. der Zentraleinheit und dem Drucker) geschaltet wird, um die unterschiedliche Geschwindigkeit der Geräte auszugleichen.

to **build,** built, built: <bauen>

built: see *to build,*

bull: <Haussier> Person, die an der Börse auf einen Anstieg der Kurse spekuliert.

bullionism: <Bullionismus> Währungssystem, in dem das Papiergeld vollumfänglich durch Edelmetallbestände, insbesondere Gold, gedeckt ist. Währungstheorie, die die vollumfängliche Edelmetalldeckung des Geldumlaufs fordert.

bullish: <bullisch, steigende Kurse erwartend>

bull **market:** <bullischer Markt>

bull spread: <haussеträchtiger Spread> The purchase of near-month futures contract against the sale of deferred-month futures contracts in expectation of a price rise in the near-month relative to the deferred. One type of bull spread, the *limited risk spread,* is placed only when the market is near full carrying charges. An options spread position that is profitable if the stock price rises. The position is characterized by a low strike price for the long position and a high strike price for the short position.

Erwerb von Terminkontrakten, die in einem der nächsten Monate fällig sind, zu Gunsten des Verkaufs von Terminkontrakten mit Fälligkeit in einem späteren Terminmonat in Erwartung eines Kursanstiegs im nächsten Monat bezogen auf den späteren Monat. Eine Gattung des *Bull Spreads*, der *Limited Risk Spread* wird nur plaziert, wenn sich der Markt nahe der vollen Haltekosten bewegt.

bunching: <Zusammenfassung> Combining two or more *odd lot* orders into one order for a *round lot*.

Kombination von zwei oder mehr "ungeraden" Aufträge zu einem "runden" bzw. "glatten" Auftrag.

buoyant: see *afloat*

Bureau of Export Administration: <Exportaufsichtsbehörde (U.S.A.)>

Bureau of Alcohol, Tobacco and Firearms: <Behörde für Alkohol, Tabak und Waffen (U.S.A.)>

to **burn**, burnt, burnt: <brennen>

burnt: see *to burn*,

burst: see *to burst*,

to **burst**, burst, burst: <platzen, brechen>

business: <Geschäft>

business assets: <Geschäftswert> Der Geschäftswert eines Unternehmens mit allen seinen materiellen und immateriellen Komponenten. Der Geschäftswert entspricht nicht dem Total der Bilanzaktiven, da er auch Werte enthält, die nicht aktivierbar sind, von Gesetzes wegen nicht aktiviert werden dürfen und nicht oder nur schwer bewertbar sind. Die Differenz zwischen dem Geschäftswert und dem Bilanzwert eines Unternehmens wird häufig als (derivativer) *Goodwill* bezeichnet und verkörpert den zusätzlichen Wert eines Unternehmens als wirtschaftliche Ganzheit. Der Geschäftswert beinhaltet materielle und immaterielle Bestandteile. Materielle Bestandteile sind in erster Linie Material, Werkzeuge, Einrichtungen und Maschinen usw., die für die Geschäftätigkeit eingesetzt werden. Immaterielle Bestandteile sind die Stamm- und Laufkundschaft, der Firmenname, Markenrechte des Unternehmens, bestehende Mietverträge, behördliche

Genehmigungen und Rechte, Urheberrechte, Patente, Lizenzen, Abnahmeverpflichtungen Dritter usw.

business cycle: <Geschäftszyklus> A recurring cycle of economic conditions starting with credit expansion, economic activity becomes feverish, then depressed. Recovery occurs when the malinvestments and maladjustments have been corrected.

Ein sich wiederholender Zyklus wirtschaftlicher Entwicklung, der mit einer Vergrößerung des Kreditvolumens, die wirtschaftlichen Aktivitäten werden hektisch und werden dann rückläufig.

business enterprise: <Unternehmen> see *company*

business expenses: <Geschäftsausgaben>

business sector (social accounting, GB/national accounting, US): <Unternehmen (volkswirtschaftliche Gesamtrechnung)> Sektor in der volkswirtschaftlichen Gesamtrechnung, der alle Wirtschaftsteilnehmer umfaßt, die auf dem Markt in erster Linie als Anbieter von Gütern und Dienstleistungen auftreten. Der Sektor Unternehmen wird in der Regel in zwei Teilsektoren gegliedert, nämlich

ProduktionsUnternehmen, deren Haupttätigkeit die Herstellung von Gütern und Dienstleistungen ist, und Finanzunternehmen (Banken, Versicherungen), deren Haupttätigkeit die Lenkung von Finanzströmen ist.

buy: <Kauf>

to **buy,** bought, bought: <kaufen>

buyer: <Käufer>

buyer s market: <Käufermarkt>

buyer's option: <Käufers Options> A contract giving the buyer the right to specify a later date on which to settle the trade. The specified date must be from six business days to sixty calendar days after the trade date.

buyer's over: <Käufers Aufschlag>

buy in: <Einkauf (in ein Unternehmen)>

buying hedge: <Kaufabsicherung>

buying power: <Kaufkraft> In a margin account, the dollar amount of securities the customer may purchase without making a cash deposit.

Auf einem Marginkonto der Dollarwert der Wertpapiere, die ein Kunde kaufen kann, ohne eine Bareinlage machen zu müssen.

buy MIT order: see *MIT order*

buy on close: <Kauf bei Börse-schluß> Ein Kaufauftrag eine *short Position* zum Schlußkurs zu schließen; oder seltener eine *long Position* zu eröffnen.

buy on opening: <Kauf bei Bör-seneröffnung> Ein Kaufauftrag eine *long Position* zu Eröffnungskurs zu öffnen; oder seltener eine *short Position* zu schließen.

buy order: <Kaufauftrag> Auftrag eine *long Position* zu eröffnen oder eine *short Position* zu schließen

buy stop: <Kaufstop> An order to buy a security if it trades at or above a trigger price. Often used to limit a loss or protect a profit in a short stock position.

Ein Auftrag ein Wertpapier zu kaufen, wenn es zu oder über einem festgelegten Auslösekurs gehandelt wird. Die *Buy Stop Order* wird meist genutzt, um einen Verlust zu begrenzen oder einen Gewinn bei einer *short*

Position zu sichern.

buy stop limit order: <bedingter Kaufstop Auftrag>

buy stop order: <Kaufstop Auftrag>

buy up: <Aufkauf, spekulativer> Systematischer Kauf eines Gutes mit dem Ziel, das Angebot auf dem Markt zu verkleinern und die durch die Verknappung steigenden Preise auszunützen. Voraussetzung für die Gewinnerzielung durch Aufkauf ist, daß das betreffende Gut unverändert nachgefragt wird, also nicht substituierbar ist, und vorn Aufkäufer in kontrollierbaren Mengen auf dein Markt angeboten werden kann. Unter normalen Umständen ist dieses Vorgehen in entwickelten Wirtschaften praktisch nicht möglich, doch bestehen auf bestimmten Terminmärkten spektakuläre Beispiele (vgl. Corner).

BXA: see *Bureau of Export Administration*

bylaws: <Hausordnung>

C

CAD: <CAD> Abkürzung für *Computer-Aided Design*. Einsatz der Computertechnologie für Entwurf, Entwicklung und Ausgabe von zwei- oder dreidimensionalen Darstellungen im Bereich der Architektur, des Bauwesens, des Maschinen- und Anlagenbaus.

CAD/CAM: see *Computer Aided Design/Computer Aided Manufacturing*

calendar spread: <Kalenderspread> An options spread position with the same strike prices, but different expiration months. Calendar spreads are entered to take advantage of the decay of time premium.

Eine Optionsstreuungsposition mit den selben Basispreisen aber unterschiedlichen Andienungsmonaten. Kalenderspreads werden eingegangen, um aus dem Verfall des Zeitwert zu profitieren.

call: see *call option*

callable securities: <abrufbare Wertpapiere> Securities that may be bought back by the Issuer before they are due, usually at a premium over the par value. Many bonds and preferred stocks are callable.

Wertpapiere, die vom Emittanten vor dem Fälligkeitsdatum zurückgekauft werden können, was gewöhnlich eine Prämie über dem Nominalwert erfordert. Viele Bonds und Vorzugsaktien sind abrufbar.

call option: <Kaufoption> An option contract that gives the holder the choice to buy the stock and the writer the obligation to sell the stock at a specified price. A contract giving the buyer the right to purchase something within a specified period of time at a specified price. The seller receives money (the premium) for the sale of this right. The contract also obligates the seller to deliver, if the buyer exercises his right to purchase.

Ein Vertrag gibt dem Käufer das Recht, etwas zu einem spezifischen Preis innerhalb eines gewissen Zeitraumes zu kaufen. Der Verkäufer erhält Geld (die Prämie) für den Verkauf dieses Rechtes. Der Vertrag verpflichtet den Verkäufer gleichfalls zur Lieferung, wenn der Käufer sein Recht geltend macht.

call rate:
<Brokerkreditzinssatz> The rate of interest banks charge broker/dealers on loans collateralized by securities, often called the broker loan rate.

Zinssatz, den Banken Brokern/Wertpapierhändlern auf durch Wertpapiere gesicherte Kredite berechnen.

call spread:
<Kaufoptionsspread> An options spread position in which the customer is long a call and short a different call on the same underlying security.

Ein Optionsspread, bei dem der Kunde eine Kaufoption kauft und eine andere verkauft.

CAM: <CAM> Abkürzung für *computer-aided manufacturing.* Einsatz der Computertechnologie im Bereich der industriellen Herstellung, beispielsweise zur Steuerung von Maschinen oder Anlagen.

cambridge equation:
<Cambridge Gleichung> Mathematische Gleichung, die besagt, daß in einem Wirtschaftssystem die Geldmenge gleich dem Preisniveau für Konsumgüter multipliziert mit der Summe aus Bargeldnachfrage und der um

die Reservenhaltung der Geschäftsbanken bereinigten Giralgeldnachfrage sein muß.

came: see *to come,*

can, could: <können [Hilfsverb]>

Canadian-Caribbean Basin Initiative: <Kanadisch-Karibische Initiative>

canadian interest cost: see *true interest cost.*

CAPIS: see *Customs Accelerated Passenger Inspection System*

capital: <Kapital> see *principal*

capital gain: <Kapitalertrag> A gain recognized when a security is purchased at one price and sold at a higher price. It does not include dividend or interest income.

Ein Ertrag, der sich ergibt, wenn ein Wertpapier zu einem höheren Preis verkauft wird als es gekauft wurde. Zinsen und Dividenden sind nicht Teil des Kapitalertrags.

capital increase out of retained earnings: <Kapitalerhöhung aus Gesellschaftsmitteln> Erhöhung des Grundkapitals, bei der die Liberierung durch Verrechnung mit den Reserven des Unternehmens erfolgt. Die vorhandenen Reserven eines Unternehmens werden damit Bestandteil des Nominalkapitals, wodurch sich aber die eigenen Mittel eines Unternehmens nicht erhöhen.

capital investment company: <Kapitalanlagegesellschaft> Rechtlich selbständiges Unternehmen, dessen Zweck - ähnlich wie beim Anlagefonds - die gewinnbringende Anlage und Verwaltung des von den Teilhabern eingebrachten Kapitals in Form von Wertpapieren und Immobilien ist. Im Gegensatz zur Holdinggesellschaft steht bei den Beteiligungen an anderen Unternehmen nicht die unternehmerische Einflußmöglichkeit, sondern die Möglichkeit einer Ertragserzielung im Vordergrund.

capitalism: <Kapitalismus> Wirtschaftssystem, das auf dem Privateigentum der Produktionsmittel, dem individuellen Erwerbsstreben und dem Wettbewerbsprinzip aufbaut. Im weiteren Sinne das Wirtschaftssystem selbst, bei dem der Eigentümer von Produktionsmitteln in der Regel nicht mit dem Benutzer identisch ist. Während der Eigentümer der Produktionsmittel diese zur Erzielung eines Gewinns einsetzt, stellt der Arbeitende seine Arbeitskraft gegen Zahlung eines Lohns zur Verfügung. Das kapitalistische System entstand im 17. Jahrhundert in seiner merkantilistischen Ausprägung. Im 18. Jahrhundert entstand der Industriekapitalismus, der vor allem durch einen freien Wettbewerb gekennzeichnet war. Die Notwendigkeit, immer größeres Kapital zur Erhaltung der Produktivität einzusetzen, führte zur Bildung eines »Gruppenkapitalismus«, d.h. zum tendenziellen Zusammenschluß von Unternehmen. Die dem Staat nach und nach übertragenen Aufgaben und die Notwendigkeit, in die Mechanismen einzugreifen, führte zur Bildung eines öffentlichen Industriesektors, der als Ausgangspunkt eines Staatskapitalismus gesehen werden kann.

capitalist: <Kapitalist> Person, die - ℟ in ein Unternehmen Kapital (Geld oder Sachkapital) einbringt, und/oder - ℟ Produktionsmittel besitzt, die von anderen produktiv eingesetzt werden, und/oder - ℟ ein Unternehmen oder unternehmensähnliches Gebilde leitet und/oder - ℟ Besitzrechte verleihende Wertpapiere besitzt.

capitalistic: <Kapitalistisch> Merkmal für die Trennung von Einsatz und Besitz von Produktionsmitteln; in der Art und Weise des Kapitalisten.

capitalization (insurance):
<Kapitalisierung (Versicherung)> Im Versicherungswesen verwendetes Verfahren, bei dem das bei Fälligkeit ausgezahlte Kapital aufgrund der Beitragszahlungen des Versicherten oder der Zahlungen eines Dritten zugunsten des Versicherten unter Berücksichtigung verschiedener Faktoren berechnet wird. In Zeiten stabilen Geldwerts oder nur geringer Inflation ist die Kapitalisierungsmethode zielführend. In Zeiten hoher Inflation hingegen reduziert sich die Kaufkraft des ausgezahlten Kapitals, so daß der Versicherungszweck für den Versicherten nicht erreicht wird.

capitalization, market: <Börsenkapitalisierung> Gesamtwert eines Unternehmens, berechnet aufgrund der Börsenkurse der Beteiligungspapiere des Unternehmens.

capitalization:
<Kapitalisierung> The long-term financing of a corporation, including the shareholder's equity section of the balance sheet plus long-term bonds outstanding.

Die langfristige Finanzierung eines Unternehmens, inklusive des Aktienkapitals und ausstehender Anleihen.

capital, legal: <Grundkapital, statutarisches> Das statutarisch festgelegte Kapital kann voll oder nur teilweise einbezahlt werden.

capital, monetary: <Geldkapital>

capital reduction: <Kapitalherabsetzung> Verminderung des Grundkapitals eines Unternehmens.

capital stock: <Grundkapital> Gesamtwert der Einlagen, die die Eigentümer eines Unternehmens diesem auf Dauer zur Verfügung stellen. Nach der Gründung besteht das Grundkapital aus der Summe der eingebrachten Einlagen, bzw. der Einlagen, zu deren Einbringung sich die Gründer verpflichtet haben. Die Einlagen können in Form von Bareinlagen, also liquiden Mitteln, oder in Form von Sacheinlagen (Grundstücke, Maschinen, Rechte) eingebracht werden. Während des Bestehens des Unternehmens kann das Grundkapital durch Kapitalerhöhungen oder Kapitalherabsetzungen verändert werden. Während Kapitalerhöhungen durch bloßen Beschluß der Gesellschafter oder Aktionäre durchgeführt werden können, unterliegen Kapitalherabsetzungen aus Gründen des Gläubigerschutzes speziellen Gesetzesbestimmungen. Die Liberierung von zusätzlichem Grundkapital kann durch Bareinlagen, durch Sacheinlagen, durch Umwandlung von bestehenden Reserven oder Umwandlung von Schulden, wodurch die ehemaligen Schuldner Teilhaber werden, erfolgen.

capital transactions, balance of: <Kapitalverkehrsbilanz> Teilbilanz der Zahlungsbilanz; Die Kapitalverkehrsbilanz enthält sämtliche Kapitalflüsse während eines bestimmten Zeitraums, die zwischen dem Inland und dem Ausland erfolgten. In der Regel wird die Kapitalverkehrsbilanz in zwei Teilbilanzen, nämlich die kurzfristige und die langfristige Kapitalverkehrsbilanz unterteilt. Die Kapitalverkehrsbilanz ist eine Zusammenstellung der Entstehung, Veränderung und Zusammensetzung der Forderungen und Verbindlichkeiten zwischen dem In- und Ausland.

capital, variable: <variables Kapital> Bezeichnung für den Produktionsfaktor Arbeit in der marxisitischen Wirtschaftstheorie. Der Produktionsfaktor Arbeit wird als variables Kapital angesehen, weil der Einsatz dieses Produktionsfaktors im Produktionsprozeß das Entgelt für die Arbeit und den Mehrwert

entstehen läßt. Gegenteil ist das konstante Kapital.

capital, venture: < Venture Kapital/Wagniskapital> Risikokapital, das einem sich im Aufbau befindlichen Unternehmen vorübergehend zur Verfügung gestellt wird. Vergleiche *Wagniskapitalgesellschaft*.

card reader: <Lochkartenleser> Peripheriegerät eines Computers zur Eingabe von Daten, die auf speziellen Karten, den Lochkarten, erfaßt sind. Die Dateneingabe mittels Lochkartenleser ist die älteste, um 1900 entwickelte Form, die heute zunehmend durch Datenerfassung über Terminals abgelöst wird. Für spezielle Zwecke wird aber der Lochkartenleser nach wie vor verwendet. Die Lochkarte ist eine Karte mit standardisierter Größe, die in 12 Zeilen zu je 80 Kolonnen eingeteilt ist. Die Daten werden in Form von bestimmten Lochkombinationen eingestanzt und vom Lochkartenleser in elektronische Signale umgewandelt.

cargo manifest: <Ladungsmanifest> Liste sämtlicher geladener Güter eines Schiffes (oder eines Flugzeugs). Wichtiges Dokument in der Seeschiffahrt, das für die summarische Verzollung benötigt wird.

Caribbean Basin Economic Recovery Act: <Karibisches Wirtschaftswiederbelebungsgesetz>

Caribbean Basin Initiative: <Karibische Initiative>

Caribbean Common Market: <Karibischer Gemeinschaftsmarkt>

CARIBCAN: see *Canadian-Caribbean Basin Initiative*

CARIBCOM: see *Caribbean Common Market*

carrying broker: <>

carrying charges: <Haltekosten, Lagerhaltungskosten> The cost of storing a physical commodity, consisting of interest, insurance, and storage fees. Carrying costs usually are reflected in the difference between the futures prices for different delivery months.

Die Kosten für die Lagerung einer materiellen Ware, bestehend aus Zinsen, Versicherung und Lagergebühren. Die Haltekosten finden sich normalerweise in der Differenz zwischen den Terminkursen für unterschiedliche Terminmonate wieder.

to carry over, carried, -ed: <übertragen>

carryover funds: <Budgetübertragung> Übertragung von Budgetmitteln, die für ein bestimmtes Jahr bewilligt waren aber nicht verwendet wurden, auf das Budget des nächsten Jahres.

cartel: <Kartell> Vertragliche Zusammenschlüsse von wirtschaftlich und rechtlich selbständigen Unternehmen zur Beeinflussung des Marktes durch Wettbewerbsbeschränkungen. Kartellvereinbarungen können die Verkaufskonditionen, Kalkulationsverfahren, Absatzpreise, Absatzmengen, Produktionsmengen, Absatzgebiete, Gewinnverteilung usw. betreffen.

cartel agreement: <Kartellabsprache> Abkommen zwischen zwei oder mehreren Unternehmen, durch das eine Aufgabenteilung, Koordinierung von Entscheidungen, Abstimmung der Unternehmenspolitik, Aufteilung von Märkten u.ä. zur Verringerung der Konkurrenz zwischen den Unternehmen vereinbart wird. Kartellabsprachen können durch mündliche oder vertragliche Vereinbarungen geschlossen werden und sich auf lokale, regionale oder nationale Ebene beziehen. Unterschieden werden horizontale und vertikale Kartellvereinbarungen. Bei den horizontalen Kartellabsprachen handelt es sich um Vereinbarungen zwischen Unternehmen derselben Produktionsstufen, bei den vertikalen um Vereinbarungen zwischen Unternehmen verschiedener Produktionsstufen. Auf internationaler Ebene wurden besonders wirkungsvolle Kartellabsprachen zwischen nationalen und internationalen Unternehmensgruppen geschlossen, gegen die in der Havanna-Charta von 1948 und im Rahmen der Europäischen Gemeinschaft für Kohle und Stahl bestimmte Schutzmaßnahmen getroffen wurden. In allen Industrieländern wurde versucht, die Kartellabsprachen zu regeln und deren Zulässigkeit von bestimmten Bedingungen abhängig zu machen. Grundgedanke ist dabei, daß Kartellabsprachen, die die Beschränkung des Wettbewerbs durch Verringerung der Konkurrenz zur Folge haben, volkswirtschaftlich schädlich sein können, jedoch unter gewissen Voraussetzungen im Sinne einer geordneten Konkurrenzsituation auch Vorteile aufweisen. Kartellabsprachen können daher nicht von vornherein als gut oder schlecht angesehen werden.

cash: <Bargeld> Aus Münzen und Noten bestehende Zahlungsmittel.

cash and carry: <zahl und nimm mit>

cash-box: <Kasse>

cash commodity: <Kassaware, Lokoware> a physical commodity, as distinguished from a futures contract, which calls for the delivery of the "cash commodity" during the delivery period.

Die materielle Ware im Gegensatz zum Terminkontrakt, der zur Lieferung der "Kassaware" während des Andienungszeitraumes auffordert.

cash contract: <Kassavertrag>

cash flow: <Kashflow> The net profits or losses of a business plus non-cash expenses such as depreciation, amortization, and depletion.

Der Finanzüberschuß eines Unternehmens, d.h. jener Teil des Ertrags, der die reine Aufwanddeckung übersteigt. Der Kashflow besteht aus dem Reingewinn, den Abschreibungen, den Zuführungen zu den Rücklagen und den Rückstellungen. Der Cash flow ist eine wichtige Kennzahl zur Beurteilung des finanzwirtschaftlichen Potentials eines Unternehmens, nämlich insbesondere die Fähigkeit des Unternehmens, Investitionen zu -finanzieren, Schulden zu tilgen und Gewinn auszuschütten.

cash forward purchase: <Kaufvertrag mit zukünftiger Lieferung>

cash forward sale: <Verkaufsvertrag mit zukünftiger Lieferung>

cash in hand: <Kassenbestand>

cash management: <Tresorerie/Kassenführung> siehe Tresorerie; Alle Handlungen, die sich auf die optimale Bewirtschaftung der flüssigen Mittel und die Sicherstellung der Zahlungsbereitschaft eine Unternehmens oder einer öffentlichen Körperschaft beziehen.

cash market: <Kassamarkt>

cash market price: <Kassapreis>

cash on delivery (COD): <per Nachnahme, Zahlung bei Lieferung>

cash price: <Kassapreis>

cash settlement: <Barabrechnung> A trade that is settled on the same day as the trade date.

Eine Handlung, die noch am gleichen Tag abgerechnet wird.

cash transactions: <Bargeschäft>

to cast, cast, cast: <besetzen, gießen (z.B. in Bronze)>

cast: see *to cast*,

catastrophe call:

<Katastrophenklausel> A provision in the trust indenture of a bond issue that allows the issuer to call the bonds if the facility is destroyed by a natural disaster. It is usually called at par.

Eine Klausel in einem Anleihevertrag, die dem Emittanten erlaubt, die Anleihe rückzurufen, sollte das finanzierte Objekt einer Katastrophe zum Opfer fallen.

to catch, caught, caught: <fangen>

caught: see *to catch*,

CBEMA: see *Computer Business Equipment Manufacturers Association*

CBERA: see *Caribbean Basin Economic Recovery Act*

CBI: see *Caribbean Basin Initiative*

CBOE: see *Chicago Board Options Exchange.*

CBOT: see *Chicago Board of Trade*

CC: see *Chief Counsel*

CCC: see *Customs Cooperation Council*

CCCE: <siehe Zentralkasse für wirtschaftliche Zusammenarbeit>

CCCN: see *Customs Cooperations Council Nomenclature*

CCL: see *Commodity Control List*

CCNAA: see *Coordination Council for North American Affairs*

CD¹: see *Customs Decision*

CD²: see *Certificate of deposit.*

CE: see *Consumption Entry*

CEBB: see *Customs Electronic Bulletin Board*

ceiling: <Plafond> Höchster möglicher oder zulässiger Wert einer Variablen, beispielsweise einer Menge, eines Preises oder eines Kurses.

census: <Erhebung> see *inquiry/survey;* Statistische Vorgehensweise, bei der eine Zählung der statistischen Einheiten erfolgt und eine bestimmte Anzahl von Merkmalen über diese Einheiten gesammelt werden. Beispiel: Volkszählung, bei der Angaben über Alter, Geschlecht, Einkommen usw. der erfaßten Personen gesammelt werden.

census automated export reporting program: <automatisiertes Exportaufzeichnungsprogramm (U.S.A.)>

center (US)/centre (GB): <Zentrum> Allgemein der Konvergenzpunkt einer bestimmten Anzahl von Tätigkeiten oder von Strukturen. Im Wirtschaftsbereich wird der Begriff Zentrum in verschiedenen Zusammenhängen verwendet, beispielsweise Finanzzentrum, Entscheidungszentrum usw.

Center Latin America/Carribean Business Development Center, U.S. Department of Commerce: <Lateinamerika Zentrum/Karibisches Wirtschaftsentwicklungszentrum, U.S. Handelsministerium (U.S.A.)>

centralbank: <Zentralbank> Zur Notenausgabe und zur direkten und indirekten Steuerung der Geldmengen berechtigte Bank eines Landes. Die Bezeichnung Zentralbank wird heute der Bezeichnung Notenbank vorgezogen. Hauptaufgaben einer Zentralbank sind in der Regel die Wahrung der Währungsstabilität und die Regelung des Geldumlaufs unter Berücksichtigung des Wirtschaftswachstums. Die Zentralbank fungiert als Zentrale des Bankensystems und regelt in dieser Funktion die Liquiditäten und die gegenseitige Abrechnung zwischen den Geschäftsbanken. Die Zentralbank tritt als Vertreter bei den anderen Zentralbanken und den einschlägigen internationalen Organisationen auf.

central credit surveillance: <Kreditüberwachungszentrale>

Zentrale Stelle der Banken, die für jeden Kreditnehmer die von den verschiedenen Banken erteilten Kredite erfaßt und somit einen Gesamtüberblick über die Kreditverpflichtungen der Kunden ermöglicht.

Centralized Examination Stations: <zentralisierte Untersuchungsstationen (U.S.A.)>

centre: see *center*

CEO see *Chief Executive Officer*

certificate

Certificate of Deposit: <Termineinlage> A large time deposit with a bank, having a specific maturity date stated on the certificate. CDs usually are issued with $100,000 to $1,000,000 face values.

Eine längerfristige Einlage bei einer Bank über eine bestimmte Laufzeit, die auf dem Beleg angegeben ist. CDs werden normalerweise zu einem Nennwert von $ 100.000 bis 1.000.000 herausgegeben.

certificate of limited partnership: <"Handelsregisterauszug"> A document stipulating the provisions of a limited partnership. It must be filed with the secretary of state in the state in which the partnership is formed. Filing the certificate creates the limited partnership.

Urkunde, die Bedingungen einer Gesellschaft mit beschränkter Haftung festlegt. Die Urkunde muß beim Amtsgericht (in den U.S. beim Innenministerium) hinterlegt werden. Eintragung ruft die Gesellschaft ins Leben.

certificate of origin: <Ursprungszeugnis> Von einer Behörde ausgestelltes Dokument, das den Ursprung (Herstellungsort oder Versandort) einer Ware bescheinigt. Ursprungszeugnisse werden im Außenhandel benötigt, insbesondere wenn den Waren bestimmter Herstellerländer Zollvorteile eingeräumt werden.

certified accountant: see *auditor*

certified cheque: <bankbestätigter Scheck>

certified public accountant: <Wirtschaftsprüfer> see *auditor*

to **certify:** <be(ur)kunden>

CF: see *Customs Form*

CFCE: <siehe Französisches Außenhandelszentrum>

CFEC: see *Commercial Fraud Enforcement Center*

CFR: see *Code of Federal Regulations*

CFTA: see *U.S./Canada Free Trade Agreement*

CFTC see *Commodity Futures Trading Commission*

characteristic: <Merkmal> In der Statistik: Eigenschaft eines Elements, anhand dessen es von anderen Elementen einer statistischen Gesamtheit unterschieden werden kann. Die Beschreibung einer statistitschen Gesamtheit erfolgt anhand bestimmter Merkmale ihrer Elemente. Bei der Bevölkerung könnte beispielsweise das Alter, das Geschlecht, der Ausbildungsstand, bei einem Unternehmen der Gewinn, der Personalbestand, die jährlichen Abschreibungen usw. als Merkmal verwendet werden.

charges, compulsory: <Zwangsabgaben> Die gesamten Steuern, Abgaben und Sozialabgaben, die von den Steuerobjekten (natürliche Personen, Unternehmen) entrichtet werden müssen.

chart: <Graphik>

chartered accountant: <Rechnungsprüfer/Wirtschaftsprüfer> see *auditor*

charting: <das Erstellen einer Graphik>

check (US): <Scheck> An bestimmte · Formvorschriften gebundene Anweisung eines Kontoinhabers an seine Bank, dem Inhaber oder Begünstigten des Schecks bei dessen Vorlage eine bestimmte Geldsumme auszubezahlen oder gutzuschreiben. Der Scheck ist eines der wichtigsten Instrumente für den bargeldlosen Zahlungsverkehr.

check, certified (US): <bestätigter Scheck> Scheck, bei dem die Bank des Ausstellers garantiert, daß der Betrag bis zum Ablauf der gesetzlichen Vorlegungsfrist dem Scheckinhaber ausbezahlt wird. Die häufigste Form der Scheckbestätigung erfolgt heute durch die Vorlage der Scheckkarte, durch die die Bank garantiert, jeden Scheck, unabhängig von der vorhandenen Deckung, bis zu einem bestimmten Betrag auszuzahlen.

check, deposit-only: <Verrechnungsscheck> Scheck, der auf der Vorderseite den Vermerk »nur zur Verrechnung«, »nur zur Gutschrift« u.ä. trägt. Die Streichung dieses Vermerks gilt als ungeschehen.
Verrechnungsschecks dürfen nicht bar ausbezahlt, sondern nur gutgeschrieben werden. see also *cheque, crossed*

checking account: <Girokonto> Konto bei einer Bank, über dessen Guthaben der Kontoinhaber durch Ausstellung von Schecks verfügen kann. In der Regel werden Guthaben nicht oder nur geringfügig verzinst.

cheque (UK): <Scheck> see *check*

cheque, crossed (UK): <Verrechnungsscheck> Scheck, der vom Aussteller durch zwei parallele Striche gekennzeichnet wurde. Ein gekreuzter Scheck darf von der bezogenen Bank nur an einen ihrer Kunden oder einer anderen Bank ausbezahlt werden. Scheck, der auf der Vorderseite den Vermerk »nur zur Verrechnung«, »nur zur Gutschrift« u.ä. trägt. Die Streichung dieses Vermerks gilt als ungeschehen. Verrechnungsschecks dürfen nicht bar ausbezahlt, sondern nur gutgeschrieben werden.

cheque, marked (UK): <bestätigter Scheck> see *check, certified*

Chicago Board Options Exchange: <> The largest options exchange. Die größte Optionsbörse der U.S.

chid: see *to chide,*

chidden: see *to chide,*

to chide, chid, chid/chidden: <ermahnen>

Chief Counsel: <führender Rechtsanwalt (U.S.A.)/führender Rechtsbeistand (U.S.A.)>

Chief Executive Officer: <Generaldirektor, o.ä.>

chip: <Chip> Wichtigster Baustein eines Computers. Der Chip besteht aus Silizium, auf dem eine hohe Anzahl elektronischer Halbleiter angebracht sind. Moderne Chips weisen eine Kapazität von ungefähr 100000 Bit je Quadratzentimeter auf.

to choose, chose, chosen: <wählen>

chose: see *to choose,*

chosen: see *to choose,*

chronogram: <Chronogramm> Diagramm einer Zeitreihe.

chrysohedonism: <Chrysohedonismus> Wirtschaftstheorie, derzufolge der Reichtum der Nationen auf der ihnen verfügbaren Menge von Edelmetallen, insbesondere Gold, beruht.

CI: see *Customs Inspector*

CIF (cost, insurance, freight): <Kosten, Versicherug, Fracht> Abkürzung für *cost, insurance, freight.* Vertragsklausel, mit der festgelegt wird, daß die Versicherungs- und Transportkosten einschließlich der Verlade- und Entladekosten im Preis der Ware enthalten sind, d.h. vom Verkäufer übernommen werden.

CIS: see *Customs Issuance System*

CIT: see *Court of International Trade*

CITA: see *Committee for the Implementation of Textile Agreements*

clad: see *to clothe,*

class: <Klasse, Schul~, Gesell-schafts~>

classic: <Klassiker> Vertreter der klassischen liberalen Schule. Der Begriff wird auf die ursprüngliche Form des Liberalismus angewendet, wie er in den Wirtschaftswissenschaften Ende des 18. und 19. Jahrhunderts vertreten wurde. Gemäß der klassischen Vorstellung ist das Objekt der Wirtschaftswissenschaften die Erforschung der Naturgesetze, die - sofern von außen keine Störungen erfolgen - das wirtschaftliche Gleichgewicht garantieren.

classical: <Klassisch> In den Wirtschaftswissenschaften für die liberale Schule verwendet.

class of Options: <Optionsklasse> Options of the same type (put or call) on the same underlying security.

Optionen der gleichen Art (Put oder Call) auf die gleiche zugrundeliegende Ware.

class, social: <Gesellschaftsschicht>

class warfare: <Klassenkampf> Gegensatz zwischen den verschiedenen Klassen der menschlichen Gesellschaft, der im Marxismus als geschichtliche Tatsache angesehen wird.

clause, most favored nation:

<Meistbegünstiogungsklausel>

to clear, -ed, -ed: <freimachen, verrechnen>

clearing: <Aufrechnung/Clearing/Verrechnung> Verfahren zur Begleichung von Verpflichtungen zwischen zwei oder mehreren Parteien, die jeweils gleichzeitig gegenseitig Schuldner und Gläubiger sind. Die jeweiligen Forderungen und Verpflichtungen werden miteinander aufgerechnet und nur der resultierende Nettosaldo bezahlt. Für den Zahlungsverkehr zwischen den Banken bestehen in den meisten Ländern spezialisierte Clearingstellen, die die Verrechnung der Gutschriften und Belastungen vornehmen.

clearing fees: <Verrechnungsgebühren>

clearing firm: <Verrechnungsfirma>

clearinghouse: <Liquidationskasse, Verrechnungsstelle> An agency associated with an exchange which guarantees all trades, thus assuring contract delivery and/or financial settlement. The clearinghouse becomes the buyer for every seller, and the seller for every buyer.

Eine der Börse angeschlossene Dienststelle, die den Handel gewährleistet und somit für vertragsgemäße Lieferung und/oder finanzielle Abrechnung sorgt.

clearing margin: <Verrechnungsmargin/Clearingmargin>

clearing member: <Mitglieder der Liquidationskasse> A clearinghouse member responsible for executing client trades. Clearing members also monitor the financial capability of their clients by requiring sufficient margins and position reports.

Das *Clearing Member* ist für die Ausführung der Geschäfte der Klienten verantwortlich. *Clearing Members* überwachen ebenfalls die Finanzkraft ihrer Kunden durch Anforderung ausreichender *Margin* und *Positionreports.*

to **cleave**, clove, cleft/cloven: <spalten>

cleft: see *to cleave*

client: <Klient, Mandant>

to **cling**, clung, clung: <klammern>

to **close:** <schließen, glattstellen>

to **close an account:** <ein Konto schließen>

closed-end investment company: <geschlossene Anlagegesellschaft> An investment company with a fixed number of shares that trade in the secondary market.

Anlagegesellschaft, die mit auf dem sekundären Markt mit einer festen Anzahl Aktien gehandelt wird.

to **close down:** <schließen, abschalten>

to **close out:** <ausschließen>

to **close the accounts:** <die Konten schließen>

closing bid: <Schlußgebot>

closing price: <Schlußkurs>

to **clothe**, clothed/clad, clothed/clad: <kleiden>

clothed: see *to clothe,*

clove: see *to cleave,*

cloven: see *to cleave,*

Club of Ten: <Zehnerclub/Zehnergruppe> Gremium der wichtigsten Industrieländer der westlichen Welt zur Erforschung und Reform des internationalen Währungssystems.

clung: see *to cling,*

CM: see *Customs Manual*

CME: see *Chicago Mercantile Exchange*

CO: see *Commercial Operations* (Office of)

coalition: <Koalition> Gruppenbildung zur Verteidigung gemeinsamer Interessen und Erreichung gemeinsamer Zielsetzungen.

COBOL: <COBOL> Siehe Programmiersprache.

COCOM: see *Coordinating Committee for Multilateral Export Controls*

COD: see *cash on delivery* and *delivery versus payment (DVP)* <Nachnahme>.

Code of Federal Regulations: <Bundesvorschriftenbuch (U.S.A.)>

codetermination: <Mitbestimmung> Beteiligung der Arbeitnehmer an der Verwaltung des Unternehmens. Die nicht zur Geschäftsleitung gehörenden Arbeitnehmer werden ganz oder teilweise an der Führung und den Entscheidungen des Unternehmens beteiligt. Eine tatsächliche Mitbestimmung geht über das bloße Recht auf Information und Beratung hinaus und beinhaltet das Recht, bei Entscheidungen aktiv teilzunehmen. Eine Mitbestimmung ist mit oder ohne finanzielle Beteiligung (Mitbeteiligung) der Arbeitnehmer möglich.

coefficient, input-output: <Verteilungskoeffizient> Aus der *Input-Output-Tabelle* ermittelte Strukturkennzahlen, die angeben, welcher Anteil des Produktionswertes eines Wirtschaftszweiges von einem anderen Wirtschaftszweig bezogen wurde (Inputkoeffizient) oder welcher Teil der Produktion eines Wirtschaftszweiges intermediär, d.h. als Vorleistung von einem anderen Wirtschaftszweig erbracht wurde (Output-koeffizient). Inputkoeffizienten zeigen die Bedeutung eines Wirtschaftszweiges als Abnehmer von Vorleistungen.

coefficient, technical: <Technischer Koeffizient> Aus den Input-Output-Tabellen abgeleitete Strukturkennzahlen, die angeben, welche wertmäßige Menge eines Produktes für die Herstellung einer Einheit eines anderen Produktes erforderlich ist. Der technische Koeffizient wird durch Division des intermediären Verbrauchs durch die wertmäßige Produktion eines Wirtschaftszweiges berechnet.

COFACE: <siehe Französische Außenhandelsversicherung>

coinage: <Münzprägung> Herstellung von Metallmünzen. Ein Metallplättchen von bestimmter Zusammensetzung und bestimmtem Gewicht wird dabei mit einer Prägung versehen, die ihm einen bestimmten Geldwert verleiht. Der Prägestempel der Behörde beglaubigt den Wert der Münze als offizielles Zahlungsmittel.

coincident indicator:

<zusammenfallende Indikatoren> An economic indicator that reflects changes in the economy. The index of industrial production and retail sales are both coincident indicators.

Ein Wirtschaftsindikator, der Änderungen in der Wirtschaft anzeigt. Der industrielle Produktionsindex und der Einzelhandelsindex sind zusammenfallende (gemeinsam auftretende) Indikatoren.

coin, low-value: <Scheidemünze> Münze von geringem Wert aus unedlen Metallen.

colbertivism: <Colbertivismus> Merkantilistische Wirtschaftspolitik, benannt nach Jean-Baptiste Colbert (1619-1683), Finanzminister unter Ludwig XIV. Die merkantilistischen Prinzipien finden in den verschiedenen Ländern unterschiedliche Formen der Anwendung, so daß der Colbertivismus als französische Version des Merkantilismus aufgefaßt werden kann.

collateral: <Deckung> Die zur Sicherung von Krediten oder von Börsengeschäften in Form von Geld, Waren, Wertpapieren oder Garantien Dritter hinterlegten Werte. Je nach hinterlegter Sicherheit wird bei Krediten beispielsweise zwischen Lombardkredit (Wertpapiere), Warenlombardkredit (Waren), Hypothekarkredit (Grundpfand) usw. unterschieden. Im Versicherungswesen besteht die Deckung für den Versicherer aus den von der Rückversicherung ausgestellten Deckungswerten, durch die vor Vertragsabschluß die Rückversicherungsgarantie für eine bestimmte oder unbestimmte Zeit gewährt wird.

collateral, rate for advances against: <Lombardsatz> Zinssatz für Lombardkredite, die die Zentralbanken den Geschäftsbanken für lombardfähige Werte gewähren (offizieller Lombardsatz). Zinssatz, den die Geschäftsbanken ihren Kunden für Lombardkredite berechnen.

collateral trust bonds: <kollateralisierte Anleihen> Bonds secured by securities of another corporation.

Anleihen, die durch Wertpapiere einer anderen Firma abgesichert sind.

collection: <Inkasso/Einziehung> Einzug einer Forderung durch den Gläubiger.

collectivism: <Kollektivismus> Wirtschaftssystem, bei dem das Sachkapital, d.h. die materiellen Produktionsfaktoren, im gemeinschaftlichen Besitz sind. Der Kollektivismus war eines der

Hauptelemente der sozialistischen Wirtschaftssysteme.

collectivization: <Kollektivierung> Aneignung des Sachkapitals durch die Gemeinschaft.

colonialism: <Kolonialismus> Ideologie, die die Gründung und den Erwerb von Kolonien fordert und rechtfertigt. Die Kolonisierung im Sinne einer tatsächlichen Kolonienbildung ist eine seit dem Altertum bekannte Tatsache. Bereits die Phönizier, Griechen und Römer bildeten zahlreiche Kolonien. Die neuzeitliche Kolonisierung wurde durch die Entdeckung Amerikas und die Öffnung des Seewegs nach Ostindien eingeleitet, wobei vor allem die Spanier, Portugiesen, Holländer und Engländer Kolonialreiche bildeten. Das Zeitalter des Imperialismus brachte vor allem eine Aufteilung Afrikas. Seit Ende des Ersten und vor allem des Zweiten Weltkrieges erlangten viele Kolonien ihre Unabhängigkeit, so daß heute nur noch Reste des ehemaligen Kolonialreiche vorhanden sind.

colonization: <Kolonisierung> Aneignung eines fremden Gebietes und Ausübung der Hoheitsrechte durch ein Land, um die sich in den Gebieten befindlichen Güter zu nutzen.

COM: <COM> Abkürzung für Computer Output on Mikrofilm. Verfahren, bei dem Daten vom Computer direkt auf Mikrofilm oder Mikrofile übertragen werden.

co-manager: <Co-Manager> Mitglied der Führungsgruppe eines Emissionssyndikats, das sich zusammen mit dem Lead Manager und den Underwriters verpflichtet, die ausgegebenen Wertpapiere fest zu übernehmen und für die Plazierung bei den Investoren zu sorgen. Im Gegensatz dazu haben die übrigen an der Emission Beteiligten (selling group) keine Verpflichtung für die Plazierung der Wertpapiere.

combinat: <Combinat> Zusammenschluß industrieller Unternehmen in der ehemaligen UdSSR und anderen staatssozialistischen Ländern. Beim Kombinat handelt es sich um eine vertikale Konzentration, da Unternehmen verschiedener Produktionsstufen, beispielsweise rohstoffproduzierende, zuliefernde und produzierende auch bei großer räumlicher Distanz wirtschaftlich zusammengeschlossen sind.

combination[1]: <Kombination>

combination[2]: <Kombination> An options position in which an investor is long both a put and a call option on the same stock or short both a put and a call option on the same stock or future. The options usually have different strike prices.

Eine Optionsposition, bei der der Anleger beides, einen Put und einen Call auf die gleiche Aktie/den gleiche Terminkontrakt kauft oder verkauft. Die Optionen haben gewöhnlich verschiedene Basispreise.

to **come**, came, come: <kommen>

COMECON: <siehe Rat für gegenseitige Wirtschaftshilfe>

COMEX: see *Commodity Exchange Center*

Commercial Fraud Enforcement Center: <Sonderstelle für Betrugsangelegenheiten (U.S.A.)>

Commercial Operations (Office of): <Handelsaktivitäten (Behörde für) (U.S.A.)>

commercial papers: <Handelspapiere> Short-term business notes, drafts, and acceptances maturing in 270 days or less. Sammelbezeichnung für Wertpapiere, die langfristige Forderungen, bzw. Verpflichtungen verkörpern und zur Finanzierung von Handelsgeschäften ausgegeben werden. Zu den Handelspapieren zählen der Scheck, der Wechsel und der Lagerschein. Da die Handelspapiere speziellen gesetzlichen Vorschriften unterstehen, die insbesondere die Form, die Weitergabe und die unbedingte Zahlungsverpflichtung regeln, werden die Handelspapiere als Zahlungsmittel verwendet.

commercial register: see *register of business names*

commission[1]: <Provision> The fee charged by a broker/dealer for acting for others in executing buying or selling orders.

Die Gebühr, die ein Broker/Händler für die Ausführung von Kauf- und Verkaufsaufträge in Rechnung stellt.

commission[2]: <Provision, Courtage> The fee which clearinghouses charge their clients to buy and sell futures. The fee that brokers charge their clients is also called a commission.

Die Gebühr, die das *Clearinghouse* seinen Kunden für den An- und Verkauf von Terminen berechnet. Die Gebühr, die *Broker* ihren Kunden berechnen, nennt man ebenfalls Commission..

commission house: see *broker firm*

commitment: <Obligo> Gesamtheit der Verpflichtungen eines Wirtschaftsteilnehmers.

committee: <Ausschuß>

Committee for the Implementation of Textile Agreements: <Ausschuß für die Durchführung von Textilabkommen (U.S.A.)>

commodity: <Ware> a good or item of trade or commerce. Goods tradeable on an exchange, such as corn, gold or hogs, as distinguished from instruments or other intangibles like T-Bills or stock indexes.

Ein Handelsgut oder ein Gegenstand. Güter, die sich an der Börse handeln lassen, wie Getreide, Gold oder Mastschweine im Gegensatz zu Wertpapieren oder anderen immateriellen Objekten wie T-Bills oder Aktienindizes.

commodity account agreement: <Warenterminkontenvereinbarung>

commodity control list: <Warenkontrolliste (U.S.A.)>

commodity futures contract: <Warenterminvertrag>

Commodity Futures Trading Commission (CFTC): <Warenterminhandelsausschuß> The federal regulatory agency with exclusive Jurisdiction over all futures trading. The CFTC is empowered to regulate (among others) the futures exchanges, futures commission merchants and their agents, floor brokers, and traders. The agency was created by the Commodity Exchange Act of 1974. die Bundesaufsichtsbehörde mit alleiniger Rechtshoheit über den gesamten Terminhandel. Die CFTC ist (neben anderen) dazu ermächtigt, die Terminbörsen, Terminhändler und ihre Vermittler, Börsensaal-Broker und Händler zu kontrollieren. Die Behörde wurde 1974 mit dem *Commodity Exchange Act* <Warenbörsengesetz> gegründet.

Commodity Pool Operator (CPO): <Warenpool- Repräsentant> An individual or firm who accepts funds, securities, or property for trading commodity futures contracts, and combines customer funds into pools. The larger the account, or pool, the more staying power the CPO and his clients have. They may be able to last through a dip in prices until the position becomes profitable. CPOs must register with the CFTC, and are closely regulated.

Eine Einzelperson oder eine Firma, die Fonds, Wertpapiere oder Grundbesitz für den Warenterminhandel akzeptiert und die Mittel der Kunden zu Pools zusammenlegt. Je größer das Konto, oder der Pool, desto mehr Durchstehvermögen besitzt der CPO und seine Kunden. Damit können sie möglicherweise einen kurz-fristigen Kursrückgang überstehen, bis die Position wieder profitabel wird. CPOs müssen bei der CFTC zuge-lassen sein und werden streng überwacht.

commodity Product-Spread: <Warenproduktspread> The simultaneous purchase (or sale) of a commodity and the sale (or purchase) of the products of that commodity. An example would be buying soybeans and selling soybean oil and meal. This also is known as a crush spread. Another example would be the crack spread, where the crude oil is purchased and gasoline and heating oil are sold.

Der gleichzeitige Erwerb (oder Verkauf) einer Ware und Verkauf (oder Erwerb) von Produkten aus dieser Ware. Ein Beispiel hierfür wäre der Kauf von Sojabohnen und Verkauf von Sojaöl und -mehl. Dies ist auch als *crush spread* bekannt. Ein weiteres Beispiel wäre der *crack spread,* wobei Rohöl erworben wird und Benzin oder Heizöl verkauft wird.

commodity trader: <Warenterminhändler/-Warenterminanleger>

Commodity Trading Advisor (CTA): <Berater für Warenterminhandel> A person or company who analyzes the markets and recommends trades. CTAs are required to be registered with the CFTC and to belong to the NFA.

Eine Person oder Firma, die den Markt analysiert und Geschäfte empfiehlt. CTAs müssen bei der CFTC zugelassen sein und sind der NFA angeschlossen.

common external tariff: <gemeinsamer externer Tarif>

common stock: <Stammaktien> The most basic type of equity security, representing ownership of the corporation.

Die grundlegenste Art der Kapitalssicherung, die Eigen-tumsanteile an einer Gesellschaft repräsentiert.

commonwealth: <Commonwealth> Staatenverband, dem Großbritannien und die Mehrzahl der früher zum britischen Empire gehörenden Staaten angehören. Das Commonwealth - Nachfolger des britischen Empire - bietet den Mitgliedern privilegierte Wirtschaftsbeziehungen zur früheren Metropole. Die Rück-kehr zur freien Konvertibilität der Währungen und die Wirt-schaftsprobleme Großbri-tanniens haben jedoch die ehemals starken Bindungen zwischen den Mitgliedern gelockert.

communism: <Kommunismus>
Politische Doktrin, in der ein
Wirtschaftssystem realisiert
werden soll, in dem es kein
privates Eigentum mehr gibt,
sondern alle Güter und Dienst-
leistungen der Gemeinschaft
gehören. Im weiteren Sinn die
Lehre, die die Errichtung eines
auf dieser Doktrin beruhenden
Systems befürwortet. Der
Kommunismus geht weiter als
der Kollektivismus, der das
Gemeinschaftseigentum auf die
Produktionsfaktoren beschränkt.
Als soziales und wirtschaftliches
System wurde der
Kommunismus bisher nirgends
verwirklicht. Die von den sich
auf die marxistische Lehre beru-
fenden Kommunisten errichteten
Systeme sind sozialistische
Regime, die aber als bloße
Durchgangsstadien zur kom-
munistischen Gesellschaft
angesehen werden. In diesem
Sinne ist der Kommunismus das
Endstadium des Sozialismus.
Versuche in Richtung kommu-
nistischer Gesellschaften wurden
vor allem in der Volksrepublik
China durch die Bildung von
Volkskommunen gemacht, doch
läßt sich daraus nur schwer eine
abschließende Beurteilung
ziehen.

communist (noun):
<Kommunist> Anhänger der
kommunistischen Lehre.

communist (adjective): <kom-
munistisch> Bezeichnung für
das Regime in staatssozialistischen Systemen.

community of interests:
<Interessengemeinschaft, IG>
Mit eigener Rechts-
persönlichkeit ausgestattetes,
durch Vertrag zwischen zwei
oder mehreren natürlichen oder
juristischen Personen
begründetes Gebilde mit der
Aufgabe, die Wirt-
schaftstätigkeit der Beteiligten
zu fördern, zu erleichtern und zu
verbessern. Die
Interessengemeinschaft stellt
juristisch gesehen ein Gebilde
dar, das zwischen einer Gesellschaft und einem Unterneh-
menszusammenschluß steht.

company:
<Gesellschaft/Unternehmen>
Vertragliche Verbindung von
zwei oder mehreren Personen
zur Erreichung eines
gemeinsamen Zwecks durch
gemeinsamen Einsatz von
Mitteln (Güter, Forderungen)
und Kräften. In der Regel wird
zwischen Personen-
gesellschaften (einfache Gesellschaft, Kommanditgesellschaft)
und Kapitalgesellschaften
(Aktiengesellschaft, Gesellschaft
mit beschränkter Haftung)
unterschieden. Mit Ausnahme
der einfachen Gesellschaft haben
Gesellschaften eine eigene
Rechtspersönlichkeit, sind also
juristische Personen. Autonome

Wirtschaftseinheit, die durch den Einsatz von Produktionsfaktoren, Güter und Dienstleistungen für Märkte herstellt oder mit Gütern und Dienstleistungen handelt. Das Unternehmen unterscheidet sich vom Betrieb, der eine technisch losgelöste, aber wirtschaftlich und juristisch abhängige Produktionseinheit ist.

Company for Regional Development: <Gesellschaft für regionale Entwicklung> Finanzgesellschaften privaten Rechts in Frankreich, deren Aufgabe die wirtschaftliche Förderung unterentwickelter Regionen ist. Diese Gesellschaften unterstützen die Errichtung und Aufrechterhaltung von Unternehmen durch zeitlich begrenzte Minderheitsbeteiligungen, stellen aber auch Risikokapital zur Verfügung.

company formation, special auditor for: <Gründungsprüfer> Person, die bei der Gründung einer Gesellschaft mit der Prüfung der Sacheinlagen beauftragt ist, um zu verhindern, daß diese zu übersetzten Ansätzen bewertet werden. Der Gründungsprüfer wird in der Regel durch ein Handelsgericht bestellt.

company, split of a: <Unternehmensspaltung> Vorgang, bei dem ein Unternehmen in zwei oder mehrere neue oder bereits bestehende, rechtlich selbständige Unternehmen aufgeteilt wird. Die Trennung eines Unternehmens erfolgt durch Übertragung der Aktiven und Passiven auf zwei oder mehrere Unternehmen. Die Unternehmensspaltung kann als Gegenstück zur Fusion angesehen werden.

compatibility: <Kompatibilität/Verträglichkeit> Möglichkeit, verschiedene Komponenten der Hardware und Software ohne Anpassungen oder Veränderungen miteinander einsetzen zu können. Eine wichtige Form der Kompatibilität ist die sogenannte Aufwärtskompatibilität, d. h. die Möglichkeit Software und Peripheriegeräte eines älteren und kleineren Computersystems ohne Anpassungen auf einem neueren oder größeren System einsetzen zu können.

competition: <Konkurrenz/Wettbewerb> Freie und vollständige Konfrontation der Wirtschaftsteilnehmer auf dem Markt. Der Wettbewerb äußert sich im Streben nach besserer Leistung als jene der Mitbewerber und führt nach klassischer Ansicht zur Optimierung des Wirtschaftsablaufs. Ein vollständiger und allgemeiner Wettbewerb ist in der Realität jedoch nicht vorhanden, sondern besteht nur relativ zu einer bestimmten Situation, zu einem bestimmten Teilmarkt oder zu einem bestimmten Wirtschaftssystem. Der Wettbewerb in der modernen Wirtschaft wird durch zahlreiche Faktoren beschränkt, unter anderem durch gesetzliche Vorschriften, marktübliche Usanzen und Gebräuche. Darüber hinaus versuchen die Wirtschaftsteilnehmer, den Wettbewerb durch kartellistische Absprachen, Zusammenschlüsse von Unternehmen und Verdrängung der Konkurrenten zu verringern. Aus diesem Grund bestehen in praktisch allen Ländern Gesetze, die die Bildung von Monopolen unterbinden oder beschränken sollen.

competitive bidding: <konkurrierende Gebote>

competitive bid underwriting: <konkurrierende Versicherer Gebote> An offering in which syndicates enter bids for the opportunity to underwrite the issue.

Eine Emission, bei der verschiedene Syndikate Gebote abgeben die Emission zu versichern.

competitive trader: <konkurrierender Händler> A person who owns a seat on an exchange and uses it to trade for his own account.

Jemand, der einen Sitz an einer Börse hat und diesen nutzt, um fürs eigene Konto zu handeln.

compiler: <Compiler/Kompilierer> Teil des Betriebssystems, das ein in einer höheren Programmiersprache geschriebenes Computerprogramm (Quellenprogramm) in Maschinensprache übersetzt. Im Gegensatz zum Interpreter wird beim Compiler das übersetzte Maschinenprogramm nicht sofort ausgeführt.

compliance registered options principal: <registrierter Optionsprinzipal mit Rechtsprüfungsverantwortung> A registered options principal who has been designated by the broker/dealer to maintain compliance with industry rules and federal law, usually referred to as a *CROP*. He must approve all items of advertising, sales literature, and educational material.

Ein registrierter Optionsprinzipal, der von einem Broker/Händler bestimmt wurde, die Wahrung von Industrierichtlinien und Bundesgesetzen zu überwachen, wird gewöhnlich CROP genannt. Er muß jegliches

Werbematerial, Verkaufsliteratur und Lehrmaterial begutachten und befürworten.

composition: <Vergleich> Unter Aufsicht eines Gerichts zwischen den Gläubigern und einem zahlungsunfähigen Schuldner geschlossener Vertrag, in dem die Regulierung der bestehenden Schulden vereinbart wird.

composition proceedings: <Vergleichsverfahren> Unter gerichtlicher Aufsicht durchgeführtes Verfahren, durch das die Ansprüche der Gläubiger gegenüber einem zahlungsunfähigen Schuldner befriedigt werden sollen. Das Ziel des Vergleichsverfahrens ist eine Lösung, durch die es oder anhand der Produktionskosten, sondern anhand des in den Vereinigten Staaten üblichen Verkaufspreises dieser Produkte ermittelt. Obwohl im Rahmen des GATT diese protektionistische Methode verpönt wurde, wird diese nach wie vor bei bestimmten Produkten (insbesondere Chemikalien und Textilien) angewendet.

computer: <Computer/Rechner, elektronischer> Die aus einer Zentraleinheit und den Peripheriegeräten bestehende Anlage, mit denen Informationen verwaltet und bearbeitet werden können. Mit

Computer wird in der Regel nur die Hardware, also die eigentlichen Geräte (Zentraleinheit und Peripheriegeräte) bezeichnet, während der Begriff Computersystem neben der Hardware auch die Software, d.h. die zur Steuerung des Computers erforderlichen Programme beinhaltet. Nach Größe und Leistungsfähigkeit wird häufig zwischen *Mainframe, Minicomputer, Mikrocomputer, Personalcomputer* und *Home-Computer* unterschieden, doch sind infolge des raschen technologischen Fortschritts diese Grenzen äußerst fließend.

Computer Aided Design/Computer Aided Manufacturing: <computerassistiertes Desigen/computerassistierte Herstellung>

Computer Business Equipment Manufacturers Association: <Vereinigung der Hersteller von Computer Geschäftsausstattungen (U.S.A.)>

computer system: <Computersystem> Siehe Computer.

concentration, general: <Konzentration, allgemeine> Vereinigung von Elementen um einen Mittelpunkt.

concentration, economic:

<Konzentration, wirtschaftliche> Tendenz zur Vergrößerung von Unternehmen durch Zusammenschluß mit oder Übernahme von anderen Unternehmen. Die wirtschaftliche Konzentration scheint unabhängig vom wirtschaftlichen und sozialen System zu sein. Der Auslöser für eine Konzentration dürfte der Versuch sein, die Skalenerträge größerer Wirtschaftseinheiten auszunützen. Man unterscheidet hauptsächlich zwei Formen der Konzentration, nämlich die *horizontale Konzentration* (Zusammenschluß von Unternehmen derselben Produktionsstufe) und die *vertikale Konzentration* (Zusammenschluß von Unternehmen unterschiedlicher Produktionsstufen).

concentration, geographical: <Konzentration, geographische> Tendenz von Unternehmen, sich dort niederzulassen, wo sich bereits andere Unternehmen befinden.

concentration, horizontal: <Konzentration, horizontale> see *concentration, economic*

concentration, vertical: <Konzentration, vertikale> see *concentration, economic*

concerted economic action: <Konzertierte Aktion> Methode zur einvernehmlichen Entscheidungsfindung und Durchführung der Entscheidungen auf dem Gebiet der Gesamtwirtschaft durch ständige Zusammenarbeit und Informationsaustausch zwischen Vertretern der Behörden, der Unternehmen und der Arbeitnehmer. Das Ziel der konzertierten Aktion ist die Formulierung einer gemeinsamen Wirtschaftspolitik, die von allen Wirtschaftsteilnehmern unterstützt wird. In Frankreich ist die konzertierte Aktion durch den Plan seit 1966 institutionalisiert, so daß von einer konzertierten Wirtschaft gesprochen werden kann.

concession[1]: <Konzession, Handelslizenz>

concession[2]: <Konzession> In a municipal underwriting, the compensation given up to broker/dealers who are not members of the syndicate.

Bei einer Kommunalobligation die Vergütung, die einem Broker/Händler zukommt, der nicht Mitglied des Syndikats ist.

confidence interval: <Vertrauensbereich/Konfidenzintervall> Wertbereich bei einer statistischen Schätzung, innerhalb dessen die Variabelwerte einer statistischen Gesamtheit mit einer bestimmten Wahrscheinlichkeit liegen. Die in Prozent angegebene Wahrscheinlichkeit wird dabei als Konfidenzzahl bezeichnet.

confirmation: <Bestätigung> A written report giving details of the trade to the customer or the other broker/dealer involved in the trade. Confirmations must be sent the next business day after the trade.

Ein schriftlicher Berichts, der dem Kunden, bzw., einem anderen Broker/Händler Auskunft über seine Handlungen gibt. Bestätigungen müssen am Tag nach dem Handel versandt werden.

congestion area: <Verdichtungsgebiet>

conglomerate: <Mischkonzern> Konzern, der in mehreren, voneinander unabhängigen Branchen tätig ist. Mischkonzeme entstehen durch Diversifikation von Unternehmen in branchenfremde Tätigkeiten, meist aufgrund von Rentabilitäts- und Risikoüberlegungen. So ist beispielsweise der Mischkonzern durch die branchenmäßige Diversifikation den Konjunkturrisiken einzelner Branchen weniger stark ausgesetzt.

conjuncture: <Konjunktur>

consignment: <Konsignation> Hinterlegung von Waren bei einem Kunden durch den Lieferanten, wobei die Ware Eigentum des Lieferanten bleibt. Der Kunde bezahlt seinen Lieferanten erst nach Verkauf der Waren.

consolidation: <Konsolidierung> Im allgemeinen Sprachgebrauch Festigung und Sicherung eines bestimmten Zustandes. Davon abgeleitet im Wirtschaftsleben Zunahme der Rechte und damit der Unabhängigkeit durch Erhöhung der Eigenmittel, Verringerung des Fremdkapitals, Verbesserung der Fälligkeitsstruktur. Im Rechnungswesen Zusammenfassung mehrerer Konten oder der Bilanzen mehrerer Unternehmen.

consolidation of balances: <Konsolidierung von Bilanzen> Zusammenfassung der Bilanzen von zwei oder mehreren Unternehmen unter Saldierung der zwischen ihnen stattgefundenen Vorgänge.

consolidation of a credit: <Konsolidierung eines Kredites> Ein kurzfristiger Kredit wird durch einen Kredit mit längerer Laufzeit ersetzt.

consolidation of public debt: <Konsolidierung der öffentlichen Schuld> Umwandlung eines Teils der kurzfristigen öffentlichen Schuld in langfristige Schulden.

consortium[1]:
<Bankenkonsortium/Syndikat>
Vereinigung von mehreren
Banken für die gemeinsame
Durchführung eines Geschäftes,
beispielsweise die Begebung
einer Anleihe oder die Gewährung eines Kredits.

consortium[2]: <Konsortium> Zusammenschluß von Banken zur
Durchführung größerer Finanzoperationen, beispielsweise
Emissionen, Kredite.

constant equity, principle of:
<Prinzip der Unveränderlichkeit
des Kapitals>

constructed value:
<konstruierter Wert>

consumer: <Verbraucher,
Konsument> Person, die Güter
und Dienstleistungen zur
Bedürfnisbefriedigung
verbraucht. In der volks-
wirtschaftlichen Gesamtrechnung werden jene Personen,
deren Hauptfunktion der
Konsum ist, zur Gruppe der
privaten Haushalte zusam-
mengefaßt.

consumer **credit:**
<Konsumkredit> Kredit, der
natürlichen Personen für den
Erwerb von dauerhaften Kon-
sumgütern gewährt wird. Siehe
Teilzahlungskredit, Kredit.

consumerism:
<Konsumerismus> Lose oder

formelle Vereinigung von
Konsumenten, um ihre
Ansichten und Wünsche
gegenüber den Behörden und
Unternehmen bekanntzugeben
und durchzusetzen.

consumer **research:**
<Konsumforschung>
Forschungsgebiet der Wirtschaft, das sich mit den Beweg-
gründen der Verbraucher, den
erforderlichen Marktbe-
dingungen und den Verbrau-
cherwünschen befaßt.

consumer sector: <Haushalte,
private> *household sector;*
Sektor in der volks-
wirtschaftlichen Gesamt-
rechnung, der alle Wirt-
schaftsteilnehmer umfaßt, die
auf dem Markt in erster Linie als
Anbieter von Arbeitskraft und
als Konsumenten, d.h.
Endverbraucher von Güter und
Dienstleistungen auftreten.

consumption[1]: <Konsum> Verbrauch eines Gutes oder einer
Dienstleistung zur Befriedigung
eines Bedürfnisses.

consumption[2]: <Verbrauch> In
der volkswirtschaftlichen
Gesamtrechnung wird zwischen
Endverbrauch und inter-
mediärem Verbrauch un-
terschieden. Beim Endverbrauch
werden die Güter und
Dienstleistungen zur direkten
Befriedigung von Bedürfnissen
verwendet, beim intermediären

Verbrauch werden die Güter und Dienstleistungen dem Produktionsprozeß zugeführt, d.h. zur Erzeugung von Gütern und Dienstleistungen verbraucht. Der intermediäre Verbrauch wird auch als Vorleistung bezeichnet und ist die Differenz zwischen dem *Bruttoproduktionswert* und dem *Bruttosozialprodukt*.

consumption entry: <Verbrauchseinfuhr/Verbrauchseintrag>

consumption, in-house: <Eigenverbrauch> Endverbrauch von Gütern und Dienstleistungen durch den Produzenten selbst. Das Ausmaß des Eigenverbrauchs hängt wesentlich vom wirtschaftlichen Entwicklungsstand ab. In Agrarwirtschaften ist der Eigenverbrauch hoch, während in hochentwickelten Dienstleistungswirtschaften der Eigenverbrauch praktisch bedeutungslos ist.

contango: <>

contingency: <Kontingenz> Korrelation zwischen zwei qualitativen oder quantitativen Merkmalen einer statistischen Gesamtheit. Die Korrelation zweier Merkmale kann in Form einer Kontingenztafel dargestellt werden, beispielsweise Verteilung der Haushalte im Verhältnis zur Anzahl Kinder und Anzahl bewohnter Zimmer.

contingent order: <alternativ Auftrag>

contraband enforcement team: <Sondereinheit für Hehlerei und Schmuggel (U.S.A.)>

contract: <Vertrag, Kontrakt> A legally enforceable agreement between two or more parties for performing, or refraining from performing, some specified act; e.g., delivering 5,000 bushels of corn at a specified grade, time, place, and price.

Eine rechtlich vollstreckbare Vereinbarung zwischen zwei oder mehreren Parteien, bestimmte Handlungen auszuführen oder von deren Durchführung abzusehen, wie z.B. Lieferung von 5.000 Scheffel Getreide einer bestimmten Güteklasse, zu einer bestimmten Zeit, an einem bestimmten Ort und zu einem bestimmten Kurs.

contract functions: <Vertragsfunktionen>

contract grades: <Vertragsqualitätsgrade>

contract month: <Vertragsmonat, Handelsmonat>

contract note: <Schuldschein>

contract size: <Vertragsgröße>

contract specification: <Vertragsdetails>

contractual plans: <Vertragspläne> A contract committing an investor to invest money over a period of time. The sales charges are deducted over the life of the contract, being higher in the early part of the contract.

Ein Vertrag mit dem sich der der Anleger verpflichtet Kapital innerhalb einer bestimmten Zeitperiode zu investieren. Die Verkaufsgebühren werden über die Laufzeit des Vertrages abgezogen, wobei sie zu Beginn der Laufzeit höher sind.

contract unit: <Vertragseinheit>

contract value: <Vertragswert>

contra entries of money supply: <Gegenposten (Geldmenge)> Die auf der Aktivseite der Zentralbankbilanz stehenden Positionen, die als Verwendung der aus der monetären Basis bestehenden Mittel gesehen werden können. Die Positionen sind in vier Gruppen gegliedert, nämlich die Währungsreserven (Gold, Devisen, SZR), Kredite der in-ländischen Banken und Unternehmen, Kredite an den Staat und Wertpapiere einschließlich sonstiger Aktiven.

contrarian theory: <entgegengesetzte Theorie> a theory suggesting that the general consensus about trends is wrong. The contrarian would take the opposite position from the majority opinion to capitalize on overbought or oversold situations.

Eine Theorie, die davon ausgeht, daß die allgemeine Übereinstimmung über Trends falsch sei. Verfechter der *Contrarian Theory* würden also die nach Meinung der Mehrheit entgegengesetzte Position einnehmen, um überkaufte oder überverkaufte Marktsituationen auszunutzen.

contribution: <Einlage> Beitrag zur Gründung oder Vergrößerung eines Unternehmens. Durch die Einlage erhält der Einleger ein Anrecht auf eine Kapitalbeteiligung oder Gewinnbeteiligung am Unternehmen. Bei den Einlagen können zwei Formen unterschieden werden: - Kapitaleinlagen, d.h. Einlagen in Form von Geld. - Sacheinlagen, d.h. Einlagen in Form von materiellen Gütern, beispielsweise Gebäude, Grundstücke, Maschinen, Patente.

control/domination: <Beherrschung> Einseitiger Einfluß oder Einflußmöglichkeit einer Wirtschaftseinheit auf eine andere. Die Beherrschung wird in der Regel durch eine Beteiligung oder durch Verträge möglich, doch können auch Abhängigkeiten durch monopolistische Strukturen zur Beherrschung führen.

controlling block: <Mehrheit> Finanzieller oder stimmrechtlicher Anteil an einem Unternehmen, der einen beherrschenden Einfluß auf das Unternehmen ermöglicht. An der Börse Anzahl von Gesellschaftsanteilen, beispielsweise Aktien, die eine finanzielle oder stimmenmäßige Mehrheit am Unternehmen ausmachen.

controlling   entity: <herrschendes   Unternehmen> Unternehmen, das infolge einer Mehrheitsbeteiligung ein anderes Unternehmen kontrollieren kann. Die Beherrschung eines anderen Unternehmens kann auch die Folge einer wirtschaftlichen Abhängigkeit, beispielsweise des Lieferanten vom einzigen Abnehmer, sein.

controlling   interest: <Mehrheitsbeteiligung> Beteiligung an einem Unternehmen, die mehr als 50 % des Grundkapitals (finanzielle Mehrheitsbeteiligung) oder mehr als 50 % der Stimmrechte (stimmrechtliche Mehrheitsbeteiligung) dieses Unternehmens umfaßt. Wird die Mehrheitsbeteiligung an einem Unternehmen durch ein anderes Unternehmen gehalten, ist erstere eine Tochtergesellschaft, letztere die Muttergesellschaft.

control   persons: <Kontrollperson/Insider> see *Affiliated Persons.* Control persons are also called insiders.

Kontrollpersonen werden auch als "Insider" bezeichnet.

control stock: <Insideraktien> Stock owned by control persons.

Aktien die von Kontrollpersonen (Insider) besessen werden.

conversion: <Umwandlung> The sale of a cash position and investment of part of the proceeds in the margin for a long futures position. The remaining money would be placed in an interest-bearing instrument. This practice allows the investor/dealer to receive high rates of interest, and take delivery of the commodity if needed.

Der Verkauf einer Kassaposition und Anlage eines Teils des Erlöses in einer long Terminposition. Den verbleibenden Rest würde man in zinsbringenden Wertpapieren plazieren. Diese Vorgehensweise gestattet es dem Investor/Händler, hohe Zinssätze zu erhalten und die Lieferung dann in Anspruch zu nehmen, wenn sie benötigt wird. Umwandlung von Forderungen oder Verpflichtungen mit bestimmten Konditionen in Forderungen oder Verpflichtungen mit anderen Konditionen. Beispielsweise Umwandlung einer fälligen oder gekündigten Anleihe in eine neue Anleihe mit neuen Bedingungen (Laufzeit, Zinssatz usw.).

conversion factor: <Umwandlungsfaktor> A figure published by the *CBOT* used to adjust a T-Bond hedge for the difference in maturity between the T-Bond contract specifications and the T-Bonds being hedged.

Eine Zahl, die vom CBOT (Chicago Board of Trade) benutzt wird, um die Differenz in der Laufzeit zwischen den *T-Bond contract* Spezifikationen und den *T-Bonds,* die gerade gehedgt werden, an den *T-Bond hedge* anzugleichen.

conversion premium: <Wandelprämie> Die bei der Ausnützung eines Wandelrechts zu bezahlende Differenz zwischen dem Wandelpreis und dem tieferen aktuellen Kurs der Aktie.

conversion price: <Wandelpreis> The price of a bond or stock at which it can be converted to common stock.

Bei der Emission einer Wandelanleihe festgelegter Basispreis zur Bestimmung des Konversionswerts zwischen Wandelobligation und Aktie.

conversion ratio: <Konversionsrate> The ratio of conversion of a bond or stock to common stock.

Die Konversionsrate einer Anleihe oder einer Aktie zur Stammaktie.

to **convert:** <umwandeln>

convertibility: <Konvertibilität/Konvertierbarkeit> Möglichkeit, die gesetzlichen Zahlungsmittel eines Landes ohne Beschränkung in Devisen (seltener in Gold) umzutauschen. Eine Währung ist konvertierbar, wenn ein Guthaben in dieser Währung ins Ausland transferierbar ist und in die dort gültigen Zahlungsmittel umgetauscht werden kann.

convertible currency: <tauschbare Währung> see *convertibility*

convertible loan stock: <konvertierbare Kredit Aktien>

cooling-off period: <Abkühlungszeit> The time between the filing of the offering with the SEC and the effective date when it is released by the SEC.

Die Zeit zwischen der Registration einer Emission bei der SEC und dem tatsächlichen Datum wenn die Emission von der SEC zum Handel freigegeben wird.

cooperate:

<zusammenarbeiten>

cooperative:
<zusammenarbeitend>

cooperative society:
<Genossenschaft> Eine als juristische Person organisierte Vereinigung von Personen, die hauptsächlich die Förderung oder Sicherung von wirtschaftlichen Interessen ihrer Mitglieder in gemeinsamer Selbsthilfe bezweckt.

Coordinating Committee for Multilateral Export Controls:
<Koordinationsausschuß für multilaterale Exportkontrollen (U.S.A.)>

Coordination Council for North American Affairs:
<Koordinationsausschuß für nordamerikanische Angelegenheiten (U.S.A.)>

COP: see *Cost of Production*

copartnership (participation of employees): <Mitbeteiligung> Finanzielle Beteiligung der Arbeitnehmer am Gewinn eines Unternehmens und/oder am Unternehmen selbst durch unentgeltliche oder günstige Übertragungen von Unternehmensanteilen. Die Mitbeteiligung soll die Arbeitnehmer dazu anregen, sich vermehrt für den Erfolg des Unternehmens einzusetzen.

to **corner (a market):** <den Markt beherrschen>

Manipulation eines Marktes, um diesen zu kontrollieren und die induzierten Kursveränderungen auszunutzen. Die bekannteste Form erfolgt durch planmäßiges Aufkaufen von Wertpapieren oder Waren auf Termin, um am Erfüllungsdatum eine Mangelsituation mit entsprechend hohen Kursen herbeizuführen, so daß die Leerverkäufer gezwungen sind, ihre Verpflichtungen zu überhöhten Preisen zu erfüllen.

corp: (Abk.) see *corporation*

corporate treasurer:
<Finanzmanager>

corporation:
<Gesellschaft/Unternehmen>

corporatism: <Ständestaat> Politisches System, in dem nach Berufssparten gegliederte Einheitsverbände (Innungen, Zünfte u.ä.) der Arbeitgeber und Arbeitnehmer eine dirigistische Funktion ausüben.

correlation: <Korrelation> Statistik: Zusammenhang zwischen zwei oder mehreren Variablen, bei dem die Veränderung der einen Variabel einer Veränderung der anderen Variabel in gleicher oder entgegengesetzter Richtung entspricht. Erfolgt die Veränderung in gleicher Richtung, handelt es sich um eine positive, sonst um eine negative Korrelation.

correspondent:

<Korrespondent>

cost: see *to cost,*

to **cost,** cost, cost: <kosten>

cost basis: see *basis.*

cost-benefit analysis: <Kosten-Nutzen-Analyse> Verfahren, bei dem eine Entscheidung durch Vergleich des in Geld ausgedrückten Nutzens und der in Geld ausgedrückten Kosten getroffen wird.

cost centre: <Kostenträger> Aufgliederung der Kosten auf die einzelnen Verantwortungsbereiche eines Unternehmens. Die Aufgliederung wird als Kostenstellenrechnung bezeichnet. see *costs.*

costing,   direct: <Deckungsbeitragsrechnung/Grenzplankostenrechnung>

costing,   marginal: <Deckungsbeitragsrechnung/Grenzplankostenrechnung>

cost of production: <Produktionskosten, Herstellungskosten>

cost   price: <Selbstkosten> Kosten, die die Herstellung und der Vertrieb eines Gutes oder einer Dienstleistung verursachen. Die Selbstkosten umfassen die Herstellungskosten, die Verwaltungsgemeinkosten, die

Vertriebsgemeinkosten und die Sonderkosten des Vertriebs.

costs: <Kosten> Der in Geld bewertete Verbrauch von Gütern und Dienstleistungen, der bei der Leistungserstellung eines Unternehmens anfällt. Die Kosten werden anhand verschiedener Kriterien in Kostenarten eingeteilt. Aufgrund ihrer Entstehung unterscheidet man Arbeitskosten <labor costs> (z.B. Löhne), Kapitalkosten <capital costs> (z.B. Abschreibungen), Materialkosten <material costs> (z.B. Rohstoffe), Fremdleistungskosten <service costs> (z.B. Versicherungen) und sonstige Kosten (z.B. Steuern). Aufgrund ihrer Verrechnung unterscheidet man Einzel- und Direktkosten, d.h. Kosten, die einem Erzeugnis unmittelbar zugerechnet werden können (z.B. Material, Löhne) und Gemein- oder indirekte Kosten, die nicht unmittelbar durch ein Erzeugnis verursacht werden und deshalb nur indirekt auf das Erzeugnis umgelegt werden können (z.B. Werbung). Aufgrund ihrer Häufigkeit oder Regelmäßigkeit unterscheidet man *einmalige* und *laufende* Kosten. Aufgrund ihrer Abhängigkeit vom Beschäftigungsgrad unterscheidet man *fixe* Kosten, d.h. vom Beschäftigungsgrad unabhängige, und *variable* Kosten, d.h. vom

Beschäftigungsgrad abhängige Kosten. Die Kostenrechnung ist für die Führung von Unternehmen unerläßlich.

costs, capital: see *costs*

costs, categories of: <Kostenarten> Gliederung der Kosten anhand verschiedener Kriterien, wie beispielsweise aufgrund ihrer Entstehung, ihrer Verrechnung, ihrer Häufigkeit oder ihrer Abhängigkeit vom Beschäftigungsgrad. Vergleiche Kosten.

costs, degressive: see *costs, fixed/proportional*

costs, fixed/proportional: <Kosten, fixe/variable> Fixe Kosten sind jener Teil der Gesamtkosten, der von Schwankungen des Produktionsvolumens oder Beschäftigungsgrads unabhängig ist. Man kann diese als Kosten der Bereitschaft zur Produktion auffassen. Variable Kosten hängen hingegen vom Produktionsvolumen und Beschäftigungsgrad ab, beispielsweise Rohstoffe, Fertigungslöhne, direkte Vertriebskosten usw. Variable Kosten können proportional, degressiv, progressiv oder regressiv sein, je nachdem ob und wie die Kosten mit wachsendem Produktionsvolumen steigen oder sinken.

costs, labor: see *costs*

costs, material: see *costs*

costs, one time: see *costs, fixed/proportional*

costs, organization: see *foundation expenses*

costs, progressive: see *costs, fixed/proportional*

costs, proportional: see *costs, fixed/proportional*

costs, regressive: see *costs, fixed/proportional*

costs, regular: see *costs, fixed/proportional*

costs, service: see *costs*

costs, variable: < Kosten, variable> see *costs, fixed/proportional*

cost unit: <Kostenstelle> Aufteilung der Kosten auf die einzelnen Leistungseinheiten eines Unternehmens. Die Aufgliederung wird als Kostenträgerrechnung bezeichnet. see *costs*.

coterminous: <Doppelnutzen> Overlapping debt, such as the bonds of a city and a school district where both debts are being paid by the same tax base (taxpayer).

Sich überschneidende Schuldverschreibungen, wie zum Beispiel die Obligationen einer Stadt und einer darin befindlichen Körperschaft, die beide aus der gleichen Steuerbasis zahlbar sind.

could: see *can,*

Council for Mutual Economic Aid (COMECON): <Rat für gegenseitige Wirtschaftshilfe> 1949 gegründete Wirtschaftsgemeinschaft der sozialistischen Länder UdSSR, Polen, Tschechoslowakei, Rumänien, Ungarn, Bulgarien, Deutsche- Demokratische Republik und Mongolei. Zielsetzung der Wirtschaftsgemeinschaft war die Abstimmung der Investitionspläne und die Förderung des Warenaustausches zwischen den Mitgliedsländern. 1963 wurde die COMECON-Bank mit einem Grundkapital von 300 Mio. konvertierbaren Rubeln (konvertierbarer Rubel = 0,987412 g Feingold) gegründet. Die COMECON-Bank ist ein multilaterales Verrechnungssystem, vergleichbar mit dem System der Europäischen Zahlungsunion (EZU).

counter: <Marke> Ein aus Metall oder einem anderen Material bestehendes Plätzchen, das einen Geldwert aufweist, jedoch im Gegensatz zur Münze keine staatliche Garantie besitzt.

counter demand: <Gegenangebot> Das einer bestimmten Nachfrage entsprechende Angebot, oder die einem bestimmten Angebot entspre-

chende Nachfrage an der Börse oder auf dem Devisenmarkt.

counter offer: <Gegenangebot> see *counter demand*

countervailing duty: <Gegenmaßnahmeabgabe>

coupon: <Kupon> Abtrennbarer Teil eines Wertpapiers, das den Inhaber berechtigt, einen fälligen Ertrag (Zinsen, Dividenden, Anrechte) zu beziehen, bzw. darauf Anspruch zu erheben.

Court of International Trade: <Internationales Handelsgericht>

covariance: <Kovarianz> Statistischer Begriff, der die Unterschiedlichkeit zweier Verteilungen mit zwei Merkmalen wiedergibt. Sind X und Y zwei statistische Variablen mit den Werten x_i und y_i und den Mittelwerten x und y, ist die Kovarianz Sxy gleich

$$S_{xy} = \sum_{i=1}^{n} (x_i - E(x)) (y_i - E(y))$$

Die Kovarianz wird zur Bestimmung des *Korrelationskoeffizienten* verwendet.

to **cover, -ed, -ed:** <decken, abdecken>

covered options: <gedeckte Option> A short options position in which the writer has the means of meeting the obligation. For example, a person who is short a call option and long the stock or future.

Ein Optionsverkauf, bei dem der Schreiber die Mittel hat, seiner eingegangenen Verpflichtung nachzukommen.

covered position: <abgedeckte Position> A transaction which has been offset with an opposite and equal transaction; for example, if a gold futures contract had been purchased, and later a call option for the same commodity amount and delivery date was sold, the trader s option position is "covered." He holds the futures contract deliverable on the option if it is exercised. Also used to indicate the repurchase of previously sold contracts as, he covered his short position.

Ein Geschäft, das mit einem gegensätzlichen sowie einem gleichwertigen Geschäft glattgestellt wurde; zum Beispiel: wenn ein Terminkontrakt über Gold erworben wurde, und später eine Kaufoption für die gleiche Warensumme und Liefertermin verkauft wurde, ist die Option des Händlers "gecovered" <gedeckt>. Er hält den Terminkontrakt gemäß der Option zur Lieferung bereit, falls sie ausgeübt wird. Bezeichnet ebenfalls im allgemeinen den Wiedererwerb von zuvor verkauften Verträgen, wie

beispielsweise: Er "covered" <deckte> seine *short* Position.

cover, long: opposite of *cover, short*

cover, short: <Deckungskauf> Used to indicate the repurchase of previously sold contracts. Short covering is synonymous with liquidating a short position or *evening up* a short position.

Bezeichnet im allgemeinen den Wiedererwerb von zuvor verkauften Verträgen. *Short Covering* beschreibt den gleichen Sachverhalt wie eine *short Position* zu liquidieren oder eine *short Position* auszugleichen.

cover ratio: <Deckungsgrad> Prozentuales Verhältnis zwischen den verfügbaren Mitteln oder vorhandenen Sicherheiten und den Verpflichtungen oder Risiken. Verhältnis zwischen bestimmten Teilen der Passiven (Kapital) und bestimmten Teilen der Aktiven (Vermögen) eines Unternehmens. Die Deckungsgrade geben die horizontale Kapitalstruktur eines Unternehmens wieder, insbesondere, ob die Fristigkeiten des Vermögens jenen des Kapitals entsprechen. Der Deckungsgrad des Anlagevermögens ist das in Prozent ausgedrückte Verhältnis zwischen dem Eigenkapital und dem Anlagevermögen. Die goldene Bilanzregel schreibt vor, daß dieser Deckungsgrad mindestens 100 % beträgt, also die langfristig gebundenen Aktiven vollumfänglich durch Eigenkapital finanziert sein müssen. In einer erweiterten Betrachtung wird der Deckungsgrad des gebundenen Vermögens herangezogen, der das Verhältnis des Eigenkapitals und des langfristigen Fremdkapitals in Prozent des betriebsnotwendigen Vermögens ist.

CP/M: <CP/M> see *operating system*.

CPO[1]: see *Commodity Pool Operator*

CPO[2]: see *Customs Patrol Officer*

CP&PMS: see *Customs Policy and Procedures Manual System*

CPS: <CPS> Abkürzung für Charakters per Second. Maß für die Geschwindigkeit eines Druckers.

CPSC: see *U.S.Consumer Product Safety Commission*

CPU: <CPU> see *central processing unit*

CR: see *Customs Regulations*

CRA: see *Customs Regulations Appendix*

crack spread: <spezieller Energiespread; crack = bersten, brechen, platzen, knallen> A type of commodity-product

spread involving the purchase of crude,oil futures and the sale of gasoline and heating oil futures.

Eine Art des *Commodity Product-Spread* <Warenproduktspread>, der den Erwerb von Rohölterminen bei gleichzeitigem Verkauf von Benzin- oder Heizölterminen vorsieht.

craft: <Handwerk> Gewerbliche Tätigkeit, die durch einen Handwerker ausgeübt wird. Das Handwerk ist durch individuelle Einzelleistungen charakterisiert, doch ist eine eindeutige Abgrenzung zur industriellen Massenproduktion infolge der zunehmenden Mechanisierung des Handwerks schwierig geworden.

craftsman: <Handwerker> Selbständiger Wirtschaftsteilnehmer, der durch den Einsatz seiner Arbeitskraft und seines Kapitals Güter für den Markt herstellt. Der Handwerker ist Leiter, Besitzer und Mitarbeiter zugleich und bringt seine eigenen Erzeugnisse auf den Markt. Er trägt das unternehmerische Risiko selbst.

crash: <Börsencrash> Börsenzusammenbruch.

crawling peg: <Crawling-Peg-System> Allmähliche Anpassung der Wechselkursparität durch eine Reihe aufeinanderfolgender geringfügiger

Änderungen.

CRCE: see *Chicago Rice and Cotton Exchange*

credit: <Kredit> Der Kredit ist das Instrument, um verfügbare Mittel und benötigte Mittel zeitlich aufeinander abzustimmen. Der Kredit tritt in unterschiedlichen Formen auf: Als Frist zwischen dem Zeitpunkt der Leistungserbringung und dem Zeitpunkt der Bezahlung. Diese Kreditform kann durch Gewährung eines Zahlungsziels oder durch Bezahlung mittels eines Handelspapiers erfolgen und wird in der Regel als Lieferantenkredit, bezeichnet. Als Überlassung von Zahlungsmitteln für eine vereinbarte Zeit (Darlehen, Anleihe). Die Gewährung eines Kredits erfolgt in der Regel gegen eine Entschädigung, den Zins, der ein Entgelt für die Nichtverfügbarkeit des Kreditbetrags für den Kreditgeber und das von ihm übernommene Verlustrisiko ist. Die Höhe des Zinssatzes wird vor allem durch die Bonität des Kreditnehmers und die vereinbarte Kreditdauer bestimmt, da mit sinkender Bonität und steigender Dauer das Verlustrisiko steigt und durch einen entsprechend höheren Zinssatz abgegolten werden muß. Ist der Kreditgeber ein spezialisiertes Unternehmen

(Bank), enthält der vereinbarte Zins in der Regel eine zusätzliche Komponente, nämlich das Entgelt für eine spezielle Dienstleistung, die Beschaffung, bzw. Vermittlung des Kreditbetrags.

credit (accounting): <Haben (Buchführung)> Rechte Kontoseite bei der doppelten Buchführung, in der die Verbindlichkeiten, der Abgang von Gütern oder Werten des Vermögens und Erträge des Buchführenden gebucht werden. Gegenstück zu Haben ist das Soll. see *debits*

credit agreement: <Kreditvertrag> An agreement between broker and customer on the conditions of a margin account.

Vertragliche Vereinbarung zwischen Broker und Kunde über die Konditionen für das Marginkonto des Kuden.

Credit and Bank Supervision, National Commission for: <Kredit- und Banküberwachungsausschuß> Französisches Beratungsorgan unter Vorsitz des Wirtschaftsministeriums, für die Festlegung der französischen Kreditpolitik zuständig. Erläßt Vorschriften über die Kreditgewährung durch französische Banken.

credit balance[1]**:** <Guthaben> Money on deposit in a customer

s account.
Im allgemeinen positiver Saldo eines Kontos, beispielsweise eines Bankkontos.

credit balance[2]: <Gutschrift> Im Detailhandel ein Beleg, durch den der Verkäufer einem Käufer bei Rückgabe eines gekauften Gegenstands ein Guthaben gewährt, das in der Regel nur für einen neuen Kauf verwendet werden kann.

credit card: <Kreditkarte> Form des bargeldlosen Zahlungsverkehrs. Der Kreditkarteninhaber erhält gegen Vorlage seiner Kreditkarte Güter und Dienstleistungen gegen Rechnung, die vom Verkäufer zur Bezahlung an das Kreditkartenunternehmen geschickt wird. Dieses bezahlt den Verkäufer (meist unter Abzug einer Provision) und stellt dem Kreditkarteninhaber seinerseits eine Rechnung (meist monatlich).

credit, commercial (or supplier): <Warenkredit (oder Lieferantenkredit)> Kredit, den ein Lieferant von Waren oder Dienstleistungen seinem Kunden durch Einräumung einer Zahlungsfrist gewährt. Die Länge der gewährten Zahlungsfrist ist von Branche zu Branche verschieden und hängt unter anderem vom Wiederverkaufsrhythmus ab, mit dem

der Kunde die Waren oder Dienstleistungen weiterverkauft.

credit cooperative: <Kreditgenossenschaft> Bank oder bankähnliches Institut, das Darlehen an Private gewährt und Klein- und Mittelbetriebe finanziert.

credit, current account: <Kontokorrentkredit> Kredit, der bis zu einer vereinbarten Höhe (Kreditlimit) durch den Kreditnehmer zeitlich und betragsmäßig beliebig beansprucht werden kann. Technisch wird der Kredit durch Überziehung eines Kontokorrentkredits beansprucht.

credit, deferred: <Kredit, aufgeschobener> Kreditart, bei der die Gewährung des Kreditbetrags von der vorherigen Bildung von Ersparnissen während einer bestimmten Wartezeit abhängig gemacht wird. Typisches Beispiel eines aufgeschobenen Kredits ist der Bausparvertrag, bei dem der zukünftige Kreditnehmer zunächst während eines bestimmten Zeitraums Ersparnisse bilden muß, bevor ihm der Baukredit zugesprochen wird.

credit, export customer: <Exportkundenkredit> Kredite, die an Kunde gewährt werden, um Exporte zu finanzieren. Diese Art Kredite werden vielfach staatlich subventioniert.

credit, installment: <Teilzahlungskredit> Von spezialisierten Kreditinstituten an natürliche Personen gewährte Kredite mit 12-48 monatiger Laufzeit für den Erwerb von dauerhaften Konsungütern oder zur Überbrückung eines finanziellen Engpasses. Die Rückzahlung des Kredites einschließlich der Zinsen erfolgt durch den Kreditnehrner in festen Monatsraten.

credit institutions: <Kreditinstitute> Alle Wirtschaftseinheiten, deren Hauptfunktion die Finanzierung (d.h. Sammlung, Umwandlung und Verteilung von Liquiditäten) von anderen Wirtschaftseinheiten ist.

credit insurance: <Kreditversicherung> Versicherung zugunsten des Kreditgebers, um ihn vor den Auswirkungen einer allfälligen Zahlungsunfähigkeit des Schuldners zu schützen. Kreditversicherungen sind im internationalen Handel (Exportrisikoversicherung), aber auch in anderen Bereichen üblich.

credit, letter of: <Kreditbrief/-Akkreditiv> Dokument, das von einer Bank einem Kunden ausgestellt wird, mit dem letzterer bei den im Kreditbrief aufgeführten Korrespondenzbanken

Bargeld bis zu einem bestimmten Höchstbetrag beziehen kann.

creditor, nonpreferred: see *creditor, ordinary*

credit opening: <Krediteröffnung> Vereinbarung, mit der sich eine Bank . verpflichtet, ihrem Kunden unter bestimmten Bedingungen einen festgelegten Betrag zur Verfügung zu stellen.

creditor, ordinary: <Konkursgläubiger, nicht bevorrechtigter> Gläubiger, der im Konkursfall seines Schuldners gegenüber anderen Gläubigern kein Vorrecht auf Befriedigung seiner Forderung besitzt.

creditor, preferred: <Konkursgläubiger, bevorrechtigter> Gläubiger, dessen Forderung eine besondere Garantie (Konkursprivileg) besitzt, so daß im Konkursfall seines Schuldners die Forderung vor jenen der nicht bevorrechtigten Gläubiger befriedigt wird.

credit restrictions: <Kreditrestriktionen> Den Geschäftsbanken und Finanzeinrichtungen durch die Zentralbank auferlegte einschränkende Maßnahmen, um die Zunahme oder das Volumen der gewährten Kredite zu beschränken oder zu reduzieren, beziehungsweise um

die finanzielle Integrität des jeweiligen Kreditinstituts zu
gewährleisten.

credit, seasonal:
<Saisonkredit> Kredit, der für
die Dauer der Durchführung
eines bestimmten Geschäfts
gewährt wird. Saisonkredite sind
vor allem im
landwirtschaftlichen Bereich
häufig anzutreffen.

credits, outstanding: <Kredit-
volumen, beanspruchtes>
Gesamtbetrag aller zu einem bestimmten Zeitpunkt von einem
Unternehmen oder einer
natürlichen Person in Anspruch
genommenen Kredite.

credit spreads: <Gutschrifts-
spread> An options spread
position in which the premium
on the short position is greater
than the premium on the long
position.

Eine Optionsstreuungsstrategie,
bei der die Prämie für die *short
Position* höher liegt als die
Prämie für die *long Position.*

credit, supplementary: <Nach-
tragskredit> Beschluß des Parlaments, die im Haushaltsge setz
bereitgestellten Mittel
nachträglich zu erhöhen. In
einigen Ländern steht der
Regierung in Notfällen ein meist
begrenztes Recht zur Erhöhung
von Budgetmitteln zu.

credit surveillance, central:

<Kreditüberwachungszentrale>

credit union: <Kreditgenossen-
schaft> Bank oder
bankähnliches Institut, das
Darlehen an Private gewährt und
Klein- und Mittelbetriebe
finanziert.

to **creep,** crept, crept:
<kriechen>

crept: see *to creep,*

crew: see *to crow,*

crisis, economic: <Wirtschafts-
krise>

CROP: see *Compliance
Registered Options Principal.*

crossover: <Übergangspunkt>
The point at which the
partnership goes from showing
losses for tax purposes to
showing income.

Der Punkt, von dem an eine
Gesellschaft von steuerlich
begründeten Verlustaus-
weisungen zu Einkom-
mensausweisungen übergeht.

cross rate: <Wechselkurse
(nicht zum US$)> Wechselkurse
der nicht-amerikanischen
Währungen zueinander.

to **crow,** -ed/crew, crowed:
<krähen>

crowed: see *to crow,*

to **crush, -ed, -ed:** <zerdrücken,
pressen, quetschen, zermalmen>

crush spread: <spezieller Soja-
Spread> A type of commodity-

product spread which involves the purchase of soybean futures and the simultaneous sale of,.soybean meal and soybean oil futures.

Eine Art *des Commodity Product-Spread* <Produktstreuung>, der den Erwerb von Sojabohnenterminen bei gleichzeitigem Verkauf von Sojabohnenmehl- oder Sojabohnenölterminen vorsieht.

CSCE: see *Chicago Sugar and Cocoa Exchange*

CTA see *Commodity Trading Advisor*

cumulative: <kumulativ> Größe, die durch einfache Addition mit sich selbst zunimmt.

cumulative preferred stock: <gesammelte Vorzugsaktien> A preferred stock whose dividends continue to accumulate even though they are not earned or declared.

currency: <Währung>

Currency and Bank Notes Act: <Währungs- und Banknotengesetz> In Großbritannien mehrmals verabschiedetes Gesetz, mit dem der im Bank Charter Act festgelegte Notenemissionsplafond der Bank von England erhöht wurde. Seit Auflösung der Goldeinlösepflicht im Jahr 1931 wird der Emissionsplafond nicht mehr

durch ein Gesetz festgelegt.

currency   futures: <Währungsterminverträge>

currency school: <Geldumlaufschule> Währungstheorie, derzufolge jede von der Zentralbank ausgegebene Banknote eine Metalldeckung (in der Regel Gold) haben muß. Die Currency School stand im Gegensatz zur Banking School, die der Ansicht war, daß eine teilweise Metalldeckung der Banknoten genüge, um Geldwert stabil zu halten.

currency snake: <Währungsschlange> Währungsabkommen zwischen den Mitgliedsländem der Europäischen Gemeinschaft von 1972-1978, Vorläufer des Europäischen Währungssystems (EWS).

currency   zone: <Währungsgebiet> Ein aus mehreren Staaten bestehendes Gebiet, das aufgrund eines formellen Abkommens oder aus historischen Gründen eine gemeinsame Hauptwährung besitzt und in dem deshalb auch eine einheitliche Währungspolitik betrieben wird.

current: <gegenwärtig, derzeitig>

current   assets: <Nettovermögen> Assets that are converted to cash within one year.

Aktivposten, die innerhalb eines Jahres in Bargeld verwandelt werden.

current delivery month: <Spotmonat> Der Andienungsmonat, der gegenwärtig gehandelt werden.

current liabilities: <laufende Verbindlichkeiten> Obligations that must be paid within one year.

Verpflichtungen, die innerhalb eines Jahres beglichen werden müssen.

current ratio: <Nettovermögensquote> Current assets divided by current liabilities.

Rate der gegenwärtigen Aktivposten zu den laufenden Verbindlichkeiten.

current yield: <gegenwärtige Rendite> The ratio of the current income from an investment to the purchase price or the current price of the investment.

Die Rate des gegenwärtigen Einkommens aus einer Anlage zum Kaufpreis oder dem gegenwärtigen Preis der Anlage.

curriculum vitae: (lat.) <Lebenslauf, Resumé>

curve: <Kurve> Graphische Darstellung einer mathematischen Funktion. Die Kurven ermöglichen die visuelle Darstellung der Zusammenhänge

zwischen zwei oder mehreren Variablen, beispielsweise der Korrelation, der Konjunktur usw.

CUSDEC: see *Customs Declaration Message in EDIFACT*

CUSIP number: <Wertpapiernummer> A number assigned to each issue of securities by the Committee on Uniform Securities Identification Procedures to facilitate tracing lost, stolen or counterfeit securities.

Eine Registrationsnummer, die jedem Wertpapier vom *Committee on Uniform Securities Identification Procedures* zugeteilt wird, um die Auffindung von verlorenen, gestohlenen oder gefälschten Wertpapieren zu ermöglichen.

CUSREP: see *Customs Response Message in EDIFACT*

customer: <Kunde>

customer agreement: <Kundenvertrag> A basic agreement between customer and broker, incorporating the margin agreement, the credit agreement and the loan consent.

Ein grundsätzlicher Vertrag zwischen Kunde und Broker, der den Marginvertrag, den Kreditvertrag, und die Kreditzustimmung beinhaltet.

customers, occasional: <Lauf-

kundschaft> Personengruppe, die gelegentlich in einem bestimmten Geschäft einkauft. Gelegenheitskunden. Die Laufkundschaft bildet neben der Stammkundschaft, d.h. der Personengruppe, die gewohnheitsmäßig im betreffenden Geschäft kauft, einen wesentlichen Bestandteil des Geschäftswertes.

Während die Stammkundschaft sich von der Qualität leiten läßt, wird die Laufkundschaft mehr durch den Standort und die Attraktivität der Auslagen angezogen.

customers,   regular: <Stammkunden> also: *regulars*

Personenkreis,   der gewohnheitsmäßig bei einem bestimmten Geschäft kauft. Gegensatz zur Laufkundschaft. Die Stammkundschaft ist ein wesentliches Element des immateriellen Geschäftswerts, des *Goodwill.*

customs: <Zollbehörden> Verwaltungsbehörde, die mit der Kontrolle des grenzüberschreitenden Waren- und Kapitalverkehrs beauftragt ist. Diese. Aufgabe umfaßt die Überwachung der Vorschriften für den Warenaustausch, die Erhebung der Zölle, allfälliger indirekter Steuern und spezieller Abgaben auf bestimmte Produkte.

customs accelerated passenger inspection system: <beschleunigtes Passagierzollinspektions System>

customs   classification: <Zolltarifierung> Spezifizierung eines   Erzeugnisses   im Zolltarifschema.

customs cooperation council: <Zollkooperationsausschuß (U.S.A.)>

customs cooperations council nomenclature: <Zollkooperationsausschußnomenklatur (U.S.A.)>

customs decision: <Zollentscheidung/-Zollbeschluß>

customs declaration message in EDIFACT: <Zolldeklarationsnachricht auf *EDIFACT*>

customs electronic bulletin board: <Elektronisches Bulletin Board der Zollbehörden (U.S.A.)>

customs electronic system advisory council: <Beratungsausschuß der Zollbehörden für elektronische Systeme (U.S.A.)>

customs form: <Zollformular>

customs inspector: <Zollinspektor (U.S.A.)>

customs issuance system: <Zollzuweisungssystem

(U.S.A.)>

customs manual:
<Zollhandbuch>

customs nomenclature: <
Zolltarifschema> Methodisch
aufgebaute Liste der
zollpflichtigen Waren nach
Warengruppen. Das
Zolltarifschema dient als
Grundlage für die Ermittlung der
Import- und Exportströme und
für die Erhebung der Zölle.

customs patrol officer:
<Zollbeamter im Außendienst
(U.S.A.)>

**customs policy and procedures
manual system:** <Zollregel und
Vorgehenshandbuch (U.S.A.)>

customs regulations: <Zollvor-
schriften> Die auf den grenzüberschreitenden Warenhandel
anwendbaren Zollvorschriften.

customs regulations appendix:
<Zollvorschriftenanhang
(U.S.A.)>

**customs response message in
EDIFACT:** <Zollstellungnahme
auf *EDIFACT*>

customs tariff: <Zolltarif> Verzeichnis der auf die zollpflichtigen Waren erhobenen Zölle.

customs ˉ union: <Zollunion>
Zusammenschluß von Staaten,
so daß deren Staatsgebiete einen
einheitlichen Zollraum bilden.

Im Gegensatz zur Freihan-
delszone sind bei der Zollunion
die Zölle nicht nur zwischen den
Mitgliedsländern vereinheitlicht,
sondern die Mitgliedsländer der
Zollunion wenden gegenüber
den Drittländern eine einheitliche Zollpolitik an.

customs warehouse:
<Zollager> Lager, in dem Waren
aus dem Ausland ohne
Entrichtung der Einfuhrzölle
und -abgaben für eine bestimmte
Zeit aufbewahrt-werden können.

to **cut**, cut, cut: <schneiden>

cut: see *to cut*,

CV: see *Constructed Value*

CV: see *Curriculum Vitae*

CVD: see *Countervailing Duty*

cycle, economic:
<Konjunkturzyklus>

cyclical stocks: <zyklische Ak-
tien> Common stocks of
companies whose prices vary
directly with the business cycle.

Stammaktien von Firmen, deren
Kurse parallel zu den Geschäfts-
zyklen verlaufen

D

D&F: see *Determination and Findings*

DAC: see *Deputy Assistant Commissioner*(s)

daily limit: <Tagesgrenze> Von den Börsen bestimmte maximale Kursveränderungen pro Handelstag. *Daily Limits* können sich ständig ändern, obwohl auch Veränderungen gewissen (nicht zwingend notwendigen) Regelmäßigkeiten, die von Börse zu Börse und von Markt zu Markt verschieden sind, unterliegen.

DARC: see *Deputy Assistant Regional Commissioner*(s)

DARCO: see *Deputy Assistant Regional Commissioner(s) (Operations)*

to **dare**, -ed/durst, -ed: <wagen>

DARPA: see *Defense Advanced Research Projects Agency*

data analysis: <Datenanalyse> Gebiet der beschreibenden Statistik, durch die die Strukturen einer Gesamtheit mehrdimensionaler Daten sichtbar gemacht werden, ohne dabei diese Daten mittels der Wahrscheinlichkeitstheorie oder statistischer Modelle auszuwerten.

database system: <Datenbanksystem> Eine aus Dateien und Teilen des Betriebssystems bestehende Einheit, die die Verwaltung von Informationen nach verschiedenen Ordnungskriterien ermöglicht. Beim Aufbau der Datenbanksysteme werden drei Typen unterschieden: Hierarchische Datenbanksysteme, bei denen nur auf bestimmte Datensätze direkt und von diesen entlang eines im voraus festgelegten Wegs zugegriffen werden kann. Datenbanksysteme mit Netzstruktur, bei denen auf alle Datensätze direkt zugegriffen werden kann und von diesen entlang festgelegten Wegen auf andere Datensätze. Relationale Datenbanksysteme, bei denen die Beziehungen zwischen den Datensätzen entsprechend den jeweiligen Bedürfnissen dynamisch aufgebaut werden.

data processing: <Datenverarbeitung> Gesamtheit des Erfassens, Übermitteln, Ordnens, Umformens und Ausgebens von Informationen mittels spezieller Einrichtungen.

dated date: <Zinsdatum> In a bond issue, the date on which interest begins to accrue.

Bei einer Anleihe, der Tag, an dem Zinsen anfangen anzufallen.

DAV: see *Domestic Added Value*

day orders: <Tagesauftrag> Orders that are canceled if they are not idled on the day they are entered.

Aufträge, die hinfällig werden, wenn sie nicht noch am gleiche Tage ausgeführt werden. Bei Futures und Optionen ist dies der Regelfall.

day-traders: <Tageshändler> Commodity traders (usually those active on the trading floor) who establish a futures position and offset that position on the same day.

Warenterminhändler, (üblicherweise die, die auf dem Börsenparkett aktiv sind) die eine Terminposition errichten und diese Position am selben Tage glattstellen.

DCMAO: see *Defense Contract Management Area Operations*

DCs: see *Developed Countries*

DD: see *District Director(s)*

DEA: see *Drug Enforcement Administration*

to **deal**, dealt, dealt: <handeln, verteilen>

dealer: <Händler> One who buys or sells stock for his own account, charging a markup when he sells to a customer and a markdown when he buys from the customer.

Jemand, der Aktien, Futures oder Optionen auf eigene Rechnung kauft und verkauft und einen Aufschlag verlangt, wenn er an einen Kunden verkauft, beziehungsweise einen Abschlag bietet, wenn er von einem Kunden kauft.

dealer option: <Händleroption>

dealt: see *to deal,*

debasement: <Münzverschlechterung> Verringerung des Münzgewichts, d.h. des Edelmetallgehalts von Münzen oder des Münzfußes, d.h. der Goldparität einer Währung. Vergleiche dazu die Begriffe Währungsstandard und Abwertung.

debenture: <Schuldschein> Bond not secured by any specific property, based on the full faith and credit of the issuer.

debenture bond: see *debenture*

debit: <Soll/Lastschrift> Das, was eine Person schuldet. see also *debit (accounting).*

debit (accounting): <Soll (Buchführung)> Linke

Kontoseite bei der doppelten Buchführung, in der Schulden gegenüber einem Dritten, Aufnahmen von Gütern oder Werten ins Vermögen des Buchführenden und Aufwendungen des Buchführenden gebucht werden. Die Begriffe Soll und Haben entspringen dem Prinzip der doppelten Buchhaltung. Jeder Buchungsvorgang schlägt sich mit zwei, betragsmäßig gleichen Eintragungen auf zwei Konten nieder, wovon die eine auf der Habenseite des einen Kontos und die andere auf der Sollseite des anderen Kontos steht. Anhand der Buchhaltung können Forderungen und Verbindlichkeiten des Buchprüfenden gegenüber Dritten festgestellt werden. Die Eintragungen auf der Soll- und Habenseite bedeuten jedoch nicht zwangsläufig, daß die betreffenden Forderungen und Verpflichtungen noch offen sind, sondern nur, daß diese zu einem bestimmten Zeitpunkt entstanden sind. see also *credit*.

debit advice: <Lastschriftanzeige> Anzeige der Bank an den Kontoinhaber beim Lastschriftverfahren.

debit balance: <Schuldensaldo> Money owed to a broker/dealer by a customer.

Gelder, die ein Kunde seinem Broker/Händler schuldet.

debiting, direct: <Lastschriftverfahren>

debit spread: <Schuldenstreuung> An options spread position in which the premium paid on the long position is greater than the premium received on the short position.

Eine Optionsstreuungsposition bei der die Prämie für die *long Position* höher ist als die Prämie, die man für die *short Position* erhalten hat.

debt: <1) Fremdkapital 2) Schuld> Teil der Passiven, der sämtliche vom Unternehmen eingegangenen kurz-, mittel- und langfristigen Verpflichtungen umfaßt, Diese Schulden sind im Gegensatz zum Eigenkapital an bestimmten Daten fällig und müssen den Gläubigern zurückgezahlt werden. Das Gegenstück zum Fremdkapital ist das Eigenkapital. Eine gegenüber einem anderen eingegangene finanzielle Verpflichtung. Aus der Sicht des anderen ist die betreffende Schuld eine Forderung. Schulden entstehen aus einer bilateralen Handlung oder haben einen gesetzlichen Ursprung. In der Buchhaltung werden Geldschulden auf der Habenseite des Kontos, bzw. auf der Passivseite der Bilanz verzeichnet.

debt equity ratio: <Anspannungskoeffizient>

Verhältnis des Fremdkapitals zum Eigenkapital eines Unternehmens in Prozent. Der Anspannungskoeffizient ist, ähnlich wie der Verschuldungsgrad, ein statistisches Maß für die Sicherheit und finanzielle Unabhängigkeit eines Unternehmens.

debt factor: <Verschuldungsfaktor> Verhältnis des Fremdkapitals zum Cash flow eines Unternehmens. Der Verschuldungsfaktor gibt an, wievielmal der letzte Cash flow erarbeitet werden muß, um das gesamte Fremdkapital tilgen zu können und ist ein dynamisches Maß für die Beurteilung der Schuldenlast eines Unternehmens.

debt instrument: <Zinstitel>

debtor: <Schuldner>

debt paying ability: <Zahlungsfähigkeit>

debt ratio: <Verschuldungsgrad> Verhältnis des Fremdkapitals zum Gesamtkapital eines Unternehmens in Prozent. Der Verschuldungsgrad ist ein Maß für die Sicherheit und finanzielle Unabhängigkeit eines Unternehmens. Der Verschuldungsgrad beeinflußt stark die Rentabilität durch die Hebelwirkung des Fremdkapitals.

decentralization: <Dezentralisation> Verteilung von Entscheidungszentren auf verschiedene geographische Orte oder auf verschiedene Entscheidungsebenen. Gegensatz dazu ist die Zentralisation.

declared date: <Ankündigungsdatum> The date on which a corporation declares a dividend.

Das Datum, an dem eine Gesellschaft ihre Dividende bekannt gibt.

decline: <Abschwung, Kursverfall>

deed: <Urkunde> Dokument, das ein Recht verbrieft und durch das der Inhaber seinen Rechtsanspruch geltend machen oder auf einen anderen übertragen kann. Während bestimmte Rechtsansprüche auch ohne Urkunde bestehen können (Eigentum an Sachen), sind andere Rechtsansprüche an eine Urkunde gebunden. Dazu gehören insbesondere der Wechsel, der Scheck und die Wertpapiere.

defalcation: <Veruntreuung/Unterschlagung>

default: <Nichterfüllung>

to **default, -ed, -ed:** <nicht erfüllen, nicht bezahlen>

defeasance: <Annullierung> Annulment of trust indenture

conditions, granting new bonds a claim on revenues, and the old bonds a claim on the escrow account containing the proceeds (the money) from the pre-refunding issue.

Annulation von Treuhandbedingungen zugunsten von Umsatzansprüchen für neue Bonds, wobei alte Bonds einen Rechtsanspruch gegenüber dem Treuhandguthaben aus der Zeit vor der Refinanzierung beinhalten.

Defense Advanced Research Projects Agency: <Behörde für fortgeschrittene Verteidigungsforschungsprojekte (U.S.A.)>

defense contract management area operations: <Verteidigungsvertrag Management Gebietsaktivitäten (U.S.A.)>

defensive issue: <defensive Aktien> Common stock of companies that are relatively unaffected by the business cycle, such as food companies, utilities and tobacco companies.

Stammaktien von Firmen, die von Konjunkturzyklen relativ unbeeinflußt bleiben, wie zum Beispiel Lebensmittelproduzenten, Versorgungsunternehmen und Tabakproduzenten.

to defer, -red, -red: <aufschieben, zurückstellen, vertagen>

deferred: see *to defer*

deferred delivery: <zurückgestellte Lieferung>

deficit: <Defizit> Negative Differenz zwischen den vorhandenen und den benötigten finanziellen oder materiellen Ressourcen. In der Buchhaltung der (negative) Saldo zwischen Soll und Haben oder Aktiven und Passiven. Das Gegenstück zum Defizit ist der Überschuß. In der Gewinn- und Verlustrechnung wird das Defizit, d.h. der Überschuß der Ausgaben über die Einnahmen, als Verlust bezeichnet. Im öffentlichen Haushalt ist das Haushalts- oder Budgetdefizit der Teil der laufenden Ausgaben, der nicht durch die laufenden Einnahmen gedeckt werden kann und deshalb durch Mittelaufnahmen (Verschuldung) gedeckt werden muß. Im internationalen Handel entspricht das Defizit dem Verlustsaldo der Handelsbilanz oder bei umfassender Betrachtung dem Verlustsaldo der Leistungsbilanz.

deficit financing: <Defizitfinanzierung>

deflation policy: <Deflationspolitik> Maßnahmen zur Beschränkung der Nachfrage, um damit die Inflation zu bremsen oder zu verringern. Die

Deflationspolitik ist die härteste Maßnahme gegen die Inflation und deren Auswirkungen. Sie beruht auf einer rein quantitativen Betrachtung der Geldseite einer Volkswirtschaft und der Ansicht, daß die Verhaltensweisen, die zur Inflation führen, rückgängig gemacht werden können. Die Deflationspolitik fördert die Marktmechanismen im monetären und güterhaftlichen Bereich und nimmt in Kauf, daß der soziale Schutz bestimmter Wirtschaftsteilnehmer gefährdet wird.

to **deliver, -ed, -ed:** <liefern>

delivering   slip: <Materialbezugsschein> Beleg, gegen den die Lagerabteilung eines Unternehmens Material an die Produktionsabteilungen abgibt. Der Materialbezugsschein ist für die Lagerhaltung erforderlich und übt dieselbe Funktion wie ein Lieferschein bei Lieferung an Kunden aus.

delivery: <Lieferung> the transportation of a physical commodity (actuals or cash) to a specified destination in fulfillment of a futures contract. Der Transport der materiellen Ware (actuals oder *cash)* an einen bestimmten Ort in Erfüllung eines Terminkontraktes.

delivery month: <Liefermonat>

delivery notice: <Lieferungsanzeige, Lieferungsankündigung>

delivery   order: <Konnossementsanteil-schein/Konnossements-Teil-schein> Anweisung des Inhabers eines Konnossements an den Schiffskapitän, einer bestimmten Person einen bestimmten Teil der im Konnossement angeführten Waren auszuliefern.

delivery period: <Lieferzeit-(rahmen)>

delivery   time: <Lieferzeit(punkt)

delivery versus payment: <Zahlung bei Lieferung> A type of settlement, commonly used by bank trust departments, in which the security is paid for when the broker/dealer has the security deliverable in the purchaser s name. Also referred to as *DVP* or *COD.*

Eine Art der Abrechnung, die im allgemeinen von Treuhandabteilungen der Banken verwandt werden, wenn ein Broker/Händler ein Wertpapier lieferbar im Namen des Kunden hat.

delphi method: <Delphi Methode> Prognosemethode, bei der die Ansichten einer Anzahl von Fachexperten mittels eines mehrstufigen und sich wiederholenden Befragungsverfahrens erhoben und die

Einzelergebnisse zu einer Gesamtmeinung mit einer bestimmten Wahrscheinlichkeit zusammengefaßt werden.

delta: <Delta> The correlation factor between a futures price fluctuation and the change in premium for the option on that futures contract. Delta changes from moment to moment as the option premium changes.

Maßeinheit der Wechselbeziehung zwischen der Terminpreisschwankung und der Veränderung der Prämie für die Option auf diesen Terminkontrakt. Delta verändert sich in dem Augenblick, in dem sich die Optionsprämie verändert.

demand: <Nachfrage> Die von allen Käufern zu einem bestimmten Preis gewünschte Menge eines Gutes oder einer Dienstleistung. Die Nachfrage ist ein Grundbegriff in jeder Marktwirtschaft. Sie entspricht der Tauschhandlung aus der Sicht jener, die für den Erwerb von Gütern und Dienstleistungen Geld bieten. see *supply*

demand, final[1]: <Endnachfrage-/Gesamtnachfrage> Endverwendung von Gütern und Dienstleistungen im Inland und im Ausland. Die Gesamtnachfrage umfaßt die Inlandsnachfrage (privater Konsum, Öffentlicher Konsum und Bruttoinvestitionen) und die Auslandsnachfrage (Export). Die Gesamtnachfrage entspricht dem Totalwert der Habenseite des gesamtwirtschaftlichen Produktionskontos.

demand, final[2]: <letzte Mahnung>

demand national: <Endnachfrage/Gesamtnachfrage> see *demand, final*

demand note: <Zahlungsaufforderung> A short-term municipal note that permits the issuer to change the interest rate on a weekly or monthly basis, and the holder to sell the note back to the issuer at the same intervals.

Ein kurzfristiger Zinstitel, der dem Emissionär erlaubt, den Zinssatz wöchentlich oder monatlich zu änder und die dem Halter erlaubt, den Zinstitel mit den gleichen Intervallen zurück zu verkaufen.

demography: <Demographie> Wissenschaft, die sich mit der menschlichen Bevölkerung befaßt. (Griechisch: demoz = Volk). Quantitative Demographie: Das Schwergewicht liegt auf der zahlenmäßigen Erfassung und Beschreibung der Bevölkerung, beispielsweise die Bevölkerungsstatistik. Wirtschafts- und Gesellschaftsdemographie: Gegenstand der Untersuchungen ist der Zusammenhang zwischen den bevölkerungsmäßigen und den wirtschaftlichen und sozialen Erscheinungen. Eines der Teilgebiete ist die Humanökologie, die die Gemeinschaften hinsichtlich ihrer Organisation und territorialen Verteilung untersucht. Theoretische Demographie: Ziel dieser Untersuchungen ist die Erklärung und Vorhersage der demographischen Entwicklung und ihrer Auswirkungen, beispielsweise als Grundlage zur Erarbeitung einer Bevölkerungspolitik.

denier: <Denier> Silbermünze mit geringem Gewicht, die in Europa zwischen dem 9. und 13. Jahrhundert in Gebrauch war.

department of transportation: <Verkehrsministerium (U.S.A.)>

deposit: <Einlage, Einzahlung, Depot>

deposit account: <Depositenkonto> Konto bei einer Bank, von dem Beträge über eine bestimmte Höhe hinaus nur nach vorangehender Kündigung abgehoben werden können. .

deposit and consignation institute: <Hinterlegungs- und Konsignationskasse> 1816 in Frankreich gegründete öffentliche Anstalt für die Verwaltung von hinterlegten Geldern und Wertpapieren. Gemäß dem ursprünglichen Zweck nimmt die Hinterlegungs- und Konsignationskasse Werte bei von Gerichten angeordneten Hinterlegungen (Erbschaften, Bürgschaften), gesetzlich vorgeschriebene Hinterlegungen von Notaren und von staatlichen Einrichtungen entgegen. Darüber hinaus verwaltet die Kasse öffentliche Fonds der Sozialversicherung und ähnlicher Einrichtungen. Den Hauptanteil der verwalteten Gelder machen die von den Sparkassen getätigten Anlagen von Spargeldern aus. Die Kasse legt die verwalteten Gelder gemäß besonderen Vorschriften auf dem Kapitalmarkt und in Direktinvestitionen an. Aufgrund des verwalteten Vermögens ist die Hinterlegungs- und Konsignationskasse einer der wichtigsten Teilnehmer im französischen Finanzmarkt.

depository receipt: <Depotschein>

deposits, bank: <Bankeinlagen/Depositen>

deposit slip: <Einzahlungsbeleg>

depreciation: <1) Abschreibung 2) Verringerung des Werts> A non-cash expense for wear and tear of property used as part of a trade or business or held for the production of income. Verfahren, durch das die Kosten oder der Aufwand langfristiger Anlagegüter während der gesamten Nutzungsdauer auf die einzelnen Rechnungsjahre verteilt werden. Auch Bezeichnung für den Abschreibungsaufwand selbst. Allen Abschreibungsarten ist gemeinsam, daß sie langlebige Werte betreffen, deren allmähliche Wertminderung auf die einzelnen Rechnungsjahre verteilt werden müssen. Die Ursache der Wertminderung können Abnutzung durch Gebrauch (z.B. Maschinen), wirtschaftlicher Verschleiß durch Fristablauf (z.B. Patente), technische Veralterung, Substanzverringerungen (z.B. Bergwerke) oder Preisrückgang u.ä. sein. Die Abschreibung geht einerseits als Aufwand in die Erfolgsrechnung ein, verringert also den erzielten Gewinn, andererseits als Reduktion von Aktiven in der Bilanz. Verringerung des Wertes einer Sache oder eines Rechts. Die Wertminderung kann durch Verschleiß, durch Obsoleszenz oder durch Preisrückgang verursacht sein. Die Wertminderung wird in der Buchhaltung durch Abschreibung berücksichtigt. Die Wertminderung des Geldes durch Inflation wird als Kaufkraftverlust im Binnenbereich und als Kursverlust im Außenbereich bezeichniet.

depression: <Depression> A stage of the business cycle characterized by high unemployment and low levels of business activity. Phase des Konjunkturzyklusses, die durch eine geringe Produktion, geringe Nachfrage infolge mangelnder Kaufkraft, fehlende Investitionsbereitschaft, sinkende Preise und hohe Arbeitslosigkeit gekennzeichnet ist.

deputy assistant commissioner(s): <stellvertetener Ausschußsekretär (U.S.A.)>

deputy assistant regional commissioner(s): <stellvertretender Ausschußregionalsekretär (U.S.A.)>

deputy assistant regional commissioner(s) (operations): <stellvertretender Ausschußregionalsekretär (Handlungen) (U.S.A.)>

deputy national import specialist: <stellvertretender nationaler Importspezialist (U.S.A.)>

to **descend, -ed, -ed:** <abfallen, absteigen>

designated order: In a municipal bond underwriting, an

97

order by the buyer syndicate member who receives the compensation for the order.

Bei Kommunalobligationen ein Auftrag des Käufersyndikatsmitgliedes, das die Vergütung für den Auftrag erhält.

designated reporting member: <designiertes berichterstattendes Mitglied> A broker/dealer who engages in many third market trades, and is designated as such.

Ein Broker/Händler, der viel Drittmarkthändel vornimmt und als solcher bezeichnet wird.

determination and findings: <Feststellung und Beschlüsse>

devaluation: <Abwertung> Herabsetzung der Währungsparität in einem System von festen Wechselkursen. Im Gegensatz zur bloßen Wechselkursschwankung wird bei der Abwertung die Parität zu einer Referenzgröße (Gold, Währungskorb) offiziell geändert.

developed countries: <Industrieländer>

development: <Entwicklung> Veränderung der Wirtschafts- und Gesellschaftsstrukturen meist als Folge des wirtschaftlichen Wachstums. Entwicklung ist ein über längere Zeit dauernder Vorgang, der sich auf die gesamten Wirtschafts- und Sozialstrukturen bezieht. Entwicklung sollte nicht mit Wachstum und letzteres nicht mit dem Anstieg der Produktion und des Lebensstandards, der an der Veränderung des Bruttosozialproduktes gemessen wird, verwechselt werden.

development aid: <Entwicklungshilfe> Ausländischer Beitrag zugunsten von Entwicklungsländern, um den Entwicklungsbeginn ihrer Wirtschaften zu ermöglichen oder zu fördern. Gemäß den meisten einschlägigen Untersuchungen sind das ungenügende Sparvolumen und die daraus entstehenden Finanzierungsbedürfnisse das typische Merkmal der Unterentwicklung und einer der Hauptfaktoren für die Unmöglichkeit ihrer Beseitigung. Zur Bekämpfung der Unterentwicklung wurde im Laufe der fünfziger Jahre der Ruf nach ausländischer Hilfe immer dringlicher, vor allem weil der Marshall-Plan die Nützlichkeit ausländischer Hilfe gezeigt hatte. Die Entwicklungshilfe ist seither eines der Hauptanliegen der internationalen Gemeinschaft. Die Entwicklungshilfe kann in einer Direkthilfe in Form von Naturalien, insbesondere Nahrungsmitteln, der Gewährung von technischer Unterstützung oder in der Gewährung von Krediten bestehen. Der Unterschied zwischen der Naturalhilfe und der finanziellen Hilfe verkleinert sich aber in dem Maße, als dem Begünstigten Vorschriften für die Verwendung gewährter finanzieller Mittel auferlegt werden.

developmental drilling: <Probebohrungen> Drilling oil or gas wells in an area of known production.

Öl- und Gasbohrungen in Gebieten mit bekannten Vorkommen.

development, long-term: <Langfristige Entwicklung> Siehe Tendenz, Trend, Zeitreihe.

deviation: <Streuungsindikator> Größe, die Aufschluß über das Ausmaß der Abweichungen der beobachteten Werte vom berechneten Mittelwert einer statistischen Gesamtheit gibt. Die am häufigsten verwendeten Streuungsindikatoren sind die Varianz und die Standardabweichung.

deviation, analysis of: <Abweichungsanalyse> Verfahren, bei dem Ist-Werte (tatsächliche Werte) mit Soll-Werten (erwartete oder budgetierte Werte) systematisch verglichen werden.

DF: see *Duty Free*

diagonal spread: <diagonaler Spread> An options spread position in which both the strike prices and the expiration months differ.

Eine Optionsstreuung, bei der sowohl Basispreis als auch Andienungsmonat unterschiedlich sind.

diagram: <Diagramm> Zeichnerische Darstellung einer bestimmten Erscheinung, eines Zusammenhangs oder Ablaufs.

did: see *to do*,

difference: <Unterschied>

differentials: <Unterschiede, Unterscheidungsmerkmale>

to **dig**, dug, dug: <graben>

digitizer: <Digitalisierungsgerät> Peripheriegerät eines Computers, mit dem analoge Informationen, wie z.B. graphische Darstellungen, in digitale Signale umgewandelt und in den Computer eingegeben werden können.

dilution: <Verwässerung> Reduction of the percentage ownership of the existing shareholders through the sale of more stock by the corporation.

Reduzierung des prozentualen Anteils der bestehenden Aktionäre durch Herausgabe neuer Aktien der Firma.

dip: <(kurzfristiger) Abfall, Abstieg>

to **dip, -ped, -ped:** <abfallen, absteigen>

direct costing/marginal costs: <Deckungsbeitragsrechnung/Gre nzplankostenrechnung> Kalkulationsverfahren, bei dem nur die dem Produkt direkt zurechenbaren variablen Kosten berücksichtigt werden. Die Differenz zwischen dem Marktwert des Produkts und den direkt zurechenbaren variablen Kosten wird als Deckungsbeitrag bezeichnet und ist der Beitrag des Produkts zur Deckung der fixen Kosten. Die Deckungsbeitragsrechnung eignet sich insbesondere zur Ermittlung des optimalen Produktionsprogramms eines Unternehmens.

direct debiting: <Lastschriftverfahren> Methode zur Vereinfachung der Begleichung periodisch anfallender Rechnungen. Der Kontoinhaber ermächtigt seine Bank, die Rechnungen bestimmter Lieferanten (z.B. Elektrizitäts- und Gaswerk, Telefon usw.) ohne vorherige Einzelerrnächtigung zu Lasten seines Kontos zu bezahlen. Der Lieferant schickt deshalb seine Rechnungen nicht an den Kontoinhaber, sondern direkt an die Bank. Der Kontoinhaber erhält nach Zahlung von seiner Bank eine Lastschriftanzeige und kann bei fehlendem Einverständnis die Zahlung rückgängig machen.

direct loan: <Direktkredit> Darlehen eines Darlehensgebers an einen Darlehensnehmer ohne Umweg über einen dazwischen stehenden Dritten, beispielsweise eine Bank. Der Direktkredit kann mit oder ohne Vermittlung einer Bank zustande kommen und kann durch Bankgarantien abgesichert sein oder nicht.

director's bonus: <Tantieme> Anteil am ausschüttungsfähigen Gewinn eines Unternehmens, der dem Verwaltungsrat und dem Aufsichtsrat als Entgelt ausgezahlt wird.

direct participation program: <direktes Teilnahme Programm> An investment program that allows the flow-through of all tax consequences to the investor, often referred to as DPPs. The most common form of DPP is a limited partnership.

Ein Anlageprogramm, das es erlaubt sämtliche Steuereffekte an den Anleger weiterzugeben. Die häufigste Form ist die Kommanditgesellschaft.

disagio[1]: <Rabatt> Differenz zwischen dem Nominalwert eines Guts und dem niedrigeren realen Marktwert.

disagio[2]: <Abschlag/Disagio>Im Börsenwesen die Differenz zwischen dem Nominalwert und dem tieferen Emissions- oder Börsenkurs.

disagio[3]: <Diskont >Im Devisenhandel die Differenz zwischen offizieller Wechselkursparität und dem tieferen Marktkurs. Das Gegenstück zum Abschlag ist der Aufschlag oder Agio.

discount[1]: <Abschlag/Disagio> Quality differences between those standards set in some futures contracts and - the quality of the delivered goods. If inferior goods are tendered for delivery, they are graded below standard, and a lesser amount is paid for them. They are sold at a discount.

Qualitätsunterschiede zwischen den in Terminkontrakten festgelegten Standards und der Qualität der gelieferten Güter. Wenn minderwertigere Waren zur Lieferung angeboten werden, werden sie niedriger als der Standard eingestuft und daher eine geringere Summe dafür bezahlt. Sie werden mit *Discount* <Nachlaß> verkauft.

discount[2]: <Diskont> Price differences between futures of different delivery months.

Preisunterschied zwischen Termingeschäften von verschiedenen Terminmonaten.

discount[3]: <Rabatt> For short-term financial instruments, discount may be used to describe the way interest is paid. Short-term itstruments are purchased at a price below the face value (discount). At maturity, the full face value is paid to the purchaser. The interest is imputed, rather then being paid as coupon interest during the term of the instrument; for example, if a T-Bill is purchased for $974,150, the price is quoted at 89,66, or a discount of 10,34 t (100,00 - 89,66 = 10,34). At maturity, he holder receives $1,000,000.

Bei kurzfristigen Zinstiteln kann der *"Discount"* dazu verwandt werden, die Art der Zahlung der Zinsen zu beschreiben. Kurzfristige Papiere werden zu einem Kurs eingekauft, der unterhalb des Nennwertes *(Discount* <Diskontwert>) liegt. Bei Fälligkeit wird dem Käufer der volle Nennwert ausbezahlt. Der Zins wurde eingerechnet, anders als bei Zahlung der Zinsen des Wertpapiers während der Laufzeit durch Kupon; zum Beispiel: wenn ein T-Bill für $ 974.150,- erworben wird, wird der Kurs mit 89,66 angegeben oder einem *Discount* von 10,34 t (100 89,66 = 10,34). Bei Fälligkeit erhält der Inhaber 1.000.000 $. Differenz zwischen dem Nominalwert eines Guts und dem niedrigeren realen

Marktwert. Im Börsenwesen die Differenz zwischen dem Nominalwert und dem tieferen Emissions- oder Börsenkurs. Im Devisenhandel die Differenz zwischen offizieller Wechselkursparität und dem tieferen Marktkurs. Das Gegenstück zum Abschlag ist der Aufschlag oder *Agio*. Synonym für Nachlaß, Reduktion, Rabatt oder Skonto. Im weiteren Sinne auch Verkaufspolitik, bei der die Produkte oder Produktgruppen mit stark ermäßigten Preisen abgesetzt werden.

Preisermäßigung, meist in Form eines prozentualen Abzuges, die einem Kunden gewährt wird. Rabatte werden aus verschiedenen Gründen gewährt, beispielsweise für Barzahlung ein Barzahlungsrabatt, für größere Mengen ein Mengenrabatt, für Stammkunden ein Treuerabatt und für spezielle Situationen ein Sonderrabatt.

discount (US): <Deport> Gegenteil des Reports in mehreren Bereichen des Termingeschäfts. Im Devisentermingeschäft die Differenz zwischen dein Kassakurs und dem tieferen Terminkurs. Im Wertpapiertermingeschäft Entgelt für ein Termingeschäft, bei dem ein Wertpapierinhaber (meist eine Bank) am ursprünglich vereinbarten Liquidationstermin die zur Deckung erforderlichen Wertpapiere leihweise zur Verfügung stellt, so daß die ursprüngliche Transaktion auf einen späteren Liquidationstermin verlängert werden kann.

discountable: <diskontfähig> Wechsel, der von der Zentralbank zum Diskont akzeptiert wird. In der. Regel bestehen spezielle, von Zentralbank zu Zentralbank verschiedene Anforderungen bezüglich Sicherheit, Laufzeit usw., damit ein Wechsel akzeptiert wird.

discount house: <Diskontbank> in Großbritannien bankähnliche Finanzinstitute, spezialisiert auf dem Gebiet der Diskontierung von Handelspapieren und der Annahme von kurzfristigen Geldanlagen von Geschäftsbanken.

discounting: <Diskontierung> Vorgang bei dem der Inhaber eines Handelspapiers dieses vor Fälligkeit unter Abzug von Spesen und Zinsen für die Restlaufzeit an einen Dritten (meist eine Bank) verkauft. Die Diskontierung ermöglicht dem Inhaber die Mobilisierung seiner Forderung, d.h. das Flüssigmachen der Forderung vor ihrer Fälligkeit. Für den Diskontierenden stellt es eine Möglichkeit einer gesicherten Anlage von Mitteln dar, die gegebenenfalls mittels Rediskontierung wiederum mobilisiert werden kann. Da der Diskontsatz, d.h. der Zinssatz, mit dem die Forderung für die Restlaufzeit verzinst wird, der Preis ist, zu dem die Banken Liquidität verkaufen, beeinflussen die Zentralbanken diese Liquiditätsbeschaffung durch Festlegung eines offiziellen Diskontsatzes, zu dem die Banken ihrerseits Handelspapiere rediskontieren können.

discount rate: <Diskontsatz> The rate of interest the Federal Reserve Board charges member banks for reserves borrowed from the Fed.

Der Zinssatz, den die *Fed* Banken für Kredite berechnet.

discounted value: <diskontierter Wert>

discretionary account: <Konto mit Handelsvollmacht> A customer account in which the firm or its registered representative has the authority to enter orders without the prior approval of the customer. An arrangement in which an account holder gives power of attorney to another person, usually his broker, to make decisions to buy or to sell without notifying the owner of the account. Discretionary accounts often are called "managed" or "controlled"

accounts.

Ein Börsenkonto, bei dem die Brokerfirma oder der registrierte Repräsentant Vollmacht hat, ohne vorheriges Einverständnis des Kunden zu handeln. Eine Übereinkunft, bei der ein Kontoinhaber die Handlungsvollmacht auf eine andere Person überträgt, normalerweise seinem *Broker,* der auf diese Weise Entscheidungen über An- und Verkauf treffen kann, ohne den Eigentümer des Kontos davon in Kenntnis zu setzen. *Discretionary accounts* werden meist "managed ~" oder "controlled accounts" genannt.

discrimination: <Diskriminierung>

Unterschiedliche, sachlich nicht begründete Behandlung von Wirtschaftspartnern durch den Staat oder einen Wirtschaftsteilnehmer, so daß der Wettbewerb zwischen den Partnern verfälscht wird. Innerhalb eines Landes wirkt der Staat in der Absicht, Einfluß auf das Wirtschaftsleben zu nehmen, fast immer diskriminierend. Offensichtlich ist dies der Fall durch die Subventionspolitik, aber auch durch Teile der Steuerpolitik. In der Weltwirtschaft ist die Bekämpfung der zahlreichen Diskriminierungen eine Aufgabe, mit der sich die Regierungen und internationalen Organisationen unablässig beschäftigen. Ziel aller seit dem zweiten Weltkrieg unternommenen Anstrengungen auf multilateraler Ebene ist die Förderung des internationalen Währungs- und Handelssystems. Infolge nationaler Wirtschaftsschwierigkeiten ist jedoch in letzter Zeit wieder eine verstärkte Diskriminierungstendenz zu beobachten.

disintermediation: <Nichtnutzung> The non-use of financial institutions as intermediaries between savers and the users of funds.

Die Nichtverwendung von Banken und anderen Kreditinstituten als Zwischenhändler zwischen Sparer und Kapitalverwender.

disk memory: <Magnetplattenspeicher> Speichergerät, das aus einer oder mehreren magnetisierbaren Metallplatten besteht. Gebräuchlichstes Speichermedium für größere Computersysteme. Eine Abart des Magnetplattenspeichers ist die Winchesterplatte.

display screen: <Bildschirm>

disproportionate sharing arrangement: <disproportionale Teilungsvereinbarung> A sharing arrangement in an oil and gas program granting the general partner a greater share of income than would be merited by his capital contribution. For example, the general partner contributes 10% of the total capital but receives 25% of the income.

Ein Teilungsübereinkommen bei einem Öl- und Gasprogramm, das dem vollhaftenden Partner einen größeren Anteil an der Kapitalverteilung gewährt als er tatsächlich eingezahlt hat. Zum Beispiel: Jemand zahlt 10 % des Stammkapitals ein, erhält aber 25 % des Einkommens.

dissaving: <Entsparen> Auflösung von Ersparnissen für Konsumausgaben.

distortion: <Verzerrung> Abweichung oder Verformung einer Struktur, gemessen an einer erwünschten oder normalerweise vorhandenen Struktur. In der Wirtschaft spricht man von Verzerrung, wenn die Veränderungen von Wirtschaftsgrößen, die üblicherweise in einem bestimmten Verhältnis zueinander stehen, gegeneinander verschoben sind. In der Statistik bezeichnet der Begriff Verzerrung die Beeinträchtigung des Aussagewerts einer Untersuchung infolge eines systematischen Fehlers.

distribution: <Vertrieb/Absatz> Alle Maßnahmen und Tätigkeiten eines Unternehmens, die sich auf die marktmäßige Verwertung der erstellten Leistungen beziehen. Steht der funktionale Aspekt im Vordergrund, wird meistens der Begriff Absatz verwendet, während der Begriff Vertrieb eher die technische Durchführung bezeichnet.

distribution (social accounting GB/national accounting US): <Verteilung (Volkswirtschaftiche Gesamtrechnung)> Zuteilung der erzeugten Werte an die Wirtschaftsteilnehmer in Form von Einkommensströmen. In der volkswirtschaftlichen Gesamtrechnung wird zwischen der Primär- und der Sekundärverteilung unterschieden. Bei der Primärverteilung werden die Entgelte für die Überlassung der Produktionsfaktoren, also Löhne, Sozialbeiträge, Kapitaleinkommen usw. berücksichtigt und damit das primäre Einkommen berechnet. Bei der Sekundärverteilung werden zusätzlich die Umverteilung zwischen den Wirtschaftsteilnehmern durch direkte Steuern, Subventionen, Transferzahlungen usw. berücksichtigt und damit das verfügbare Einkommen berechnet.

distribution (statistics): <Verteilung (Statistik)> Funktion, die die Wahr-

scheinlichkeit der verschiedenen Werte einer statistischen Variablen darstellt. Für die Beschreibung und Erfassung einer anhand zahlreicher Beobachtungen untersuchten Erscheinung ermöglicht die statistische Verteilung eine Formalisierung und Vereinfachung. Die in der Wahrscheinlichkeitstheorie entwickelten Verteilungen können in der Wirklichkeit angewendet werden, um Erkenntnisse über mögliche Kausalitäts- oder Korrelationszusammenhänge von Erscheinungen zu gewinnen.

distribution function, cumulative: <Verteilungsfunktion> Die Verteilungsfunktion einer statistischen Variablen zeigt die kumulierten Wahrscheinlichkeiten über dem gesamten Wertbereich der untersuchten statistischen Elemente. Diese Funktion ist gleichförmig, nicht abnehmend und weist Werte von Null bis Eins auf.

district director(s): <Gebietsdirektor (U.S.A.)>

dividend: <Dividende> A payment of corporate earnings to shareholders. Dividends are normally paid in cash, but may also be in stock and property.

Gewinnanteil, der jedem Aktionär entsprechend seinem

Aktienanteil ausgeschüttet wird. Die Generalversammlung der Aktionäre setzt die Höhe der Dividende fest und genehmigt die Jahresrechnung, vorbehaltlich gesetzlicher oder statutarischer Vorschriften.

DLBA: see *Drawback Liquidation by Account*

DNIS: see *Deputy National Import Specialist*

to **do**, did, done: <tun>

doctrine, economic: <Wirtschaftslehre>

documentary credit: <Dokumentenakkreditiv> Einrichtung zur sicheren Abwicklung des Zahlungs- und Kreditverkehrs in Verbindung mit Warenlieferungen im internationalen Handel. Der Akkreditiv-Auftraggeber beauftragt eine Bank (eröffnende Bank), einem Dritten (Begünstigter oder Akkreditierter) gegen Vorlage bestimmter, im Akkreditiv spezifizierter Dokumente (z.B. Konnossement, Versicherungsdokument, Handelsrechnung, Ursprungszertifikat u.a.), Zahlungen zu leisten oder Wechsel zu akzeptieren und zu zahlen. Die eröffnende Bank kann in der Regel eine Bank am Bestimmungsort (Korrespondenzbank) der Warenlieferung mit der Abrechnung oder der Zahlung beauftragen. Akkreditive können widerruflich

oder unwiderruflich sein. Letztere geben dem Verkäufer der Waren die Gewißheit, bei Vorlage der Dokumente die Zahlung zu erhalten. Auf Wunsch des Auftraggebers kann die eröffnende Bank die Korrespondenzbank anweisen, ein unwiderrufliches Akkreditiv zu bestätigen, wodurch die Korrespondenzbank sich zur Bezahlung verpflichtet. Die Bestimmungen für die Dokumentenakkreditive sind in den Einheitlichen Richtlinien und Gebräuchen für Dokumentenakkreditive (*ERGDA*) der internationalen Handelskammer festgelegt und werden in praktisch allen Ländern angewendet.

Dollar: <Dollar> Währungseinheit der Vereinigten Staaten von Amerika und einiger anderer Länder (u.a. Kanada, Australien), in 100 Cents unterteilt. Das Wort Dollar stammt vom deutschen Taler ab. Seit 1945 ist der US-Dollar die Hauptwährung des internationalen Währungssystems und dient insbesondere als Reservewährung (vgl. *IWF*).

Dollar bond: <Dollaranleihe> A term municipal bond, quoted in the same manner as corporate bonds.

Dollar gap: <Dollar Gap> Amerikanische Bezeichnung für

die kurz nach dem zweiten Weltkrieg auf dem Gebiet der internationalen Liquiditätsausstattung verzeichnete Dollarknappheit.

Dollar zone: <Dollarzone> Währungsgebiet vor der Wiedereinführung der Konvertibilität der wichtigsten Währungen, in dem die betreffenden Staaten für ihre Transaktionen mit dem Ausland ausschließlich den Dollar verwendeten.

domestic: <Inland> Abgrenzungskonzept im System der volkswirtschaftlichen Gesamtrechnung. Als Inland gilt das jeweilige Staatsgebiet, als Inlandsprodukt die innerhalb der geographischen Grenzen erzeugten Güter und Dienstleistungen unabhängig davon, ob inländische oder ausländische Produktionsfaktoren beteiligt waren.

domestic added value: <inländischer Mehrwert>

domestic demand: <Inlandsnachfrage> Endverwendung von Gütern und Dienstleistungen im Inland. Die Inlandsnachfrage umfaßt den privaten Konsum, den öffentlichen Konsum und die Bruttoinvestitionen. Die Inlandsnachfrage kann, ausgehend vom Bruttoinlandsprodukt, durch Hinzufügen der Importe und Abzug der Exporte (gleichsam der Auslandsnachfrage) berechnet werden.

domestic production: <Inlandsproduktion> Alle im Inland durch inländische und ausländische Produktionsfaktoren erzeugten Güter und Dienstleistungen.

domicile clause: <Domizilierung/Domizilverk> Durch den Aussteller oder den Bezogenen auf dem Wechsel angebrachter Vermerk, der den Ort bestimmt, an dem der Wechsel bei Fälligkeit zur Zahlung vorgelegt werden muß. Fehlt auf dem Wechsel ein spezieller Domizilvermerk, gilt der beim Namen des Bezogenen stehende Ort als Domizil.

domination/control: <Beherrschung> Einseitiger Einfluß oder Einflußmöglichkeit einer Wirtschaftseinheit auf eine andere. Die Beherrschung wird in der Regel durch eine Beteiligung oder durch Verträge möglich, doch können auch Abhängigkeiten durch monopolistische Strukturen zur Beherrschung führen.

done: see *to do,*

dormant partner: see *partner, dormant*

DOT: see *Department of Transportation*

DOT System: The *Designated Order Turnaround System*, which is the automated execution system on the NYSE. It is now called the Super Dot 250 System.

Das DOT System ist ein automatisiertes Ausführungssystem an der NYSE. Es wird jetzt auch Super Dot 250 System genannt

double-barreled bonds: <Doppelbonds> A municipal bond based on the revenues to be generated by some facility or project, but also backed by the full faith, credit and taxing power of a government.

double bottom: <Doppeltief (Chartformation)>

double-exempt bonds: <Doppelausnahmebonds> Bonds issued by a territory of the United States that are exempt from both federal and state income taxes in all fifty states. Some states may tax bonds of other states.

double top: <Doppelspitze>

Dow Jones Average: <Dow Jones Durchschnitt> An average of 65 stocks, including the 30 stocks in the Dow Jones Industrial Average, plus 20 transportation stocks and 15 utility stocks.

Dow Jones Industrial Average: <Dow Jones Industrieller Durch-schnitt> An average of 30 stocks that are purportedly representative of the market. This is the average most widely followed by the public.

down payment: <Anzahlung> Im Handel vom Käufer an den Verkäufer bei Vertragsabschluß geleistete Zahlung eines Teils des Kaufpreises. Entzieht sich der Käufer der Erfüllung der restlichen Verpflichtung, muß er dem Verkäufer die geleistete Anzahlung überlassen. Die Anzahlung ist damit für den Verkäufer eine Sicherheitsleistung.

DPP: see *direct pariciation program*

draft: <Tratte> Andere Bezeichnung für Wechsel, genauer ein gezogener Wechsel, der vom Bezogenen (Trasat) noch nicht akzeptiert wurde.

drank: see *to drink*,

to **draw**, drew, drawn: <zeichnen>

drawback: <Rückerstattung> Rückzahlung von Zöllen oder Abgaben, die ein Exporteur auf von ihm exportierte inländische oder von ihm wiederausgeführte ausländische Erzeugnisse entrichtet hat.

drawback liquidation by account: <Einzelkontoauflösung>

drawee: <Trassat/Bezogener>

Bezogener eines Wechsels, d.h. Wechselschuldner.

drawer: <Trassant/Aussteller> Aussteller eines gezogenen Wechsels.

drawing: <Zeichnung/Ziehung>

drawn: see *to draw*,

to **dream**, -ed/dreamt, -ed/dreamt: <träumen>

dreamt: see *to dream*,

drew: see *to draw*,

to **drink**, drank, drunk: <trinken>

to **drive**, drove, driven: <fahren>

driven: see *to drive*,

drove: see *to drive*,

drug enforcement administration: <Drogenbekämpfungsbehörde (U.S.A.)>

drugstore: <Drugstore> Einzelhandelsgeschäft mit breitem Sortiment an Konsumgüter und großzügigen Geschäftszeiten (täglich 18 bis 20 Stunden). Der Drugstore ist eine ursprünglich angelsächsische Einrichtung, die heute in vielen Ländern vorhanden ist. In einigen Ländern sind die Drugstores gesetzlich nicht erlaubt.

drunk: see *to drink*,

due: <fällig>

due bill: <fällige Rechnung/Schuldenanerkenntnis> A written admission of a debt. Due bills are given when a stock split or stock dividend is pending and the shares are sold prior to the ex-date but too late to transfer them to the buyer s name.

due-bill check: <vordatierter Fälligkeitsscheck> A post-dated check dated to the payment date of a cash dividend. Due bill checks are used when a cash dividend is pending and the shares are sold prior to the ex-dividend date but too late to transfer them to the buyer s name.

due-diligence meeting: <Pflichterfüllungskonferenz> A meeting held by the issuer and the underwriters shortly before the effective date of the offering. The purpose is to make certain that all disclosures are adequate.

dumping: <Dumping> Maßnahmen, insbesondere Preissenkungen, um Exportgüter auf den ausländischen Märkten gegenüber den dort angebotenen Gütern wettbewerbsfähig zu machen. Dumping kann somit als eine Form der internationalen Preisunterbietung angesehen werden. Dumping wird hauptsächlich bei Exportgütern vom Staat selbst oder mit Unterstützung des Staates betrieben. Dumping kann aber auch von Unternehmen oder Unternehmenszusammen-schlüssen praktiziert werden. Mit Einverständnis des Staates finanzieren die Unternehmen die Verluste infolge der reduzierten Exportpreise durch hohe Inlandpreise.

duopoly: <Duopol> Marktsituation, bei der die Konkurrenz auf der Angebots-seite unvollständig ist, da nur zwei Anbieter vorhanden sind.

duopsony: <Duopson> Marktsituation, bei der die Konkurrenz auf der Nachfra-geseite unvollständig ist, da nur zwei Nachfragende vorhanden sind.

durst: see *to dare,*

duty free: <zollfrei>

DVP: see *Delivery versus Payment.*

to **dwell**, dwelt, dwelt: <wohnen, verweilen>

dwelt: see *to dwell,*

dynamics: <Dynamik> Die zeitlichen Abläufe zwischen den Wirtschaftsmechanismen.

E

EAAA: see *Export Administration Amendments Act*

EAGGF: <siehe Europäischer Ausrichtungs- und Garantiefonds für die Land-wirtschaft (EAGFL)>

earmarking: <Zweckbindung> Vorgängige Festlegung des Verwendungszwecks bestimmter Mittel. Im Staatshaushalt sind zweckgebundene Steuern und Abgaben jene, die nicht dem allgemeinen Staatshaushalt zufließen, sondern kraft Gesetz für die Finanzierung bestimmter Aufgaben verwendet werden müssen.

earnest money: <Angeld> Geldbetrag, den der Käufer dem Verkäufer bei Vertragsabschluß als Sicherheitsleistung übergibt und der auf den Kaufpreis ange-rechnet wird.

earning capacity: <

Ertragskraft> Fähigkeit eines Unternehmens, einen Gewinn zu erwirtschaften. Die Ertragskraft wird von einer Reihe verschiedener Faktoren beeinflußt. Aufgrund einer detaillierten Beurteilung dieser Faktoren kann zu einem gegebenen Zeitpunkt geschätzt werden, wie hoch der Gewinn des Unternehmens sein wird.

earning power: see *earning capacity*

earnings per share: <Erträge pro Aktie> The net income of a corporation after taxes and payment of preferred stock dividends, divided by the number of common shares outstanding.

to **ease off:** <nachgeben>

eastern underwriting agreement: <östlicher Versicherungsvertrag> A firm commitment underwriting in which syndicate members are liable for their share of any unsold securities, regardless of how much of their allotment they sold. Eastern underwriting agreements have joint and several liability.

easy money: <"leichtes" Geld> A phenomenon occuring when new money is injected into the economy by the Federal Reserve System. The new money stimulates demand for existing goods, thus making it simple to make more money.

to **eat**, ate, eaten: <essen>

eaten: see *to eat*,

EBCDIC: <EBCDIC> Abkürzung für *Extended Binary Coded Decimal Interchange Code.* Standardcode für die Darstellung von Informationen in Computersystemen.

EC: see *European Economic Community*

ECE: see *Economic Commission for Europe* (United Nations)

ecology: <Ökologie> Wissenschaft der Beziehungen der Lebewesen zu ihrer Umwelt.

econometrics: <Ökonometrie> Anwendung mathematischer Methoden in der Wirtschaftsanalyse. Ziel der Ökonometrie ist die Ermittlung quantitativer Zusammenhänge zwischen den Wirtschaftserscheinungen, die in Form von mathematischen Gleichungen in ein Modell zusammengefaßt werden.

economic activity: <Wirtschaftstätigkeit> Gesamtheit menschlicher Handlungen, die durch Produktion oder Tausch von Gütern und Dienstleistungen Bedürfnisse befriedigen. Was als Wirtschaftstätigkeit angesehen wird, hängt naturgemäß eng mit der Definition der Wirtschaft zusammen.

economic   analysis:
<Wirtschaftsanalyse>
Untersuchung des Wirtschaftsgeschehens mittels wissenschaftlicher Methoden. Das Wirtschaftsgeschehen wird dabei zur Untersuchung in einzelne Komponenten zerlegt und die Ergebnisse in einer Gesamtdarstellung zusammengefaßt.

Economic Commission for Europe (United Nations):
<Wirtschaftsausschuß für Europa (Vereinte Nationen)>

economic   crisis:
<Wirtschaftskrise>
Konjunkturrückgang oder flaue Konjunkturlage, ausgelöst durch ein Ungleichgewicht von Angebot und Nachfrage von Gütern und Dienstleistungen. Eine Wirtschaftskrise kann die gesamte Wirtschaft oder einzelne Branchen betreffen. Im engeren Sinne bezeichnet der Begriff Wirtschaftskrise einen plötzlichen Konjunkturumschwung, bei dem die Aufschwungphase von einer Rezessionsphase des Konjunkturzyklus abgelöst wird. Die Untersuchung der Wirtschaftskrisen und ihre Gründe ist eine der Hauptaufgaben der Wirtschaftstheorie. Die Ende des 19. und im 20. Jahrhundert aufgetretenen Wirtschaftskrisen haben dazu geführt, daß die Regierungen versuchten, diesen vorzubeugen. In den westlichen Wirtschaftssystemen zeigte sich, daß eine auf schnellen Aufschwung gerichtete Wirtschaftspolitik zu starken Inflationsschüben führt, während eine auf Währungsstabilität gerichtete »stop and go« Politik eine starke Bremsung des Wachstums bewirkt.

economic   cycle:
<Konjunkturzyklus>
Schwankung der Wirtschaftstätigkeit im Zeitablauf. Der Konjunkturzyklus weist vier Hauptphasen auf. Die Aufschwungphase, die durch eine Zunahme der Produktion, der Investitionen und des Konsums charakterisiert ist, die Hochkonjunktur, in der zunehmend Ungleichgewichte wie beispielsweise hohe Inflation auftreten, die Rezession oder Abschwungphase, charakterisiert durch den Rückgang des Wirtschaftsgeschehens und die Stagnation, bzw. im Extremfall die Wirtschaftskrise. Entsprechend der Dauer des Zyklus unterscheidet die Wirtschaftstheorie zwischen Konjunkturwellen, langfristigen, mittelfristigen und kurzfristigen Konjunkturzyklen.

economic   doctrine:
<Wirtschaftslehre>   Die

Gesamtheit der philosophischen Postulate, die die Grundlage einer Wir-tschaftstheorie bilden. Häufig werden die Begriffe Wirtschaftslehre und Wirtschaftstheorie verwechselt. Die Wirtschaftslehre bezieht sich auf die dogmatisch-philosophischen Grundlagen, während die Wirtschaftstheorie die wissenschaftliche Erklärung für bestimmte Wirtschaftserscheinungen liefert.

economic **forecast:** <Wirtschaftsprognose> Auf gesamtwirtschaftlicher Ebene die mit prognostizierten oder erwarteten Einzelwerten berechneten Konten der volkswirtschaftlichen Gesamtrechnung. Die fiktive zukünftige volkswirtschaftliche Gesamtrechnung wird als Grundlage für die Gestaltung der Wirtschaftspolitik verwendet.

economic mathematics: <Wirtschaftsmathematik> Mathematische Methoden zur Darstellung und Formalisierung von Wirtschaftsabläufen, insbesondere von Entscheidungen.

Die mathematischen Methoden finden durch die Grenznutzenschule Eingang in die Wirtschaftstheorie und werden heute in starkem Ausmaß in der Entscheidungstheorie und für die Erstellung von Wirtschaftsmodellen zu Prognose-zwecken verwendet.

economic **mechanism:** <Wirtschaftsmechanismus> Spezifisches Verhältnis sich gegenseitig beeinflussender Wirtschaftserscheinungen. Grundsätzlich lassen sich drei Typen von Mechanismen unterscheiden, nämlich Austauschmechanismen, die die Beziehungen zwischen zwei Volkswirtschaften regeln, Verteilungsmechanismen, die die Beziehungen zwischen der Produktion und dem Konsum regeln und Verwendungsmechanismen, die die Beziehungen zwischen Konsum und Investition regeln.

economic **observation:** <Wirtschaftsbeobachtungen> Messung und Analyse von Wirtschaftserscheinungen. Im weiteren Sinn die Methoden und Techniken zur Messung und Analyse von Wirtschaftserscheinungen.

economics: <1) Volkswirtschaftslehre, 2) Wirtschaftswissenschaft> Teil der Wirtschaftswissenschaft, der sich mit den gesamtwirtschaftlichen Zusammenhängen befaßt. Alle objektiven Kenntnisse, die sich auf menschliche Handlungen zur Befriedigung von Bedürfnissen beziehen. Die verschiedenen Definitionen der Wirtschaftswissenschaften sind, im Gegensatz zu anderen wissenschaftlichen Disziplinen, umstritten. Teilweise wird sogar behauptet, es handle sich gar nicht um eine Wissenschaft im strengen Sinne des Begriffes. Dennoch setzt sich der Begriff auf jenem Gebiet durch, der früher als Volkswirtschaft und später als Ökonomie bezeichnet wurde.

economic structure: <Wirtschaftsstruktur> Die zu einem System zusammengefaßten Bestandteile einer Wirtschaft und ihre Beziehungen untereinander. Die Wirtschaftsstruktur wird anhand einer Zusammenstellung der verschiedenen Bestandteile beschrieben, beispielsweise anhand geographischer, demographischer, sozialer, institutioneller, technischer und wirtschaftlicher Elemente. Die Wirtschaftsstruktur bezieht sich nicht nur auf die Gesamtwirtschaft, sondern kann auch Teile wie Haushalte, Unternehmen und Branchen oder übergeordnete Systeme wie supranationale oder die internationale Wirtschaft betreffen.

economic system: <Wirtschaftssystem/Wirtschaftsordung> Gesamtheit der juristischen und sozialen Institutionen innerhalb derer zielgerichtet und organisiert Mittel zur Erstellung von Leistungen eingesetzt werden, die sich zur Befriedigung menschlicher Bedürfnisse eignen.

economic unit: <Wirtschaftseinheit/Wirtschaftssubjekt/Wirtschaftsteilnehmer> Einzelpersonen, Personengruppen oder Einrichtungen, die aus der Sicht der volkswirtschaftlichen Gesamtrechnung elementare Entscheidungs- und Handlungszentren bilden. Die einzelnen Wirtschaftseinheiten, die die gleiche oder eine ähnliche wirtschaftliche Funktion ausüben, werden in Sektoren zusammengefaßt.

ECU: <Europäische Währungseinheit (EWE/ECU)> see *European Currency Unit*

EDF: <Europäischer Entwicklungsfonds (EEF)> see *European Development Fund*

EDI: see *Electronic Data Interchange*

EDIFACT: see *Electronic Data Interchange for Adminstration, Commerce and Transport*

EDP: see *Electronic Data Processing*

EEC: <Europäische Wirtschaftsgemeinschaft> see *European Economic Community*

effective date: <Emissionszulassungsdatum> In a new issue, the date on which the SEC releases the offering.

efficiency,   **economic:**
<Wirtschaftlichkeit> Verhältnis des Werts der Ausbringungsmenge an Produkten (Leistung oder Ertrag) zum Wert der eingesetzten Produktionsfaktoren (Aufwand oder Kosten). Wird diese Relation nicht wertmäßig, sondern mengenmäßig betrachtet, spricht man nicht von Wirtschaftlichkeit, sondern von Produktivität.

efficiency,   **operational:**
<Wirtschaftlichkeit>   see *efficiency, economic*

EFT: see *Electronic Funds Transfer*

EFTA: <Europäische Freihandelszone> see *European Free Trade Association*

EIB: <Europäische Investitionsbank> see *European Investment Bank*

EIG: see *Extraterritorial Investigative Group*

elasticity: <Elastizität> Verhältnis der relativen Änderung einer Variablen zur gleichzeitigen relativen Änderung einer anderen Variablen. Die Elastizität e der Funktion

$y = f(x)$ im Punkte x ist:

$$E = x/y * dy/dx.$$

Im Wirtschaftsbereich werden vor allem Preiselastizitäten verwendet, beispielsweise die Nachfrageelastizität, die angibt, um wieviel sich die Nachfrage bei einer bestimmten Preisänderung verändert.

electronic data interchange: <elektronischer Datenaustausch>

electronic data interchange for administration, commerce and transport: <elektronischer Datenaustausch für Behörden, Wirtschaft und Transportwesen (U.S.A.)>

electronic data processing: <elektronische Datenverarbeitung>

electronic funds transfer: <elektronischer Zahlungsverkehr>

eletronic visa information system: <elektronisches Visa-Informationssystem (U.S.A.)>

El Paso Intelligence Center: <El Paso Geheimdienstaußenstelle (U.S.A.)>

ELVIS: see *Eletronic Visa Information System*

EMCF: <Europäischer Fonds für währungspoltische Zusammenarbeit (EFWZ)>see *European Monetary Cooperation Fund*

employee's   **council/workers council:**   <Betriebsrat>

Vertretung des Personals in einem Unternehmen. Die Funktion und Organisation des Betriebsrates ist von Land zu Land verschieden. In der Regel muß der Betriebsrat bei Fragen der Organisation, der Führung und bei allen Personalfragen informiert und zu Rate gezogen werden.

employment: <1) Beschäftigung, 2) Verwendung> Vom Individuum her gesehen die Ausführung einer Wirtschaftstätigkeit und damit im weiteren Sinne die Arbeitsstelle. Im volkswirtschaftlichen Sinne die Gesamtbeschäftigung. In allen modernen Wirtschaften wird die Beschäftigungslage und die Beschäftigungsentwicklung als eines der wichtigsten wirtschaftspolitischen Probleme angesehen. Zur Erreichung der Vollbeschäftigung werden verschiedene Maßnahmen getroffen, beispielsweise Umschulung, Förderung der Mobilität, doch ist vermutlich die Vollbeschäftigung nur durch Wachstum tatsächlich erreichbar. Grundsätzlich muß dafür das Wachstum umso größer sein, als die Konzentrations- und Rationalisierungstendenzen in der Wirtschaft sich nachteilig auf die Beschäftigung auswirken. Verwendung, bzw. Verbrauch der produzierten Güter und Dienstleistungen für bestimmte Zwecke. In der volkswirtschaftlichen Gesamtrechnung wird zwischen intermediärer Verwendung (intermediärer Verbrauch oder Konsum), also Verbrauch von Gütern und Dienstleistungen im Produktionsprozeß, und der Endverwendung (Endverbrauch), d.h. privater Konsum, Staatsverbrauch, Anlageinvestitionen, Vorratsveränderung und Export unterschieden.

EMS: <Europäisches Währungssystem> see *European Monetary System*

to **endorse, -ed, ed:** <indossieren, girieren, überweisen>

endorsement: <Indossament> Schriftliche und unterzeichnete Erklärung auf einem Orderpapier, mit dem der Inhaber die Rechte an diesem Papier auf einen Dritten überträgt. Besteht das Indossament nur aus der Unterschrift und fehlt die Bezeichnung des neuen Eigentümers, spricht man von einem Blankoindossament.

energy: <Energie>

ENF: see *Enforcement (Office of)*

Enforcement (Office of): <Durchführung (Behörde für) (U.S.A.)>

engineering: <Ingenieurwesen> Planung, Koordination und Durchführung der verschiedenen, von Ingenieuren und Technikern ausgeübten Tätigkeiten zur Verwirklichung, Änderung oder Inbetriebnahme von technischen Projekten.

enterprise, government-owned: <Öffentliche Unternehmen> Unternehmen, die ganz oder teilweise im Besitze des Staates sind und von diesem geführt oder zumindest überwacht werden. Diese Unternehmen stellen in der Regel Güter und Dienstleistungen her, die meist ohne Gewinn, jedoch zu wenigstens kostendeckenden Preisen abgesetzt werden.

entry specialist team: <Einreisespezialistengruppe (U.S.A.)>

entry summary selectivity: <Einreise Gesamtauswahl (U.S.A.)>

environment: <Umwelt> Das Umfeld mit allen seinen Bestandteilen, in dem der Mensch lebt. Der Begriff Umwelt kam im Zusammenhang mit den Bedenken hinsichtlich der ökologischen Auswirkungen der Industriegesellschaften auf. Die heutige Form der wirtschaftlichen Entwicklung beweist eine Zunahme von schädlichen Einflüssen auf die ökologischen Strukturen und Prozesse, was insgesamt zu einer Verschlechterung der Lebensbedingungen führt. Aus diesem Grund versuchen die Staaten, durch geeignete Maßnahmen den schädlichen Einflüssen vorzubeugen oder sie zu verhindern. In den unterentwickelten Ländern steht allerdings der Umweltschutz und die Notwendigkeit, die wirtschaftliche Entwicklung voranzutreiben, in einem gewissen Gegensatz.

environmental pollution: <Umweltbelastungen> Unerwünschte, durch die wirtschaftlichen und nichtwirtschaftlichen Tätigkeiten der Menschen verursachte Auswirkungen auf die natürliche Umwelt.

Environmental Protection Agency: <Umweltschutzbehörde (U.S.A.)>

EO: see *Executive Order*

EPA: see *Environmental Protection Agency.*

EPIC: see *El Paso Intelligence Center*

EPU: <Europäische Zahlungsunion (EZU)>see *European Payments Union*

equilibrium: <Gleichgewicht> Wirtschaftssituation, bei der die wirtschaftlichen Gesamtgrößen in einem harmonischen

Verhältnis stehen, so daß die Anpassung von Angebot und Nachfrage erfolgt, Preisstabilität und angemessenes Wachstum vorhanden sind und die gesamten Wirtschaftsfunktionen reibungslos ablaufen. Das Gleichgewicht entspricht nicht einer mathematischen Gleichung mit einer oder mehreren Variablen. Es handelt sich beim Gleichgewicht vielmehr um eine Ausgewogenheit zwischen den Wirtschaftswerten und Wirtschaftskräften, so daß der sozialökonomische Ablauf zur Zufriedenheit der Wirtschaftssubjekte erfolgt. Die Wirtschaftspolitik muß daher bestrebt sein, die Dynamik wirtschaftlicher Ungleichgewichte zu bewahren und gleichzeitig dafür zu sorgen, daß diese nicht aufgrund ihres Ausmaßes zu schwerwiegenden Störungen wie hohe Inflation oder allgemeine Krisen führen.

equipment trust certificates: <Ausrüstungstreuhandszerifikat> A corporate bond offering secured by the equipment of a railroad, airline, or trucking firm, known as rolling stock.

equities: <Kapitalgüter>

equity: <Kapital>

equity, principle of constant: <Prinzip der Unveränderlichkeit des Kapitals> Rechtsgrundsatz,

demzufolge Änderungen des Grundkapitals eines Unternehmens bezüglich Form, Durchführung und Publikation besonderen Vorschriften unterworfen sind, die dem Gläubigerschutz dienen.

erratic: : <unberechenbar>

error rate: <Fehlerquote>

ESNA: <siehe Europäisches System volkswirtschaftlicher Gesamtrechnung (ESVG)>

ESS: see *Entry Summary Selectivity*

EST: see *Entry Specialist Team*

estimation theory: <Schätztheorie> Gebiet der mathematischen Statistik. Mathematische Verfahren, mit denen aus den Eigenschaften einer Stichprobe auf die Eigenschaften der statistischen Grundgesamtheit geschlossen werden kann. So kann beispielsweise für einen bestimmten Parameter ein Vertrauensbereich von 95 % oder 99 % bestimmt werden, d. h. ein Bereich, der im Durchschnitt in 95, bzw. 99 von 100 Fällen den wahren Wert des Parameters enthält.

estimator: <Schätzfunktion> Sich auf eine Stichprobe beziehende mathematische Funktion, die die Schätzung eines Parameters der statistischen Grundgesamtheit ermöglicht.

Eurocurrency: <Eurowährung>
Guthaben und Verpflichtungen
in Währungen außerhalb des
Territoriums, in dem diese
Währungen gesetzliches
Zahlungsmittel sind. Die
Bezeichnung ist insofern irreführend, als nicht nur europäische,
sondern auch andere
Währungen, insbesondere der
Dollar, als Eurowährung Verwendung finden. Da keine
tatsächliche internationale
Währung vorhanden ist, können
internationale Transaktionen nur
in einer nationalen Währung
abgewickelt werden. Infolge
bestehender Devisenrestriktionen, bzw. der Furcht vor
solchen Restriktionen, gingen
die international tätigen
Wirtschaftsteilnehmer dazu
über, Devisenbestände im
Ausland zu halten. Der sich
daraus bildende Euromarkt
(Eurogeldmarkt und Eurokapitalmarkt) und die darauf
spezialisierte Eurobank stellt
heute den eigentlichen
internationalen Geld- und
Kapitalmarkt dar. obwohl
grundsätzlich jede beliebige
Bank am Euromarkt teilhaben
könnte, liegt ein Großteil dieser
Geschäfte in den Händen der
größten Banken und ihrer
Filialen.

Eurodollar bonds: <> Bonds
issued outside the United States,
but denominated in U.S. dollars.

Eurodollars: <Eurodollars> Bei
Banken außerhalb der USA
bestehende Dollarguthaben und
Dollarverpflichtungen. Das
Phänomen des Eurodollars
entstand kurz nach dem 2.
Weltkrieg und entwickelte sich
äußerst schnell zum Eurogeldmarkt.

EuroDollar Time Deposits:
<Eurodollartermineinlagen>
U.S. dollars on deposit outside
the U.S. either with a foreign
bank or a subsidiary of a U.S.
bank. The interest paid for these
dollar deposits generally is
higher than that for funds
deposited in U.S. banks because
the foreign banks are riskier -
they will not be supported or
nationalized by the U.S.
government upon default.

US$-Einlagen außerhalb der
USA, entweder bei einer
fremden Bank oder einer
Außenstelle einer US-Bank. Der
Zins, der für diese Dollareinlagen gezahlt wird, liegt in
der Regel höher als für Gelder,
die in US-Banken angelegt
wurden, weil die ausländischen
Banken ein größeres Risiko
darstellen - Sie werden bei
Zahlungsverzug nicht von der
US-Regierung unterstützt oder
verstaatlicht.

**European   Agricultural
Guidance   and   Guarantee**

Fund (EAGGF): <Europäischer Ausrichtungs- und Garantiefonds für die Landwirtschaft (EAGFL)> Teil des Budgets der Europäischen Wirtschaftsgemeinschaft, in dem die Mittel und Ausgaben für die landwirtschaftlichen Interventionen erfaßt *Europäischer Entwicklungsfonds (EDF)* sind. Über diesen Fonds werden einerseits die Interventionen zur Aufnahme der landwirtschaftlichen Überschüsse und zur Stabilisierung der Erzeugerpreise, andererseits die Aufwendungen für gemeinsame landwirtschaftliche Strukturanpassungen finanziert. Die erforderlichen Mittel werden von verschiedenen Marktorganisationen und von den Mitgliedsländern aufgebracht.

European Community (EC): <Europäische Gemeinschaft (EG)> Wirtschaftliche Integration und Zollunion europäischer Länder, am 25. März 1957 durch Belgien, Bundesrepublik Deutschland, Frankreich, Italien, Luxemburg und die Niederlande gegründet (Römer Vertrag). 1973 traten Großbritannien, Dänemark und Irland, 1981 Griechenland und 1985 Spanien und Portugal der EG bei. Die Gründung der EG war das Ergebnis verschiedener Bemühungen, Westeuropa nach dem Zweiten Weltkrieg zu vereinigen. Wegbereiter der EG war die Union der Benelux-Staaten 1948, die Europäische Gemeinschaft für Kohle und Stahl (EGKS) 1951-1952, und 1954 der gescheiterte Versuch, eine europäische Verteidigungsgemeinschaft zu bilden. Der europäische Gedanke wurde 1955 von den Benelux-Staaten erneut aufgegriffen, der im Expertenbericht (Spaak) detaillierter umschrieben wurde. Dieser Bericht bildete die Grundlage der Verhandlungen in Brüssel, deren Ergebnis der Vertrag von Rom von 1957 war, der am 1. Januar 1958 in Kraft trat (Europäische Wirtschaftsgemeinschaft). Im Vertrag sind zwei große, sich ergänzende Zielsetzungen enthalten, erstens, die Bildung einer Zollunion zweitens, die Bildung einer Wirtschaftsgemeinschaft bis hin zur politischen Vereinigung der Mitgliedsländer. Für die Errichtung der Zollunion wurde ein genauer Zeitplan zur Beseitigung der Zollschranken definiert und innerhalb von weniger als zehn Jahren realisiert (erste Abgabensenkung am 1.1.1959, Abschluß am 1.7.1968). Seit dem 1. Juli 1968 werden im Handelsverkehr mit Nichtmitgliedern einheitliche Bedingungen und Zollansätze angewendet. Die Aufnahme neuer Mitglieder (1973, 1981 und 1985) erforderte die Entwicklung neuer Formen der Integration, um eine schrittweise Angleichung der Zollbedingungen der neuen Mitglieder an jene der Zollunion zu gewährleisten. Hinsichtlich der Bildung einer echten Wirtschaftsgemeinschaft sah der Vertrag von Rom im Rahmen der gemeinsamen Institutionen Harmonisierungs- und Beratungsverfahren vor. Der eigentliche wirtschaftliche. Integrationsprozeß wurde zwar auf einigen Teilgebieten begonnen und wird auch heute noch fortgeführt, mit allerdings unterschiedlichem Erfolg je nach Gebiet. Der tatsächliche Verlauf der Erweiterungsbemühungen wird die Entwicklung der EG entscheidend bestimmen, insbesondere ob der Integrationsprozeß zu einer politischen Gemeinschaft Europas oder zu einer eher atlantischen als europäischen Freihandelszone führt.

European Currency Unit (ECU): <Europäische Währungseinheit> Im Rahmen des Europäischen Währungssystems als Bezugsgröße für den Wechselkursmechanismus geschaffene Währung. Der Wert der Europäischen Währungseinheit wird anhand eines gewichteten Korbs europäischer Währungen berechnet. Um das Währungsrisiko bei Anleihen für den Schuldner und die Gläubiger zu begrenzen, sind auf dem Euromarkt auch Anleihen in ECU emittiert worden.

European Development Fund (EDF): <Europäischer Entwicklungsfonds (EEF)> Von den Mitgliedern der Europäischen Gemeinschaft finanzierter Fonds für die Förderung der wirtschaftlichen und sozialen Entwicklung der assoziierten Länder und bestimmter Überseegebiete. Der Fonds wird von der Kommission der Europäischen Gemeinschaft verwaltet, die auch die Prüfung der Finanzierungsaufträge vornimmt. Der Fonds gewährt langfristige Darlehen für wirtschaftliche und soziale Projekte, Subventionen und Vorschüsse zur Regulierung der Preise für tropische Erzeugnisse, Kredite für die Diversifikation der Produktion sowie Kredite für die Rationalisierung der Produktions- und Verwertungsverfahren.

European Economic Community (EEC): <Europäische Wirtschaftsgemeinschaft (EWG)> Durch die Römer Verträge geschaffene Zoll- und Wirtschaftsunion. Die Europäische Wirtschaftsgemeinschaft ist Teil der Europäischen Gemeinschaft (EG).

European Free Trade Association (EFTA): <Europäische Freihandelszone> 1959 gegründete Freihandelszone europäischer Länder. Durch den Beitritt mehrerer Mitgliedsländer zur EG hat die Bedeutung der EFTA seit Ende der sechziger Jahre stark abgenommen.

European Investment Bank (EIB): Europäische Investitions Bank> Einrichtung der Europäischen Wirtschaftsgemeinschaft zur Förderung der Entwicklung, Integration und Zusammenarbeit durch Gewährung von Investitionsdarlehen. Die gewährten Darlehen haben einen einheitlichen Zinssatz, jedoch je nach Vorhaben eine unterschiedliche Laufzeit. Die Darlehen dienen als Ergänzung der öffentlichen und privaten Finanzierungsmöglichkeiten für Projekte in weniger entwickelten Regionen, Projekte gemeinsamen Interesses, zur Modernisierung und Schaffung von neuen Arbeitsplätzen. Die Europäische Investitionsbank ist heute nicht nur innerhalb der Europäischen Wirtschaftsgemeinschaft, sondern auch in den mit der Gemeinschaft assoziierten Staaten tätig.

European Monetary Agreement (EMA): <Europäisches Währungsabkommen (EWA)> Von den Mitgliedern der Europäischen Zahlungsunion (EZU) 1955 vereinbartes und 1959 in Kraft gesetztes Abkommen zur Regelung der gegenseitigen Zahlungsverpflichtungen und der Gewährung von Krediten zur Überbrückung von Zahlungsdefiziten. Das Europäische Währungsabkommen ersetzte die Europäische Zahlungsunion, deren Bestand durch die Rückkehr zur Konvertibilität der wichtigsten europäischen Währungen gefährdet war. Das Europäische Währungsabkommen wurde 1972 formell aufgehoben.

European Monetary Cooperation Fund (EMFC): <Europäischer Fonds für währungspolitische Zusammenarbeit (EFWZ)> Konto, in dem die Zahlungen zwischen den Zentralbanken der Mitgliedsländer und die im Rahmen des Europäischen Währungssystems (EWS) getätigten Kreditoperationen erfaßt werden. Der EFWZ wird nicht durch eine selbständige Organisation, sondern durch die Bank für Internationalen Zahlungsausgleich (BIZ) geführt. Der EFWZ wurde 1973 von den

Mitgliedern der Europäischen Wirtschaftsgemeinschaft im Rahmen der Vereinbarungen über die Währungsschlange errichtet. Durch das Europäische Währungssystem und die Einführung des ECU hat sich die Rolle des EFWZ erweitert. Die Mitglieder des EWS müssen dem EFWZ 20 % ihrer Währungsreserven in Gold und US-Dollar für Interventionen im Rahmen des EWS zur Verfügung stellen.

European Monetary System (EMS): <Europäisches Währungssystem (EWS)> Währungsverbund europäischer Länder zur Schaffung einer Zone mit festen Wechselkursen. Das EWS wurde 1978 von den Mitgliedern der Europäischen Gemeinschaft beschlossen und trat 1979 in Kraft. Das zentrale Element dieses Systems ist die Europäische Währungseinheit, die für die Festlegung der Leitkurse und die Bandbreiten der zulässigen Kursabweichungen maßgebend ist. Das Europäische Währungssystem löste die Währungsschlange ab.

European Payments Union (EPU): <Europäische Zahlungsunion (EZU)> Abkommen der Mitgliedsländer der OEEC, durch das die Verrechnung der bilateralen Forderungen und Verpflichtungen und die Bezahlungen der sich erge-

benden Restsaldi zwischen den Mitgliedern geregelt und Maßnahmen zur schrittweisen Liberalisierung des Handels vereinbart wurden. Die Europäische Zahlungsunion bestand zwischen 1950 und 1958 und wurde durch das weniger umfassende Europäische Wirtschaftsabkommen ersetzt.

European Social Fund (ESF): <Europäischer Sozialfond> Aufgrund der Römer Verträge im Rahmen der Europäischen Wirtschaftsgemeinschaft 1960 errichteter Fonds, dessen Mittel für die Beseitigung von Auswirkungen des Gemeinsamen Marktes auf die Beschäftigung und Löhne und für die Förderung der beruflichen und geographischen Mobilität verwendet werden. Zwischen 1960 und 1970 wurden rund 95 % der Mittel für berufliche Umschulungen eingesetzt. Neben dem ursprünglichen Sozialfonds wurde 1972 ein weiterer Sozialfonds zugunsten der Landwirtschaft, der Textilwirtschaft sowie von Behinderten eingerichtet.

European System of National Accounts (ESNA): <Europäisches System volkswirtschaftlicher Gesamtrechnungen (ESVG)> Das durch die Europäische Wirtschaftsgemeinschaft, bzw. das Statistische Amt der

Europäischen Gemeinschaft 1970 entwickelte System volkswirtschaftlicher Gesamtrechnungen, das in der Gemeinschaft und den einzelnen Mitgliedsländern verwendet wird. Dieses System wurde durch die Erfahrung mit den verschiedenen bestehenden Methoden der volkswirtschaftlichen Gesamtrechnung, insbesondere durch das traditionelle französische System stark beeinflußt. Ziel bei der Entwicklung war, ein System zu erhalten, das einerseits genügend ausgebaut ist, um eine homogene Gesamtrechnung innerhalb der Gemeinschaft zu fördern, andererseits aber genügend flexibel, um sekundäre Anpassungen zuzulassen. Darüber hinaus wurde versucht, einen leichten Übergang zum *System of National Accounts (SNA)* zu ermöglichen, so daß das ESVG heute eine für die Gemeinschaft anwendbare Version des SNA darstellt. Siehe Volkswirtschaftliche Gesamtrechnung und Volkswirtschaftliches Gesamtrechnungssystem der Vereinigten Nationen.

European Unit of Account (EUA): · <Europäische Rechnungseinheit (ERE)> In der Europäischen Wirtschaftsgemeinschaft verwendete Rechnungseinheit. Von 1961 bis 1972 war sie die offizielle Rechnungseinheit der Europäischen Zahlungsunion (EZU), definiert als 0.88867088 mg Feingold. Seit 1975 beruht der Wert der Europäischen Rechnungseinheit auf einem Währungskorb, dessen Gewichtung entsprechend dem Bruttosozialprodukt und dem europäischen Handelsvolumen festgelegt wird. (Der Wert der ERE wird im Amtsblatt der Gemeinschaft publiziert.) Die Europäische Rechnungseinheit wird für die Erstellung des Budgets der Gemeinschaft und die Operationen der Europäischen Investitionsbank verwendet.

even up: <ausgleichen, ausverkaufen, glattstellen oder eine offene Position "covern"> to close out, liquidate, or cover an open position.

ex ante / ex post: <ex ante/ex post> Lateinisch für im voraus, bzw. im nachhinein. In der Wirtschaft werden diese Begriffe benutzt, um die sich aus den Vorhaben und Vorausberechnungen ergebenden Größen (ex ante) von Größen (ex post) zu unterscheiden, die aufgrund bereits verwirklichter Entscheidungen und eingetretener Entwicklungen berechnet werden können.

exchange: <Geldumtausch/Geldwechsel>

Umtausch eines Guthabens oder eines Geldbetrages in eine andere Währung.

exchange acquisition: <Börsenaufkauf> A block trade on an exchange initiated by the buyer. The broker/dealer lines up both sides of the trade prior to bringing it to the exchange floor.

Ein Blockhandel an einer Börse, veranlaßt durch einen Käufer. Der Broker/Händler bringt beide Seiten des Handels zusammen, bevor der Handel an die Börse geht.

exchange distribution: <Börsenverkauf> A block trade on an exchange initiated by the seller. The broker/dealer lines up both sides of the trade prior to bringing it to the exchange floor.

Ein Blockhandel, initiert durch den Verkäufer. Der Broker/Händler bringt beide Seiten des Handels zusammen, bevor der Handel an die Börse geht.

exchange rate: <Wechselkurs>

exchange rate futures: <Wechselkursterminverträge>

exchange, rate of: <Wechselkurse> Austauschverhältnis zweier Währungen. Der Wechselkurs ist der in einer Währung ausgedrückte Preis einer anderen Währung.

exchange rates, fixed: <Wechselkurse, feste> Wechsel-kurssystem, bei dem offiziell ein Mittelkurs und eine gewisse Bandbreite festgelegt wird, innerhalb derer die Wechselkurse aufgrund von Angebot und Nachfrage schwanken. Erreicht der Wechselkurs den oberen oder unteren Begrenzungswert, ist die Zentralbank verpflichtet, durch Käufe, bzw. Verkäufe auf dem Devisenmarkt zu intervenieren. Die beiden Begrenzungswerte werden deshalb als Interventionspunkte bezeichnet. Offizielle Korrekturen des Mittelkurses werden als Auf- oder Abwertung bezeichnet. Gegenstück sind die flexiblen Wechselkurse. Vgl. *Internationaler Währungsfonds* und *Europäisches Währungssystem*.

exchange rates, floating: <Wechselkurse, flexible> Wechselkurssystem, bei dem die Wechselkurse allein durch Angebot und Nachfrage bestimmt werden. Die Zentralbank kann, ist aber nicht verpflichtet, auf dem Devisenmarkt einzugreifen. Gegenstück sind die festen Wechselkurse. Vergleiche Internationaler Währungsfonds und Europäisches Währungssystem.

exchange regulation:

<Börsenregeln>
exchange **risk:**
<Wechselkursrisiko>
Verlustrisiko bei
Fremdwährungspositionen infolge der ungewissen Entwicklung der Devisenkurse.

excise tax: <Akzise/Verbrauchs-
steuer> Spezielle Steuer auf die
Herstellung oder den Verkauf
bestimmter Produkte.

ex-dividend **date:** <Ex-
Dividenden Datum> The date on
which a stock starts trading
without a pending dividend,
usually four business days prior
to the record date. It is set by
either the exchange or the
Uniform Practice Committee of
the NASD.

executive order: <präsidiale
Anordnung/Oberbefehl
(U.S.A.)>

exemption, **request** **for:**
<Außerstreitiger Antrag
(Steuerwesen)> see *request for
exemption*

to **exercise:** <üben, ausüben>

exercise[1]: <Übung>

exercise[2]: <Ausübung (einer
Option)>

exercise **date:**
<Ausübungsultimo>

exercised by exception: <durch
Ausnahme ausgeübt> Automatic
exercise of an option that is in-
the-money by 3/4 of a point or
more on the expiration date, un-
less the holder gives specific
instructions to the contrary.

exercise **price:**
<Ausübungspreis> The price at
which the trade is executed
when the option is exercised. It
is also called the strike price.

expansion: <Aufschwung
Wachstum> Phase des
Konjunkturzyklusses, durch
steigende Produktion, steigende
Nachfrage und sinkende
Arbeitslosigkeit gekennzeichnet.
Gegensatz zum Aufschwung ist
die Rezession.

expected **value:** see *value,
expected*

expenses: <Aufwendungen> Die
von einem Unternehmen in einer
bestimmten
Abrechnungsperiode
verbrauchten Leistungen, die in
der Erfolgsrechnung den
Erträgen gegenübergestellt
werden. Die Aufwendungen
unterscheiden sich von den
Ausgaben, d.h. den von einem
Unternehmen geleisteten
Zahlungen. So sind bestimmte
Ausgaben noch keine Auf-
wendungen (z.B. geleistete
Anzahlungen für Leistungen, die
erst in einer späteren Periode
verbraucht werden) oder
bestimmte Aufwendungen noch
keine Ausgaben. Die
Aufwendungen unterscheiden
sich von den Kosten. Die Auf-

wendungen beinhalten einerseits auch die neutralen Aufwendungen, die keine Kosten sind, beinhalten andererseits aber nicht die Zusatzkosten. Neutrale Aufwendungen sind entweder betriebsfremde Aufwendungen, die nicht mit der Produktion in Zusammenhang stehen (z.B. Verluste auf Finanzvermögen) oder außerordentliche Aufwendungen (z.b. Ersatz für Maschinen). Zusatzkosten sind Kosten, die nicht in der Erfolgsrechnung erscheinen, beispielsweise die kalkulatorischen Zinsen für das Eigenkapital.

expense **ratio:** <Ausgabenquote> In a mutual fund, the ratio between the operating expenses for the year and the total average net asset value. It usually amounts to less than 1 %.

expiration: <Verfall>

expiration **date:** <Verfallsdatum>

expiration time: <Verfallszeit>

ex **pit** **transaction:** <Transaktion außerhalb des Börsenrings>

exploratory **drilling:** <Probebohrung> The drilling of oil or gas wells in an area without known production. Exploratory wells are also called "wildcat" wells.

exponential: <exponentiell> Eigenschaft einer Größe, die sich während eines bestimmten Zeitintervalls um einen konstanten Prozentsatz ändert. Zahlreiche wirtschaftliche und soziale Größen verhalten sich exponential, beispielsweise die Bevölkerung, die Produktion, die Verwendung natürlicher Reserven, die Umweltverschmutzung usw.

export: <Ausfuhr/Export> Verkauf von Gütern und Dienstleistungen aus dem Inland an das Ausland. Während früher dem Export geringere Bedeutung zugemessen wurde, wird heute die Ausfuhr von allen Ländern gefördert, da sie ein wichtiger Wachstumsfaktor für die Volkswirtschaft ist. In vielen Fällen müssen Absatzmöglichkeitem im Ausland gesucht werden, um die produzierten Überschüsse absetzen zu können.

export administration amendments act: <Exportbehördenänderungsgeset z (U.S.A.)>

Export Credits Guarantee Department **(GB):** <Exportkreditgarantie Abteilung> Öffentliche Einrichtung in Großbritannien, die Kreditversicherungen für Auslandsgeschäfte gewährt.

export **customer** **credit:**

<Exportkundenkredit> Besondere Form des Exportkredits, bei dem nicht dem Exporteur, sondern dem ausländischen Kunden durch eine Bank oder eine Sondereinrichtung des Ausfuhrlandes ein Kredit zur Finanzierung des Kaufs gewährt wird.

export multiplier: <Exportmultiplikator> Koeffizient, der angibt, um wieviel sich das Volkseinkommen infolge einer Veränderung der Ausfuhren ändert.

export trade: <Ausfuhrgeschäft>

ex post: see *ex ante / ex post*

ex store: <Ladenpreis>

extension: <Verlängerung> When a customer fails to pay for a purchase of securities by the seventh business day after trade date, the broker/dealer may choose to request an extension, allowing an additional five business days to make payment.

external trade: <außenwirtschaftliches Geschäft>

extraordinary call:

<außerordentlicher Abruf> A call on a bond issue that is used in unusual circumstances, such as a catastophe call.

extrapolation: <Extrapolation> Hypothetische Fortschreibung einer Größe, einer Funktion oder einer Gesetzmäßigkeit über den zeitlichen Bereich hinweg, für den diese objektiv beobachtet wurde. Die Extrapolation wird in der Statistik verwendet, um eine Beobachtungsreihe über den bekannten Zeitraum hinaus fortzuführen. In der Wirtschaftsplanung dient die Extrapolation dazu, die Bedeutung und das Ausmaß von Schwankungen bestimmter Erscheinungen zu ermitteln, deren Entwicklung mangels eines bekannten kausalen Zusammenhangs nicht direkt berechnet werden kann. Die Extrapolation ist ein schwach fundiertes Verfahren, das auf der Fortführung von in der Vergangenheit beobachteten Tendenzen beruht und nur in Ermangelung eines besseren Verfahrens benutzt wird.

extraterritorial investigative group : <Untersuchungsgruppe im Ausland (U.S.A.)>

F

F&W (FWS): see *Fish & Wildlife Service*

FAA: see *Federal Aviation Administration*

Fabian Society: <Fabianismus> Englische, dem Sozialismus und Egalitarismus nahestehende Bewegung, die sich mit politischen und sozialökonomischen Fragen auseinandersetzte. Die Fabian Society wurde 1883 in London gegründet mit der Zielsetzung: »Neuerrichtung der Gesellschaft auf der Grundlage höchster Moralität«. Die bekanntesten Gründungsmitglieder waren George Bernard Shaw und Sidney Webb, die mehrere Jahre auch mit der Führung beauftragt waren.

FAC: see *Foreign Assets Control*

face value: <Nominalwert>

factoring: <Faktoring> Finanzierungsmethode, bei der eine spezialisierte Firma (factor) die Buchforderungen mit einer Laufzeit von 30-90 Tagen eines Industrie- oder Handelsbetriebs unter Abzug einer Gebühr aufkauft und für die Einbringung und buchhalterische Abwicklung der Forderung besorgt ist. Für die Industrie- oder Handelsfirma stellt das Factoring eine Form der Absatzfinanzierung dar und bietet zudem den Vorteil, für die Buchführung, Einbringung und Überwachung der Forderungen kein Personal zu benötigen.

factors: <Faktoren> Allgemein die bestimmenden Elemente einer Gesamtheit. Produktionsfaktoren sind die Elemente der Produktion. Ursprünglich wurde zwischen den primären Produktionsfaktoren Arbeit und Boden und einem abgeleiteten Produktionsfaktor Kapital unterschieden. In der modernen Wirtschaftstheorie wird zwischen Arbeit und Kapital unterschieden, wobei letzteres den Boden, bzw. die natürlichen Resourcen miteinschließt. Wachstumsfaktoren sind die bestimmenden Ursachen für den wirtschaftlichen Wachstumsprozeß. Als wichtigste Wachstumsfaktoren gelten die Bevölkerung, die Investitionen, die Innovationen und der Außenhandel.

fair average quality: <fairer Durch: <fairer Wert>schnittswert>

fair trade: <fairer Handel>

fair trading: <fairer Handel>

fair value: <fairer Wert>

to **fall**, fell, fallen: <fallen>

fallen: see *to fall*

fallow **land:** <Brache/Brachliegendes Land> Ackerboden, der zeitweilig unbestellt bleibt.

family[1]: <Familie> In der Demographie: Gruppe von mindestens zwei Personen, die entweder aus einem Ehepaar und dessen ledigen, bis zu 25 Jahre alten Kindern, oder aus einer ledigen, verwitweten, geschiedenen oder getrennt lebenden Person und deren, ledigen, bis zu 25 Jahre alten Kindern besteht.

family[2]: <Familie> Aus soziologischer Sicht ist die Familie die Grundeinheit des Gesellschaftslebens und die Basis für die Erneuerung der Generationen.

family **quotient:** <Familienquotient> Maßzahl für die Berechnung der Einkommensteuer natürlicher Personen in Frankreich. Das steuerpflichtige Einkommen wird zur Berechnung des Steuerbetrags durch die Anzahl der Familienmitglieder geteilt, der Steuerbetrag errechnet und mit der Anzahl der Familienmitglieder multipliziert. Dieses Verfahren bewirkt eine Steuerentlastung der kinderreichen und einkommensstarken Familien, da diese einer tieferen Steuerprogression ausgesetzt sind.

f.a.q.: see *fair average quality*

f.a.s.: see *free alongside (ship)*

FAS: see *Foreign Agriculature Service, U.S. Department of Agriculture*

Fayol, theory of: <Fayolsche Theorie> Vom französischen Ingenieur Fayol entwickelte Prinzipien und Regeln für die Organisation und Führung von Unternehmen. Fayol ging davon aus, daß die Organisation und Führung von Unternehmen wissenschaftlich ermittelbaren Gesetzten unterliegen, die mit jenen der Naturwissenschaften Physik und Chemie vergleichbar sind. Die angemessene Verwaltung eines Unternehmens beruht auf der strikten Einhaltung dieser Gesetze und der Anwendung von vierzehn allgemeinen Prinzipien wie beispielsweise Einheit und Beständigkeit der Führung, klare Hierarchie, Befehlsgebung Disziplin, Gleichheitsprinzip, Zentralisation, Verantwortung usw. Die Theorie Fayols steht eng im Zusammenhang mit den Lehren der wissenschaftlichen Unternehmensführung in der ersten Hälfte des 20. Jahrhunderts, zu deren bekanntesten Vertretern u.a. Ford und Taylor gehören.

FCC: see *Federal*

Communications Commission

FCM: see *Futures Commission Merchant*

FDA: see *Food and Drug Administration*

feasibility   study:
<Durchführbarkeitsanalyse>
Studie, durch die die technische Durchführbarkeit und Rentabilität eines Projektes abgeklärt wird.

fed: see *to feed,*

Fed: see *Federal Reserve Board*

Federal Aviation Administration:
<Bundesaufsichtsbehöre für Flugverkehr (U.S.A.)>

Federal Bank of Germany:
<Deutsche   Bundesbank>
Zentralbank der Bundesrepublik Deutschland mit Sitz in Frankfurt am Main.

Federal Banking Supervisory office   (Germany):
<Bundesaufsichtsamt für das Kreditwesen>   Bankenaufsichtsbehörde   der Bundesrepublik Deutschland mit dem Sitz in Berlin.

Federal Communications Commission:
<Bundeskommunikationsausschuß (U.S.A.)>

Federal Home Association:
<Bundeswohnungsbaugesellschaft>

Federal Law Enforcement Training Center:
<Bundespolizei Trainingszentrum (U.S.A.)>

Federal Reserve Board: <U.S. "Zentralbankrat"> a board of Directors comprised of seven members which directs the federal banking system, is appointed by the President of the United States and confirmed by the Senate. The functions of the board include formulating and executing monetary policy, overseeing the Federal Reserve Banks, and regulating and supervising member banks. Monetary policy is implemented through the purchase or sale of securities, and by raising or lowering the discount rate the interest rate at which banks borrow from the Federal Reserve.

Ein Aufsichtsrat, bestehend aus sieben Mitgliedern, die der Bundeszentralbank vorsitzen. Sie werden vom Präsidenten der Vereinigten Staaten ernannt und vom Senat bestätigt. Die Funktionen des Rates umfassen die Festlegung und Ausführung der Geldmengenpolitik, die Beaufsichtigung der Zentralbanken und die Lenkung und Überwachung der als Mitglieder angeschlossenen Banken. Die Geldmengenpolitik wird durch den Erwerb oder Verkauf von Wertpapieren und Senkung oder Hebung des Diskontsatzes - dem

Zinssatz, zu dem die Banken von der Zentralbank Geld beschaffen, durchgesetzt.

Federal Reserve System: <Federal Reserve System (FED)> Einrichtung, die in den Vereinigten Staaten als Zentralbank dient. Das FED wurde 1913 geschaffen und besteht aus 12 Federal Reserve Banks. Die Geschäftsführung liegt in den Händen eines aus neun Mitgliedern bestehenden Verwaltungsrates, von denen sechs durch die Mitgliedsbanken und drei durch den *Board of Governors of the Federal Reserve System*, dem Weisungsorgan der Federal Reserve Banks bestimmt werden. Die sieben Mitglieder des Board of Governors werden vom Präsidenten der USA für jeweils vierzehn Jahre ernannt. Das FED überwacht die Banknotenausgabe und ist für die Festlegung der Geldpolitik zuständig. Als Instrumente der Geldpolitik stehen die Mindestreserven, die Diskont- und die Offenmarktpolitik zur Verfügung.

Federal Trade Commission: <Bundeshandelsausschuß (U.S.A.)>

fee: <Gebühr> Kosten für die von einer Körperschaft geleisteten Dienste, beispielsweise Müllabfuhrgebühr.

to **feed**, fed, fed: <füttern>

feedback: <Rückkopplung> Steuerungsprinzip, bei dem ein Steuerorgan durch Rückmeldungen über den tatsächlichen Zustand des zu steueerden Vorgangs beeinflußt wird.

to **feel**, felt, felt: <fühlen>

felt: see *to feel*,

fertility: <Fruchtbarkeit>

fertility ratios: <Fertilitätsrate> Kennzahlen zur Messung der Geburtenhäufigkeit einer Bevölkerung oder einer Bevölkerungsschicht. Die Fertilitätsrate ist das Verhältnis der Geburten während eines bestimmten Zeitraumes (meistens ein Jahr) zur Anzahl der Frauen einer bestimmten Altersgruppe oder sozialen Gruppe. Die Fertilitätsrate gibt die Wahrscheinlichkeit für eine Frau dieser Gruppe an, innerhalb eines bestimmten Zeitraumes ein Kind zu gebären. Die Fertilitätsraten ermöglichen den Vergleich der Geburtenhäufigkeit zwischen verschiedenen Bevölkerungen und Bevölkerungsteilen oder einer Bevölkerung im Zeitablauf.

FHA: see *Federal Home Association*

fiduciary: <finanziell>

field: <Datenfeld> Die in einem elektronischen Speicher

abgelegte Einzelinformation. Logisch zusammengehörende Datenfelder werden zu Datensätzen zusammengefaßt und diese wiederum zu einer Datei.

field national import specialist : <nationaler Importspezialist im Außendienst (U.S.A.)>

to **fight**, fought, fought: <kämpfen>

file: <Datei> Geordnete Sammlung von Datensätzen mit gleicher Form und ähnlichem Inhalt in einem elektronischen Speicher. Die einzelnen Datensätze enthalten logisch zusammengehörende Einzeldaten, die in den einzelnen Datenfeldern des Datensatzes abgelegt sind. Ein einfaches Beispiel für eine Datei ist ein Adressenverzeichnis, bei dem die Datensätze die einzelnen Adressen sind, deren Bestandteile (Name, Straße, Ort, usw.) in den Datenfeldern des betreffenden Datensatzes stehen.

to **fill:** <füllen/Auftrag ausführen>

fill: <ausgeführter Auftrag>

fill or kill order: <"sofort ausführen oder kanzeln" (Auftragsart)>

finance: <Finanz~>

finance house: <Finanzinstitut>

finance market: <Finanzmarkt>

finances: <Finanzen>

financial: <finanziell>

financial adviser: <Finanzberater>

financial assets: <Finanzvermögen> Die finanziellen Teile des Anlage- und Umlaufvermögens, d.h. das Finanzanlagevermögen und das sonstige Umlaufvermögen (Forderungen, Guthaben und Kassenbestand). Gegenstück zum Finanzvermögen ist das Sachvermögen.

financial auditor: <Finanzkontrolleur> Beamter des Finanzministeriums, der mit der Überprüfung und Überwachung des Finanzgebarens der Verwaltung und der staatlichen Unternehmen beauftragt ist.

financial centre: <Finanzplatz> Zentrum finanzieller Transaktionen.

financial flows, statement of national: <Finanzierungsrechung>

financial futures: <Finanztermingeschäfte> include interest rate futures, currency futures and index futures. The financial futures market currently is the fastest growing of all the futures markets.

Umfaßt den Terminhandel mit Zinstiteln, Devisen- und Indextermingeschäften. Der Finanzterminmarkt ist gegenwärtig der am schnellsten wachsende aller Terminmärkte.

financial institutions: <Finanzunternehmen> Teil des volkswirtschaftlichen Sektors Unternehmen, der die Unternehmen enthält, deren Haupttätigkeit die Lenkung von Finanzströmen ist. Im Teilsektor Finanzunternehmen sind vor allem die Banken und Versicherungen enthalten.

Financial Management Service, U.S. Department of the Treasury: <Finanzmanagementdienststelle, U.S. ·

financial paper: <Wirtschaftszeitung>

financial position: <finanzielle Situation>

financial resources: <finanzielle Mittel>

financial risk : <finanzielles Risiko>

financials: <Finanzinstrumente>

financial statement: <Vermögensaufstellung>

fiancial year: <Geschäftsjahr>

financier: <Finanzier>

financing: <Finanzierung> Alle mit der Beschaffung, der Verwaltung, dem Einsatz und der Rückzahlung von Kapital in Zusammenhang stehenden Tätigkeiten eines Unternehmens. Im engeren Sinn die Bereitstellung des für den Unternehmenszweck erforderlichen Kapitals. Bei der Finanzierung im engeren Sinne wird zwischen Innenfinanzierung und Außenfinanzierung unterschieden. Die Innenfinanzierung umfaßt die Selbstfinanzierung, d.h. die Finanzierung durch Einbehaltung von Gewinn und die Verflüssigungsfinanzierung, d. h. Finanzierung durch Abschreibungsgegenwerte. Die Innenfinanzierung wird gelegentlich auch als Cash-flow-Finanzierung bezeichnet. Die Außenfinanzierung umfaßt die Beteiligungsfinanzierung, d.h. die Finanzierung durch die Eigentümer des Unternehmens, beispielsweise durch Kapitalerhöhungen, und die Fremdfinanzierungen oder Kreditfinanzierungen, d.h. die Finanzierung durch Kredite und Anleihen. Die Beteiligungsfinanzierung und die Selbstfinanzierung werden im Begriff der Eigenfinanzierung zusammengefaßt, da sie durch die Eigentümer von außen oder durch das Unternehmen von innen erbracht werden.

financing, advance: <Vorfinanzierung> Provisorische Mittelzuweisung für die

Finanzierung einer Wirtschaftsaktivität bis über Dauerfinanzierungsmittel verfügt werden kann.

financing   deficit:
<Finanzierungsdefizit>
Passivsaldo der volkswirtschaftlichen Vermögensveränderungskonten einer Wirtschaftseinheit, eines Sektors oder der gesamten Volkswirtschaft, d.h. Überschuß der verwendeten Mittel über die zur Verfügung stehenden Mittel. Im gesamtwirtschaftlichen Vermögensveränderungskonto ist dieser Saldo die Abnahme der Kreditgewährung an das Ausland. Gegenstück dazu ist der Finanzierungsüberschuß.

financing,   internal:
<Innenfinanzierung>
Finanzierung durch eigene Mittel, insbesondere durch Einbehaltung von Gewinnteilen (Selbstfinanzierung) und durch Abschreibungsgegenwerte (Verfügungsfinanzierung). Gegenstück zur Innenfinanzierung ist die Außenfinanzierung. Vergleiche auch Finanzierung.

financing,   outside:
<Außenfinanzierung>
Finanzierung durch von außen stammendes Kapital. Die Außenfinanzierung umfaßt die Beteiligungsfinanzierung, d. h. die Finanzierung durch die

Eigentümer, beispielsweise durch Kapitalerhöhungen, und die Fremdfinanzierung, d.h. durch Kredite und Anleihen. Gegenstück zur Außenfinanzierung ist die Innenfinanzierung. Vergleiche auch Finanzierung.

financing   surplus:
<Finanzüberschuß> Aktivsaldo der volkswirtschaftlichen Vermögensveränderungskonten einer Wirtschaftseinheit, eines Sektors oder der gesamten Volkswirtschaft, d.h. Überschuß der erhaltenen über die verwendeten Mittel. Im gesamtwirtschaftlichen Vermögensveränderungskonto ist dieser Saldo die Zunahme der Kreditgewährung an das Ausland. Gegenstück dazu ist das Finanzierungsdefizit.

fine: <Verwaltungsstrafe> see *penalty*

fineness: <Feingehalt> Anteil des reinen Edelmetalls an einer Metallegierung, beispielsweise bei Edelmetallmünzen, Edelmetallbarren usw.

fines, penalties, and forfeiture program: <Bußgelder, Strafen, Beschlagnahme Programm (U.S.A.)>

firm (adjective)[1]: <fest> Geschäft, dessen Abwicklung und Abwicklungsbedingungen unabhängig von zukünftigen Entwicklungen ist. Das Gegenteil von festen Geschäften sind bedingte Geschäfte oder Eventualgeschäfte, bei denen die Abwicklung und/oder die Modalitäten zum Zeitpunkt des Vertragsabschlusses noch nicht feststehen.

firm (adjective)[2]: <fest> Börse: Feste Termingeschäfte sind Geschäfte, die am Liquidationstag zu den vereinbarten Bedingungen abgewickelt werden müssen; bedingte Termingeschäfte, beispielsweise Optionen, Stellagegeschäfte usw., können zu verschiedenen Bedingungen oder überhaupt nicht abgewickelt werden.

firm (adjective)[3]: <fest> Anleihen: Bei festen Übernahmen verpflichten sich die Emissionsbanken, die Anleihe zu übernehmen und im Publikum zu plazieren. Im entgegengesetzten Fall übernehmen die Banken die Anleihe nur bedingt in dem Ausmaß, wie sie die betreffenden Papiere plazieren konnten.

firm (noun): <Firma>

firm price: <Festpreis>

fiscal charges: <Abgaben> Steuerähnliche Zahlung, die von einer Behörde oder öffentlich-rechtlichen Körperschaft erhoben wird. Der Begriff Abgabe wird häufig auch als Synonym für Steuern verwendet.

fiscal year: see *year, fiscal*

Fisher equation: <Fishersche Gleichung> Mathematische Formel, die den Zusammenhang zwischen Güter- und Geldkreislauf einer Volkswirtschaft beschreibt. Die Gleichung G x U = H x P besagt, daß die Geldmenge (G) multipliziert mit der Umlaufgeschwindigkeit des Geldes (U) gleich dem Handelsvolumen (H) multipliziert mit dem Preisniveau (P) ist. Um den verschiedenen Geldformen und deren spezifischen Umlaufgeschwindigkeiten Rechnung zu tragen, kann die Gleichung durch Unterscheidung von Bargeld (G) und Buchgeld (G') erweitert werden zu:

$$G * U + G' * U' = H * P$$

fishing vessel: <Fischereischiff>

Fish & Wildlife Service: <Fisch- und Wild Behörde> In den U.S.A. ist der FWS zuständig für die Aufsicht über Fischerei und Jagdbetriebe, erstellt Lizenzen und arbeitet eng mit anderen Naturschutzbehörden zusammen.

fixed asset: <langfristige Anlagegüter>

fixed costs - proportional costs: <Fixe Kosten - Variable Kosten> Kosten, deren Höhe von der Größe und Struktur des Unternehmens unabhängig vom Produktionsvolumen bedingt sind (fixe Kosten) oder deren

Höhe vom Produktionsvolumen abhängt (variable Kosten). Die Unterscheidung zwischen fixen und variablen Kosten ist nur in relativ engen Bereichen verschiedener Produktionsvolumen gültig, doch kann anhand dieser Unterscheidung eine Verbesserung der Kostenanalyse erzielt werden. Fixe Kosten sind jener Teil der Gesamtkosten, der von Schwankungen des Produktionsvolumens oder Beschäftigungsgrads unabhängig ist. Man kann diese als Kosten der Bereitschaft zur Produktion auffassen. Variable Kosten hängen hingegen vom Produktionsvolumen und Beschäftigungsgrad ab, beispielsweise Rohstoffe, Fertigungslöhne, direkte Vertriebskosten usw. Variable Kosten können proportional, degressiv, progressiv oder regressiv sein, je nachdem ob und wie die Kosten mit wachsendem Produktionsvolumen steigen oder sinken.

fixed deposit: <feste Einlagen>

fixed expenses: <feste Ausgaben>

fixed interest bearing securities: <festverzinsliche Wertpapiere>

fixed interest investment: <festverzinsliche Anlagen>

fixed price: <fixierter Preis

fixed scale of charges: <feste Gebührenordnung>

fixing: <Fixing> Angloamerikanischer Fachbegriff für die Kursfestsetzung an der Börse, ursprünglich für die Kursfestsetzung für Gold am Londoner Markt verwendet.

flat market: <flacher Markt>

flat rate: <Basisrate>

FLECTC: see *Federal Law Enforcement Training Center*

fled: see *to flee*

to flee, fled, fled: <fliehen>

flew: see *to fly*,

to fling, flung, flung: <eilen, schmeißen>

floor¹: <Parkett> der leicht erhöhte Standplatz in einer Wertpapierbörse, an dem sich die Börsenmakler vom Fublikum getrennt versammeln konnten. Im weitesten Sinne die Börsenmakler, die gesamte Börse oder sämtliche an der betreffenden Börse kotierten Wertpapiere.

floor²: <Untergrenze> Tiefster möglicher oder zulässiger Wert einer Variablen, beispielsweise einer Menge, eines Preises oder eines Kurses.

floor broker: <Parkettbroker>

flow¹: <Strom> In Anlehnung an die Naturwissenschaften in der Wirtschaft verwendete

Bezeichnung für eine Bewegung von Gütern oder Werten.

flow²: <Strom> In der Geschäftsbuchhaltung werden in der Erfolgsrechnung die während einer bestimmten Zeit erfolgten Ströme von Erträgen und Aufwendungen erfaßt, während in der Bilanz die Bestände zu einem gegebenen Moment dargestellt werden.

flow³: <Strom> Der Begriff Strom wird auch in der volkswirtschaftlichen Gesamtrechnung verwendet, da diese weitgehend eine Erfassung der Bewegungen und nicht der Bestände einer Volkswirtschaft ist.

flow chart: <Flußdiagramm> Graphische Darstellung eines Vorgangs durch standardisierte Symbole. Dient häufig als Grundlage für die Erstellung eines Programms.

flown: see *to fly,*

fluctuation: <Bewegung (von Kursen)>

fluid market: <Markt flüssiger> Markt, auf dem sich Angebot und Nachfrage ohne Schwierigkeiten aneinander anpassen.

flung: see *to fling,*

to **fly**, flew, flown: <fliegen>

FMS: see *Financial Management Service, U.S.*

Department of the Treasury

FNIS: see *Field National Import Specialist*

f.o.b.: see *free on board*

FOB/CIF: see *Free on Board/Cost Insurance Freight*

FOK order: see *fill or kill order*

Food and Drug Administration: <Lebensmittel und Drogen (Medikamente) Behörde (U.S.A.)>

food safety inspection service, Food and Drug Administration: <Lebensmittelsicherheitsdienst, Lebensmittel und Drogen Behörde(U.S.A.) >

forbade: see *to forbid,*

to **forbear**, forbore, forborne: <unterlassen>

to **forbid**, forbade, forbidden: <verbitten>

forbidden: see *to forbid,*

forbore: see *to forbear,*

forborne: see *to forbear,*

forecast: <Prognose> Vorhersage der Zukunft. Im weiteren Sinne auch das Ergebnis dieser Vorhersage.

forecast, economic: <Wirtschaftsprognose>

Foreign Agriculture Service, U.S. Department of Agriculture: <Amt für

ausländische Landwirtschaft, U.S. Landwirtschaftsministerium (U.S.A.)>

foreign assets control: <Auslandsinvestionskontrolle (U.S.A.)> Schatzamt (Finanzministerium) (U.S.A.) >

foreign exchange[1]: <Devisenhandel>

foreign exchange[2]: <Devisen> Zahlungsmittel (Banknoten, Guthaben) in fremder Währung.

foreign exchange account: <Devisenbilanz> Teil der Zahlungsbilanz. Die Devisenbilanz enthält die Forderungen und Verbindlichkeiten der Zentralbank gegenüber dem Ausland. Der Saldo der Devisenbilanz widerspiegelt daher die Veränderung der Währungsreserven. Gelegentlich werden hier auch die nicht weiter aufgliederbaren Transaktionen als Restposten unter der Bezeichnung statistische Differenzen erfaßt.

foreign exchange, advance in: <Devisenvorschuß> Kurzfristiger Bankkredit in fremder Währung an ein Unternehmen zur Finanzierung spezifischer Geschäfte.

foreign exchange controls: <Devisenbewirtschaftung> Staatliche Regelungen, die die freie Konvertierbarkeit von Devisen einschränken oder von gewissen Voraussetzungen abhängig machen.

foreign exchange position: <Devisenposition> Positiver oder negativer Saldo zwischen den Forderungen und Verpflichtungen eines Unternehmens oder einer Bank in einer Fremdwährung. Ein positiver Saldo wird als "lang" (long), ein negativer Saldo als "kurz" (short) bezeichnet und bedeutet in beiden Fällen das Eingehen eines Währungsrisikos.

foreign trade: <Außenhandel>

foreign trade zone: <Außenhandelszone (U.S.A.)>

forex: see *foreign exchange*

Forex-dealer: <Devisenhändler> Bankenspezialist auf dem Gebiet des Handels mit Devisen

forfaiting: <Forfaitierung> Eine dem Factoring ähnliche Finanzierungsmethode, bei der eine spezialisierte Firma die kurz- oder mittelfristigen Forderungen eines Unternehmens unter Abzug einer Kommission und unter Verzicht auf ein Rückgriffsrecht auf das verkaufende Unternehmen aufkauft. Dadurch geht das Risiko der Nichteinbringlichkeit auf die Forfaitierungsgesellschaft über.

forgave: see *to forgive*

to **forget**, forgot, forgotten: <vergessen>

to **forgive**, forgave, forgiven: <vergeben>

forgiven: see *to forgive*

forgot: see *to forget*

forgotten: see *to forget*,

formation expenses: <Gründungskosten>

for-profit: <für Profit>

to **forsake**, forsook, forsake: <aufgeben>

forsaken: see *to forsake*,

forsook: see *to forsake*,

forward contract: <Terminabschluß, Abschluß auf Termin> A contract entered into by two parties who agree to the future purchase or sale of a specified commodity. This differs from a futures contract in that the participants in a forward contract are contracting directly with each other, rather than trough a clearing corporation. The terms of a forward contract are negotiated by the buyer and seller, while exchanges set the terms of *futures contracts*.

Ein Vertrag, den zwei Parteien eingehen, die sich über den zukünftigen Erwerb oder Verkauf einer speziellen Ware einig sind. Dies unterscheidet sich vom Terminkontrakt insofern, das die beiden Beteiligten einen Terminabschluß direkt miteinander abschließen, anders als über eine *Clearing Corporation* <Liquidationskasse>. Die Bedingungen eines Terminabschlusses werden vom Käufer und Verkäufer ausgehandelt, während die Börsen die Bedingungen Für Terminkontrakte festlegen.

forward market: <individuell verhandelter Terminmarkt>

forward month: <individuell verhandelter Terminmonat>

forward price: <individuell verhandelter Terminpreisreis>

forward pricing: <individuell verhandelte Terminpreisfindung>

forward purchase: <individuell verhandelter Terminkauf>

forward sale: <individuell verhandelter Terminverkauf>

forward transaction: <Termingeschäft> Kauf- und Verkaufsverträge, bei denen die gegenseitigen Leistungen (Lieferung und Bezahlung) nicht gleichzeitig, sondern zu verschiedenen Zeitpunkten oder gleichzeitig, aber zu einem zukünftigen Termin erbracht werden. Gegensatz zum Termingeschäft ist das Kassageschäft oder Komptantgeschält.

fought: see *to fight*,

found: see *to find,*

foundation **expenses:**
<Gründungskosten> Kosten, die bei der Vorbereitung und Durchführung einer Unternehmensgründung anfallen. Die Gründungskosten können üblicherweise abgeschrieben werden. Sie beinhalten in der Regel die Kosten für: - Vorbereitungsarbeiten, wie Marktanalysen, Werbung, juristische Beratung usw. - Durchführungsarbeiten, wie Eintragung ins Handelsregister, Rechtsanwaltskosten usw. - Steuern und Abgaben wie Emissionsstempel, Übertragungssteuern für Sacheinlagen usw. - Jenen Teil der Sacheinlagen, die nicht auf das Grundkapital angerechnet werden. - Kosten für Anleihen und allfälliges Agio.

founder's **share:**
<Gründeranteilschein> Wertpapier ohne Nominalwert, das den Gründern einer Gesellschaft zur Abgeltung von Dienstleistungen oder Einlagen abgegeben wird und einen Anspruch auf einen Anteil an den erzielten Gewinnen und an einem allfälligen Liquidationserlös verbrieft. Gründeranteilscheine werden meist für eine Dienstleistung oder für nicht bilanzfähige Einlagen abgegeben.

FP&F: see *Fines, Penalties, and Forfeiture Program*

fractional **rights:** <Spitze> Anzahl Anrechte, die bei einer Kapitalerhöhung nicht zum Bezug einer neuen Aktie ausreichen. In diesem Fall kann der Anrechtsbesitzer den Spitzenausgleich durch Hinzukauf der fehlenden oder Verkauf der überzähligen Anrechte herbeiführen.

Franc: <Franken> Währungseinheit von Frankreich seit dem 14. April 1803 (24. Germinal des Jahres XI). Währungseinheit von Belgien, Luxemburg, Liechtenstein und der Schweiz. Der Franc wurde erstmals am 5.12.1360 durch Johann den Guten als ein guter Denier Feingold (3,88 g reines Gold) festgelegt und entsprach damit dem Pfund.

Franc CFA: <Franc CFA> Währungseinheit mehrerer afrikanischer Staaten. Ursprung dieser Währung ist der Franc der französischen Kolonien in Afrika (colonies francaises d Afrique - CFA), der anläßlich der Franc Abwertung vom 20. Dezember 1945 eingeführt wurde.

Franc CFP: <Franc CFP> Währungseinheit der französischen Überseegebiete im Pazifik. (Abkürzung für Franc des comptoirs francais du

141

Pacifique). Der Franc CFP wurde am 17. 12. 1945 eingeführt. Seit 1948 besteht eine feste Parität zum französischen Franken, nämlich 1 Franc CFP = *0,055* FF). **Der Franc CFP wird** in Polynesien, Neukaledonien, Wallis und Futuna und den Neuen Hebriden verwendet.

franchising: <Frachising> Vertrag, durch den ein Unternehmen (Franchisinggeber) einem anderen, rechtlich unabhängigen Unternehmen (Franchisingnehmer) das Recht einräumt, unter dem Firmennamen des Franchisinggebers Güter und Dienstleistungen zu verkaufen. Als Gegenleistung erhält der Franchisinggeber eine Abgabe.

Franc-Zone: <Franc zone> Währungsgebiet, in dem der französische Franc, der Franc CFA oder der Franc CFP die Hauptwährung ist. Zur Franc-Zone gehören Frankreich, Monaco, die direkt zu Frankreich gehörenden überseeischen Departemente und einige ehemals unter französischer Hoheit stehende Staaten.

FRB: see *Federal Reserve Board*

free alongside ship (fas): <frei am Schiff> Vertragsklausel, mit der festgelegt wird, daß die Transport- und Versicherungskosten bis zum Ladeplatz

des Verschiffungshafens im Preis eingeschlossen sind, nicht jedoch die eigentlichen Verladungskosten. Das Risiko geht vor der Vorladung vom Verkäufer auf den Käufer über.

free on board (f.o.b.): <frei an Bord> Vertragsklausel, mit der festgelegt wird, daß die Transport-, Versicherungs- und Verladekosten bis und mit der Verladung der Waren auf dem Schiff im Preis eingeschlossen sind. Das Risiko geht nach der Verladung vom Verkäufer auf den Käufer über.

free on board / cost insurance freight : <frei auf Schiff/Kosten-Versicherung-Fracht>

free trade: <Freihandel, siehe Freihandelszone und Liberalisierung> see *free trade zone*

free trade area: <Freihandelszone> Aus mehreren Ländern bestehendes Gebiet innerhalb dessen die Waren aus den Mitgliedsländern ohne Mengenbeschränkungen und Zollbelastungen ausgetauscht werden können. Die Freihandelszone ist unter den verschiedenen Formen von Zusammenschlüssen zur Förderung des internationalen Handels eine der am wenigsten weit gehenden. Zwar sind innerhalb des Gebiets alle Mengenbeschränkungen und Zollbelastungen abgeschafft, doch behalten die Mitgliedsländer im Gegensatz zur Zollunion das Recht, den Handel mit den übrigen Ländern individuell zu regeln.

to **freeze**, frozen, frozen: <frieren>

freight bill: <Frachtbrief> see also *bill of lading;* Dokument, durch das der Versand einer Ware festgestellt wird. Frachtbriefe sind Beweisurkunden. Bestimmte Arten von Frachtbriefen können in verschiedenen Ländern übertragen und gehandelt werden, haben daher Wertpapiercharakter.

French Association of Banks (AFB): <Französische Bankenvereinigung> Französischer Bankenverband, dem sich alle französischen und ausländischen Banken, die in Frankreich tätig sind, anschließen müssen. Ausgenommen sind nur mit einem Sonderstatus versehene Institute, wie beispielsweise der Crédit Agricole und der Crédit Populaire.

French Association of Banks and Financial Companies (AFEEF): <Französische Vereinigung der Banken und Finanzgesellschaften> Französischer Verband, dem alle beim Kredit- und Bankenüberwachungsausschuß

als Vollmitglieder eingetragene Banken und Finanzgesellschaften obligatorisch angeschlossen sind.

French Bank of Foreign Commerce (BFCE): <Französische Außenhandelsbank> Vom französischen Staat gegründete, gemischtwirtschaftliche Bank für die Finanzierung von Aussenhandelsgeschäften.

French Foreign Trade Centre (CFCE): <Französisches Außenhandelszentrum> Öffentliche, 1943 gegründete und 1960 neugestaltete Anstalt zur Förderung des Außenhandels. Das CFCE übt in erster Linie Informationstätigkeiten aus.

French Foreign Trade Insurance Company (COFACE): <Französische Außenhandelsversicherung> 1946 gegründetes französisches Staatsunternehmen, das sich mit der Exportkreditversicherung befaßt. Die COFACE handelt für den französischen Staat als beratendes Organ oder auf eigene Rechnung durch Gewährung von Exportrisikoversicherungen.

frequency[1]: <Häufigkeit> Absolute Häufigkeit: Anzahl der Elemente einer statistischen Gesamtheit, die eine bestimmte Ausprägung des untersuchten

Merkmals aufweisen.

frequency²: <Häufigkeit>Relative Häufigkeit: Anteil der Elemente mit einer bestimmten Ausprägung des untersuchten Merkmals an allen Elementen der statistischen Gesamtheit. Beispiel: Von 3000 Mitarbeitern eines Unternehmens erhalten 150 Mitarbeiter einen Jahreslohn zwischen 30000 und 40000 Franken. Statistische Gesamtheit: 3000; absolute Häufigkeit der Lohngruppe 30 000 bis 40 000 Fr.: 150; relative Häufigkeit: 150 : 3000 = 0,05 = 5 %. Die graphische Darstellung von Häufigkeiten erfolgt bei diskreten statistischen Variablen mittels *Stabdiagramm*, bei stetigen Variablen mittels *Histogramm*.

fronting: <Fronting> Technik im Versicherungswesen, bei der eine Versicherung ein Risiko übernimmt, dieses aber an eine andere, dem Versicherten meist unbekannte Versicherung abtritt.

frozen: see *to freeze,*

FS/S: see *Food Safety Inspection Service, Food and Drug Administration*

FTC: see *Federal Trade Commission*

FTZ: see *Foreign Trade Zone*

function: <Funktion> Mathematische Beziehung zwischen einer Variablen und einer oder mehreren anderen Variablen. Mittels der Funktion können die Werte der abhängigen (erklärten) Variablen aufgrund der Werte der unabhängigen (erklärenden) Variablen berechnet werden.

fund: <Fond>

to **fund:** <finanzieren>

fundamental analysis: <grundlegende Analyse> The study of specific factors, such as weather, wars, discoveries, and changes in government policy, which influence supply and demand and, consequently, prices in the marketplace.

Eine Untersuchung über spezifische Umstände, wie Wetter, Kriege, Erfindungen sowie Gesetzesänderungen, die die Nachfrage und das Angebot und daraus folgend die Marktpreise beeinflussen.

funded debt: <finanzierte Schulden>

funding: <Finanzierung>

fund, mutual (US): <Anlagefonds, offener, Investmentfonds, offener>

funds: <Gelder>

funds, liquid: <flüssige Mittel> Liquidität eines Unternehmens. Im engeren Sinne die Barbestände und Sichteinlagen bei Banken und Postscheckämtern, im weiteren Sinne zusätzlich auch die kurzfristigen mobilisierbaren Forderungen.

fungibility:
<Fungibilität/Vertretbarkeit> Güter und Werte, die keine Individualität besitzen und durch einheitliche Spezifikationen beschreibbar sind, so daß sie gegeneinander austauschbar sind. Fungibel sind Rohstoffe, Rohprodukte, bestimmte landwirtschaftliche Produkte und industrielle Serien- oder Massenprodukte. Von der Definition her sind Wertpapiere und insbesondere Geld fungibel. Fungibilität ist eine Bedingung für die Existenz und die Funktion von Märkten.

futures: <Terminverträge>

Futures Commission Merchant (FCM): <Termingeschäftvermittler> A futures broker who maintains customer accounts, and orders trades on behalf of these customers.

Warenterminhändler, der die Kundenkonten führt und Aufträge im Namen dieser Kunden ausführt.

futures contract: <Terminkontrakt> A standardized agreement to purchase or to sell a set quantity and quality of a commodity at a specific time and place at a price determined on the exchange floor. The terms of the standardized agreement are set by exchanges.

Eine standardisierte Vereinbarung, eine bestimmte Menge und Qualität einer Ware zu einer bestimmten Zeit und Ort zu einem von der Börse festgelegten Kurs zu verkaufen oder zu erwerben. Die Bedingungen dieser standardisierten Vereinbarung werden von den Börsen bestimmt.

futures margin: <Terminvertragseinschuß>

futures markets: <Terminmärkte>

futures options transactions: <Terminvertragsoptionstransaktion>

futures price: <Terminkurs/Terminpreis>

futures settlement: <Terminabrechnung>

futures transactions: <Termintransaktion>

FV: see *Fair Value*

F/V: see *Fishing Vessel*

G

to **gain:** <wachsen, zunehmen>

gain: <Zuwachs>

gain, lump-sum: <Pauschalgewinn> Bemessungsgrundlage für die Pauschalbesteuerung. Von der Steuerverwaltung festgelegter fiktiver Gewinn, der in der Regel dem durchschnittlichen Gewinn eines Unternehmens entspricht. In Frankreich können Einzelunternehmen und Personengesellschaften, deren Umsatz ein bestimmtes Limit nicht übersteigt, die Pauschalbesteuerung beantragen. Bei der Pauschalbesteuerung werden die tatsächlichen Gewinne und Verluste des Unternehmens nicht berücksichtigt.

gallon (GB): <Gallone> 4,54 Liter

gallon (US): <Gallone> 3,78 Liter

Gantt chart: <Gantt Graphik> Vom amerikanischen Ingenieur Gantt entwickelte Methode zur linearen graphischen Darstellung der Entwicklung verschiedener Kennzahlen des Betriebsablaufs.

GAO: see *General Accounting Office*

gap: <Gap/Lücke> Englisches Wort für Loch, das je nach Gebiet mit Lücke (inflatorische Lücke), Defizit (Handelsbilanzdefizit), Knappheit (Dollar gap) oder Rückstand (technologischer Rückstand) übersetzt werden muß. Größen- oder Niveauunterschied, meistens als Mangel oder Rückstand beurteilt. Der Begriff Lücke wird insbesondere im Zusammenhang mit dem technologischen Stand und in Bezug auf die Inflation verwendet.

gap[1]: <Gap/Lücke> Technologische Lücke (technological gap): Unterschied zweier Wirtschaftsgebiete hinsichtlich des technologischen Fachwissens, der technologischen Weiterentwicklung und der momentanen Anwendung der Technologie in der Wirtschaft.

gap[2]: <Gap/Lücke> Inflatorische Lücke (inflationary gap): Überhang der prognostizierten Gesamtausgaben über das Volumen der verfügbaren Güter und Dienstleistungen. Dieser Überhang der monetären Seite muß als inflationssteigernde Situation betrachtet werden.

GATT: General Agreement on Tariffs and Trade: <Allgemeines Zoll- und Handelsabkommen>

Gaussian distribution: <Gauss-Verteilung> Andere *Bezeichnung für* Normalverteilung.

gave: see *to give,*

GDP: see *Gross Domestic Product:* <siehe Bruttoinlandsprodukt (BIP)>

to **geld,** -ed/gelt, -ed/gelt: <verschneiden>

gelt: see *to geld,*

general accounting office: <Bundesrechungsamt/Bundesrec hnungshof (U.S.A.)>

General Agreement on Tariffs and Trade (GATT): <Allgemeines Zoll- und Handelsabkommen (GATT)> 1947 in Genf abgeschlossenes multilaterales Abkommen über die Grundsätze der Handelspolitik und Zolltarifgestaltung der Unterzeichnerstatuten.

generalized system of preferences: <verallgemeinertes System der Vorzüge (U.S.A.)>

general license for repair: <Generalgenehmigung für Reparaturen (U.S.A.)>

general partner: <geschäftsführender, vollhaftender Gesellschafter> The partner who has the responsibility to manage the business and affairs of a limited partnership, and who has unlimited liability.

general rules of interpretation, harmonized tariff: <Generelle Richtlinien für die Interpretation, harmonisierter Tarif (U.S.A.)>

general service administration: <Amt für Allgemeine Dienste (U.S.A.)>

to **get,** got, gotten: <bekommen, werden>

Giffen effect: <Giffen-Effekt> Nach dem englischen Ökonomen Giffen (1837-1910) benanntes paradoxes Phänomen, daß unter bestimmten Voraussetzungen die Nachfrage nach einem Gut infolge einer Preiserhöhung steigt. Die Voraussetzungen für dieses Phänomen sind insbesondere: - das betreffende Gut ist nicht substituierbar - die Einkommen der Käufer müssen äußerst niedrig sein, so daß der Preisanstieg überproportionale Auswirkungen auf die Kaufkraft hat.

to **gild,** -ed/gilt, -ed/gilt: <vergolden>

gilt: see *to gild,*

to **gird,** -ed/girt, -ed/girdt: <gürten, umgeben>

girt: see *to gird,*

to **give,** gave, given: <geben>

given: see *to give,*

Glass-Steagal Act of 1939: <Glass-Steagal Gesetz von

1939> The federal law that prohibits banks from acting as dealers or underwriters in any securities other than general obligation municipal bonds.

GLOBAL TRADE TALK: <> internationales Computernetzwerk für Im- und Export

GLR: see *General License for Repair*

GLYNCO: see *Glynn County, Georgia* (Home of *FLECTC*)

Glynn County, Georgia (Home of FLECTC): <Kreis Glynn, Georgia, U.S.A. (Sitz der *FLECTC*>

GNMA: see *Government National Mortgage Association.*

GNP: see *Gross National Product:* <Bruttosozialprodukt (BSP)>

to **go**, went, gone: <gehen>

gold: <Gold> Edelmetall, das in Erfüllung bestimmter Aufgaben im Währungsbereich verwendet wird.

gold bullion standard: <Goldbarrenwährung> System der Goldwährung im weiteren Sinne. Das umlaufende Geld besteht aus Banknoten, die jederzeit in Goldbarren eingetauscht werden können. Im Gegensatz zur Goldumlaufwährung werden aber keine Goldmünzen als gesetzliches

Zahlungsmittel ausgegeben. Im System der Goldbarrenwährung verschwindet das Gold aus dem Geldumlauf und die Zentralbanken können auf diese Weise die größtmögliche Goldmenge als Reserve halten.

gold clause[1]: <Goldklausel> Effektive Goldklausel: Vereinbarung, daß eine Zahlung in Gold oder Goldmünzen erfolgen muß.

gold clause[2]: <Goldwertklausel> Vereinbarung, daß eine Zahlung an den Wert des Goldes gebunden ist.

gold exchange standard: <Goldde-visenwährung> Währungssystem, in dem eine oder mehrere Leitwährungen in Gold und die übrigen Währungen nicht mehr in Gold, sondern gegenüber den Leitwährungen definiert sind. Während die Leitwährungen jederzeit in Gold eingelöst werden können (vgl. Goldstandard), ist die Goldeinlösepflicht für die übrigen Währungen aufgehoben und die betreffenden Banknoten besitzen Zwangskurs, d.h. müssen von jedermann in Zahlung genommen werden. Das System der Golddevisenwährung entstand nach dem 1. Weltkrieg mit dem US$ und dem englischen Pfund als Golddevisen. Nach dem 2. Weltkrieg (vgl. IWF, Bretton Woods) war der US$ die einzige Leitwährung (sogenannter Gold Dollar Standard). Seit 1973 ist das System der Golddevisenwährung aufgehoben und nur noch ein Abschnitt in der Geschichte des internationalen Währungssystems.

gold points: <Goldpunkte> Wechselkursschwellen in einem Goldwährungssystem. Wird die untere Schwelle (Goldeinfuhrpunkt) unterschritten, nehmen die Goldeinfuhren des betreffenden Landes zu; wird die obere Schwelle (Goldausfuhrpunkt) überschritten, nehmen die Goldausfuhren zu.

gold specie standard: <Golddevi-senwährung> System der Goldwährung im engeren Sinne. Das umlaufende Geld besteht aus Goldmünzen und aus jederzeit in Gold eintauschbaren Banknoten.

gold standard: <Goldwährung /Goldstandard> Währungssystem, in dem die Währungseinheiten als bestimmte Mengen Gold definiert sind und die Banknoten bei der Zentralbank jederzeit gegen Gold eingetauscht werden können.

to go long: <auf steigende Kurse setzen, kaufen>

going rate: <gängiger/üblicher Preis>

gone: see *to go*,

good: <Gut> Materielles Produkt der Produktionstätigkeit. Ein Gut kann ein Verbrauchsgut sein (Endverbrauch oder intermediärer Verbrauch) oder ein Produktionsfaktor (Anlagevermögen).

good, collective: <Gut, öffentliches> Gut, das ohne Entgelt durch die Allgemeinheit genutzt werden kann. Im Gegensatz zu wirtschaftlichen Gütern haben Öffentliche Güter keinen Preis.

good delivery: <gute/einwandfreie Lieferung> Acceptable quality for delivery. A security that is in good delivery form must be accepted.

good-faith deposit: <Sicherheitshinterlegung> In a competitive underwriting, the bidders must make a good faith deposit, to show that they have the capability of handling the offering.

goods, free movement of: <Freier Warenverkehr>

goods and services: <Güter und Dienstleistungen> Ergebnis der Wirtschaftätigkeit, genauer des wirtschaftlichen Produktionsprozesses.

goodwill: <Goodwill/Firmenwert> Differenz zwischen dem Gesamtwert eines Unternehmens und dem

Substanzwert, d.h. dem Wiederbeschaffungs- oder Reproduktionswert der materiellen Elemente des Unternehmens. Der Goodwill oder Firmenwert ist ein immaterieller Wert, der sich durch nicht direkt oder nur teilweise bewertbare Faktoren bildet, wie beispielsweise gute Organisation, guter Standort, tüchtige Mitarbeiter, fester Kundenstamm, guter Ruf und ähnliches.

Gosbank: <Gosbank>

Sowjetische Staatsbank (Russisch: gossudarstvennyi bank): Die Gosbank übte sehr verschiedene Funktionen aus, durch die sie eines der Hauptorgane für die Planung und Steuerung der sowjetischen Wirtschaft ist.

gosplan: <Gosplan> Zentralorgan der sowjetischen Wirtschaftsplanung (Russisch: gossudarstvennyi planovy konütet, Regierungsausschuß für Planung). 1921 eingeführt, hat der Gosplan seine Stellung und Funktion im sowjetischen Planungssystem infolge verschiedener Probleme mehrmals geändert. Die Ursachen dafür waren, daß die Planung und die tatsächliche Wirtschaftsentwicklung aneinander angepaßt werden mußten, und die sich ablösenden Zentralisierungs- und Dezentralisierungstendenzen der

politischen Behörden, um die organisatorischen Wirtschaftsprobleme in den Griff zu bekommen.

got: see *to get*,

gotten: see *to get*

government: <Regierung>

government bond: <Staatsobliga-tion>

government-controlled economy: <Dirigismus/Wirtschaft, gelenkte> Wirtschaftssystem, bei dem der Staat als Garant des Gemeininteresses der Vorrang bei den Wirtschaftsentscheidungen eingeräumt wird. Der Dirigismus entstand nach der großen Wirtschaftskrise von 1929 mit ihrer Auflösung der bis dahin bestehenden Wirtschaftsstrukturen. Das Beispiel für das tragische Versagen des kapitalistischen Systems und das sich daraus ergebende Mißtrauen gegenüber dem Liberalismus waren die Grundlagen für den Wunsch nach einer Reorganisation der Wirtschaft durch den Staat als einzige allgemeine Autorität und Führungseinheit. Die Entwicklung in Richtung Dirigismus wurde durch drei Gegebenheiten verstärkt:

1. Der Wunsch, den sozialen Be-

langen im Wirtschaftsleben eine größere Bedeutung einzuräumen, was durch den Marktmechanismus offensichtlich nicht zu erreichen war. 2. Das Beispiel des Kollektivismus in der Sowjetunion.

3. Das Aufkommen autoritärer politischer Ambitionen (Faschismus, Nationalsozialismus). Während und nach dem zweiten Weltkrieg haben die Kriegswirtschaft und der Versuch eines raschen Wiederaufbaus dem Dirigismus erneut Aufschwung verliehen.

Government National Mortgage Association (GNMA): A government organization which issues guaranteed certificates backed by VA and FHA mortgages. An association that is backed by the full faith and credit of the U.S. government, creating pools of mortgages that are sold to investors, commonly referred to as GNMA.

Eine staatliche Hypothekenkredit und Pfandbriefanstalt, die garantierte, durch Hypotheken der *VA* *<Veterans Administration>* und *FHA* *<Federal Housing Authority* = eine staatliche Wohnungsbaugesellschaft>* abgesicherte, Pfandbriefe ausgibt.

government-owned enterprise: see *enterprise, government-owned*

Government Printing Office: <Bundesdruckerei (U.S.A.)>

GPO: see *Government Printing Office*

grade: <Qualitäts-/ Gütesiegel>

grantor: <jmd., der etwas erlaubt, zuläßt>

to **grave**, -ed, -ed/graven: <graben>

greenbacks: <ugs: Dollar> Schatzanweisungen, die in den Vereinigten Staaten 1862 zur Finanzierung des Unabhängigkeitskrieges ausgegeben wurden. Die nicht goldgedeckten Greenbacks wurden zum Symbol des reinen Papiergeldes und teilten zeitweise das Land in Anhänger der reinen Papierwährung und Anhänger der Golddeckungswährung.

Gresham's law: <Greshamsches Gesetz> Theorie, nach der das »schlechte« Geld das »gute« verdrängt.

grew: see *to grow,*

GRI: see *General Rules of Interpretation, Harmonized Tariff*

to **grind**, ground, ground: <mahlen>

gross capital formation: <Bruttoinvestitionen> Die im

Laufe eines Jahres innerhalb einer Volkswirtschaft getätigten Investitionen, d.h. die Bildung von Anlagegütern und Vorräten. Als Bruttoinvestitionen wird die Zunahme des Volksvermögens vor Abzug der Abschreibungen bezeichnet. Zieht man von diesen die Abschreibungen ab, erhält man die Nettoinvestitionen, d.h. die Zunahme des Volksvermögens. Die Investitionen in der Höhe der getätigten Abschreibungen sind ein Ersatz für abgenutzte Anlagegüter und werden daher als Ersatzinvestitionen bezeichnet.

gross domestic product (GDP): <Bruttoinlandsprodukt (BIP)> Wichtige Größe der volkswirtschaftlichen Gesamtrechnung, die die Leistungsfähigkeit einer Volkswirtschaft wiedergibt. Das Bruttoinlandsprodukt ist das Bruttosozialprodukt abzüglich des Saldos der Erwerbs- und Vermögenseinkommen zwischen den Inländern und der *übrigen Welt.*

gross national product (GNP): <Bruttosozialprodukt (BSP)> Wichtige, die wirtschaftliche Leistungskraft einer Volkswirtschaft widerspiegelnde Größe, die in der volkswirtschaftlichen Gesamtrechnung berechnet wird. Das Bruttosozialprodukt ist die Summe der von den Inländern

während eines bestimmten Zeitraumes erzeugten Güter und Dienstleistungen, bereinigt um die Vorleistungen.

gross revenue: <Bruttoumsätze>

gross-revenue pledge: <Bruttoum-satzzusage>In a municipal revenue bond, a trust-indenture provision stipulating that the revenues first go to pay the debt servicing costs. The operating costs may be paid from some other source of revenues.

Bei Kommunalobligationen ein Passus, der bestimmt, daß jegliche Umsätze zunächst der Abtragung der Finanzierungskosten dienen muß. Betriebskosten können aus anderen Quellen beglichen werden.

gross yield: <Bruttorendite>

ground: see *to grind,*

ground: <Boden>

group net order: <Gruppenauftrag> In a municipal bond underwriting, an order in which the compensation is shared proportionately among the syndicate members.

Bei Kommunalobligationen, ein Auftrag bei dem die Vergütung proportional unter den Syndikatsmitgliedern verteilt wird.

group of affiliated companies: <Konzern> Zusammenschluß

von rechtlich selbständigen Unternehmen durch finanzielle Beteiligung zu einer wirtschaftlichen Einheit unter gemeinsamer Leitung. Der Konzern unterscheidet sich vom Trust, da die zusammengeschlossenen Unternehmen rechtlich selbständig bleiben und vom Kartell, da der Zusammenschluß nicht nur auf vertraglichen Vereinbarungen und Absprachen, sondern auch auf finanzieller Beteiligung beruht.

group of companies: <Unterneh-mensgruppe> Rechtlich selbständige Unternehmen, die wirtschaftlich voneinander abhängen und nach einheitlichen Grundsätzen, meist durch ein beherrschendes Unternehmen geführt werden.

to **grow**, grew, grown: <wachsen>

grown: see *to grow*

growth: <Wachstum> Länger andauernder, komplexer Entwicklungsvorgang, der durch einen Anstieg der Kenngrößen der Wirtschaft und einer Veränderung der Gesellschaftsstrukturen gekennzeichnet ist. Unabhängig vom Wirtschaftssystem wird das Wachstum stets als Ziel angesehen, weil dadurch die ständig wachsenden Bedürfnisse befriedigt und der inter-

nationalen Konkurrenz begegnet werden kann. Der am häufigsten benutzte Indikator zur Messung des Wachstums ist das reale Bruttosozialprodukt oder das reale Bruttoinlandsprodukt.

GSA: see *General Service Administration*

GSP: see *Generalized System of Preferences*

GTC Order: <stehender Auftrag> A type of order that is good until it is canceled. Auftrag, der so lange gilt, bis er gekündigt wird.

GTM order: <Monatsauftrag> Auftrag, der für die Dauer eines Monats gültig ist.

GTT: see *GLOBAL TRADE TALK*

GTW order: <Wochenauftrag> Auftrag, der für die Dauer einer Woche gültig ist.

guarantee[1]: <1) Bürgschaft, 2) Garantie> Vertragliche Verpflichtung einer Person (Bürge) gegenüber den Gläubigern eines Schuldners (Hauptschuldners) für die Erfüllung der Verpflichtung einzustehen.

guarantee[2]: <1) Bürgschaft, 2) Garantie> Bei der einfachen Bürgschaft kann der Bürge erst dann zur Zahlung angehalten werden, nachdem der Hauptschuldner zahlungsunfähig geworden ist (z.B. infolge Konkurs).

guarantee[3]: <1) Bürgschaft, 2) Garantie> Bei der solidarischen Bürgschaft kann hingegen der Bürge auch vor dem Hauptschuldner zur Zahlung angehalten werden, sofern der Hauptschuldner mit seinen Zahlungen in Rückstand ist. Vereinbarung, durch die eine Person sich verpflichtet, den Gläubiger im Falle der Zahlungsunfähigkeit des Schuldners zu befriedigen. Die Garantie wird häufig bei Krediten im Außenhandel verlangt, bei denen der Verkäufer sich gegen das Risiko der Zahlungsunfähigkeit seines Kunden absichern will.

guarantee fund: <Sicherheitsfond> Die Clearing Members entrichten einen prozentualen Anteil ihres Bruttoeinkommens.

guarantor: <Bürge>

guidelines: <Richtlinien> Allgemeine, verbale oder quantifizierte Empfehlungen.

H

had: see *to have*,

to **hang**, hung, hung: <hängen, aufhängen>

harbor maintenance fee: <Hafengebühr (U.S.A.)>

hardening: <erhärtend>

hardware: <Hardware> Sammelbegriff zur Bezeichnung aller physischen Bestandteile eines Computersystems, d.h. Zentraleinheit und Peripheriegeräte. Das Gegenteil von Hardware ist Software.

harmonized tariffs; office of: <Behörde für harmonisierte Tarife (U.S.A.)>

harmonized tariff system: <harmonisiertes Tarifsystem>

Havana Charter: <Havanna-Charter, Havanna Abkommen> Auf der internationalen Konferenz von Havanna 1948 geschlossene Vereinbarung, die die allgemeinen Regeln und die Organisation des internationalen Handels betrifft. Die Vereinbarung leistete für die Entwicklung des internationalen Handels einen bedeutenden Beitrag und schuf durch die Formulierung einiger wesentlicher Prinzipien die Grundlage weiterer internationaler Wirtschaftsvereinbarungen, so beispielsweise für das GATT. Die wichtigsten Prinzipien dieser Havanna-Charta waren die Nichtdiskriminierung, die Verringerung von Zollschranken, die Verurteilung des Protektionismus, die Vereinheitlichung des Warenverkehrs und der Preisgestaltung sowie die Verurteilung internationaler privater Kartelle.

to have, had, had: <haben>

hazardous material information: <Informationen über Gefahrgüter>

HAZMAT: see *Hazardous Material Information*

HC: see *Holding Codes for Import Entries*

head and shoulders pattern: <Kopf und Schultern Formation> A technical chart formation that resembles a head and shoulders. It is a reversal pattern, representing the end of an uptrend and the beginning of a downtrend.

Eine technische Chartformation, die Kopf und Schultern ähnlich denk. Es ist eine

Umkehrformation, die das Ende eine Aufwärtstrends darstellt und den Beginn eines Abwärtstrends ankündigt.

to hear, heard, heard: <hören>

heard: see *to hear*,

to heave, -ed/hove, -ed/hove: <heben, hieven, schwellen>

hedging: <Kurssicherungsgeschäft> Transferring the risk of loss due to adverse price movement through the purchase or sale of contracts in the futures markets. The position in the futures market is opposite to the position held in the cash market; i.e., a long cash position is hedged with a short futures position (*short hedge*), and vice versa (*long hedge*). Übertragung des Verlustrisikos aufgrund unvorteilhafter Kursbewegungen durch Erwerb oder Verkauf von Verträgen am Terminmarkt. Die Position am Terminmarkt ist der Position, die am Kassamarkt gehalten wird, entgegengesetzt; d. h. eine *long cash* Position wird mit einer short Terminposition abgesichert *(short Hedge)* und umgekehrt *(long Hedge)*.

Health and Human Services: <Gesundheits- und Familienministerium (U.S.A.)>

hedging agreement

held: see *to hold*,

to **hew**, -ed, -ed/hewn: <hauen, hacken>

hewn: see *to hew*,

hexadecimal notation: <Hexadezimalsystem> Zahlensystem, das auf der Basis 16 aufbaut. Die 16 Grundelemente sind die Zahlen 0 - 9 und die Buchstaben A bis F. Das Hexadezimalsystem findet in der Computertechnologie zur einfachen Darstellung von Bytes Verwendung.

HHS: see *Health and Human Services*

hid: see *to hide*,

hidden: see *to hide*,

to **hide**, hid, hidden: <verstecken>

high finance: <Hochfinanz>

HIN: see *Hull Identification Number*

histogram: <Histogramm> Graphische Darstellung von Häufigkeiten einer stetigen statistischen Variablen.

historic theory: <Historische Schule> Nationalökonomische Schule, die die wirtschaftlichen Erscheinungen im Zusammenhang mit der allgemeinen geschichtlichen Entwicklung zu erklären versucht. Die historische Schule war eine Reaktion auf die Abstraktionen der klassischen Schule, in der die wirt-

schaftlichen Erscheinungen isoliert untersucht wurden.

hit: see *to hit*,

to **hit**: hit, hit: <schlagen>

HMF: see *Harbor Maintenance Fee*

hoarding: <Thesaurierung/Hortung> Unproduktive Anhäufung von Werten durch einen Wirtschaftsteilnehmer. Ersparnisse werden investiert, d.h. in gewinnbringende Anlagen eingesetzt, so daß sie wieder in den Wirtschafts-, bzw. Geldkreislauf zurückfließen. Darin unterscheidet sich die Thesaurierung in doppelter Hinsicht. Erstens werden die thesaurierten Werte »unfruchtbar« gemacht und zweitens der üblichen Verwendung entzogen. Der etymologische Ursprung des Wortes beinhaltet diesen Doppelaspekt des Einfrierens und der Verwendung entziehen.

to **hold**, held, held: <halten>

holding codes for import entries: <Lagercodes für Einfuhrgüter (U.S.A.)>

holding company: <Holdinggesellschaft> Unternehmen mit dauernden Beteiligungen an anderen Unternehmen, um diese zu verwalten, zu kontrollieren und gegebenenfalls auch zu finanzieren. Wie bei der Kapitalanlagegesellschaft bestehen die Aktiven einer

Holdinggesellschaft weitgehend aus Finanzvermögen, doch steht bei der Holding der unternehmerische Aspekt der gemeinsamen oder einheitlichen Führung im Sinne einer Unternehmensgruppe im Vordergrund. In der Schweiz genießen die Holdinggesellschaften bestimmte Steuervorteile, das sogenannte *Holdingprivileg*.

home trade: <Inlandshandel>

homo oeconomicus (economic man): <Homooeconomicus (ökonomischer Mensch)> Abstraktes Modell des Menschen in der klassischen Wirtschaftstheorie. Der homo oeconomicus ist ein interessiertes, rein rational handelndes, universales und zeitloses Wesen, das sich in einer geschichtslosen und zeitlosen Umwelt bewegt. Der *homo oeconomicus* wird als elementare Einheit der Wirtschaftsentscheidung angesehen. Zahlreiche Kritiken weisen insbesondere auf das wirklichkeitsfremde und schematische Wesen dieses Modells hin.

horizontal spread: <horizontaler Spread> An options spread position in which the strike prices are the same, but the expiration months are different, also known as *time spreads* and *calendar spreads*.

Eine Optionsspreadposition, bei der die Basispreise gleich sind, aber die Andienungsmonate unterschiedlich, wird auch Zeit- oder Kalendarspread gennant.

hot issues: <"heiße" Emission> A new issue which, on the first day of trading, trades at a price above the new issue price.

Eine Neuemission, die am ersten Tag des Handels über dem Emissionspreis handelt.

hot money: <"heißes" Geld> Kurzfristig angelegte Geldmittel, die aus Spekulations- und Sicherheitsgründen von Land zu Land, bzw. von Währung zu Währung, verschoben werden.

household sector: <Haushalte, private> see *consumer sector*

hove: see *to heave,*

HS: see *Harmonized Tariff System*

HTSUS: see *Harmonized Tariffs; Office of*

hull identification number: <Schiffidentifikationsnummer (U.S.A.)>

hung: see *to hang,*

hurt: see *to hurt,*

to **hurt,** hurt, hurt: <verletzen>

hypothecation: <Hypothekarisierung> A broker/dealer's pledge of a customer stock to a bank as collateral for a bank loan. The proceeds of the bank loan are used to finance the debit balance in the customer's margin | account.

I

I&C: see *Inspection and Control; Office of*

IA: see *Import Administration, Department of Commerce; or Office of Internal Affairs*

IAC: see *Interagency Committee on Customs Cooperation Council Matters*

IATA: see *International Air Transport Association*

IB: see *Introducing Broker*

IBEC: <Internationale Bank für wirtschaftliche Zusammenarbeit (IBWZ)> see *International Bank for Economic Cooperation*

IBIS: see *Interagency Border Inspection System*

IBRD: <Internationale Bank für Wiederaufbau und Entwicklung> see *Interntional bank for Reconstruction and Development*

ICAO: see *International Civil Aviation Organization*

ICC: <Internationale Handelskammer (IHK)> see *International Chamber of Commerce*

ID: see *Identification*

I/D: see *Immediate Delivery*

IDA: <*Internationale Entwicklungsorganisation* (IDA)> see *International Development Agency*

identification: <Identifizierung>

ideology: <Ideologie> Die einer Lehre zugrunde liegenden oder durch eine Gesellschaftsschicht vertretenen Denkweisen, Wertvorstellungen und Prinzipien.

IDI: <Institut für industrielle Entwicklung> see *Institut for industrial Development*

IE: see *Immediate Exportation of Informal Entry (as used)*

IFC: <Internationale Finanz-Corporation (IFC)> see *International Finance Corporation*

IFTA: see *Israel Free Trade Agreement*

IICT: see *Interagency Intelligence Committee on Terrorism*

IMF: <Internationaler Währungsfonds (IWF)> see *International Monetary Fund*

imitation effect: <Immitationseffekt> Beeinflussung des Konsumverhaltens der Gesellschaft durch den Lebensstandard einer bestimmten Gesellschaftsschicht. Die breite Bevölkerung strebt den Erwerb bestimmter Güter oder Marken an, da diese

strebt den Erwerb bestimmter Güter oder Marken an, da diese als Symbol für den Lebensstandard (Statusgüter) einer wirtschaftlich besser gestellten Gesellschaftsschicht stehen.

immediate delivery: <sofortige Lieferung>

immediate exportation of informal entry (as used): <sofortiger Export von informellen Einfuhren (U.S.A.)>

immediate-or-cancel: <sofort-oder-nie> A limit order for multiple round lots that demands immediate execution at the stated price, and accepts partial execution. Any remaining portion of the order is canceled. see also *fill or kill*.

Ein bedingter Auftrag für etliche runde Lots, der die sofortige Ausführung zum vorbestimmten Preis erfordert und eine teilweise Ausführung erlaubt. Für die verbleibenden Lots wird der Auftrag automatisch hinfällig.

immediate transportation: <sofortiger Transport>

Immigration and Naturalization Service: <Einwanderungs- und Einbürgerungsbehörde (U.S.A.)>

IMO: see *International Maritime Organization*

IMPACT: see *International Mail Parcel Automated*

Communications Test

imperialism: <Imperialismus> Ursprünglich der Versuch, ein Imperium durch Erweiterung des Machtbereichs auf benachbarte oder fernliegende Gebiete zu bilden. Davon abgeleitet der Versuch, wirtschaftliche Domination durch Bildung eines Kolonialreichs zur Sicherung der Rohstoffversorgung des Mutterlandes und zur Schaffung von Absatzgebieten zu erreichen. Heute wird die Bezeichnung für eine Politik der wirtschaftlichen Domination verwendet.

import: <Einfuhr/Import> Kauf von Gütern und Dienstleistungen aus dem Ausland durch Wirtschaftsteilnehmer im Inland.

Import Administration, Department of Commerce; or Office of Internal Affairs: <Einfuhrbehörde, Wirtschaftsbehörde, oder Innenministerium (U.S.A.)>

import or export license: <Einfuhr- oder Ausfuhrgenehmigung> Von den Behörden erteilte Erlaubnis der Einfuhr oder Ausfuhr von Waren.

import or export prohibition: <Einfuhr- oder Ausfuhrverbot> Verbot, ein Erzeugnis einzuführen oder auszuführen.

import specialist: <Einfuhrspezialist>

import specialist enforcement team: <Einfuhrspezialistenüberwachungsgruppe (U.S.A.)>

import specialist team leader: <Einfuhrspezialistenüberwachungsgruppenführer (U.S.A.)>

import trade

IN: see *Office of International Affairs*

incentive: <Anreiz> Mittel oder Maßnahme, um bei Wirtschaftssubjekten ein Verhalten auszulösen, das als wünschenswert erachtet wird.

incidental costs: <zufällige Kosten, ungeplante Nebenkosten>

incidental rental expenses: <Mietnebenkosten>

income: <Einkommen> Entgelt für die Überlassung von Kapital oder Erbringung von Arbeitsleistungen. Der Wert des Einkommens kann nominal, d.h. aufgrund der Anzahl Einheiten Geld bestimmt werden oder real, d.h. aufgrund der Kaufkraft, also der Menge von Gütern und Dienstleistungen, die mit dem nominellen Geldbetrag erworben werden können.

income bond: <Einkommensanleihe> A bond on which interest is paid "when, as, and if earned." It is normally issued by companies in bankruptcy. Also called: *adjustment bond.*

income, declared: <Einkommen, steuerlich deklariertes> Den Steuerbehörden angegebenes Einkommen.

income from agriculture and forestry: <Einkünfte aus Land- und Forstwirtschaft> Einnahmen aus der Bewirtschaftung von Land, die der Einkommenssteuer unterliegen. Diese Einkommen bilden die Bemessungsgrundlage der persönlichen Einkommenssteuer, sofern sie beim Eigentümer, Pächter oder Teilpächter anfallen. Die dem Grundeigentümer zufließenden Pachterträge gelten hingegen als Einkünfte aus Vermietung und Verpachtung.

income from independent personal services: <Einkünfte aus selbständiger Arbeit> Einkünfte aus nicht gewerblichen Berufen, die der Einkommenssteuer unterliegen. Als Einkünfte aus nicht gewerblichen Berufen zählen unter anderem die Einkünfte aus selbständiger Tätigkeit als Arzt, Berater, Anwalt und die Einkünfte aus Urheberrechten, Patenten, Lizenzen und ähnlichem.

income from trade or business: <Einkünfte aus Gewerbebetrieb> Der Besteuerung unterworfene Einkünfte aus Handels- und Gewerbetätigkeit. Stammen diese Einkünfte aus einer Kapitalgesellschaft, sind sie der Körperschaftssteuer, ansonsten der Einkommenssteuer unterworfen.

income multiplier: <Einkommensmultiplikator> Koeffizient der angibt, um wieviel sich das volkswirtschaftliche Einkommen infolge eines zusätzlichen Investitionsvolumens erhöht.

income, national: <Volkseinkommen> Wichtige Größe der volkswirtschaftlichen Gesamtrechnung. Das Volkseinkommen ist die Summe der Entgelte, die den Produktionsfaktoren für ihre Teilnahme am Wirtschaftsprozeß während eines Jahres zufließen. Das Volkseinkommen ist das Bruttosozialprodukt abzüglich der Abschreibungen und abzüglich des Saldos der indirekten Steuern und Subventionen.

income of households, disposable: <Verfügbares Haushaltseinkommen> Die für den Konsum und das Sparen verfügbaren Mittel der privaten Haushalte.

income statement[1]: <Gewinn- und Verlustrechnung> see *profit and loss account*

income statement[2]: <Erfolgsrechnung> see *profit and loss*

account

incoterms: <Incoterms> Abkürzung für *International Commercial Terms*. Vereinbarungen zur Erleichterung des internationalen Handelsverkehrs und zur Vereinheitlichung der handelsüblichen Vertragsformen, die von der Internationalen Handelskammer entwickelt wurden.

increase in value: <Wertsteigerung>

index: <Index/Kennzahl> Kennzahl, die die Änderung einer oder mehrerer Größen im Zeitablauf wiedergibt. Der Index ist eine Verhältniszahl zwischen dem Wert einer oder einer Gruppe von Größen zu einem bestimmten Zeitpunkt und dem Wert zu einem Ausgangspunkt (Basiszeitpunkt). Wichtige Indices in der Wirtschaft sind der Konsumentenpreisindex und der Index der Industrieproduktion. Größe, die auf synthetische Art den Zustand oder die Entwicklung einer Gruppe von Basisgrößen wiedergibt.

indexation: <Indexierung> Koppelung des Wertes eines Kapitals oder Einkommens mit der Entwicklung einer Bezugsvariablen, beispielsweise Konsumentenpreisindex, Produktionsindex usw. Das Ziel der Indexierung ist meist der Schutz des Kapitaleigners oder Einkommensempfängers vor Wertminderungen durch die Geldentwertung.

index-linked bond: <Indexanleihe/Indexierte Schuldverschreibung> Schuldverschreibung, bei der der Zinssatz und der Rückzahlungsbetrag an die Entwicklung eines Index (meist Konsumentenpreisindex) gebunden sind. Durch die Indexierung der Schuldverschreibung wird der Anleger vor den Folgen der Geldentwertung geschützt.

index-linking: <Indexierung>

index number: Kennzahl>

indication of interest: <Interessenbekundung> A customer statement that he may consider purchasing securities in a new issue. Indications of interest are taken during the cooling-off period, after the customer has received a *red herring*.

indicator: <Indikator> Kennzahl, die die Entwicklung oder den Zustand einer Wirtschafts- oder Finanzgröße widerspiegelt, die für die Wirtschaftspolitik oder deren Beurteilung von Bedeutung ist. Die meisten Kennzahlen sind eigentlich Indikatoren, da sie mit der Absicht eventuell einzugreifen untersucht werden. Indikatoren gibt es für alle Bereiche, in denen das Wirtschaftsgeschehen und die Ergebnisse einer bestimmten Wirtschaftspolitik untersucht werden.

industrial revenue bonds: <Industrieanleihen> A municipal bond the proceeds of which are used to assist in the financing of a corporation in that jurisdiction.

inflation: <Inflation> Beseitigung eines wirtschaftlichen Ungleichgewichts auf dem Währungsweg. Anstieg des allgemeinen Preisniveaus, bzw. Sinken der Kaufkraft der Währung. Nach dem Ausmaß der Inflation wird zwischen schleichender, offener und galoppierender Inflation, nach der Herkunft hauptsächlich zwischen nachfrageinduzierter und kosteninduzierter Inflation unterschieden. Als Hauptursache der Inflation gelten u.a. das Mißverhältnis zwischen Nachfrage und Angebot, der Geldmengenüberhang, das Mißverhältnis zwischen Konsum und Investition, die defizitären Staatshaushalte, spezielle wirtschaftliche, soziale und psychologische Strukturen und Bedingungen

in-house consumption: <Eigenverbrauch>

initial[1]: <ursprünglich>

initial[2]: <kurz für: Margin>

initial   capital:
<Urspungskapital, urspüngliches
Kapital>

initial   margin:
<Originalmargin,
Originaleinschuß>

initial   public   offering:
<erstmaliges   öffentliches
Angebot> The initial sale of
securities to the public, often
called an IPO.

innovation: <Innovation/Neuer-
ung> In der Wirtschaft
eingeführte Neuheit. Eine
Innovation kann Produkte,
Produktions- und Verwaltungsverfahren betreffen. Die
Innovation ist von der technischen Erfindung (Invention) zu
unterscheiden.

input-output table: <Input-Out-
put-Tabelle> Darstellung der
güter- und produktionsmäßigen
Verflechtung der Sektoren und
einzelner Wirtschaftszweige
während eines bestimmten Zeitraumes. Aus der Input-Output-
Tabelle kann für jeden
Wirtschaftszweig ermittelt
werden, welcher wertmäßige
Gütereinsatz für die Produktion
erforderlich wird (*intermediärer
Verbrauch*) und welchem
Verwendungszweck
(*Endverbrauch* oder
intermediärer Verbrauch) die
erzeugten Leistungen zugeführt
wurden. Die Input-Output-
Tabelle ist ein auf den Pro-

duktionsprozeß spezialisierter
Teil der volkswirtschaftlichen
Gesamtrechnung und wird vor
allem als Grundlage für die
Prognose der Nachfrage, der
Produktion, der Beschäftigung
und der Investitionen verwendet.

inquiry: <Erhebung/Anfrage>
see *census/survey;* Statistische
Vorgehensweise, bei der eine
Zählung der statistischen Einheiten erfolgt und eine
bestimmte Anzahl von Merkmalen über diese Einheiten gesammelt werden. Beispiel:
Volkszählung, bei der Angaben
über Alter, Geschlecht, Einkommen usw. der erfaßten
Personen gesammelt werden.

INS: see *Immigration and
Naturalization Service*

INSEE: Abkürzung für "*Institut
national de la statistique et de
études   économiques*"
<Französisches Landesinstitut
für Statistik und Wirtschaftsfor-
schung>. Dienststelle des
französischen Wirtschaftsministeriums, die mit der Ermittlung
statistischer Grundlagen, der
Konjukturbeobachtung, der
Erstellung mittelfristiger
Wirtschaftsprognosen und mit
der Erstellung der volks-
wirtschaftlichen
Gesamtrechnung Frankreichs
betraut ist.

insiders: see *affiliated persons
and control persons.*

inspection and control; office of: <Behörde für Inspektionen und Kontrollen (U.S.A.)>

installment credit: <Teilzahlungskredit>

Institute for Industrial Development (IDI): <Institut für industrielle Entwicklung> Gemischtwirtschaftliches Finanzinstitut in Frankreich, das durch Beratung und finanzielle Unterstützung (vorübergehende Beteiligungen, Kredite, Garantien) die Entwicklung größerer Unternehmen, die für die französische Wirtschaft wichtig sind, unterstützt.

institution: <Institution> Die innerhalb einer sozialen Gruppe oder der Gesellschaft bestehenden dauerhaften Verhaltensregeln, Einrichtungen und Strukturen, die von der Gruppe der Gesellschaft als allgemeingültig angesehen werden.

institutional borrower: <institutioneller Kreditnehmer>

institutional investors: see *investors, institutional*

institutionalism: <Institutionalismus> Wirtschaftslehre, die die Institutionen als wichtigsten Faktor in der Wirtschaftstätigkeit und insbesondere im Bereich der Wirtschaftsentscheidungen ansieht.

instrument: <Instrument/Mittel>

instruments: <Instrumente/Mittel>

instruments payable on order: <Instrumente zahlbar bei Auftrag>

instruments payable to bearer: <Instrumente zahlbar an Überbringer>

insurance: <Versicherung> Finanzielle Absicherung gegen Risiken. Im weiteren Sinne ein spezialisiertes Unternehmen, das die Absicherung gegen Entgelt übernimmt. Die Versicherung entsteht aus einem Vertrag zwischen dem Versicherer und dem Versicherten. In diesem Vertrag wird festgelegt, daß der Versicherer bei Eintritt eines bestimmten Ereignisses eine bestimmte Leistung erbringt. Dafür bezahlt der Versicherte eine einmalige oder sich wiederholende Versicherungsprämie. Um den gegenüber dem Versicherten eingegangenen, eventuellen Verpflichtungen nachkommen zu können, sind die Versicherungen gezwungen, große Rückstellungen vorzunehmen. Diese werden in die Wirtschaft investiert, wobei in den meisten Ländern gesetzliche Vorschriften hinsichtlich der zulässigen Investitionsarten und deren Anteil bestehen.

insurance benefits:

<Versicherungsleistung> Die vom Versicherer aufgrund einer Versicherung an den Versicherten erbrachte Leistung.

insurance, endowment: <Kapitalversicherung auf den Erlebensfall> Versicherung, bei der der Versicherungsnehmer gegen regelmäßige Zahlung einer Prämie zu einem festgesetzten Zeitpunkt ein bestimmtes Kapital erhält. Kapitalversicherungen auf Erlebensfall dienen vorwiegend als Vorsorgeinstrument.

insurance mathematics: <Finanzmathematik/Versicherungsmathematik>

insurance premium: <Versicherungsprämie> Preis der Versicherung. Die Prämie entspricht dem Entgelt, das der Versicherungsnehmer dem Versicherer als Gegenleistung für das übernommene Risiko schuldet. In der Prämie ist die Risikodeckung als solche (Nettoprämie) enthalten sowie ein Zuschlag für die Verwaltungskosten der Gesellschaft.

insurance rate: <Versicherungsprämie>

intangible drilling and development costs: <nicht faßbare Bohr- und Entwicklungskosten> The expenses associated with establishing an oil or gas well. These expenses have no salvage value. They are immediately tax deductible.

intellectual property right: <Geisteseigentumsrecht>

intelligence, artificial (AI): <Intelligenz, künstliche> Versuch, die natürliche Intelligenz des Menschen durch speziell konstruierte Computer und Software nachzuahmen. Die Schwierigkeiten bei der Nachahmung menschlicher Intelligenz bestehen hauptsächlich darin, die assoziativen und intuitiven Fähigkeiten des Menschen nachzuvollziehen.

inter ~ : <zwischen>

interagency border inspection system: <zwischenbehördliches Grenzpatrolsystem (U.S.A.)>

interagency committee on customs cooperation council matters: <zwischenbehördlicher Ausschuß zu Zollkooperationsausschußangelegenheit (U.S.A.)>

interagency intelligence committee on terrorism: <zwischenbehördlicher Geheimdienstausschuß gegen Terrorismus (U.S.A.)>

interbank market: <Interbankenmarkt> the market for foreign currencies in which the largest participants are the money center banks. The interbank market for currencies exists all over the world.

interest: <Zinsen> Preis für die

Überlassung von Kapital, den der Darlehensnehmer an den Darlehensgeber zahlt. Für den Darlehensnehmer ist der Zins ein Aufwand, für den Darlehensgeber ein Ertrag. Der Zins wird als Zinssatz definiert, nämlich als der in Prozent ausgedrückte Zinsbetrag für eine bestimmte zeitliche Periode (meist ein Jahr) in Bezug auf den Kapitalbetrag. Werden beim Kapital die bereits früher erhaltenen Zinsen für die Zinsberechnung der laufenden Periode mitberücksichtigt, spricht man von Zinseszinsen.

interest, compound: <Zinseszinsen> Zinsen, die auf das Anfangskapital und die bereits in früheren Perioden erhaltenen Zinsen berechnet werden. Ist KA das Anfangskapital, i der einfache Zinssatz in Prozent und n die Anzahl Jahre, berechnet sich das Endkapital einschließlich Zinseszinsen nach der Formel:

$$K_n = K_A \left(1 + \frac{i}{100}\right)^n$$

interest entitlement, start of: <Jouissance> Beginn der Zinsberechtigung bei neu ausgegebenen Wertpapieren.

interest rate: <Zinssatz/Zinsfuß> Verhältnis zwischen dem wertmäßigen Ertrag oder den Kosten eines

Kapitals für eine bestimmte Zeit (meist ein Jahr) und dem Kapital, ausgedrückt in Prozent des Kapitals.

interest rate futures: <Terminhandel in Zinspapieren> futures contracts traded on long-term and short-term financial instruments: GNMAS, Treasury debt, and the liabilities of large banking institutions (CDs and Eurodollar Time Deposits). Terminverträge, die in Form von lang- und kurzfristigen Wertpapieren gehandelt werden: *GNMAS, Treasury debts* <Finanzierungsschätze> und Schuldtitel von großen Bankhäusern (CDs und *EuroDollar Time Deposits*).

interest rate, net present value: <Kapitalisierungszinsfuß/siehe *Kapitalwertmethode*>

interest rate parity: <Zinsfußpari>

interest rate subsidy: <Zinszuschuß> Staatliche Subvention an Geldinstitute zur Senkung des Zinssatzes für gewährte Darlehen oder zur Erhöhung des Zinssatzes für Einlagen. Der Zinszuschuß stellt für bestimmte Anleger einen Anreiz dar, bzw. ermöglicht bestimmten Schuldnern, Kredite aufzunehmen.

interface: <Schnittstelle>

Übergang zwischen zwei Bereichen. Schnittstellen bestehen sowohl zwischen verschiedenen Komponenten der Hardware, wie auch zwischen verschiedenen Softwarekomponenten. **Damit verschiedene Hardware-** und Softwarekomponenten miteinander kommunizieren können, sind verschiedene technische Einrichtungen erforderlich, die häufig als Interface bezeichnet werden.

inter-market: <Spread zwischen Märkten> A spread in the same commodity, but on different markets. An example of an inter-market spread would be buying a wheat contract on the Chicago Board of Trade, and simultaneously selling a wheat contract on the Kansas City Board of Trade.

Eine Streuung bei gleichen Waren, jedoch an verschiedenen Märkten. Ein Beispiel für einen *Inter-market Spread* wäre, Kauf eines Weizenkontraktes am Chicago Board of Trade mit gleichzeitigem Verkauf eines Weizenkontraktes an der Handelsbörse in Kansas.

International Air Transport Association: <internationaler Luftverkehrsverband>

International Bank for Economic Cooperation (IBEC): <Internationale Bank für wirtschaftliche Zusammenarbeit (IBWZ)> 1963 von den Mitgliedsländern des Rats für gegenseitige Wirtschaftshilfe (RGW/COMECON) gegründete internationale Bank. Die Aufgabe der **IBWZ ist die multilaterale** Verrechnung zwischen den Mitgliedsländern und die Vergabe von Krediten an die Mitgliedsländer. Mitglieder der IBWZ sind die UdSSR, die DDR, Polen, die Tschechoslowakei, Ungarn, Bulgarien, Rumänien und die Mongolei.

International Bank for Reconstruction and Development: <Internationale Bank für Wiederaufbau und Entwicklung> Internationale Bank, zusammen mit dem IWF gegründet. Mitglieder der IBRD, auch Weltbank genannt, können nur IWF-Mitglieder sein. Die Aufgabe der IBRD ist die Finanzierung von Infrastrukturprojekten, die zur langfristigen wirtschaftlichen Entwicklung des betreffenden Landes wesentlich sind. Die Darlehen werden nur an Regierungen oder Projekte, die unter Regierungsgarantie stehen, gewährt. Da die Weltbank sich hauptsächlich an den Kapitalmärkten refinanziert, richten sich die Zinssätze der Darlehen nach den internationalen Kapitalmarktsätzen. Zur Weltbankgruppe gehören neben der IBRD die internationale Entwicklungs-organisation (IDA) und die Internationale Finanz-Corporation

International Chamber of Commerce: <Internationale Handelskammer> Privat-rechtliche Organisation, ge-gründet 1919 mit Sitz in Paris. Die Mitglieder sind *Industrie- und Handelskammern,* Unter-nehmerverbände und (ohne Stimmrecht) Einzelunternehmen aus 66 Ländern. Die Tätigkeit der Internationalen Han-delskammer besteht vor allem in - der Entwicklung einer einheitlichen Ansicht. Über wirt-schaftliche Fragen Ver-einbarungen von Maßnahmen zur Erleichterung des internationalen Handelsverkehrs und Vereinheitlichung der han-delsüblichen Vertragsformen (Incoterms) und des in-ternationalen Zahlungsverkehrs. Die Internationale Han-delskammer unterhält einen ständigen Schiedsgerichtshof für Handelsstreitigkeiten in Paris.

International Civil Aviation Organization: <internationale zivile Luftfahrt Organisation>

International Criminal Police Organization: <Organisation der internationalen Kriminalpolizei>

International Development As-sociation (IDA): <Internationale

Entwicklungsorganisation> 1960 von der Weltbank gegründete Institution. Aufgabe der IDA ist die Finanzierung von Projekten zu nicht-marktkonformen Bedingungen in Entwicklungsländern, deren Verschuldung eine weitere Kreditaufnahme zu rein kommerziellen Bedingungen, wie sie die Weltbank verlangt, nicht erlaubt.

International Finance Corporation (IFC): <Internationale Finanz-Corpora-tion> Von der EBRD 1955 gegründete Tochtergesellschaft mit der Aufgabe, Private Unternehmen in den Entwick-lungsländern zu finanzieren.

international instrument of traffic: <internationales Verkehrsmittel>

International Investment Bank (IIB): <Internationale Investitionsbank> Internationale Bank, die 1971 von den Mit-gliedsstaaten des Rats für ge-genseitige Wirtschaftshilfe (RGW/COMECON) gegründet wurde. Die Hauptaufgabe der IIB ist die Finanzierung von gemeinsamen Projekten der Mitgliedsländer durch mittel- und langfristige Kredite. Haupt-gebiet der Finanzierung waren in den siebziger Jahren die Förderungs- und Transportein-richtungen für sowjetisches

Erdgas.

international liquidity: <internationale Liquidität> Den Staaten zur Verfügung stehende Zahlungsmittel (Devisenreserven, Sonderziehungsrechte usw.) zur Regelung des Saldos der zwischen ihnen erfolgten Handels- und Finanztransaktionen.

international mail parcel automated communications test: <Test der automatisierten Kommuniation für internationale Postpakete (U.S.A.)>

International Maritime Organization: <Internationale Seefahrtsorganisation>

International Monetary Fund (IMF): <Internationaler Währungsfonds (IWF)> In Bretton Woods 1944 geschaffene internationale Organisation für währungspolitische Zusammenarbeit mit Sitz in Washington. Aufgaben des MF sind die Schaffung und Wahl eines funktionierenden internationalen Währungssystems, die Kreditgewährung an Mitgliedsländer zur Behebung von Zahlungsbilanzschwierigkeiten und die Beratung der Mitglieder in währungspolitischen Fragen. Jedes Mitglied hat eine anhand bestimmter weltwirtschaftlicher Größen festgelegte und in Sonderziehungsrechten (SZR) ausgedrückte Länderquote, die

seine Einzahlungsverpflichtungen, sein Stimmrecht und die Möglichkeit, Fondsmittel zu beanspruchen, bestimmt. Mit dem Abkommen verpflichteten sich die Mitgliedsländer zur Einhaltung fester Wechselkursparitäten, Aufhebung von Beschränkungen des internationalen Zahlungsverkehrs und zur gegenseitigen Hilfe bei Zahlungsbilanzschwierigkeiten. Letzteres wurde ursprünglich durch Mittelzuteilung aus dem durch die Länderquoten gespeisten Fonds (ordentliches Ziehungsrecht), seit 1969 zusätzlich durch Zuteilung der damals neu geschaffenen Sonderziehungsrechte realisiert. 1978 wurde die Verpflichtung zu festen Wechselkursen aufgehoben und das Floating offiziell anerkannt. Gleichzeitig wurden damit die Währungsparitäten zum Gold aufgehoben und damit die Rolle des Goldes als Währungsreserve. Nach Vorstellung des IWF sollen die Sonderziehungsrechte die Rolle eines internationalen Reservemediums übernehmen. Durch die *Allgemeinen Kreditvereinbarungen (AKV)* verpflichteten sich die wichtigsten Mitgliedsländer 1962, dem IWF zusätzliche Mittel zur Verfügung zu stellen. Im Rahmen der sogenannten Ölfazilität wurden zwischen 1974 bis 1976 und seit 1979 im Rahmen der *Witteveen-*

Fazilität zusätzliche Mittel für die Finanzierung von Sonderkrediten oder Ziehungen aufgenommen.

international monetary market: <internationaler Geldmarkt>

international monetary system: <Internationales Währungssystem> Die Gesamtheit von Institutionen, Übereinkommen und Verfahren zur Regelung der Währungen und ihres Austauschs.

international trade administrator, Department of Commerce: <internationaler Handelsbeauftragter, Wirtschaftsministerium (U.S.A.)>

international trade commission: <internationaler Handelsausschuß (U.S.A.)>

international trade facilitation council: <internationaler Handelsermöglichungs-ausschuß>

international traffic in arms regulations: <internationale Waffenhandelsrichtlinien>

INTERPOL: see *International Criminal Police Organization*

interpolation: <Interpolation> Näherungsweise Berechnung eines zwischen zwei bekannten Werten liegenden Wertes einer stetigen Reihe.

interpositioning: <Zwischenpositionierug> A prohibited practice of placing another firm between a broker/dealer and the best available market for a security, denying the customer the best available price.

interpreter[1]: <Interpreter > Teil des Betriebssystems, das ein in einer höheren Programmiersprache geschriebenes Computerprogramm (Quellenprogramm) während des Ablaufs schrittweise in Maschinensprache übersetzt und schrittweise sofort ausführt. Im Gegensatz zum Compiler wird beim Interpreter das Quellenprogramm bei jedem Ablauf von neuem übersetzt.

interpreter[2]: <Dolmetscher>

intervention: <Intervention/Interventionismus > Direkter oder indirekter Eingriff des Staates in das Wirtschaftsgeschehen, um dieses entsprechend der beabsichtigten wirtschaftspolitischen Zielsetzung zu beeinflussen oder zu lenken. Der Interventionismus ist eine wirtschaftspolitische Grundhaltung, die da von ausgeht, daß die Verwirklichung der wirtschaftlichen Zielsetzungen in erster Linie mittels Interventionen erreicht wird und dementsprechend ein vermehrtes Eingreifen des Staates in das Wirtschaftsgeschehen fordert.

interventionism: see *intervention*

in-the-money: <im Geld> A call option is in-the-money if the market price of the stock is higher than the strike price of the call. A put option is in-the-money if the market price of the stock is lower than the strike price of the put. An in-the-money options contract is more likely to be exercised than one that is either at-the-money or out-of-the money.

intra~: <innerhalb>

intra-market: <Binnenmarktspread> A spread within a market. An example of an intra-market spread is buying a corn contract in the nearby month and selling a corn contract on the same exchange in a distant month.

Eine Streuung innerhalb eines Marktes. Ein Beispiel for einen intra-*market Spread* wäre, Kauf eines Getreidekontraktes für den frühesten Terminmonat und der Verkauf eines Getreidekontraktes für einen späteren Terminmonat an der gleichen Börse.

in transit: <auf der Durchreise>

intrastate **offering:** <Binnenangebot> A solicitation to sell stock made only to residents of the state in which it originates.

intrinsic value: <innerer Wert> The value of an option measured by the difference between the strike price and the market price of the underlying futures contract when the option is "*in-the-money.*" A COMEX 350 gold futures call would have an intrinsic value of $10 if the underlying gold futures contract is at $360/ounce.

Der Wert einer Option, gemessen an der Differenz zwischen Basis und Marktpreis des zugrundeliegenden Terminkontraktes, wenn die Option *im Geld* ist. Ein 350er COMEX Goldterminkaufoption hätte einen *inneren Wert* von 10 , wenn der zugrundeliegende Goldterminkontrakt bei $360/Unze steht. <1 Unze = 0,035g>

introducing **broker:** <vermittelnder Broker, zuführender Broker>

inventory: <1)Lager, 2) Vorräte, betriebliche> Die im Unternehmen eingesetzten Rohstoffe, Hilfsstoffe und Produkte, die bis zum Zeitpunkt ihrer Verwendung oder des Verkaufs aufbewahrt werden. Je nach Inhalt wird zwischen Roh-, Hilfs- und Betriebsstofflager, Zwischenlager (Halbfabrikate) und Fertigwarenlager unterschieden. Jedes Lager hat die Aufgabe, die unvermeidbaren Spannungen zwischen Erzeugung und Bedarf zu überbrücken, ist also gleichsam ein Ausgleichs- und Sicherheitsbecken, das einen gleichmäßigen Arbeitsfluß und eine sofortige Lieferbereitschaft gegenüber dem Kunden ermöglicht. Die gesamten Vorräte eines Unternehmens an Roh-, Hilfs- und Betriebsstoffen, Halb-, Zwischen- und Fertigfabrikaten, die ihm gehören und die bei der Unternehmenstätigkeit eingesetzt werden oder ihr Ergebnis darstellen.

inventory loan: <Lagerkredit>

inventory reserve : <Mindestbestand/Mindesteindeckung> Der für den normalen Betrieb eines Unternehmens erforderliche Mindestlagerbestand.

inventory safety stock: <Mindestbestand/Mindesteindeckung> see *inventory reserve*

inverted head and shoulders pattern: <umgekehrte Kopf und Schultern Formation> A technical charting pattern that resembles an upside-down head-and-shoulders. It is a reversal pattern signalling the end of a downtrend and the beginning of an uptrend.

inverted market: <umgekehrter oder gedrehter Markt> A futures market in which near-month contracts are selling at prices that are higher than those for deferred months. An inverted market is characteristic of a short-term supply shortage. The notable exceptions are interest rate futures, which are inverted when the distant contracts are at a premium to near-month contracts.

Ein Terminmarkt, an dem sich die Kontrakte für den früheren Terminmonat zu einem höheren Kurs verkaufen als die für spätere Terminmonate. Ein *gedrehter Markt* ist ein Merkmal einer kurzfristigen Versorgungsknappheit. Eine auffallende Ausnahme ist der Terminhandel in Zinspapieren, die gegenläufig sind, wenn die Kontrakte späteren Terminmonate von höherem Wert als die frühesten Terminmonate sind.

to **invest:** <investieren, anlegen>

investment: <Anlage, Investition> Verwendung von Kapital zur Erzielung eines Gewinns oder zur Erhaltung der Substanz für Sachwerte oder Wertpapiere, die nicht im Zusammenhang mit der Berufstätigkeit stehen. Im engeren Sinne werden unter Anlagen die im Geld- und Kapitalmarkt, im weiteren Sinne aber auch die in Sachwerten wie Immobilien, Edelmetallen und

Kunstgegenständen investierten Mittel verstanden. Anlagen unterscheiden sich von Investitionen im betriebswirtschaftlichen und volkswirtschaftlichen Sinne, als sie nicht in Produktionsmitteln (Maschinen, Gebäuden usw.) angelegt werden, die für die wirtschaftliche Tätigkeit des Kapitaleigners benötigt werden. Im allgemeinen Sprachgebrauch die Verwendung von Mitteln für einen bestimmten Zweck. In der Betriebswirtschaft Umwandlung von Geldkapital in Sachkapital, also der Erwerb von dauerhaften Produktionsmitteln. Verallgemeinernd wird der Begriff Investition auch für die Verwendung von Zeit (investierte Zeit) oder für die Verwendung von finanziellen Mitteln für Nicht-Sachkapital (Investitionen in die Arbeitnehmer, d.h. Ausbildung usw.) verwendet. Im Finanzbereich als Synonym für Anlegen von liquiden Mitteln in Wertpapieren oder Sachwerten zur Ertragserzielung. Gegenstück zur Investition ist der Konsum oder Verbrauch, also die Verwendung von Mitteln für die unmittelbare Bedürfnisbefriedigung.

investment (national accounting): <Investition (volkswirtschaftliche Gesamtrechnung)> Ausrüstungsgüter und Vorräte, die in einer Volkswirtschaft im betreffenden Jahr gebildet wurden. Die Investitionen werden in der volkswirtschaftlichen Gesamtrechnung mit Bruttoinvestitionen bezeichnet.

investment advisor: <Anlageberater> In investment companies, the person or firm making the trading decisions. In other uses, a person or firm (i) providing investment advice for a fee; (ii) managing money for investors; or (iii) publishing investment news letters for paid subscriptions.

Investment Advisors Act of 1940: <Anlageberatergesetz von 1940> The federal law regulating investment advisors. Among other things, the law requires investment advisors to register with the SEC.

investment club: <Investitionsclub, Anlageclub> Gruppe von Personen, die ihre finanziellen Mittel zusammenlegen, um sie in gemeinsam verwaltete Wertpapiere zu investieren.

investment company: <Anlagegesellschaft> A company which, instead of manufacturing a product or providing a service makes investments.

Investment Company Act of

1940:
<Anlagegesellschaftsgesetz von 1940> The federal law regulating investment companies.

investment   fund:
<Anlagefonds/Investitionsfonds > Von Anlegern gemeinsam aufgebrachtes Vermögen, das von der Fonds Leitung für Rechnung der Anleger in Wertpapieren oder Immobilien, gelegt und verwaltet wird. Man unterscheidet bei den Anlagefonds offene und geschlossene Anlagefonds.

investment fund, closed-end:
<Anlagefonds, geschlossener/Investitionsfonds, geschlossener> Von Anlegern gemeinsam aufgebrachtes Vermögen, das von der Fondsleitung für Rechnung der Anleger verwaltet wird. Beim geschlossenen Anlagefonds werden keine zusätzlichen Anteile mehr abgegeben, so daß sich der Kurs allein durch Angebot und Nachfrage bestimmt. Vergleiche auch offener Anlagefonds.

investment fund, open-end:
<Anlagefonds, offener/Investmentsfonds, offener> Von Anlegern gemeinsam aufgebrachtes Vermögen, das von der Fondsleitung für Rechnung der Anleger verwaltet wird. Beim offenen Anlagefonds werden zusätzliche Anteile abgegeben, so daß das Fondsvermögen nicht allein durch Kursgewinne und Erträge, sondern auch durch das zusätzlich eingebrachte Kapital der Anleger zunimmt. Vergleiche auch geschlossener Anlagefonds.

investment   income:
<Einkommen aus Kapitalanlagen>

investor: <Anleger>

investors,   institutional:
<institutionelle Investoren> Finanzeinrichtungen, beispielsweise Versicherungen oder Pensionskassen, die gesetzlich oder statutarisch verpflichtet sind, einen bedeutenden Teil ihrer Aktiven in Wertpapieren anzulegen.

invoice[1]: <Rechnung/Faktura> Datiertes Schriftstück, das der Verkäufer dem Käufer ausstellt. Auf der Rechnung werden die Namen des Verkäufers und Käufers, die Menge, der Preis und die Bezeichnung der Waren oder Dienstleistungen sowie die Zahlungskonditionen festgehalten. Die Rechnung dient zur Geltendmachung der Forderung des Verkäufers. Bei Barzahlungsverkäufen ist die Rechnung in der Regel gleichzeitig die Quittung für die Bezahlung durch den Käufer. Neben der üblichen kaufmännischen Rechnung, die das wohl verbreiteste Dokument in der Wirtschaft ist, bestehen einige Sonderformen, die für spezielle Situationen erforderlich sind. Die Proformarechnung (Rechnung der Form halber) ist eine Art Kostenvoranschlag, die der Verkäufer seinem Interessenten ausstellt, ohne daß bereits ein Kaufvertrag abgeschlossen wurde. Proformarechnungen werden häufig für Einfuhr- oder Ausfuhrgenehmigungen im internationalen Verkehr benötigt.

invoice²: <Rechnung/Faktura> Zollfaktura: Normale kaufmännische Rechnung, die den spezifischen, von den Zollbehörden der Einfuhrländer geforderten Berechnungen entspricht. Sie enthält meist zusätzlich die Lieferbedingungen, wie FOB, CIF u.ä.

in-whole call: <Gesamtabruf> The call of an entire issue, as opposed to a *partial call*.

IOC: see *immediate-or-cancel*.

IPO: see *initial public offering*

IS: see *Import Specialist*

ISAM: Abkürzung für *Index Sequential Access Method*. Organisationsform von Computerdateien, die sowohl den direkten Zugriff auf eine bestimmte Information, als auch einen sequentiellen Zugriff auf

hintereinanderstehende Informationen erlaubt.

ISET: see *Import Specialist Enforcement Team*

Israel Free Trade Agreement: <israelisches Freihandelsabkommen>

issue¹: <Emission> Ausgabe von Geld durch die Zentralbanken.

issue²: <Emission> Ausgabe von neuen Wertpapieren durch Banken und Unternehmen.

issue premium: <Emissionsagio/Emissionsprämie> Differenz zwischen dem Emissionspreis eines Wertpapiers und seinem Nominalwert.

ISTL: see *Import Specialist Team Leader*

IT: see *Immediate Transportation*

ITA: see *International Trade Administrator, Department of Commerce*

ITAR: see *International Traffic in Arms Regulations*

ITC: see *International Trade Commission*

ITT: see *International Instrument of Traffic*

J

JIG: see *Joint Industries Group*

jobber: <unständiger Arbeiter>

job evaluation: <Arbeitsplatzbewertung> Analyse von Arbeiten und Arbeitsplätzen, um einen objektiven Wert als Grundlage der Entlöhnung zu ermitteln. Im weiteren Sinne umfaßt die Arbeitsplatzbewertung Untersuchungen über die rationelle Arbeitsgestaltung, Arbeitszeitstudien und Arbeitsbewertungsverfahren. Diese Untersuchungen waren ursprünglich stark mechanistisch geprägt (z.B. Bedauxsystem, Fayolsches Gesetz, Fordismus), sind heute jedoch eher ganzheitlich auf den Gesamtwert einer Arbeit ausgerichtet.

joint industries group: <Industrieverbundsgruppe>

joint tenancy with rights of survivorship: <Gemeinschaftsbewohnung mit Überlebensrechten> a Type of ownership right. When one owner dies, his interest passes to his cotenants.

journal: <Journal/Hauptbuch> In der Buchhaltung geführte Liste, in der sämtliche Bewegungen in chronologischer Reihenfolge festgehalten werden.

JTWROS: see *joint tenancy with rights of survivorship.*

K

Kansas City Board of Trade: <>

KCBT: see *Kansas City Board of Trade*

to **keep**, kept, kept: <halten, aufbewahren>

Kennedy Round: <Kennedy Runde> Zwischen 1962-1967,

auf Veranlassung von Präsident John F. Kennedy geführte Verhandlungen im Zusammenhang mit dem GATT-Abkommen.

kept: see *to keep*,

keyboard: <Eingabetastatur> Peripheriegerät eines Computers zur Eingabe von Daten. In der Regel ist die Eingabetastatur mit einem Bildschirm zu einem Terminal verbunden und dient dann als kombiniertes Eingabe- und Ausgabegerät.

Keynesian   theory: <Keynessche   Theorie> Makroökonomische Theorie des englischen Nationalökonomen John Maynard Keynes. Die wichtigsten Elemente dieser Theorie sind folgende Erkenntnisse: Der Beschäftigungsgrad in einer Volkswirtschaft hängt vom Produktionsvolumen ab, für das sich die Unternehmen entschieden haben, und nicht von den Lohnveränderungen. Das Produktionsvolumen hängt von den Erwartungen der Produzenten über die zukünftige Gesamtnachfrage ab. Das Angebot richtet sich deshalb nicht nach der theoretischen Nachfrage, d. h. der durch die verteilten Einkommen bestehende Kaufkraft. Keynes forderte deshalb die Beeinflussung der Produktion und eine Stimulierung der Investitionen durch eine antizyklische Ausgabenpolitik des Staates. Die klassische Auffassung, daß der öffentliche Haushalt ausgeglichen sein sollte, wurde durch eine neue Auffassung ersetzt, die die Budgetpolitik als Instrument der Konjunkturpolitik versteht. Die Einflüsse der Keynesschen Theorie auf die Wirtschaftswissenschaften und die Wirtschaftspolitik sind so bedeutend, daß sie als Keynessche Revolution bezeichnet werden können.

key reversal: <Trendumkehr>

Kibbuz: *<Kibbutz>* Landwirtschaftliche Genossenschaft in Israel (Mehrzahl: Kibbuzim oder Kibbuze). Hebräisch: Gemeinschaft.

King s principle: <Kingsche Regel> In der Marktwirtschaft zu beobachtendes Phänomen, daß die Preisveränderungen stärker sind als die Produktionsschwankungen, die durch die Preisveränderungen ausgelöst werden.

to **kneel**, -ed/knelt, -ed/knelt: <knieen>

knelt: see *to kneel*,

knew: see *to know*,

knit: see *to knit*,

to **knit**, -ted/knit, -ted/knit: <stricken>

to **know**, knew, known: <kennen>

known: see *to know*,

Kolchoz: *<Kolchose>* Landwirtschaftliche Produktionsgenossenschaft in der UdSSR. Die Kolchose ist ein Zusammenschluß ländlicher Familien, die gemeinschaftlich für eine unbestimmte Dauer Land bebauen, das jedoch Staatseigentum bleibt. (Russisch: *kollektiwnoje chosjaistwo, Kollektivwirtschaft.*)

L

labor union (US): <Berufsverband/Gewerkschaft-/Fachverband> Berufsvereinigung, deren Aufgabe die Vertretung und Verteidigung der beruflichen und wirtschaftlichen Interessen ihrer Mitglieder ist.

labour supply, subsistence theory of: <Ehernes Lohngesetz> Gemäß dem ehernen Lohngesetz bleibt der durchschnittliche Arbeitslohn eines Arbeiters immer auf den notwendigen Lebensunterhalt der Arbeiter beschränkt. Das eherne Lohngesetz wurde von Ferdinand Lassalle unter der Bezeichnung »Das *eherne ökonomische Gesetz*« publiziert.

labour turnover: <Personalfluktuation> Unbeständigkeit der Arbeitskräfte, Tendenz zum Wechsel des Arbeitsplatzes. Die Tendenz zu häufigem Wechsel des Arbeitsplatzes kann in der Industrie vor allem bei Personen, die eine untergeordnete, repetitive Tätigkeit, ausüben, festgestellt werden. Die Personalfluktuation unterscheidet sich von der Mobilität, d.h. der Bereitschaft des Arbeitnehmers, einen Wohnortwechsel für die Arbeitsstelle vorzunehmen.

LA/C: see *Center Latin America/Carribean Business Development Center, U.S. Department of Commerce*

to **lade**, -ed, -ed/laden: <laden>

laden: see *to lade*,

lagging indicator: <nachhängender Indikator> An economic indicator that reacts slowly to economy changes.

Unemployment figures are a lagging indicator.

laid: see *to lay*,

lain: see *to lie*

landed quantity verification: <Liefermengenbestätigung>

LANDIT: see *Los Angeles Narcotics Detection and Interdication Team*

land mortgage bank: <Bodenkreditbank> Banken, die auf die Gewährung von hypothekarisch gesicherten Krediten spezialisiert sind und in manchen Ländern aufgrund eines Sonderstatus spezielle Konditionen bieten können. Die Bodenkreditbanken sind teilweise öffentliche, teilweise private Institute und in den meisten Ländern Europas vorhanden.

LASH: see *Lighter Aboard Ship*

last notice day: <letzter Benachrichtigungstag>

last trading day: <letzter Handelstag>

law of demand: <Gesetz der Nachfrage> Demand exhibits a direct relationship to price. If all other factors remain constant, an increase in demand leads to an increased price, while a decrease in demand leads to a decreased price.

Die Nachfrage läßt einen direkten Zusammenhang zum Preis erkennen. Unter der Voraussetzung, daß alle anderen Faktoren gleich bleiben, führt ein Anstieg der Nachfrage zu einem Preisanstieg, während ein Rückgang der Nachfrage zu einem Preisrückgang führt.

law of supply: <Gesetz des Angebotes> supply exhibits an inverse relationship to price. If all other factors hold constant, an increase in supply causes a decreased price, while a decrease in supply causes an increased price. Das Angebot läßt eine entgegengesetzte Beziehung zum Preis erkennen. Unter der Voraussetzung, daß alle anderen Faktoren gleich gehalten werden, verursacht ein Anstieg des Angebotes einen Preisrückgang, während ein Rückgang des Angebotes einen Preisanstieg verursacht.

lay: see *to lie*,

to **lay**, laid, laid: <legen>

lb.: = libra = (pound) <Pfund> = 0.454 kg

LC^1: see *Letter Class Mail*

LC^2: see *Letter of Credit*

LCD: see *liquid crystal display*

LDDC: see *Least Developed Developing Countries*

to **lead**, led, led: <führen>

leading indicator: <fühender Indikator> An economic indicator that is in the forefront of changes in economic activity. Stock prices are an example of a leading indicator.

lead manager: <1)Lead Manager, 2)federführende Bank> Führer eines Emissionssyndikats, der sich zusammen mit den Mitgliedem der Führungsgruppe (Co-manager) und den Underwriters verpflichtet, die ausgegebenen Wertpapiere fest zu übernehmen und für die Plazierung bei den **Investoren zu sorgen.** Im Gegensatz dazu haben die übrigen an der Emission Beteiligten (selling group) keine Verpflichtung für die Plazierung der Wertpapiere.

to **lean**, -ed/lent, -ed/lent: <lehnen, anlehnen>

to **leap**, -ed/lept, -ed/lept: <springen, aufspringen>

to **learn**, -ed/learnt, -ed/learnt: <lernen>

learnt: see *to learn,*

lease: <1) Pacht, 2) Vermietung> Vertrag, durch den der Eigentümer (Verpächter) einem anderen (Pächter) die Nutzung eines Bodens und den Bezug des Bodenertrags gegen Entgelt überläßt.

Bei der Pacht ist das Entgelt, der Pachtzins, unabhängig vom erwirtschafteten Bodenertrag. see also *rental*

lease rental bond:

<Vermietungsanleihe> A municipal revenue bond that is supported by lease payments on a building, usually a building leased to a government agency.

leasing: <Leasing> Vermietung von beweglichen und unbeweglichen Investitionsgütern durch die Produzenten oder durch spezielle Leasinggesellschaften. Das Leasing entstand um 1950 in den USA und ist heute eine verbreitete **Form der Finanzierung.** Anstatt die benötigten Güter zu kaufen und entsprechend Kapital zu binden, mietet der Leasingnehmer die betreffenden Güter gegen eine feste monatliche Gebühr, die Abschreibungen, Zinsen, Risikoprämie und Verwaltungskosten der Leasinggesellschaft beinhaltet. Je nach Objekt wird zwischen *Konsumgüterleasing* (dauerhafte Konsumgüter), *Ausrüstungsleasing* (Investitionsgüter) und *Anlagenleasing* (ganze Industriebetriebe, Verwaltungsgebäude, usw.) unterschieden.

least developed developing countries: <geringst entwickelte Entwicklungsländer>

least squares, method of: <Methode der kleinsten Quadrate> Statistisches Verfahren, mit dem aus beobachteten Einzelwerten eine diese

Einzelwerte möglichst genau beschreibende mathematische Funktion ermittelt wird. Die Parameter der gesuchten Funktion werden dabei so gewählt, daß die Summe aller quadratischen Differenzen zwischen beobachteten und anhand der Funktion berechneten Werte ein Minimum bildet.

to leave, left, left: <verlassen>

led: see *to lead,*

left: see *to leave,*

legal exchange information system: <juristisches Informationsaustausch System (U.S.A.)>

legal opinion[1]: <juristische Meinung> A written opinion by a bond counsel stating whether or not a bond issue conforms with all the laws of the issuer, and the state and federal governments. It also addresses the tax status of the bonds.

legal opinion[2]: <juristische Meinung> A written opinion by a judge concerning some issue of discussion. Usually submitted for paliamentary debates on legal issues.

to lend, lent, lent: <verborgen>

lending   volume: <Kreditvolumen> Gesamtbetrag aller von einer Bank gewährten Kredite.

Leninism: <Leninismus> Die Theorien von Lenin, die die marxistische Theorie weiterentwickelt und vervollständigt haben. Lehre, auf die sich die sozialistischen Staaten berufen, die durch kommunistisch-marxistitisch-leninistische Parteien organisiert und beherrscht sind. Die Hauptmerkmale des Leninismus sind die Vertiefung der Untersuchung der Hintergünde der kapitalistischen Gesellschaft, die Ausdehnung des Marxismus auf die Landwirtschaft, die Analyse des individuellen Terrorismus und die Begründung für die Notwendigkeit und Zwangsläufigkeit der kommunistitischen Weltrevolution, die durch ein Land ausgelöst werden kann.

lent: see *to lean,*

lent: see *to lend,*

lept: see *to leap,*

let: see *to let,*

to let, let, let: <lassen, überlassen, (vermieten)>

letter class mail: <normale Briefpost (U.S.A.)>

letter of credit: <Akkreditiv>

letter of credit, commercial (L/C): <Akkreditiv> Dokument, durch das eine Bank eine andere Bank anweist, zugunsten eines Dritten auf dessen Aufforderung einen bestimmten Betrag zur Verfügung zu stellen. Der

Begünstigte kann diesen Betrag in der Regel gegen Vorlage bestimmter Dokumente innerhalb einer bestimmten Frist ganz oder in Teilbeträgen beziehen. Das Akkreditiv ist kein Kredit, sondern ein Überweisungs- oder Bezahlungsinstrument, weil der Auftraggeber bei der akkreditiveröffnenden Bank ein Konto besitzt, das entsprechende Deckung aufweist. Siehe auch Dokumentenakkreditiv.

letter of intent: <schriftliche Absichtserklärug> In mutual funds, a written statement by a customer promising to purchase a stated number of mutual fund shares. The letter assures the investor a reduced sales charge on the entire purchase, provided it is completed within thirteen months.

to **level:** <einebnen>

level: <Ebene>

leverage: <Hebel> The use of debt in investments. Leverage increases the percentage profit, but also the percentage loss.

leverage effect[1]**:** <Hebeleffekt> Die durch eine kleine Veränderung einer Größe bewirkte größere Veränderung einer anderen Größe.

leverage effect[2]**:** <Hebeleffekt> In der Wirtschaft für die Wirkung einer Finanzierung durch Fremdkapital zur Verbesserung der Eigenkapitalrendite verwendet. Ist der Gewinn eines Unternehmens beispielsweise 5 Einheiten und mußte dafür ein Kapital von 50 Einheiten eingesetzt werden, beträgt die Rendite bei vollständiger Eigenkapitalfinanzierung 10 %. Wird die Hälfte des benötigten Kapitals durch Fremdkapital zu 8 % finanziert (Zinskosten 2 Einheiten), steigt die Eigenkapitalrendite (3 Einheiten Ertrag/25 Einheiten Kapital) auf 12 %. Sinken die Gewinne, kehrt sich allerdings die Hebelwirkung um und steigert die Verluste.

leverage effect[3]**:** <Hebeleffekt> Von Hebelwirkung wird auch an der Börse, beispielsweise im Options- und Futureshandel gesprochen.

leverage ratio: <Hebelwirkung> Verhältnis zwischen dem Fremdkapital und dem Eigenkapital eines Unternehmens, anhand dessen die Intensität des Hebeleffektes berechnet werden kann.

levy: <Abgabe> Für die Einräumung eines Rechts zu zahlender Preis.

levy, real estate: <Grundsteuer> see *tax, real estate*

LEXIS: see *Legal Exchange*

liabilities: <Passiva/Passiven>
Das auf der rechten Seite der
Bilanz aufgeführte Kapital eines
Unternehmens, das aus der
Gesamtheit der dem
Unternehmen zur Verfügung
gestellten Mittel besteht. Die
Passiva werden bei Industrie-
und Handelsunternehmen nach
folgendem Schema gegliedert: 1.
Eigenkapital 1.1. Grundkapital
(z.B. nominales Aktienkapital)
1.2. Rücklagen/ Reserven 2.
Fremdkapital 2.1. Rück-
stellungen 2.2. Langfristige Verbindlichkeiten (Anleihen, erhal-
tene Kredite) 2.3. Kurzfristige
Verbindlichkeiten (aus Lieferungen, kurzfristige Kredite) 3.
Wertberichti-
gung/Abschreibungen 4. Rechnungsabgrenzungsposten 5.
Gewinn (sofern kein Verlust
erzielt wurde) Das Gegenstück
zu den Passiva sind die Aktiva.

liabilities due: <fällige
Verbindlichkeiten>

liability: <Verbindlichkeit>
Eine gegenüber einem Dritten
eingegangene, aber noch nicht
erfüllte Verpflichtung. Verbindlichkeiten, deren Höhe und
Fälligkeit noch nicht feststehen,
werden als Eventualver-
bindlichkeiten bezeichnet.

liability, contingent:
<Eventualverbindlichkeit>
Verbindlichkeiten, deren Höhe

oder Fälligkeit noch nicht
feststehen. Eventual-
verbindlichkeiten entstehen aus
Handlungen, deren Ergebnis
eintreten kann oder nicht, beispielsweise aus gewährten
Garantien, Bürgschaften,
Wechselindossamenten u.ä..
Eventualverbindlichkeiten werden außerhalb der Bilanz aufgeführt, doch durch Rücklagen in
der Erfolgsrechnung und der
Bilanz in angemessener Form
berücksichtigt.

liberal trade: <Freihandel> see
free trade zone

liberalism: <Liberalismus>
Wirtschaftstheorie, die davon
ausgeht, daß sich durch das freie
Spiel der Einzelinitiativen aller
Wirtschaftsteilnehmer das beste,
bzw. am wenigsten schlechte
Wirtschaftssystem ergibt. Die
gemeinsame Basis aller liberalen
Schulen und liberalen Tendenzen ist die Überzeugung, daß
es, insbesondere in der
Wirtschaft, eine natürliche
optimale Ordnung gibt, die
durch das freie Spiel der Einzel-
initiative erreicht und durch Eingriffe von außen gestört oder
zerstört wird. Grundlage ist die
Abstraktion des *homo
oeconomicus*, dessen rationales
Verhalten auf die Erreichung
eines Höchstmaßes an Be-
friedigung bei einem Mindest-
maß von Anstrengung abzielt.

liberalization:
<Liberalisierung> Maßnahmen zur Förderung der Handelsbeziehungen durch Herabsetzung der Zolltarife und Lockerung oder Aufhebung von quantitativen Import- und Exportbeschränkungen.

liberty[1]: <Freiheit> Positive Definition: Die Möglichkeit, sein Leben nach Belieben zu gestalten.

liberty[2]: <Freiheit> Negative Definition: Das Fehlen eines Zwanges.

liberty[3]: <Freiheit> In der Wirtschaft ist der Begriff Freiheit die philosophische Grundlage des Liberalismus.

liberty[4]: <Freiheit> Rechtlich gesehen drückt sich die Freiheit vor allem als Vertragsfreiheit aus, also die Möglichkeit, Vereinbarungen innerhalb des allgemeinen gesetzlichen Rahmens frei zu gestalten.

LIBOR: <London Interbank Offered Rate> Kurzfristiger Geldmarktsatz, zu dem erstklassige Banken in London ihre gegenseitigen Einlagen verzinsen. Der LIBOR-Zinssatz dient im Euromarkt als Richtlinie für die Zinssatzfestlegung.

libra: lb. = pound <Pfund>

licence/permit:
<Bewilligung/Lizenz> Erlaubnis der Behörden, bestimmte Handlungen vorzunehmen oder bestimmte Tätigkeiten auszuüben.

licensed: <lizensiert>

licensed warehouse: <lizensiertes Lagerhaus>

to **lie**, lay, lain: <liegen>

life expectancy: <Lebenserwartung> Durchschnittliche Anzahl der Jahre, die ein Mitglied einer Generation, das ein bestimmtes Alter erreicht hat, noch leben wird. Häufig wird mit diesem Begriff die Lebenserwartung bei Geburt gemeint. In diesem Fall handelt es sich um die durchschnittliche Anzahl von Jahren, die ein Neugeborenes einer Generation leben wird, bzw., was auf dasselbe hinausläuft, um das durchschnittliche Sterbealter der Mitglieder dieser Generation.

life of contract: <Vertragslaufzeit>

life span: <Lebensdauer> Zeitraum, während dem ein Wirtschaftsgut ein Bedürfnis befriedigen kann. In der Wirtschaft wird bei der Lebensdauer zwischen physischer Lebensdauer und eigentlicher Nutzungsdauer unterschieden. Die wirtschaftliche Nutzungsdauer ist in der Regel infolge technischen Fortschritts

(Obsoleszenz) erheblich geringer als die physische Lebensdauer eines Produktes.

LIFO: <Letzter rein, Erster raus> Last-in, First-out: a method of accounting determining which shares are sold first.

to **light**, -ed/lit, -ed/lit: <erleuchten, anzünden>

light: <leicht>

light. <Licht>

lighter aboard ship: <>

light pen: <Lichtgriffel> Peripheriegerät eines Computers zur Eingabe von Daten. Lichtgriffel werden für zwei verschiedene Aufgaben verwendet: Als Steuerungsinstrument in Verbindung mit einem Bildschirm. Durch Berühren bestimmter Stellen des Bildschirms mit dem Lichtgriffel können bestimmte, einprogrammierte Funktionen aufgerufen werden. Als handliches Erfassungsgerät zur Erfassung von Information von Klartextetiketten oder Streifencode. In dieser Weise wird der Lichtgriffel vor allein in Detailhandelsbetrieben eingesetzt.

limit: <Grenze>

limit-down: <Grenzbewegung nach unten>

limited partner:

<Gesellschafter mit beschränkter Haftung> A Partner with limited liability who may not engage in business, for the partnership.

limited partnership: <Kommanditgesellschaft> A partnership comprised of one or more general partners with unlimited liability, and one or more limited partners with limited liability. Gesellschaft von zwei oder mehreren Personen, von denen wenigstens eine (der Komplementär) unbeschränkt, die anderen (die Kommanditisten) hingegen nur bis zur Höhe ihrer Einlage (der Kommanditsumme) haften. Der Komplementär ist in der Regel allein mit der Geschäftsführung betraut. Bei der Kommanditgesellschaft sind zwei Formen vorhanden: Die eigentliche Kommanditgesellschaft (KG), bei der die Einlagen der Kommanditisten persönliche Gesellschaftsanteile darstellen. Die Kommanditgesellschaft auf Aktien (KGaA), bei der die Einlagen der Kommanditisten in Form von übertragbaren Aktien eingebracht sind. Die Bedeutung der Kommanditgesellschaft ist von Land zu Land verschieden. Während in Frankreich und der Schweiz die Kommanditgesellschaft praktisch bedeutungslos ist, sind in Deutschland und Österreich eine große Anzahl von Kommanditgesellschaften vorhanden.

limited risk spread: <Spread mit begrenztem Risiko> A *bull spread* in a market where the price difference between the two contract months covers the full carrying charges. The risk is limited because the probability of the distant month price moving to a premium greater than full carrying charges is minimal.

Ein *Bull Spread* an einem Markt, an dem der Kursunterschied zwischen den zwei Terminmonaten die gesamten Haltekosten decken. Das Risiko ist limitiert, weil die Wahrscheinlichkeit äußerst gering ist, das sich der Kurs des späteren Terminmonats in Richtung einer Prämie bewegt, die höher als die gesamten Haltekosten ist.

limit orders: <limitierter Auftrag> An order to buy or sell subject to some limitation as to price. A customer sets a limit on price or time of execution of a trade; or both; for example, a "buy limit" order is placed below the market price. A "sell limit" order is placed above the market price.. A sell limit is executed only, at the limit price or higher (better), while the buy limit is executed at the limit price or lower (better). Ein Kunde setzt

ein Limit für den Kurs oder die Zeit bei der Durchführung eines Geschäftes oder beides; zum Beispiel, ein "Buy limit" <*Kauflimit*> Auftrag wird zum Kauf unter Marktkurs erteilt. Ein "Sell limit" <*Verkaufslimit*> Auftrag wird über Marktkurs erteilt. Ein Verkaufslimit wird nur zum limitierten Preis oder höher (besser) ausgeführt, während das Kauflimit nur zum limitierten Kurs oder .niedriger (besser) ausgeführt wird.

limit-up: <Grenzbewegung nach oben>

linear coefficient: <Linearitäts-koeffizient> Zusammenhang von Variablen, die sich als Funktion mit Variablen ausschließlich ersten Grades darstellen Imen, beispielsweise

$$y = ax + b$$
$$y = ax + by + c$$

liquid: <liquide, flüssig>

liquidate: <glattstellen, liquidieren> Refers to closing an open futures position. For an open long, this would be selling the contract. For a short position, it would be buying the contract back (short covering, or covering his short) bezieht sich auf den Abschluß einer offenen Terminposition. Bei einer offenen long Position wäre dies der Verkauf des Kontraktes. Bei einer short Position wäre dies der Zurückkauf des Kontraktes. *(short covering, oder covering his short>*

liquidation[1]: <Liquidation> Abschließende Abwicklung eines Finanzvorgangs.

liquidation[2]: <Andienung> An der Börse die Abwicklung eines Termingeschäfts zum vereinbarten Zeitpunkt (Liquidationstag).

liquidation[3]: <Abwicklung, finanzielle>In der Wirtschaft die Auflösung eines Unternehmens oder eines Vermögens durch Realisierung der Aktiven und Rückzahlung der Passiven.

liquidation market: <Liquidationsmarkt>

liquidator: <Liquidator/Abwickler> Person, die mit der Liquidation einer Gesellschaft beauftragt ist.

liquid crystal display (LCD): <Flüssigkristallanzeige (LCD)> Ausgabe von elektronischen Signalen in lesbarer Form durch Verwendung von Flüssigkristallen. Flüssigkristalle bestehen aus zwei kleinen Glasplättchen, zwischen denen eine Flüssigkeit eingeschlossen ist, die je nach angelegter Spannung ihre physikalische Struktur ·und damit ihre Farbe verändert. Flüssigkristallanzeigen werden vor allem bei Taschenrechnern verwendet.

liquid funds: see *funds, liquid*

liquidity[1]: <Liquidität> refers to a market which allows quick and efficient entry or exit at a price close to the last traded price. This ability to liquidate or establish a position quickly is due to a large number of trades willing to buy and sell. The market is said to flow like liquid, or have liquidity.

liquidity[2]: <Liquidität> Bezieht sich auf einen Markt, der einen schnellen und effizienten Zugriff oder Ausstieg zu einem Kurs erlaubt, der nahe am zuletzt gehandelten liegt. Diese Möglichkeit der Liquidation oder der schnellen Eröffnung einer Position ist auf die große Anzahl von Handeltreibenden, die kaufen und verkaufen wollen, zurückzuführen. Diesen Markt bezeichnet man als liquide, oder man sagt, er besitze Liquidität.

liquidity[3]: <Liquidität> Fähigkeit, die finanziellen Verbindlichkeiten zu erfüllen. In diesem Sinne ein Synonym für Zahlungsfähigkeit.

liquidity[4]: <Liquidität> Im weiteren Sinne die sofort oder kurzfristig verfügbaren Mittel, durch die finanzielle Verbindlichkeiten erfüllt werden können.

liquidity, international:

liquidity ratios:
<Liquiditätsgrade>
Kennzahlen zur Beurteilung der Fähigkeit eines Unternehmens, seinen Verpflichtungen zeitlich und sachlich nachkommen zu können. Bei den Liquiditätsgraden werden jeweils bestimmte Teile der Aktiven zu bestimmten Teilen der Passiven in Beziehung gesetzt. Man unterscheidet hauptsächlich zwischen folgenden drei Liquiditätsgraden:

Liquidität ersten Grades oder Kassenliquidität ist das Verhältnis zwischen den sofort verfügbaren Zahlungsmitteln (Kassa und Sichteinlagen) zu den kurzfristigen Verpflichtungen.

Liquidität zweiten Grades ist das Verhältnis der sofort verfügbaren Zahlungsmittel und der kurzfristig realisierbaren Forderungen (Wechsel, Forderungen aus Lieferungen) zu den kurzfristigen Verpflichtungen.

Liquidität dritten Grades ist das Verhältnis des Umlaufvermögens zum kurz- und mittelfristigen Fremdkapital.

Eine vor allem in angelsächsischen Ländern häufig benutzte Liquiditätskennzahl ist der *Working*

Capital Ratio (Liquiditätskoeffizient), nämlich das Verhältnis des Umlaufvermögens zu den kurzfristigen Verbindlichkeiten.

liquidity squeeze:
<Liquiditätsengpaß> Vorübergehender Mangel an liquiden Mitteln (Bargeld, Sichteinlagen), beispielsweise infolge einer Verflachung der Konjunktur, einer Verlangsamung der Zahlungseingänge oder einer Zunahme langfristiger Verpflichtungen.

list of balances: <Saldenlisten>
In regelmäßigen Zeitabständen an einem Stichtag erstellte Liste der Einzelpositionen der Kreditoren- und Debitorenkonten und der Ermittlung der Salden zur Beurteilung der Gesamtergebnisse und zur Abstimmung mit der Hauptbuchhaltung.

list price:<Listenpreis>

listed securities: <notierte Wertpapiere>

lit: see *to light,*

living, standard of:
<Lebensstandard> Die Güter und Dienstleistungen, die einer Einzelperson, einem Haushalt oder einer sozialen Gruppe zur Verfügung stehen.

loan[1]: <Anleihe> Mittel- bis langfristige Schuld eines Unternehmens oder einer öffentlichen Körperschaft, die in eine bestimmte Anzahl von Obligationen aufgeteilt ist. Die Anleihe ist eine Form der Fremdkapitalbeschaffung. Die ausstehenden Obligationen eines Unternehmens werden in der Bilanz unter den Passiven aufgeführt.

loan²: <Darlehen> Vertrag, durch den eine Person meist gegen Entgelt für eine bestimmte Dauer den Gebrauch einer Sache oder die Verfügung über Geld erhält. Aus der Sicht des Darlehensnehmers ist das Darlehen eine Schuld, aus der Sicht des Darlehensgebers ein Kredit oder eine Forderung.

loan³: <Leihe> Vertrag, durch den der Eigentümer einer Sache deren Gebrauch für eine bestimmte Zeit einer anderen Person überläßt. Die Leihe kann gegen Entgelt oder ohne Entgelt vereinbart werden. Ist die verliehene Sache Geld, wird die Leihe als Darlehen bezeichnet.

loan against pledged bill: <Wechselpension> Mobilisierung von Wechseln, bei der der Wechselinhaber den Wechsel, dessen Zahlung er durch sein Indossament garantiert, als Pfand hinterlegt.

loan, bridging: <Überbrückungskredit> Kurzfristiger Kredit mit ein- bis zweimonatiger Laufzeit, den die Bank ihrem Kunden ausnahmsweise zur Deckung eines vorübergehenden Liquiditätsengpasses gewährt.

loan, collateral (US): <Lombardkredit> Bankkredit gegen Verpfändung von Wertpapieren oder Waren, die dem Kreditnehmer gehören. Lombardkredite, die gegen Verpfändung von Wertpapieren gewährt werden, werden auch Börsenkredite, solche gegen Verpfändung von Waren auch *Effektenlombard* oder *Warenlombard* genannt.

loan consent form: <Kreditzustimmungsformular> A document that allows the broker/dealer to pledge customer stock to the bank to borrow the money for the margin account. It allows the firm to hypothecate the stock.

loan, direct: <Direktkredit>

loan, lombard (GB): <Lombardkredit> Bankkredit gegen Verpfändung von Wertpapieren oder Waren, die dem Kreditnehmer gehören. Lombardkredite, die gegen Verpfändung von Wertpapieren gewährt werden, werden auch Börsenkredite, solche gegen Verpfändung von Waren auch Effektenlombard oder Warenlombard genannt.

loan, participating: <Partizipationsdarlehen>

Fremdkapital, das zu den eigenen Mitteln eines Unternehmens gerechnet wird, da es langfristig zur Verfügung steht und sich die gezahlten Zinsen ganz oder teilweise nach dem erzielten Unternehmensgewinn richten. Im Gegensatz zum Eigenkapital sind mit den Partizipationsdarlehen keine Mitgliedsrechte am Unternehmen verbunden. Werden den Darlehensgebern eines Partizipationsdarlehens aktienähnliche Wertpapiere abgegeben, werden diese als *Partizipationsscheine* bezeichnet.

loan, syndicated: <Konsortialkredit> Kurz- oder mittelfristiger Kredit, der von mehreren Banken zusammen (dem Konsortium oder Syndikat) einem Kreditnehmer gewährt wird. In der Regel übernimmt eine der beteiligten Banken die Federführung, d.h. sie vertritt das Konsortium gegenüber dem Kreditnehmer.

local: <örtlich>

local authority bond: <Kommunalschuldverschreibung>

lock-out: <Aussperrung> Vom Arbeitgeber verfügte Arbeitsniederlegung, um die Arbeitnehmer zur Annahme von Vereinbarungen oder unternehmerischen Entscheidungen zu zwingen.

Siehe auch *Streik*.

long: <Eigentum/Kauf> Owning the security. When a person is long a stock or an option, he owns the stock or holds the option.

long: <lang> The purchase of a futures contract, generally in anticipation of a price increase. Also, going net long. Long also is used to describe a person who has bough a futures contract or the physical cash commodity. A trader holding a long position hopes to profit from a price increase.

Der Erwerb eines Terminkontraktes, normalerweise in Erwartung eines Kursanstiegs. Auch: *going net* <netto> *long*. *Long* wird auch zur Beschreibung einer Person verwandt, die einen Terminkontrakt oder die materielle Ware gekauft hat. Ein Händler, der eine long Position hält, hofft, von einem Kursanstieg zu profitieren.

long hedge: <Kaufabsicherung>

long straddle: <Kaufstraddle> An options position in which the customer is long a call and a put on the same security. The position is profitable if the price of the underlying security moves outside the two breakeven points. Long straddles are only profitable in volatile markets.

long-term: <langfristig>

Long Term Agreement on Textiles: <langfristiges Textilabkommen>

long-the-basis: <steigende Basis> A person who owns the physical commodity and hedges his position with a short futures position is said to be long-the-basis. He profits from the basis becoming more positive (stronger); for example, if a farmer sold a January soybean futures contract at $6.00 with the cash market at $5.80, the basis is -.20. If he repurchased the January contract later at $5.50 when the cash price was $5.40, the basis would then be -.10. The long-the-basis hedger profited from the 10 ¢ increase in basis.

Von einer Person, die die materielle Ware besitzt und ihre Position mit einer short Terminposition absichert, sagt man, sie sei *long-the-basis*. Sie profitiert von der immer positiver (stärker) werdenden Basis; zum Beispiel, ein Landwirt verkauft einen Januar Sojabohnen Terminkontrakt zu $6,- bei einem Kassakurs von $5,80, die Basis beträgt $ -,20. Wenn er den Januar Kontrakt zu $5,50 zu einem späteren Zeitpunkt zurückkauft, während dem der Kassakurs $5,40 betrug, befände sich die Basis bei $ -0,10. Der langfristige Kursabsicherer profitierte von den 10¢, um die die Basis anstieg.

loro: <Loro> Bezeichnung, die ein Unternehmen den von ihr geführten Konten eines Geschäftspartners gibt. Das Gegenstück zu einem Lorokonto ist ein Nostrokonto.

Los Angeles Narcotics Detection and Interdiction Team: <Los Angeles Betäubungsmittelauffindungs- und Abwehrgruppe (U.S.A.)>

to lose, lost, lost: <verlieren>

lost: see *to lose,*

lot: <Handelseinheit>

LQV: see *Landed Quantity Verification*

LTA: see *Long Term Agreement on Textiles*

M

M1: <M1> Geldmenge im engeren Sinne, die alle Zahlungsmittel (Geld) einer Volkswirtschaft enthält, über die sofort zu Zahlungszwecken verfügt werden kann. Die Geldmenge Ml beinhaltet das umlaufende Bargeld (Banknoten und Münzen) und die Sichteinlagen bei Banken und Postscheck. Die Geldmenge Ml kann als Kassaliquidität einer Volkswirtschaft bezeichnet werden.

M2: <M2> Geldmenge im weiteren Sinne, die alle Zahlungsmittel (Geld) einer Volkswirtschaft enthält, über die sofort oder innerhalb kürzerer Zeit zu Zahlungszwecken verfügt werden kann. Die Geldmenge M2 beinhaltet die Geldmenge Ml (Bargeld und Sichteinlagen) und die kürzerfristigen Termineinlagen bei Banken. Diese Termineinlagen werden auch als *Quasigeld* bezeichnet. Die Geldmenge M2 kann als tatsächliche Liquidität einer Volkswirtschaft bezeichnet werden.

M3: <M3> Geldmenge, die alle Zahlungsmittel (Geld) einer Volkswirtschaft enthält, über die

kurz- und langfristig zu Zahlungszwecken verfügt werden kann. Die Geldmenge M3 beinhaltet die Geldmenge M2 (Bargeld, Sichteinlagen und kürzerfristige Termineinlagen) und die langfristig gebundenen Einlagen wie Spargelder. Die Geldmenge M3 kann als potentielle Liquidität einer Volkswirtschaft berechnet werden.

MACE: Mid-America Commodity Exchange

machine language: <Maschinensprache> Die für den Computer direkt verständliche Programmiersprache. Die Maschinensprache ist binär, d.h. die einzelnen Befehle bestehen aus einer bestimmten Sequenz von 0 und 1 Werten und ist spezifisch für einenbestimmten,Computer. Computerprogramme, die in einer höheren Programmiersprache geschrieben sind, müssen daher, um ablauffähig zu sein, durch einen Interpreter oder einen Compiler in Maschinensprache übersetzt werden.

macroeconomics: <Makroökonomie> Begriff der modernen Wirtschaftstheorie für eine

Betrachtungsweise der Wirtschaftsvorgänge aufgrund von Gesamtgrößen, sogenannten Aggregaten.

made: see *to make*,

magnetic tape: <Magnetband> Externes Speichergerät, bei dem Daten auf einem bandförmigen, magnetisierbaren Kunststoffträger aufgezeichnet, werden können. Häufig benutztes Speichermedium zur Archivierung oder für die Eingabe von Daten, die seriell verarbeitet werden können.

MAIDEN: see *Manifest and Immediate Delivery Electronic Data Processing Network*

mainframe: <Mainframe>

Bezeichnung für große Computer mit großer Kapazität und hoher Verarbeitungsgeschwindigkeit.

maintenance: <Pflege, Aufrechterhaltung>

maintenance call: <Mindestdeckungsaufforderung> In a margin account, the broker/dealer demand for additional funds to restore the equity to the minimum maintenance level.

Bei einem Marginkonto die Aufforderung des Brokers/Händlers an den Anleger zusätzlich Gelder zu deponieren, um das Konto auf den Mindestkontotand zurück-

zubringen.

maintenance margin: <Mindestdeckung> The minimum level at which the equity in a futures account must be maintained. If the equity in an account falls below this level, a margin call will be issued, and funds must be added to bring the account back to the initial margin level. The maintenance margin level generally is 75 % of the initial margin requirement. Ein Mindeststand, auf dem der Restwert eines Terminhandelskontos gehalten werden muß. Wenn der Kontostand unter diesen Stand fällt, wird eine Nachschußforderung herausgegeben und Gelder müssen zusätzlich hinterlegt werden, um das Konto wieder auf den ursprünglichen Deckungsbetrag zubringen. Die Mindestdeckung liegt im allgemeinen bei 75 % des erforderlichen Einschusses.

majority interest: <Mehrheitsbeteiligung> see *controlling interest*

Major Market Index: Aktienindex, 500 Aktien

to **make**, made, made: <machen>

Malthusianism: <Malthusianismus> Nach dem englischen Ökonomen Thomas Robert Malthus (1766-1834) bezeichnete Politik, die eine freiwillige Bevölkerungs- und

Produktionsbeschränkung fordert.

management: <Vorstand> Führungsorgan einer Aktiengesellschaft, das vom Aufsichtsrat der Aktiengesellschaft gewählt wird. Beachte, daß die Funktion und Organisation des Vorstands von Land zu Land verschieden und deshalb nur schwer vergleichbar ist. Vergleiche auch Aufsichtsrat und Verwaltungsrat.

management by objectives: <objektorientiertes Management>

management company: <Verwaltungsgesellschaft> Unternehmen, dessen Funktion die Führung und Verwaltung eines oder mehrerer anderer Unternehmen ist.

management fee: <Verwaltungsgebühr>

managing director: <Delegierter des Verwaltungsrates/geschäftsführendes Verwaltungsratsmitglied> Mitglied des Verwaltungsrates, das mit der Geschäftsführung des Unternehmens betraut ist. Siehe *Delegierter des Verwaltungsrates.*

manifest: see *cargo manifest*

manifest and immediate delivery electronic data processing network: <elektronisches Datenverarbeitungsnetzwerk für Manifest

und sofortige Lieferung (U.S.A.)>

manufacturing entity: <Produktionsunternehmen> Teil des volkswirtschaftlichen Sektors *Unternehmen,* der die Unternehmen enthält, deren Haupttätigkeit die Herstellung und der Absatz von Gütern und Dienstleistungen ist.

margin: <Einschuß, Deckung, Garantiezahlung> An amount of money deposited by futures contract buyers and sellers as "performance bond" or "earnest money," insuring the performance of the terms of the contract. Margin is also required when *writing* an option on a futures contract.

Ein von Kontraktkäufern und -verkäufern deponierte Geldsumme als *"Performancebond"* <Erfolgskaution> oder *"earnest money"* <Handgeld>, das die Durchführung der Vertragsbedingungen gewährleistet. Eine Margin wird ebenfalls benötigt, wenn eine Option für einen Terminkontrakt geschrieben wird.

margin agreement: <Marginvereinbarung> The customer consent pledging his securities as collateral for a debit balance.

marginal[1]: <marginal> Sich am Rande einer Gesamtheit

befindend. Im allgemeinen Sprachgebrauch ist *marginal* ein Synonym für eine prekäre Lage.

marginal²: <marginal> In den Wirtschaftswissenschaften, Insbesondere der Grenznutzenschule, wird die letzte einem homogenen Ganzen hinzugefügte Einheit als marginal bezeichnet.

marginal costing: <Deckungsbeitragsrechnung/Grenzplankostenrechnung>

marginal utility theory: <Grenznutzenschule> Um 1870 entstandene Wirtschaftstheorie, die den Tauschwert eines Wirtschaftsgutes als abhängig vom Nutzen der letzten zusätzlichen Einheit dieses Gutes - dem Grenznutzen - definiert.

margin call: <Nachschußaufforderung> In a margin account, the request for more equity. Margin calls can be met by depositing cash or stock, or by using *SMA*. A call from the clearinghouse to a clearing member, or from a broker to a customer, to add funds to their margin account to cover an adverse price movement. The added margin assures the brokerage firm and the clearinghouse that the customer can purchase or deliver the entire contract, if necessary.

Ein Anruf vom *Clearinghouse* *an* ein *Clearingmember* oder vom Makler an den Kunden mit der Aufforderung, weitere Gelder auf ihr Marginkonto einzuzahlen, um unvorteilhafte Kursbewegungen zu decken. Die zusätzliche Deckung gewährleistet der Maklerfirma oder dem *Clearinghouse,* daß der Kunde bei Bedarf den gesamten Vertrag erwerben oder liefern kann.

margin requirement: <Marginerfordernis>

Mark: <Mark> Währungseinheit der Bundesrepublik Deutschland und Finnlands, unterteilt in 100 Pfennig. Das Wort Mark stammt aus dem Mittelhochdeutschen und bedeutet ein mit einer Marke versehenes Metall.

markdown: <Preissenkung> A reduction in price below that at which the security is offered. Acting as dealer and buying stock for its own account from a customer, the firm charges a markdown. This is the firm's compensation.

market: <Markt>

market closing: <Marktschluß>

marketing: <Marketing/Vertrieb> Unternehmerisches Konzept, das den Markt und sein Verhalten als zentrales Element ansieht und deshalb das Unternehmen aus der Sicht des Marktes zu führen und zu organisieren (rnarktgerechtes Verhalten) versucht. Marketing ist ein schillemder Begriff, dem verschiedene Inhalte verliehen werden. Allgemein herrscht aber Übereinstinunung betreffend der wichtigsten Elemente des Marketings, nämlich planmäßige und systematische Beschaffung von Marktinforrnationen (Marktforschung), Versuch einer aktiven Einflußnahme auf den Markt (Werbung), Koordination aller zur Verfügung stehenden Instrumente (Marketing-Mix) zur Erzielung einer langanhaltenden Kundenzufriedenheit.

market knowledge: <Marktwissen>

market maker: <Marktteilnehmer> A firm that buys and-sells a particular security for its own account.

market opening: <Marktöffnung>

market order: <Marktauftrag> An order to buy or sell futures contracts as soon as possible at the best available price. Time is of primary importance, not price. Whatever the market price, the order should be executed now.

Ein Auftrag, Terminkontrakte so schnell wie möglich zum bestmöglichen Kurs zukaufen oder zu verkaufen. Die vor-rangige Wichtigkeit liegt dabei auf der Zeit, nicht auf dem Kurs. Der Auftrag soll augenblicklich ausgeführt werden, zu welchem Tageskurs auch immer.

market price: <Marktpreis>

market rate: <Marktquote>

market value: <Börsenwert> Der an der Wertpapierbörse notierte Kurs eines Wertpapiers.

market-value weighted index: <Bewertungsindex nach Marktwert> A stock index in which each stock is weighted by market value. A change in the price of any stock will influence the index in proportion to the stock s respective market value. The value of each stock is determined by multiplying the number of shares outstanding by the stock s market price per share; therefore, a high-priced stock with a large number of shares outstanding has more impact than a low-priced stock with only a few shares outstanding. The S&P 500 is a value weighted index.

Ein Aktienindex, bei dem jede Aktie nach dem Marktwert bewertet wird. Eine Kursschwankung einer einzelnen Aktie wird den Index in Verhältnis zum Aktienwert, beziehungsweise zum Marktwert, beeinflussen. Der Wert jeder einzelnen Aktie wird durch Multiplikation der Anzahl der ausstehenden Anteile mit dem Tageskurs je Anteil ermittelt; daher hat eine Aktie zu einem hohem Kurs mit einer großen Anzahl an ausstehenden Anteilen mehr Gewicht als eine Aktie zu niedrigem Kurs mit nur wenigen ausstehenden Anteilen. Der *S&P 500* ist ein nach Wert gewichteter Index.

markup: <Preiserhöhung> An amount added to the price of a security. Acting as dealer and selling stock to a customer from his own account, the dealer charges a markup. The markup is the firm's compensation in the trade.

marrying price: <Applikationskurs> An der Börse fixierter Kurs, zu dem der Börsenhändler Kauf- und Verkaufsaufträge für dasselbe Wertpapier außerhalb der Börse ausgleicht.

Marshall plan: <Marshallplan> Wirtschaftshilfsprogramm der Vereinigten Staaten für Europa von 1948 bis 1952. (Benannt nach dem damaligen amerikanischen Staatssekretär, der dieses Programm konzipierte.)

Marxism: <Marxismus> Theorie und Analysemethode, die von Karl Marx und Friedrich Engels entwickelt und von ihren Schülern weitergeführt wurde. Grundlage des Marxismus ist der dialektische Materialismus.

Materialismus - im Gegensatz zu Spiritualismus oder Idealismus - ist der Marxismus, da er vom Fehlen einer Dichotomie zwischen der Materie und dem Geist ausgeht. Dialektisch - im Gegensatz zur linearen Kausalität -, weil der Marxismus die Entwicklung als zwangsläufige Abfolge im Rahmen eines dynamischen Prozesses der Entstehung und Auflösung von Widersprüchen versteht. Der historische Materialismus ist die praktische Anwendung dieser Betrachtungsweise auf die Entwicklung der menschlichen Gesellschaft. Diese Entwicklung wird als Wechselwirkung zwischen wirtschaftlichem Unterbau und sozialem, psychologischem und ideologischem Überbau gesehen, wobei die Gegensätze zwischen der Entwicklung produktiver Kräfte und den unbeweglichen Produktionsverhältnissen durch den Klassenkampf - die treibende Kraft der Entwicklung - Gestalt gewinnen. Die marxistische Wirtschaftstheorie bildet eine Art Mittelpunkt des historischen Materialismus, die Marx und Engels auf die Wirtschaftssysteme deuten, an deren Entstehung, Entwicklung und Überwindung zu analysieren. Die wirtschaftlichen Erscheinungen spielen eine entscheidende Rolle im

Entwicklungsmechanismus der Gesellschaft, doch werden die wirtschaftlichen Gesetze keineswegs als unveränderlich betrachtet. Sie sind vielmehr bloße Formierung eines dynamischen Entwicklungsprozesses der Gegensätze zwischen Produktivkräften und Produktionsbedingungen, der in bestimmten Momenten eine Wandlung der Gesellschaftsstrukturen hervorruft und damit die Entstehung neuer Gesetze bewirkt. Im Marxismus sind die Wirtschaftstheorie und die soziologische Theorie untrennbar, was insbesondere bei der Analyse des kapitalistischen Systems deutlich wird.

matched order: <"Wertpapierreiterei">

matching: <Angleichung>

material product: <Materialprodukt> Die von einer Wirtschaft erzeugten Güter und Dienstleistungen. Diese weltwirtschaftliche Größe bildet die Grundlage der volkswirtschaftlichen Gesamtrechnung in den sozialistischen Staaten.

materials and services, purchased: <Intermediärer Verbrauch/Vorleistungen (Volkswirtschaft)> In der volkswirtschaftlichen Gesamtrechnung der Verbrauch von Gütern und Dienstleistungen für die Produktion. Der intermediäre Verbrauch wird auch mit Vorleistungen bezeichnet und ist die Differenz zwischen dem Bruttoproduktionswert (Summe aller produzierten Güter und Dienstleistungen) und dem Bruttosozialprodukt.

materials input-output statement: <Materialbilanz> Konten, in denen die vorhandenen Mengen von Gütern und ihre Verwendung in physikalischen Einheiten (nicht wertmäßig) erfaßt sind. Die Materialbilanz wurde insbesondere in der sowjetischen Planwirtschaft verwendet. Sie ermöglicht die Aufstellung von Plänen für den Einsatz der verfügbaren Ressourcen für die festgelegten Produktionsziele.

mathematics, economic: <Wirtschaftsmathematik>

maturity: <Reife>

maturity class of option: <reifegleiche Optionen> Alle Optionen mit dem gleichen Andienungsmonat.

maturity transformation: <Fristentransformation> Wirtschaftlich wichtige Tätigkeit der Finanzunternehmen, die kurzfristige Gelder entgegennehmen und diese langfristig ausleihen. Die Fristentransformation ist letztlich nur deshalb möglich, weil die de jure kurzfristigen

Einlagen de facto dem Finanzunternehmen zum größten Teil
längerfristig zur Verfügung
stehen, so daß das
Finanzunternehmen nur einen
kleinen Teil zur allfälligen
Rückzahlung von Einlagen
liquid halten muß.

maximum price fluctuation:
<maximale Preisschwankung>

may, might:<können [Hilfsverb]

MBIA: see *Municipal Bond Insurance Association*

MBO: see *Management by
Objectives*

to **mean**, meant, meant:
<meinen>

mean: <Mittel> Arithmetischer
Durchschnittswert einer Anzahl
Werte.

mean: <ugs.: gemein>

meant: see *to mean,*

mechanism,   economic:
<Wirtschaftsmechanismus>

median: <Median
(Zentralwert)> Jenes Element
einer geordneten statistischen
Gesamtheit, das genau in der
Mitte liegt.

to **meet**, met, met: <treffen>

member   order:
<Mitgliedsauftrag> In a
municipal underwriting, an order
by a syndicate member for its
own account or a related
portfolio.

Bei der Ausgabe einer
Obligation der Auftrag eines
Syndikatsmitglieds für das
eigene Konto.

**memorandum of
understanding:**
<Einvernehmensschrift>

menopsony:
<Angebotsmonopol>   see
monopsony

mercantile   exchange:
<Handelsbörse> Einrichtung,
bzw. Ort, an dem sich Käufer
und Verkäufer treffen, um Güter
und Dienstleistungen auszu-
tauschen. Handelsbörsen werden
zur Sicherstellung eines
funktionierenden Handels
gegründet und stehen in der
Regel unter staatlicher Aufsicht.

mercantilism:
<Merkantilismus>   Wirt-
schaftstheorie des 16. und 17.
Jahrhunderts, derzufolge der
Wohlstand eines Landes allein
vom Bestand der Goldreserven
abhängig ist.

**merchandise examination
team:** <Warenprüfungsgruppe>

merchandise processing fee:
<Warenbearbeitungsgebühr
(U.S.A.)>

merchandising:
<Vermarktung> Methode, durch
Anpassung der Produkte an die
Bedürfnisse und Wünsche des
Marktes den Absatz dieses
Produktes zu steigern.

merchant: <Kaufmann>

merchant bank: <kommerzielle Bank, Geschäftsbank>

merger: <1) Fusion/Unternehmensverschmelzung, 2) Übernahme> Zusammenführung aller Aktiven und Passiven von zwei oder mehreren Unternehmen in ein Unternehmen.

Eine Fusion im engeren Sinne liegt vor, wenn sämtliche ehemaligen Unternehmen untergehen und ein neues Unternehmen gebildet wird. Als Gegenwert für die fusionierten Unternehmen werden den Eigentümern Anteile am neuen Unternehmen gewährt.

Übernimmt hingegen eines der beteiligten Unternehmen die anderen Unternehmen, wird dieser Vorgang als Übernahme oder Fusion im weiteren Sinne bezeichnet. Als Gegenwert für die übernommenen Unternehmen erhalten die Eigentümer Anteile am übernehmenden Unternehmen, die in der Regel durch eine vorgängige Kapitalerhöhung unter Ausschluß der Bezugsrechte der bisherigen Aktionäre beschafft werden. Form der Fusion, bei der nur eines der beteiligten Unternehmen, die übernehmende Gesellschaft, bestehen bleibt, während die übernommene Gesellschaft untergeht. Die Übernahme entspricht einer Einbringung von Sachwerten, nämlich des gesamten Vermögens des untergehenden Unternehmens in die übernehmende Gesellschaft. Bei der anderen Form der Fusion werden die Vermögen beider Unternehmen auf ein neu gegründetes Unternehmen übertragen, die bisherigen Unternehmen gehen unter.

met: see *to meet,*

MET: see *Merchandise Examination Team*

Mexico Special Regime: <Mexikanisches Sonderabkommen>

MFN: see *most-favoured-nation clause*

microeconomic decision: <Mikroökonomische Entscheidung> Entscheidung des einzelnen Wirtschaftsteilnehmers über Wirtschaftsgrößen, die ihn persönlich betreffen (Erwerbstätigkeit, Konsumverhalten usw.).

microeconomics: <Mikroökonomie /Betriebswirtschaft> Fachbegriff der Wirtschaftstheorie für eine Form der Wirtschaftsanalyse, die sich auf das Verhalten der einzelnen Wirtschaftsteilnehmer (das Unternehmen, den Verbraucher, den Selbständigen) abstützt. Die gesamtwirtschaftlichen Erscheinungen (Produktion, Verbrauch, Investition, Sparen) werden aus den Gesetzmäßigkeiten abgeleitet, denen die als autonom betrachteten einzelnen Wirtschaftsteilnehmer unterworfen sind.

microprocessor: <Mikroprozessor> Teil der Zentraleinheit, die die Steuerung der Abläufe erfüllt. Mikroprozessoren sind integrierte Schaltungen, die bestimmte, durch ihre Konstruktion festgelegte Funktionen erfüllen können. Entsprechend der Kapazität der gleichzeitigen Verarbeitung von Informationen unterscheidet man 8 bit, 16 bit und 32 bit Mikroprozessoren. Die bekanntesten und am meisten verwendeten Mikroprozessoren sind jene der Firmen Intel und Motorola.

might: see *to may,*

MIG ratings: <MIG Bewertung> *Moody's Investment Services* ratings for short-term municipal obligations. MIG stands for Moody's Investment Grade.

migration: <Bevölkerungswander-ung> Verschiebung von Personen von einem an einen anderen Ort. Die betreffenden Personen werden als Wanderer bezeichnet. Bei definitiven Bevölkerungswanderungen erfolgt ein tatsächlicher Wohnsitzwechsel, während bei der zeitweiligen Bevölkerungswanderung zwar eine mehr oder weniger lange dauernde Verschiebung an einen anderen Ort infolge Arbeit, Ferien oder sonstigen Gründen erfolgt, die jedoch keinen endgültigen Wohnsitzwechsel hervorruft.

mil: <Promille> 0.001points. A percentage used in tax rates to determine tax liability. Equivalent to.1%.

minimum maintenance: <Mindestanforderung, Mindestkontostand> In a margin account, the minimum equity allowed.

minimum-maximum underwriting: <Minimum-Maximum Versicherung> A type of best efforts underwriting. It is similar to an all-or-none underwriting until the minimum amount is raised, in that the offering is canceled if that amount is not raised. It then becomes a normal best efforts underwriting above that amount An example is a real estate limited partnership with a $2 million minimum and a $50 million maximum.

minimum wage: <Mindestlohn> Vom Gesetz vorgeschriebener minimaler Lohn, den der Arbeitgeber seinen Arbeitnehmern gewähren muß. Der Mindestlohn soll den schlechter qualifizierten Arbeitnehmern ein existenzsicherndes Einkommen garantieren. Gesetzlich vorgeschriebene Mindestlöhne sind in vielen Staaten vorhanden, wobei die Anpassungen periodisch durch den Gesetzgeber oder automatisch, beispielsweise gebunden an den Konsumentenpreisindex, erfolgen.

MIT order: <Tangensauftrag> Market-if-touched order.

Bedingter Auftrag, der zum Marktauftrag wird, sobald der angegebene Preis einmal geboten oder gehandelt wurde.

MMI: see *Major Market Index*

mobilization: <Mobilisierung> Vorgang, durch den gebundene finanzielle Mittel vor Ablauf der Bindungsfrist freigesetzt werden können. Die Mobilisierung geschieht durch Eigentumsübertragung oder Verpfändung von Gütern, Wertpapieren oder Forderungen. Die häufigsten Mobilisierungstechniken sind die Diskontierung von Handelspapieren, der Wertschriftenlombard und die Forderungszession.

mode: <Modus> Häufigster Wert einer bestimmten statistischen Gesamtheit.

model: <Modell> Formale Darstellung von Zusammenhängen mittels eines mathematischen Gleichungssystems.

modem: <Modem> Kunstwort, gebildet aus Modulation - Demodulation. Peripheriegerät, mit dem digitale in analoge Signale, bzw. analoge in digitale Signale umgewandelt werden können. Modems werden benötigt, um Informationen von einem Computer (digitale Signale) über Telephonleitungen (analoge Signale) an einen anderen Computer zu übertragen. Siehe auch Akkustikkoppler.

moment: <Moment> Fachtechnischer Begriff der Statistik für die eine Verteilung charakterisierenden Größen. 1. Moment = Mittelwert der Verteilung; 2. Zentrales Moment = Varianz der Verteilung

monetarism: <Monetarismus> Wirtschaftstheorie, die die Geldmengen als zentrale Größen der Wirtschaft und des Konjunkturverlaufs ansieht. Der Monetarismus baut auf den Quantitätstheorien verschiedener neoklassischer Nationalökonomen auf, die in ihren theoretischen Überlegungen auch die Währungserscheinungen miteinbezogen.

monetary base: <monetäre Basis> Geldmenge, die aus dem

umlaufenden Bargeld (Münzen und Banknoten) und den Sichtguthaben der Geschäftsbanken bei der Zentralbank besteht. Die monetäre Basis stellt eine Verbindlichkeit der Zentralbank dar und kann durch die Zentralbank autonom beeinflußt, bzw. gesteuert werden.

monetary capital: <Geldkapital> In Geld ausgedrückte Summe der Finanzmittel, die einem Unternehmen vom Eigentümer oder von Dritten zur Verfügung gestellt wurden. Das Geldkapital oder kurz das Kapital wird auf der Passivseite der Bilanz erfaßt. Im allgemeinen Sprachgebrauch werden unter Geldkapital die verfügbaren liquiden Mittel verstanden.

monetary compensatory amount: <Grenzausgleichszahlung> Im Außenhandel der Europäischen Gemeinschaft auf die Erzeugnisse erhobene Abgabe oder entrichtete Subvention, um an den Grenzen einheitliche Erzeugnispreise zu erzielen.

monetary standard: <Währungs-standard/Münzfuß> Bezugsgröße in einem Währungssystem, nach dem der Wert der Währung und die verschiedenen Geldformen definiert sind. Die Festlegung

eines Währungsstandards oder Münzfußes entspricht dem Bedürfnis, den Wert des Geldes an einer festen Bezugsgröße zu messen. Diese Bezugsgröße kann eine bestimmte Menge an Edelmetall (Goldwährung) oder eine bestimmte Menge einer anderen Währung (Golddevisenstandards) sein. Der tatsächliche Wert der Währung ist aber unabhängig von solchen Bezugsgrößen (*commodity standard*) und beruht auf dem wirtschaftlichen Wohlstand, der währungspolitischen Disziplin und der politischen Stabilität des betreffenden Landes. Dies ist der Grund, warum Währungen von Ländern, die über lange Zeit Wohlstand und Stabilität aufweisen, sich als internationale Leitwährungen oder bestimmte Währungen sich als Leitwährungen eines Währungsgebietes durchsetzten.

monetary system, international: <Internationales Währungssystem>

money: <Geld> Zahlungsmittel, ursprünglich die Geldmünze, die als Zahlungsmittel diente. Das Geld hat drei Funktionen: Es ist Zahlungsmittel (Tauschmittel), Wertmaßstab und Aufbewahrungsmittel (Reserveinstrument). Das Geld als Zahlungsmittel hat drei wesentliche Merkmale: *Liquidität*, d.h. Geld ist direkt, d.h. ohne

Umwandlung verwendbar für die Regelung von Verpflichtungen. *Fungibilität*, d.h. Geld ist gegen anderes austauschbar. *Universalität* innerhalb eines Geschäftes, d. h. das Geld wird als Zahlungsmittel akzeptiert. Zu beachten ist, daß insbesondere in Notzeiten auch andere Aktiven als die aktuellen Zahlungsmittel Geldcharakter haben, bzw. die Funktion des Geldes übernehmen können.

money and bills: <Geld und Forderungen>

money creation multiplier: <Geldschöpfungsmultiplikator> Koeffizient, der angibt, um wieviel sich die Geldmenge durch eine Veränderung der monetären Basis (der Zentralbankgeldmenge) ändert.

money market: <Geldmarkt> Markt für kurzfristige Finanzierungsmittel mit Laufzeiten bis zu einem Jahr. im engeren Sinn ist der Geldmarkt ein Markt von Liquiditäten zwischen Finanzinstituten. im weiteren, gebräuchlicheren Sinn, ist der Geldmarkt der kurzfristige Kapitalmarkt, also das Gegenstück zum eigentlichen (langfristigen) Kapitalmarkt.

money   spread: <Geldspread/Preisspread> An options spread position in which the expiration months are the same, but the strike prices are different, also known as a vertical spread.

Eine Spreadposition, bei der die Basispreise unterschiedlich und die Andienungsmonate gleich sind.

money supply: <Geldmenge> Summe der Aktiva die in einer Volkswirtschaft als anerkannte Zahlungsmittel zirkulieren, d.h. gegen die unmittelbar Güter eingetauscht und Zahlungsverpflichtungen erfüllt werden können. Da in einer Volkswirtschaft verschiedene Arten von Zahlungsmitteln (Geld) mit unterschiedlichen Graden der Verfügbarkeit vorhanden sind, werden verschiedene Geldmengen unterschieden, von denen die wichtigsten die monetäre Basis, M1, M2, das Quasigeld und M3 sind.

monies: <Gelder>

monometallism: <Monometallis-mus> Währungssystem, bei dem nur ein Edelmetall (Gold oder Silber) als Währung dient, bzw. die Währung nur gegenüber einem Edelmetall definiert ist.

monopoly: <Monopol/Angebotsmonopol> Marktsituation, bei der es nur einen einzigen Anbieter gibt, also auf der Angebotsseite keine Konkurrenz besteht. Die umgekehrte Marktsituation mit nur einem Nachfragenden wird als Monopson bezeichnet.

monopsony: <Monopson/Nachfrage-monopol> Marktsituation, bei der es nur einen Nachfragenden gibt, also auf der Nachfrageseite keine Konkurrenz besteht. Die umgekehrte Marktsituation mit nur einem Anbietenden wird als Monopol bezeichnet.

month: <Monat>

moral obligation bond: <Anleihen mit moralischer Verpflichtung> A municipal revenue bond which the state is morally obligated to redeem, should the bonds go into default.

Anleihen, bei denen der Staat eine moralische Erfüllungspflicht hat, sollte der Emittant zahlungsunfähig werden.

moratorium: <Moratorium> Aufhebung von gesetzlich oder vertraglich festgelegten Fristen, insbesondere Zahlungsfristen, durch eine staatliche Behörde.

mortality ratio: <Sterbeziffer> Maß für die Häufigkeit der Sterbefälle einer Bevölkerung.

mortgage: <Hypothek> Forderung, die durch ein im Grundbuch eingetragenes Pfandrecht an einem Grundstück oder Gebäude gesichert ist.

mortgage bond: <Pfandbrief>

A bond secured by a lien on real property.

Ein den Obligationen ähnliches Wertpapier zur langfristigen Finanzierung von erstklassigen Hypothekarkrediten.

mortgage debenture: <Hypothekenschuldschein>

mortgagee: <Hypothennehmer>

mortgage market: <Hypothekenmarkt> Markt, auf dem ausschließlich hypothekarisch gesicherte Forderungen (Hypotheken) umgesetzt werden. Der Hypothekenmarkt ermöglicht die Refinanzierung von Hypotheken durch den Gläubiger.

mortgage payments: <Hypothekenzahlungen>

mortgager: <Hypothekengeber>

most favored nation: <meist begünstigte Nation>

most-favored-nation clause (MFN): <Meistbegünstigungsklausel> Klausel in Handelsverträgen, mit der sich die Vertragsländer verpflichten, einem Drittland gewährte Vorteile beim Warenaustausch automatisch auch dem Vertragspartner einzuräumen. Die Vertragsländer haben damit die Sicherheit, hinsichtlich den tarifären und nicht-tarifären Bedingungen desWarenaustauschs gegenüber einem Drittland nicht diskriminiert zu werden Die Meistbegüntigungsklausel ist ein wichtiger Bestandteil des GATT.

motor vessel: <Motorschiff>

MOU: see *Memorandum of Understanding*

mouse: <Maus> Peripheriegerät eines Computers in Verbindung mit einem Bildschirm. Die »Maus« besitzt an der Unterseite eine Rollkugel, deren Drehung die Position des Cursors (Bildschirmpositionsanzeiger) auf dem Bildschirm steuert. Durch Bewegen der Maus kann der Cursor auf dem Bildschrim auf bestimmte, durch das Programm vorgegebene Felder geführt werden; durch Drücken einer speziellen Taste an der Oberseite der Maus kann eine bestimmte Funktion des Computers ausgelöst werden.

to **mow**, -ed, -ed/mown: <mähen>

mown: see *to mow*,

MPF: see *Merchandise Processing Fee*

MSR: see *Mexico Special Regime*

MTN: see *Multilateral Trade Negotiations*

multilateralism: <Multilateralismus> Aufbau der internationalen Beziehungen durch Verträge, bei denen mehrere Staaten Vertragspartner sind. Im Gegensatz zum Bilateralismus wird dadurch gewährleistet, daß alle Vertragspartner dieselben Vertragsbedingungen erhalten.

multilateral trade negotiations: <multilaterale Handelsverhandlungen>

multinational company: <Multinationale Gesellschaft/Multinationales Unternehmen> Gruppe von Unternehmen in verschiedenen Staaten, die einer einzigen zentralen Direktion unterstehen.

multiple choice: <vielfache Wahl>

multiplier: <Multiplikator> Koeffizient der angibt, um wieviel sich eine abhängige Variable infolge der Änderung einer unabhängigen Variablen verändert. Ist der Multiplikator größer als eins, erfolgt eine überproportionale, ist er kleiner als eins, eine unterproportionale Änderung der abhängigen Variablen. Der Multiplikator wird in der Wirtschaft in verschiedenen Teilbereichen verwendet. Die wichtigsten Multiplikatoren sind der Einkommensmultiplikator, der Geldschöpfungsmultiplikator und der Exportmultiplikator.

multiplier, export:

<Exportmulti-plikator>

multiplier, money creation:
<Geldschöpfungsmultiplikator>

multi-user system:
<Mehrplatzsystem> Computer, die von mehreren Benutzern gleichzeichtig verwendet werden können. Auf Mehrplatzsystemen können gleichzeitig mehrere Programme nebeneinander ablaufen oder mehrere Benutzer mit demselben Programm arbeiten. Die Mehrplatzfähigkeit eines Computers setzt ein entsprechendes Betriebssystem voraus und muß durch eine entsprechend aufgebaute Datenbank und Anwendersoftware unterstützt werden.

municipal bond:
<Kommunalobligation>

Municipal Bond Insurance Association (MBIA):
<Kommunalobligations-versicherungsvereinigung>

municipal underwriting:
<Kommunalausschreibung> An offering undertaken by a syndicate of broker/dealers to sell an issue of municipal securities.

munifacts: <> A wire service that provides news of interest to municipal bond traders.

Nachrichtendienst, der sich auf Nachrichten von Interesse für Anleger in Kommunalobligationen sind.

must, must: <müssen, [Hilfsverb]>

mutual banks: <Volksbanken> Bankengruppen, die in den meisten Ländern genossenschaftlich organisiert sind und einen gesetzlichen Sonderstatus besitzen. Die Haupttätigkeit der Volksbanken ist die kurz- und mittelfristige Kreditvergabe an Klein- und Mittelbetriebe und die Gewährung hypothekarisch gesicherter Kredite, die in der Regel weitgehend durch Spargelder finanziert werden.

mutual fund (US):
<Anlagefonds, offener/Investmentfonds, offener> An open-end investment company.

mutuality: <Gegenseitigkeit> Verknüpfung von Leistungen einer Gemeinschaft mit den Beiträgen der Mitglieder dieser Gemeinschaft. Im Versicherungswesen ist die Gegenseitigkeit eine Voraussetzung für das Funktionieren der Versicherung. Die Versicherten mit gleichartigen Risiken finanzieren durch ihre Beiträge die Deckung eingetretener Schadensfälle.

M/V: see *Motor Vessel*

N

NAFTA: see *North American Free Trade Agreement*

naked option: <ungedeckte Option> A short options position in which the writer does not have visible means of meeting the exercise requirement.

Verkauf einer Option, bei dem der Schreiber keine offensichtlichen Mittel hat, seinen eventuellen Verpflichtungen nachzukommen.

NARA: see *National Archives and Records Administration*

NASD: see *National Association of Securities Dealers, Inc.*

NASDAQ: <> The computer system designed to facilitate trading of over-the-counter securities. NASDAQ stands for the *National Association of Securities Dealers Automated Quotation System.*

Das Computersystem, das entworfen wurde, um den Handel mit OTC Aktien zu erleichtern. NASDAQ steht für *National Association of Securities Dealers Automated Quotation System*

NATA: see *National Apparel and Textile Association*

national accounting (US): <1) Volkswirtschaftliche Gesamtrechnung 2) Nationale Buchführung> Die volkswirtschaftliche Gesamtrechnung im engeren Sinne. Ermittelt werden das Produktions-, Einkommens- und Vermögensveränderungskonto für die gesamte Volkswirtschaft durch Aggregation der entsprechenden Konten aller Wirtschaftseinheiten.

National Apparel and Textile Association: <nationale Bekleidungs- und Textilvereinigung (U.S.A.)>

National Archives and Records Administration: <nationale Archiv und Dokumentenbehörde (U.S.A.)>

National Association of Securities Dealers, Inc.: <Nationaler Verband der Wertpapierhändler> Usually referred to as the NASD, this is the self-regulatory organization which is responsible for supervising the securities market.

Allgemein NASD genannt. Dies ist eine selbstregulierende Organisation, die die Verantwortung für die Überwachung des Wertpapierhandels hat.

National Bank of Austria: <ÖsterreichischeNationalbank> Zentralbank der Republik Österreich mit Sitz in Wien.

National Bank of Switzerland: <Schweizerische Nationalbank> Zentralbank der Schweiz mit Sitz in Bern und Zürich, 1902 gegründet.

national commodity sampling information system: <nationales Warenproben Informationssystem (U.S.A.)>

National Crime Information Center (FBI): <nationales Verbrechensinformations Zentrum (FBI) (U.S.A.)>

National Customs Brokers and Forwarders Association of America: <Nationaler Verband der Zollmakler und Spediteure Amerikas>

National Drug Enforcement Policy Board: <nationaler Ausschuß für Drogenbekämpfungspolitik (U.S.A.)>

National Futures Association

(NFA): <Bundesverband für Termingeschäfte> An organized group under the CFTC that requires membership for FCMs their agents and associates, CTAS, and CPOS. This is a self-regulatory group similar to the *National Association of Securities Dealers, Inc..* Ein Verband, der der CFTC <Commodity Futures Trading Commission Warenterminhandelsausschuß> angeschlossen ist und dessen Mitgliedschaft für FCMs <Futures Commission Merchant Termingeschäftvermittler>, ihre Agenten und Teilhaber, CTAs <Commodity Trading Advisor = Berater für Warenterminhandel> sowie CPOs <Commodity Pool Operator Warenpool-Repräsentant> obligatorisch ist. Der Verband unterliegt der Selbstverwaltung, vergleichbar mit der *National Association of Securities Dealers,* Inc. <NSAD = Bundesverband der Börsenhändler>.

national grange: <National Grange> Amerikanische Vereinigung, deren Zielsetzungen die Verbesserung der Erziehung und Bildung der Landwirte, die Wahrnehmung der bäuerlichen Interessen und die Förderung der von der Vereinigung vertretenen sozialpolitischen Vorstellungen sind.

National Highway Traffic Safety Administration,

Department of Transportation: <nationale Straßenverkehrssicherheitsbehörde, Verkehrsministerium (U.S.A.)>

national import specialist: <nationaler Einfuhrspezialist (U.S.A.)>

national import specialist assistant: <nationaler Einfuhrspezialistenassistent (U.S.A.)>

national import specialist commodity training: <nationaler Einfuhrspezialisten Warentraining (U.S.A.)>

nationalization: <Verstaatlichung> Übertragung des Eigentums an Produktionsfaktoren oder ganzen Unternehmen oder Übertragung der Ausübung bestimmter Tätigkeiten an den Staat. Die Verstaatlichung kann auch nicht-kommerzielle Tätigkeiten betreffen, die bisher durch Privatpersonen oder private Unternehmen ausgeübt wurden, wie beispielsweise Gesundheitsdienste, Schulen.

national lottery: <Staatslotterie> In verschiedenen Ländern vorhandene Lotterie, die vom Staat überwacht oder durchgeführt wird.

national market system: <Nationales Marktssystem> The most actively traded stocks on the NASDAQ System. Commonly referred to as the NMS. A trader must report trades in NMS securities within 90 seconds of the trade.

Die am häufigsten gehandelten Aktien im NASDAQ System. Allgemein als NMS bezeichnet. Händler müssen NMS Händel innerhalb von 90 Sekunden melden.

national market system nominal quote: <Nationales Marktsystem Nominelle Notierung> A quote that is not a firm quote. A broker/dealer giving a nominal quote is not obligated to trade at that price.

national narcotics intelligence consumer committee: <Verbraucherausschuß für nationale

NAV: see *net asset value.*

NBBA: see *Northern Border Brokers Association*

NCBFAA: see *National Customs Brokers and Forwarders Association of America*

NCIC: see *National Crime Information Center* (FBI)

NCITD: see *International Trade Facilitation Council*

NCSIS: see *National Commodity Sampling Information System*

NDEPB: see *National Drug*

Enforcement Policy Board

near month: <nahegelegener Monat>

nearby delivery: <baldige Lieferung>

need: <Bedürfnis> Das von einer Einzelperson oder von der Gemeinschaft empfundene Gefühl eines Mangels. Gegenstand des Bedürfnisses können Güter oder Dienstleistungen sein. Das letztendliche Ziel der Wirtschaftstätigkeit ist die Befriedigung von Bedürfnissen. Aus diesem Grund ist die Art und Weise, wie die Bedürfnisse befriedigt werden, eines der Hauptmerkmale eines Wirtschaftssystems. Insbesondere unterscheiden sich die verschiedenen Wirtschaftsdoktrinen in der Art des Mitteleinsatzes, um dieses Ziel der Wirtschaftstätigkeit zu erreichen.

negotiable warehouse receipt: <handelbarer Depotschein>

negotiated market: <verhandelbarer Markt> A market in which prices are determined by negotiation between broker/dealers. The OTC market is a negotiated market.

Ein Markt bei dem Preise durch Verhandlungen zwischen Broker/Händler festgestellt werde. Der OTC Markt ist ein verhandelbarer Markt.

net assets: <Reinvermögen> Nettovermögen eines Unternehmens, d.h. Gesamtvermögen, abzüglich der bestehenden Verbindlichkeiten.

net asset value: <Nettovermögenswerte> In mutual funds, the assets of the fund less its liabilities, divided by the number of shares outstanding, usually referred to as the NAV. This is the price a mutual fund shareholder receives when selling shares of the fund.

net interest cost: <Nettozinskosten> In a syndicate bid on a competitive bid underwriting, the cost of the offering to the issuer. It is adjusted for premium or discount prices, but does not include any net present value computations. (Compare this with *True Interest Cost*). The firm offering the issuer the lowest net interest cost wins the bid and underwrites the issue.

net position: <Nettoposition>

net present value: <Kapitalwert> Differenz der auf den Kalkulationszeitpunkt mit dem Kalkulationszinsfuß abgezinsten, d.h. diskontierten Erträgen und Kosten einer (geplanten) Investition. Vergleiche *Kapitalwertmethode*.

net present value method: <Kapitalwertmethode>

Differenz der auf den Kalkulationszeitpunkt mit dem Kalkulationszinsfuß abgezinsten, d.h. diskontierten Erträgen und Kosten einer (geplanten) Investition. Vergleiche Kapitalwertmethode.

net price: <Nettopreis>

net revenue pledge: <Nettoertragspfand> In a municipal revenue bond, a provision in the trust indenture stating that revenues will first be used to pay the operating and maintenance costs of the facility. The net revenues will then be used to support the debt.

network: <Netzwerk> Computersysteme mit einer oder mehreren Zentraleinheiten und Peripheriegeräten, die miteinander verbunden sind.

New Deal: <New Deal> Bezeichnung für die von US-Präsident F. D. Roosevelt am dcmokratischen Konvent vom 2.7.1932 vorgeschlagene und nach seiner Wahl ab März 1933 durchgeführte Wirtschaftspolitik zur Bekämpfung der damaligen Wirtschaftskrise. Beim New Deal (englisch für Neuverteilung der Spielkarten) handelt es sich um eine pragmatische, den liberalen Grundsätzen verpflichtete Wirtschaftspolitik, bei der jedoch die Mängel einer ausschließlichen Steuerung über Marktrnechanismen (Prinzip des Laissez-faire, freien Wettbewerbs und Liberalismus) durch organisatorische Eingriffe behoben werden sollten.

newly industrialized country: <neuindustrialisierte Länder> Betäubungsmittelauskünfte (U.S.A.)>

New York Futures Exchange: <Terminbörse von New York>

New York Mercantile Exchange: <Handelsbörse von New York>

New York Stock Exchange: <Wertpapierbörse von New York>

NFA: see *National Futures Association*

NFA Associate: <NFA Partner>

NHTSA: see *National Highway Traffic Safety Administration, Department of Transportation*

NIC: see *Newly Industrialized Country*

NIS: see *National Import Specialist*

NISA: see *National Import Specialist Assistant*

NISCT: see *National Import Specialist Commodity Training*

NMS: see *National Market System Nominal quote.*

NNICC: see *National Narcotics Intelligence Consumer Committee*

nomenclature:
<Nomenklatur/Schema> Methodisch nach bestimmten Sortierkriterien angelegtes Verzeichnis von Elementen einer Gesamtheit.

nominal yield: <nominale Rendite> The stated interest rate on a bond issue, often called the coupon rate.

non-appropriation of revenues: see *revenues, nonappropriation of*

non-financial contracts: <nicht-finanzielle Verträge>

nonfulfilment: <Nichterfüllung> Leistungserbringung, die nicht der vertraglich vereinbarten Leistungspflicht entspricht. Die Nichterfüllung kann sich auf die Lieferung von Gütern und Dienstleistungen oder auf die Begleichung von Verbindlichkeiten beziehen. Die Nichterfüllung kann die Leistung als solche, den Zeitpunkt oder vereinbarte Rahmenbedingungen betreffen. Eine zeitliche, aber vorübergehende Nichterfüllung wird als Verzug bezeichnet.

non-metallic standard: <Nichtmetallwährung> Währung, dessen Einheit nicht als eine bestimmte Menge Metall (Gold oder Silber) definiert ist.

non-participating preferred

stock: <nicht-teilhabende Vorzugsaktie> A type of preferred stock that does not pay higher dividends when the corporation has higher earnings.

non-profit: <gemeinnützig>

non-recourse loan: <haftungsfreier Kredit> In a limited partnership, a loan for which the limited partners are not personally liable.

non-tax-qualified annuity: <nicht steuerlich begünstigte Annuität> The normal type of annuity. Contributions are not tax deductible; when payments are received, the annuitant is taxed only on the portion representing earnings. The return of capital is not taxed.

non-vessel operating common carrier: <nicht schiffsbetreibende allgemeine Spediteure>

normal distribution: <Normalverteilung/Gauss-Verteilung> Verteilung einer statistischen Variablen, die durch eine sehr große Zahl unabhängiger additiver Faktoren bestimmt wird, deren Varianzen im Vergleich zur Gesamtvarianz gering ist.

normal market: <Normalmarkt>

North American Free Trade Agreement: <Nordamerikanisches

Freihandelsabkommen>

Northern Border Brokers Association: <nördlicher Grenzmakler Verband (U.S.A.)>

nostro: <nostro> Bezeichnung von Konten eines Unternehmens, die von einem anderen Unternehmen (Geschäftspartner) geführt werden. Das Gegenstück zu einem Nostrokonto ist ein Lorokonto.

note, bank issued medium term: <Kassenobligation/Kassenschein> Von Banken laufend ausgegebene mittelfristige Schuldverschreibung mit einer Laufzeit von 3-8 Jahren.

notice day: <Benachrichtigungstag>

notice of approval: <Genehmigungsbescheid> Von der öffentlichen Verwaltung meist schriftlich erteilte Erlaubnis zu einer Handlung. Die Verwaltung kann auf der Grundlage der gesetzlichen Vorschriften dem Antragsteller die Genehmigung nach freiem Ermessen erteilen.

notice of sale: <Verkaufsbenachrichtigung> An advertisement by an issuer preparing a competitive bid offering. The notice of sale invites firms to submit a bid on the offering.

numeric: <numerisch> Informationen, die ausschließlich durch Ziffern dargestellt werden können.

nuptiality: <Heiratsziffer> Maß für die Häufigkeit der Eheschließungen einer Bevölkerung.

NVOCC: see *Non-vessel Operating Common Carrier*

NYFE: see *New York Futures Exchange*

NYMEX: see *New York Mercantile Exchange*

NYSE: see *New York Stock Exchange*.

NYSE Composite Index: <NYSE Kompositen Index> An index of all the common stocks listed on the NYSE.

O

OAS: see *Operational Analysis Staffs*

OB: see *or better*

object code: <Maschinen-

programm> Ein in Maschinensprache geschriebenes oder von einem Quellenprogramm übersetztes Computerprogramm, das auf einem Computer direkt ablauffähig ist. Die Maschinensprache ist binär aufgebaut und für jedes Computersystem und dessen Besonderheiten spezifisch.

obligation1: <Verpflichtung>

obligation2: <Obligation/Schuldverschreibung>

obligation bonds: <Kommunalobligationen> Municipal bonds that are backed by the full faith, credit and taxing power of the issuer.

OBO: see *Order Book Official.*

OBO: see *or better offer*

observation, economic: <Wirtschaftsbeobachtungen>

obsolescence: <Obsoleszenz> Überalterung eines Wirtschaftsgutes. Im weiteren Sinne: Die mit der Überalterung vorhandene Wertabnahme. Obsoleszenz und Abnutzung müssen begrifflich voneinander getrennt werden. Abnutzung bedeutet eine Minderung des Wertes infolge des Gebrauches, Obsoleszenz eine Minderung des Wertes infolge der Verfügbarkeit eines subjektiv oder objektiv verfügbaren Wirt-

schaftsgutes, beispielsweise infolge technischen Fortschrittes.

OCC: seee *Options Clearing Corporation*

OCO order: see *one cancels other*

OCR: <OCR> Abkürzung für *Optical Character Recognition.* Schriftarten, die ein elektronischer Belegleser erkennen und in digitale Informationen für Computersysteme umwandeln kann.

odd lot: <"krumme" Lots> Less than the usual trading unit, usually 100 shares of stock or 5 bonds.

Weniger als die gewöhnlichen Handelslots. Gegenteil: *round lot,* normalerweise 100 Aktien oder 5 Bonds.

odd lot theory: <Odd Lot Theorie> An investment theory that contends that the odd lotters are always wrong. Odd lotters buying is a sell signal. Odd lotters selling is a buy signal.

Eine Anlagetheorie, die den Standpunkt vertrtt, daß Odd Lotters immer falsch liegen. Odd Lotters Käufe sind ein Verkaufssignal. Odd Lotters Verkäufe sind ein Kaufsignal.

OECD: see *Organisation for economic cooperation and development (OECD)>*

OEEC: <siehe *Organisation for european economic cooperation (OEEC)*>

OEX: <OEX> The symbol for Standard & Poors 100 Index options.

Symbol für den S&P 100 Index.

OFAC: see *Office of Foreign Assets Control, U.S. Department of the Treasury*

offense: <Vergehen>

offer: <Angebot>

office: <Büro>

office of foreign assets control, U.S. Department of the Treasury : <Behörde für Auslandsinvestionskontrollen, U.S. Finanzministerium (U.S.A.)>

office of international affairs: <Behörde für internationale Angelegenheiten (U.S.A.)>

Office of Management & Budget: <Management und Etat Ministerium (U.S.A.)>

office of regulatory audit: <Revisionsstelle (U.S.A.)>

office of regulatory & rulings: <Revisionsstelle & Entscheidungen (U.S.A.)>

office of trade operations: <Amt für Handelsprozesse>

official[1]: <offiziell>

official[2]: <Offizier/offizieller Repräsentant/offizieller Vertreter>

official journal: <Amtsblatt> Offizielles Publikationsorgan, in dem die gesetzlich vorgeschriebenen Veröffentlichungen von Gesetzen, Verordnungen und publikationspflichtigen Tatbeständen erfolgen.

official quotation: <offizielle Notierung> Offizieller Kurs eines an der Wertpapierbörse zum Handel zugelassenen Wertpapiers. Die eigentliche Kursfestsetzung hängt von Angebot und Nachfrage für das Wertpapier ab, wobei die technische Durchführung bei den Börsen unterschiedlich erfolgt.

official statement: <offizielle Stellungnahme> The disclosure document in a municipal bond offering. Issuers of municipal bonds are not to publish an official statement, but most do anyway.

Die Offenlegung bei der Ausschreibung für eine Kommunalobligation. Emittanten von Kommunalobligationen müssen keine offizielle Stellungnahme veröffenlichen, die meisten tun es aber trotzdem.

to **offset:** <glattstellen>

offsetting: <Glattstellung, Ausgleich, Kompensation> Eliminating the obligation to make or take delivery of a commodity by liquidating a purchase or covering a sale of futures. This is affected by taking an equal and opposite position; either a sale to offset a previous purchase, or a purchase to offset a previous sale in the same commodity, with the same delivery date. If an investor bought an August gold contract on the COMEX, he would offset this obligation by selling an August Gold contract on the COMEX. To offset an option, the same option must be bought or sold.

Aufheben der Verpflichtung, die Lieferung einer Ware durch Liquidation eines Einkaufs oder Deckung eines Terminverkaufs zu veranlassen oder entgegen zu nehmen. Dies wird durch Einnahme einer gleichen sowie entgegengesetzten Position erreicht: entweder ein Verkauf, um einen vorangegangenen Erwerb glattzustellen oder ein Erwerb, um einen vorangegangenen Verkauf glattzustellen, jeweils mit der gleichen Ware und zum gleichen Lieferungsdatum. Ein Anleger, der einen August Goldkontrakt an der Warenbörse kauft, würde diese Verpflichtung dadurch glattstellen, daß er einen August Goldkontrakt an der Warenbörse verkauft. Um eine Option glattzustellen, muß die gleiche Option ge- oder verkauft werden.

offsetting agreements: <Kompensationsabkommen>

offshore bank: <Offshore Bank> Abkürzung für *Optical Character Recognition.* Schriftarten, die ein elektronischer Belegleser erkennen und in digitale Informationen für Computersysteme umwandeln kann.

oil and gas income program: <Öl und Gas Einkomensprogramme> Buying existing oil and gas wells and producing the wells to generate income. The program does not generate intangible drilling and development costs, and does not generate high tax deductions.

oil certificate: <Erdölzertifikat> Partizipationsschein der Erdölindustrie Frankreichs, der durch Ausnützung des Wandelrechtes von Anleihen zur Finanzierung der Erkundung, Förderung und Verarbeitung von Erdölvorkommen erworben werden kann. Partizipationsscheine verleihen dem Inhaber mit Ausnahme des Stimmrechts ähnliche Rechte wie dem Aktionär.

oligopoly: <Oligopol> Marktsituation, bei der die Konkurrenz auf der Angebotsseite unvollständig ist, da nur wenige Anbieter vorhanden sind.

oligopsony: <Oligopson> Marktsituation, bei der die Konkurrenz auf der Nachfrageseite unvollständig ist, da nur wenige Nachfragende vorhanden sind.

OMB: see *Office of Management & Budget*

omnibus account: <Sammelkonto> An account carried by *Futures Commission Merchant* (FCM) with another. The transactions of two or more individual accounts are combined in this type of account. The identities of the individual account holders are not disclosed to the second FCM. A brokerage firm may have an omnibus account including all its customers with its clearing firm.

Ein Konto, das ein *Futures Commission Merchant* <Termingeschäftvermittler> (FCM) zusammen mit einem anderen unterhält. Die Geschäftsvorfälle von zwei oder mehreren Einzelkonten sind in dieser Kontenart vereinigt. Die Identitäten der einzelnen Kontoinhaber werden dem anderen FCM nicht offenbart. Denkbar wäre, daß eine Maklerfirma ein *Omnibus account* besitzt, daß alle ihre Kunden unter Angabe der *Clearing firm* <Buchungsstelle>

enthält.

on close: <bei Börsenschluß>

on hand: <zur Hand>

on opening: <bei Börseneröffnung>

open cover: <Rückversicherungs-police, offene> Rückversicherungsvertrag, bei dem der Rückversicherer sich verpflichtet, im Rahmen eines vereinbarten Betrags alle Risiken zu übernehmen, die ihm der Versicherer abtreten will.

open-end investment company: see *Mutual Fund.*

opening range: <Eröffnungsrange, Eröffnungsspanne> A range of prices recorded at the official "opening" of a trading day.

Eine Kursspanne, die zur offiziellen "Eröffnung" eines Handelstages aufgezeichnet wird.

open interest: <Offenes Interesse; (Termin-) Engagements> Is the number of contracts outstanding; i.e., the number of long <u>or</u> shortpositions not yet offset. Open interest is an ongoing figure for the life of a contract, while volume is a daily figure.

Bezeichnet die Anzahl der noch anstehenden Kontrakte; z.B. die Anzahl der *long* <u>oder</u> *short* Positionen, die noch nicht glattgestellt wurden. *Open interest* zeigt ein fortlaufendes Bild für die. Dauer der Laufzeit des Kontraktes, während *Volume* das Bild eines Tages wiedergibt.

open market: <Offenmarktopera-tionen> Interventionstechnik der Zentralbank mittels Kauf und Verkauf von Wertpapieren auf dem Geld- oder Kapitalmarkt zur Beeinflussung der Geldmenge und des Preisniveaus.

open market operations: <Offenmarktaktivitäten> The Federal Reserve buying or selling of U.S. government securities.

open outcry: <öffentlicher Ausruf>

opening: <Öffnung>

opening limit: <Öffnungsgrenze>

opening price: <Öffnungspreis>

operating capital, necessary: <betriebsnotwendiges Kapital> Kapital, das dem Unternehmen dauernd oder langfristig zur Verfügung steht. Das betriebsnotwendige Kapital setzt sich aus dem Eigenkapital und dem langfristigen Fremdkapital zusammen und dient zur Finanzierung des Anlagevermögens und der längerfristig gebundenen Teile des Umlaufvermögens.

operating fund: <Betriebsfonds> Langfristiges Kapital eines Unternehmens, das zur Finanzierung des Umlaufvermögens mit geringer Umschlagsgeschwindigkeit eingesetzt wird. Das Umlaufvermögen wird zur Hauptsache durch kurzfristiges Kapital finanziert. Bestimmte Teile des Umlaufvermögens werden jedoch langsamer umgesetzt als das kurzfristige Kapital zur Verfügung steht. Diese Teile des Umlaufvermögens müssen deshalb zur Sicherung der Unternehmenstätigkeit durch langfristiges Kapital gedeckt sein.

operating statement: <Betriebsergebnisrechnung> Gegenüberstellung aller Aufwendungen und Erträge, die innerhalb eines Rechnungsjahres im Zusammenhang mit der eigentlichen Unternehmenstätigkeit entstehen. Die Betriebsergebnisrechnung bildet die Grundlage zur Bewertung der Produktions- und Handelstätigkeit des Unternehmens. Sie widerspiegelt den Betriebsprozeß, indem sie über die Herkunft des Ertrages und den Ursprung des Aufwands, d.h. des Entgelts für die benutzten Produktionsfaktoren, Aufschluß gibt. Zu beachten ist, daß in der Betriebsergebnisrechnung Aufwand und Ertrag und nicht nur geldwirksame Einnahmen und Ausgaben erfaßt sind. Sie enthält daher beispielsweise auch die erforderlichen Abschreibungen und Rückstellungen.

operating system: <Betriebssystem> Software, die für den Betrieb eines Computers erforderlich ist. Ein modernes Betriebssystem umfaßt Steuerprogramme, die die Abläufe in der Zentraleinheit und zwischen der Zentraleinheit und den Peripheriegeräten regeln, Übersetzungsprogramme wie Compiler und Interpreter, Datenbankverwaltungsprogramme, Dienstprogramme und eine Reihe von Hilfsprogrammen wie beispielsweise Programme zum Auffinden von Programmfehlern oder Unterstützung der Programmerstellung. Die Betriebssysteme sind für größere Computersysteme verschiedener Hersteller unterschiedlich. Im mittleren Bereich erfolgte durch das Betriebssystem UNIX und im kleineren Bereich durch die Betriebssysteme MS-DOS und CP/M eine von Herstellern unabhängige Standardisierung, so daß dort Anwendersoftware auf verschiedenen Computern ohne Anpassungen einsetzbar ist.

operating system software: <Betriebssoftware>

Computerprogramme, die für den Betrieb eines Computers erforderlich sind. Die Betriebssoftware, auch Betriebssystem genannt, stellt das Bindeglied zwischen der Hardware und der Anwendersoftware dar. Gegenteil zur Betriebssoftware ist die Anwendersoftware.

operational analysis staffs: <Prozessanalysestab>

ophelimity: <Ophelimität> Von einigen Wirtschaftswissenschaftlern (insbesondere Pareto) verwendeter Begriff zur Beschreibung der Befriedigung, die eine Person aus der Nutzung eines Guts zieht.

opportunity cost: <Gelegenheits-kosten> The price paid for not investing in a different investment. It is the income lost from missed opportunities. Had the money not been invested in land, earning 5%, it could have been invested in T-Bills, earning 10%. The 5% difference is an opportunity cost. Die Summe, die dafür veranschlagt wird, nicht in ein anderes Geschäft investiert zu haben. Es bezeichnet den Einkommensverlust durch verpaßte Gelegenheiten. Wäre das Geld nicht in Grundstücke investiert gewesen und damit 5% verdient worden, hätte es in T-Bills investiert und 10% verdient werden können. Die 5 %

Differenz stellen die *Opportunity Costs* dar.

optimum: <Optimum> Der zur Verwirklichung eines Ziels oder Zielbündels beste Wert einer oder mehrerer Größen. Im Gegensatz zum Maximum, dem größten möglichen Wert als solchem, ist das Optimum der größte mögliche Wert unter Berücksichtigung von Restriktionen.

option: <Option> A unilateral contract giving the buyer the right to buy or sell a commodity at a specified price within a certain time period. It is unilateral because only one party (the buyer) has the right to demand performance on the contract.

Ein einseitiger Vertrag, der dem Käufer das Recht gibt, eine Ware zu einem bestimmten Preis innerhalb einer gewissen Zeitspanne zu kaufen oder verkaufen. Er ist einseitig, weil nur eine Partei (der Käufer) das Recht besitzt, die Ausübung des Vertrages zu verlangen.

Gegen Bezahlung einer Prämie vertraglich eingeräumtes Recht, innerhalb einer bestimmten Frist eine bestimmte Menge bestimmter Wertpapiere oder Devisen (Optionsinhalt) zu einem vereinbarten Preis (Basispreis) kaufen oder verkaufen zu können. Bei den Optionen muß einerseits zwischen Call- und Putoptionen, andererseits zwischen Käufer- und Verkäuferseite unterschieden werden, so daß sich insgesamt vier mögliche Situationen ergeben. Käufer einer Calloption: Hat das Recht., den Optionsinhalt zum vereinbarten Preis zu kaufen und zahlt dafür eine Optionsprämie. Verkäufer einer Calloption: Hat die Pflicht, auf Wunsch des Optionskäufers den Optionsinhalt zu liefern (Andienungspflicht) und erhält dafür eine Optionsprämie. Käufer einer Putoption: Hat das Recht, den Optionsinhalt zum vereinbarten Preis zu verkaufen und zahlt dafür eine Optionsprämie. Verkäufer einer Putoption: Hat die Pflicht, auf Wunsch des Optionskäufers den Optionsinhalt zum vereinbarten Preis zu übernehmen (Abnahmepflicht) und erhält dafür eine Optionsprämie. Der Verkäufer von Optionen wird auch als Stillhalter bezeichnet, da dieser das Optionsrecht nicht aktiv ausüben kann, sondern vom Entscheid des Käufers abhängt. Der Verkauf von Optionen wird häufig mit dem Begriff Optionsschreiben bezeichnet.

option **premiums:** <Optionsprämie>

option, put and call: <Stellage-

Geschäft> see *straddle*

Options Clearing Corporation:
see OCC.

options   exchange:
<Optionenbörse>

ORA: see *Office of Regulatory Audit*

order: <Auftrag>

order book official (OBO):
<Auftragsbuch Beauftragter>
An employee of the CBOE who maintains the public limit order file, which is similar to a specialist's book. Also referred to as an OBO or Board Broker, he executes limit orders for options.

order level: <Auftragsebene>

order   period:
<Auftragsperiode> In a municipal underwriting, a short period when all orders are accepted without regard to the priority for orders for the offering.

order   restriction:
<Auftragsbeschränkung>

ordinary income: <allgemeines Einkommen> For tax purposes, income from wages, salaries, and   self-employment, demagogically called "earned income".

organistic   theory:
<Organlehre> Von Schäffle und Rodbertus   entwickelte Wirtschaftstheorie, bei der die Wirtschaft mit einem lebenden Organismus verglichen wird.

organization   costs:
<Gründungskosten> Kosten, die bei der Vorbereitung und Durchführung einer Unternehmensgründung anfallen. Die Gründungskosten können üblicherweise abgeschrieben werden. Sie beinhalten in der Regel die Kosten für: - Vorbereitungsarbeiten, wie Marktanalysen, Werbung, juristische Beratung usw. - Durchführungsarbeiten, wie Eintragung ins Handelsregister, Rechtsanwaltskosten usw. - Steuern und Abgaben wie Emissionsstempel, Übertragungssteuern für Sacheinlagen usw. - Jenen Teil der Sacheinlagen, die nicht auf das Grundkapital angerechnet werden. - Kosten für Anleihen und allfälliges Agio.

Organization for Economic Cooperation and Development(OECD): <Organisation für wirtschaftliche Zusammenarbeit und Entwicklung (OECD)> Internationale Wirtschaftsorganisation mit Sitz in Paris, 1960 als Nachfolgeorganisation der OEEC (Organization for European Economic Cooperation) gegründet. Mitgliedsländer sind Australien, Belgien, Bundesrepublik Deutschland, Dänemark, Frankreich, Griechenland,

Großbritannien, Irland, Island, Italien, Japan, Kanada, Luxemburg, Neuseeland, Niederlande, Norwegen, Österreich, Portugal, Schweden, Schweiz, Spanien, Türkei und USA. Assoziiert unter speziellem Statut sind Finnland und Jugoslawien. Die OECD hat als Ziel, durch geeignete Aktivitäten das Wachstum der Mitgliedsländer zu fördem, an der Entwicklung der Dritten Welt beizutragen und den internationalen Handel zu erleichtern. Die OECD ermöglicht den Mitgliedsländem einen ständigen Erfahrungsaustausch und die Erarbeitung von Lösungen für Wirtschaftsprobleme. Die OECD liefert dazu Wirtschaftsprognosen und Wirtschaftsberichte über die Mitgliedsländer.

Organization for European Economic cooperation (OEEC): <Organisation für europäische wirtschaftliche Zusammenarbeit (OEEC)> Intemationale Wirtschaftsorganisation von 1948 bis 1960 mit Sitz in Paris, Vorläuferorganisation der Organisation für wirtschaftliche Zusammenarbeit und Entwicklung (OECD). Der OEEC gehörten 18 europäische Länder sowie als assoziierte Mitglieder die USA und Kanada an. Ursprüngliche Zielsetzung der

OEEC war die Aufstellung eines gemeinsamen Wirtschaftsprogramms, aufgrund dessen die Verteilung der Mittel aus dem Marshallplan erfolgen sollte.

original   margin: <Originalmargin>

ORR: see *Office of Regulatory & Rulings*

OSS System: <OSS System> The automated execution system for CBOE options.

Das automatisierte Ausführungssystem für CBOE Optionen

OTC: see *Over the counter*

OTC market: see *Over-the-Counter Market.*

OTO: see *Office of Trade Operations*

out-of-the-money: <aus dem Geld> Lacking intrinsic value. A call option is out-of-the-money if the market price of the stock is less than the strike price of the call. A put option is out-of-the-money if the market price of the stock is higher than the strike price of the put.

out-of-town   bill: <Distanzwechsel> Wechsel, der sich bei Fälligkeit an einem anderen Ort als der Zahlstelle befindet. Da der Wechsel bei Fälligkeit physisch bei der Zahlstelle vorgelegt werden muß, verursacht die Einziehung eines Distanzwechsels höhere Kosten. Das Gegenteil eines Distanzwechsels ist der Platzwechsel.

overbought market: <überkaufter Markt>

overdraft: <Kontokorrentkredit> Kredit, der bis zu einer vereinbarten Höhe (Kreditlimit) durch den Kreditnehmer zeitlich und betragsmäßig beliebig beansprucht werden kann. Technisch wird der Kredit durch Überziehung eines Kontokorrentkredits beansprucht.

overdue: <überfällig>

overlapping debt: <überlappende Verschuldung> Multifarious debt that rests on a single debtor. In general obligation municipal bonds, bonds issued by a city, county, school district, and water district may all look to the same people for taxes to support the debt.

overriding royalty interest: <übergeordnetes Tantieme Anrecht> In an oil and gas program, a compensation arrangement giving the general partner a percentage of the gross income, on top of the other royalties.

over-the-counter (OTC): <Freiverkehr/Außerbörslich> Wertpapierhandel außerhalb der Börse mit nicht an der Börse kotierten Wertpapieren.

over-the-counter index: <OTC Index>

over-the-counter market: <OTC Markt> The market for securities that are not listed on an exchange. Various broker/dealers buy and sell these securities for their own accounts.

overrated: <überbewertet>

overrider[1]: <Revisor>

overrider[2]: <Umsatzbeteiligter>

oversold market: <überverkaufter Markt>

ownership: <Eigentum> Recht, über eine Sache nach Belieben zu verfügen und jeden anderen davon auszuschließen. Das Recht beinhaltet das Nutzungsrecht (Usus), das Fruchtziehungsrecht (Fructus) und das Recht der freien Verfügbarkeit (Abusus). Das Eigentum ist eine soziale Gegebenheit, die überall verbreitet ist, jedoch von Land zu Land unterschiedlich geregelt ist. Vom Eigentum ist der Begriff Besitz zu trennen, obwohl Eigentum und Besitz in der Regel in derselben Person zusammenfällt. Wird eine Sache unredlich erworben, ist die betreffende Person zwar Besitzer, nicht jedoch Eigentümer.

P

P&PMS: see *Policies and Procedures Manual System*

paid: see *to pay,*

PAIRED: see *Port of Arrival Immediate Release and Enforcement Determination*

PAIRS: see *Port of Arrival Immediate Release System*

paper: <Papier> Urkunde, die eine Forderung oder ein Eigentumsrecht verbrieft und Gegenstand des Handels auf den Kapital- und Geldmärkten ist. Als Papier werden in der Fachsprache die Wertpapiere (z.B. Aktien, Obligationen usw.) und die Handelspapiere (z.B. Scheck, Wechsel usw.) bezeichnet.

paper profit: <theoretischer Gewinn> Ein rechnerischer Gewinn, der nur auf dem Papier besteht, da dem Gewinn keine tatsächliche Handlung zugrunde liegt.

par: <Pari> Übereinstimmung des Nominalwertes mit dem Effektivwert. Aus dem Italienischen al pari = zum gleichen.

parafiscal charges: <steuerähnliche Abgaben> Gesetzlich vorgeschriebene Abgaben für wirtschaftliche oder soziale Zwecke, die an spezielle Einrichtungen (Sozialversicherungen, Kirchen, usw.) abgeführt werden müssen.

parent company: <Muttergesellschaft> Unternehmen, das eine oder mehrere Tochtergesellschaften besitzt.

pari passu (clause): <Pari passu/Negativklausel> Klausel, mit der sich der Emittent einer Obligationsanleihe verpflichtet, bei einer späteren Emission keine besseren Bedingungen zu gewähren, wenn diese nicht nachträglich auch den Zeichnern der laufenden Emission gewährt werden.

parity: <Parität> Andere Bezeichnung für Devisenkurs, also das Austauschverhältnis zwischen zwei Währungen. Heute bedeutungslos ist die Goldparität, d.h. das Austauschverhältnis einer Währung zu Gold.

parity price: <Gleichheitspreis> For convertible securities, the price level at which their exchange value equals that of the common stock.

participating bond: <Gewinnschuldverschreibung> Schuldverschreibung, deren Verzinsung sich ganz oder teilweise nach den erwirtschafteten Gewinnen des Schuldners richtet.

participating preferred stock: <teilhabende Vorzugsaktien> Preferred stock that shares in exceptional earnings of the corporation. Participating preferred stocks may be paid an extra quarterly dividend if the company has a very good year.

participation: <Beteiligung> Interessensnahme an einem Unternehmen durch Besitz eines Kapitalanteils oder durch Einflußnahme auf die Führung und Verwaltung.

participation of employees: <Mitbeteiligung> see *copartnership*

partner, dormant/sleeping: <Stil-ler Gesellschafter/Stiller Teilhaber> Person, die am Kapital eines Unternehmens beteiligt ist, sich aber stillschweigend, aufgrund eines Vertrags oder zwingend durch Gesetz nicht an der Geschäftsführung des Unternehmens beteiligt.

partnership: <Gesellschaft> Vertragliche Verbindung von zwei oder mehreren Personen zur Erreichung eines gemeinsamen Zwecks durch gemeinsamen Einsatz von Mitteln (Güter, Forderungen) und Kräften. In der Regel wird zwischen Personengesellschaften (einfache Gesellschaft, Kommanditgesellschaft) und Kapitalgesellschaften (Aktiengesellschaft, Gesellschaft mit beschränkter Haftung) unterschieden. Mit Ausnahme der einfachen Gesellschaft haben Gesellschaften eine eigene Rechtspersönlichkeit, sind also juristische Personen.

partnership, limited: <Kommanditgesellschaft>

partner, sleeping: see *partner, dormant*

par value: <Nominalwert> The face value appearing on the certificate. Preferred stocks normally have a par value of $100, bonds, a par value of $ 1,000.

passenger analysis team: <Passagieranalysegruppe (U.S.A.)>

passenger name record: <Passagiernamensakte>

passive income: <passives Einkommen> For tax purposes income from direct investments in a business venture by an investor who does not actively participate in management, such as income from limited partnerships.

PAT: see *Passenger Analysis Team*

patent: <Patent>

Von der staatlichen Verwaltung ausgestelltes Dokument, das dem Erfinder das Eigentumsrecht an seiner Erfindung verleiht.

to **pay**, paid, paid: <zahlen, bezahlen>

pay-as-you-go basis (insurance): <Umlageverfahren> Finanzierungstechnik bei Versicherungen, bei der die laufenden Einnahmen in Form von Prämien oder Beiträgen für die Finanzierung der Versicherungsleistungen derselben Zeitperiode verwendet werden.

payment: <Zahlung> Handlung, mit der eine finanzielle Verpflichtung erfüllt wird.

payment date: <Fälligkeitsdatum> The date on which a corporation pays a dividend that has been declared.

payment in (of capital, of stock): <Liberierung (des Kapitals, einer Aktie)> Bezahlung eines Teils oder der gesamten Einlage, zu deren Einbringung sich die Aktionäre bei der Gründung oder durch die Zeichnung von Aktien anläßlich einer Erhöhung des Grundkapitals verpflichtet

haben.

payment in kind: <Naturalleistung> Leistung, die nicht durch Zahlung von Geld sondern durch Übergabe einer Sache oder durch Leistung von Arbeit abgegolten wird.

payment of interest: <Zinszahlung>

payments, suspension of: <Zahlungseinstellung> Unmöglichkeit, seinen finanziellen Verpflichtungen nachkommen zu können infolge mangelnder Zahlungsmittel.

payroll: <Lohnsumme> Die Summe der Löhne und Gehälter einschließlich der Arbeitgeberanteile, der Sozialbeiträge eines Unternehmens oder einer Volkswirtschaft.

PBOT: see *Philadelphia Board of Trade*

to **pen**, -ed/pent, -ed/pent: <schreiben>

penalty (fine): <Verwaltungsstrafe> Durch die Verwaltung, aufgrund gesetzlicher Bestimmungen, verhängte Strafe für die Nichtbefolgung von Vorschriften.

Besteht die verhängte Strafe in Leistung von Geld, spricht man von Buße.

pension fund: <Pensionskasse>

pent: see *to pen,*

P/E ratio: see *Price/Earnings ratio.*

performance: <Leistungs>

performance bond: <Leistungsgarantie>

peripheral devices: <Peripherie-geräte> Sämtliche, mit einer Zentraleinheit verbundenen Eingabe-, Ausgabe-, Übermittlungs- und Speichergeräte eines Computersystems. Zu den Peripheriegeräten gehören unter anderem die Bildschirme, die Eingabetastaturen, die Terminals, die Lochkartenleser, die Digitalisierungsgeräte, die Lichtgriffel, die Maus, die Drukker, die Plotter, die Akkustikkoppler, die Modems und die externen Speichergeräte wie Floppy Disk, Festplattenspeicher, Winchesterplattenspeicher, Bandstationen und Streamertape Geräte.

peripheral equipment: <Peripheriegeräte> see *peripheral devices*

permanent technical committee of the customs cooperations council: <permanenter technischer Ausschuß des Zollkooperationsausschsses>

permit: <Bewilligung/Lizenz> Erlaubnis der Behörden, bestimmte Handlungen vorzunehmen oder bestimmte Tätigkeiten auszuüben.

petrodollars: <Petrodollars> Dollarguthaben außerhalb den USA, die ursprünglich aus Erdöleinkommen stammen. Siehe auch Eurodollars.

PHA Bonds: see *Public Housing Authority Bonds.*

phantom income: <Phantoneinkommen> In a limited partnership, taxable income that exceeds cash distributions.

pink sheets: <rosa Liste> A listing (on pink paper) of OTC securities, their quotes, and the firms that make the market.

Eine Liste von OTC Wertpapieren, ihren Notierungen und Firmen, die den Markt machen.

PIRP: see *Pre-importation Review Program*

pit. <Handelsstelle> The area on the trading floor of an exchange where futures trading takes place. The area is described as a "pit" because it is octagonal with steps descending into the center. Traders stand on the various steps, which designate the contract month they are trading. When viewed from above, the trading area looks like a pit.

Ein Bereich auf dem *trading floor* <Börsenparkett>, indem der Terminhandel stattfindet.

Dieser Bereich wird als "Pit" bezeichnet (Anm.: Pit hat viele Bedeutungen: Grube, Abgrund, Hölle, Zwinger, Arena, Box, Geschützstand>, weil er achteckig ist und Stufen besitzt, die zum Mittelpunkt hin tiefer führen. Die Händler stehen auf den verschiedenen Stufen und bekunden damit, welchen Terminmonat sie momentan handeln. Von oben gesehen sieht der Handelsplatz wie eine Arena aus.

pit broker: <Börsenmakler> A person on the exchange floor who trades futures contracts in the pits.

Eine Person an der Börse, die in den Pits Terminkontrakte handelt.

to **place a contract:** <einen Terminvertrag plazieren>

placement: <Plazierung>

placement ratio: <Plazierungsquote> The ratio of new issue municipal bonds sold during a particular week, divided by the dollar amount of new issue municipal bonds available during that week. It is published by the bond buyer.

to **place shares/stocks:** <Aktien plazieren>

plan: <Plan> Im allgemeinen Sprachgebrauch Synonym für Absicht oder Vorhaben. In der Wirtschaft Ergebnis der Planung. Systematische Zusammenstellung von Zielsetzungen und von Mitteln, um diese Ziele zu erreichen. Pläne werden sowohl im mikroökonomischen wie im makroökonomischen Bereich erstellt. Pläne können sich auf bestimmte Teilgebiete einer Wirtschaftseinheit (beispielsweise Investitionen, Absatz usw.) oder auf Wirtschaftseinheiten als Ganzes (beispielsweise Unternehmen, die Gesamtwirtschaft) beziehen.

plan completion life insurance: <Kredit-/Kaufsicherung durch Lebensversicherung> Insurance with an optional feature stipulating that if the planholder dies before completing the contract, a life insurance policy will complete the purchase. The insurance proceeds will be paid to the custodian bank of the plan, which completes the purchase.

Versicherung mit der Klausel, daß im Falle des Todes des Versicherungsnehmers, die Versicherung den Kauf abschließt. Die Versicherungsleistung wird an die Verkäuferbank ausgezahlt.

planning: <Planung> Organisation der Wirtschaftstätigkeit auf der Grundlage zusammenhängender Zielsetzungen und Mittel für die

Zielerreichung. Das Ergebnis der Planung findet seinen Niederschlag in einem Plan.

planning tendency: <Planungstendenz> Doktrinäre Neigung, die Tätigkeiten der Menschen zu planen.

plant: <Betriebsstätte> Technisch selbständige, jedoch juristisch und wirtschaftlich abhängige Produktionseinheit. Ein Unternehmen kann eine oder mehrere Betriebsstätten besitzen.

pledge: <1) Pfand 2) Verpfändung> Bewegliche Sache, die einem Schuldner gehört und von ihm seinem Gläubiger zur Sicherung der Schuld übergeben wird. Hinterlegung eines beweglichen Gutes (Waren, Wertpapiere) durch den Schuldner bei seinen Gläubigern zur Sicherstellung einer Schuld.

plotter: <Plotter> Peripheriegerät eines Computers zur Ausgabe von Daten in graphischer Form.

PN: see *Project Notes*.

PNR: see *Passenger Name Record*

POE: see *Port of Entry*

Poisson distribution: <Poisson-Verteilung> Statistische Verteilungsfunktion, geeignet für statistische Probleme mit einer sehr großen Anzahl Beobachtun-gen, die jeweils eine sehr geringe Wahrscheinlichkeit aufweisen. Die Poisson-Verteilung wird häufig als Annäherung für die Binomialverteilung verwendet. Die Poisson-Verteilung wurde von S. D. Poisson 1837 eingeführt.

policies and procedures manual system: <Grundsatz und Prozeduren Handbuch System>

pool: <Pool> Vereinigung von natürlichen Personen, Unternehmen oder Staaten zur gemeinsamen und koordinierten Bewirtschaftung von Produktionsfaktoren oder Produkten.

to **pool resources**

population: <Bevölkerung> Personen, die sich ständig innerhalb eines bestimmten geographischen Raumes aufhalten.

population (statistical): <Gesamtheit/Grundgesamtheit (statistisch)> Die bei einer statistischen Untersuchung berücksichtigten Elemente oder Einheiten.

population, natural development of: <Bevölkerungsentwicklung, natürliche> Teil der Bevölkerungsentwicklung, der ausschließlich auf Geburten und Sterbefälle zurückzuführen ist.

population, total: <Gesamtbevölkerung> Gesamtheit der Personen, die in einem bestimmten geographischen Gebiet wohnhaft ist.

population, working: <Erwerbsbevölkerung> Jene Personen der Gesamtbevölkerung, die eine Berufstätigkeit ausüben, einschließlich derer, die unfreiwillig vorübergehend arbeitslos sind.

population growth: <Bevölkerungswachstum> Jährliche Zunahme der Bevölkerung. Das Bevölkerungswachstum gibt nur ungenauen Aufschluß über die Bevölkerungsentwicklung, so daß in der Regel die Reproduktionsziffer verwendet wird, mit der die Erneuerungsfähigkeit der sich ablösenden Generationen genauer dargestellt werden kann.

portfolio: <Aktienportefeuille> The group of investments held by an investor.

Die Gesamtheit der Investitionen, die von einem Anleger gehalten werden.

portfolio income: <Portfolio Einkommen> For tax purposes, an income category that includes capital gains and losses, and interest and dividend income.

port of arrival immediate release and enforcement

determination: <Ankunftshafen sofortige Freigebung und Beaufsichtigungsbestimmung (U.S.A.)>

port of arrival immediate release system: <Ankunftshafen sofortige Freigabe System>

port of entry: <Einreisehafen>

position report: <Positionsbericht>

position traders: <Positionshändler> Traders who establish a position and hold it for relatively long periods of time. Händler, die eine Position einnehmen und für einen relativ langen Zeitraum halten.

pot: <"Pot"> In a corporate underwriting, syndicate members estimate their sales to institutional investors. Those shares are set aside (placed in "the pot") and handled by the managing underwriter.

pound: <Pfund> Maßeinheit, aus dem Lateinischen libra, einer Gesamteinheit von ungefähr 453,59 Gramm. Als Gewichtseinheit heute ein Gewicht von 500 Gramm. Als Währungseinheit heute in zahlreichen Ländern verwendet.

practices: <Usanzen> Durch langjährige Übung entstandene Handels- und Geschäftsgepflogenheiten. In Frankreich werden unter Usance auch die bestimmten Bedingungen der Bank von Frankreich verstanden, zu denen diese bestimmte Handelspapiere rediskontiert.

pre-emptive right: <Vorkaufsrecht> A corporate shareholder's right to maintain his share of ownership when new shares are sold through a rights offering.

preference: <Preferenzen> Bevorzugte Außenhandelsbedingungen, die ein Land den Erzeugnissen bestimmter Staaten oder Staatengruppen einräumt.

preferred stock: <Vorzugsaktien> A stock that has priority in liquidation and in dividends over the common stock.

Eine Aktie, die bei Dividendenausschüttung Priorität vor Stammaktien hat.

pre-importation review program: <vor-Import Gutachtenprogramm>

preliminary prospectus: <vorläufiger Prospekt> A preliminary version of the prospectus that is published as soon as the offering is registered with the SEC. It does not include the final price or spread, and may not be used to solicit orders, but may be used to solicit indications of interest. It is often referred to as a "red herring."

preliminary statement: <vorläufige Stellungnahme> A preliminary version of the official statement for a municipal bond offering.

premium¹: <Agio/Aufschlag> the additional payment required for higher-than-required grades of a commodity delivered on a futures contract;

Der Zuzahlungsbetrag, der für Waren erhoben wird, die mit einer besser-als-erforderlichen Güteklasse in einem Terminkontrakt ausgeliefert werden.

premium²: <Optionsprämie> see *Option* In reference to price relationships, the higherpriced commodity or contract is said to be at a premium over the lower-priced commodity or contract;

In Verbindung mit Preisvergleichen sagt man von der höherpreisigen Ware oder dem Kontrakt, sie sei "at *a premium*" <notiere höher> gegenüber der niedrigpreisigen Ware oder dem Kontrakt.

premium³: <Prämie, Aufgeld> The price paid to purchase an option. This is also the money received when an option is sold (written).

Der Preis, der für den Erwerb einer Option gezahlt wird. Ebenso nennt man das Geld, das erhalten wird, wenn eine Option verkauft (geschrieben) wird.

premium (stock exchange): <Prämie (Börse)> Im voraus vereinbartes Reuegeld bei Termingeschäften an der Börse, das der Käufer oder Verkäufer der Gegenpartei zahlen muß, sofern er am Prämienerklärungstag von der Erfüllung des vereinbarten Termingeschäfts zurücktreten will.

pre-refunding: <vorläufige Refinanzierung> Selling a new bond issue to refund (refinance) an old issue prior to the call date of the old bonds. The proceeds of the offering are placed in an escrow account until the call date is reached.

presale order: <Vorverkaufsauftrag> An order for a new issue municipal bond taken by a syndicate prior to winning the bid. It is used to help the syndicate gauge the reception the offering is likely to receive.

price: <Preis> Tauschwert eines Gutes oder einer Dienstleistung. Der Preis existiert unabhängig vom objektiven oder subjektiven Gebrauchswert und bildet sich im Markt aufgrund von Angebot und Nachfrage.

price analysis: <Preisanalyse>

price differential: <Preisunterschied>

price discovery: <Preisfindung>

price-earnings ratio (P/E): <Kurs-Gewinn-Verhältnis (KGV)> Häufig verwendete Kennzahl für die Beurteilung von Aktien. Verhältnis des Aktienkurses zum Reingewinn der betreffenden Gesellschaft je Aktie.

price fixing: <Preisfestsetzung>

price, give away: <Schleuderpreis> Stark herabgesetzter Preis für Waren beim Schleuderverkauf, der unter Umständen sogar unter dem Beschaffungswert liegt.

price, internal transfer/intercompany: <Innerbetrieb-licher Verrechnungspreis> Preis, zu dem innerhalb eines Unternehmens oder innerhalb einer Gruppe von Unternehmen Güter oder Dienstleistungen abgegeben werden. Der innerbetriebliche Verrechnungspreis kann, muß aber nicht fakturiert werden. Werden die abgegeben Güter fakturiert, entspricht der innerbetriebliche Verrechnungspreis in der Regel den Selbstkosten.

price limit: <Preisgrenze>

price margin: <Handelsspanne/Marge/Verkaufsspanne> see *trade margin*

price movement limit: <Preisbewegungsgrenze>

price support: <Kurspflege>

Verhinderung von größeren Kursschwankungen an der Börse durch kursstabilisierende Käufe und Verkäufe.

price to earnings ratio: <Preis-Ertragsquote> The ratio of the price of a common stock to its earnings per share, often referred to as the P/E ratio. It is used to measure how expensive a stock is, relative to its earnings.

price volatility: <Kursvolatilität> Kurs-sensibilität eines Wertpapiers auf die allgemeinen Kursveränderungen an der Börse. Die Kursvolatilität ist eng verbunden mit dem Kursrisiko, das mittels des Betafaktors ausgedrückt wird. Ist der Betafaktor eines Wertpapiers kleiner als 1, verändert sich dessen Kurs weniger als der Durchschnitt an der Börse, ist er hingegen größer als 1, reagiert das betreffende Wertpapier stärker als der Börsen-durchschnitt.

price-weighted index: <Bewertungsindex nach Kurs> A stock index weighted by adding the price of 1 share of each stock included in the index, and dividing this sum by a constant divisor. The divisor is changed when a stock split or stock dividend occurs because these affect the stock prices. The *MMI* is a price weighted index.

Ein Aktienindex, bei dem der Kurs von je einem Anteil der Aktien, die im Index erfaßt werden, addiert und deren Summe durch einen konstanten Divisor geteilt wird. Der Divisor verändert sich, wenn ein Aktien-splitting oder eine Dividendenausschüttung stattfindet, weil dadurch der Aktienkurs beeinflußt wird. Der MMI ist ein nach Kurs gewichteter Index.

pricing: <Preisfindung>

primary distribution: <erstmaliger Vertrieg> A sale of new stock to the public.

Der Verkauf neuer Aktien an die Öffentlichkeit.

prime rate: <1) Richtzins-satz/Basiszinssatz 2) Prime Rate> The interest rate banks charge their best customers.

Zinssatz der amerikanischen Ge-schäftsbanken, der für kurzfristige Kredite an erstklassige Schuldner angewendet wird. Die Prime Rate ist ein Basiszinssatz, auf dem die übrigen Zinssätze auf-bauen. Von einer Bank festgesetzter Zinssatz, der als Grundlage für die Gestaltung der Zinsstruktur für die verschiedenen Kredit- und Schuldnerkategorien dient. In den USA ist die Prime Rate der Sollzinssatz, zu dem die Banken erstklassige Wechsel diskontieren, bzw. erstklassigen kommerziellen Schuldnern Kredite gewähren.

principal: <Kapital> 1) In a loan, the amount of the loan, not including interest; 2) in a brokerage firm, a person in an ownership and/or supervisory capacity; and 3) in a trade, a firm acting as dealer.

Geld- oder Sachwert, der Zinsen abwirft. Betrag einer Schuld ohne Zinsen.

principle of constant equity: see *equity, prinicple of constant*

printer: <Drucker> Peripheriegerät eines Computersystems, mit dem elektronische Signale in lesbare Zeichen umgewandelt und auf Papier ausgedruckt werden können. Die heute gebräuchlichen Drucker sind die Matrixdrucker, die Typenraddrucker, die Kettenraddrucker, die Tintenstrahldrucker und die Laserdrucker.

printer, chain: <Kettenraddrucker> Drucker, bei dem pro Druckposition eine rotierende Kette mit sämtlichen Zeichen vorhanden ist. Zum Drucken werden die Ketten im richtigen Moment gestoppt und die Zeile als Ganzes auf einmal gedruckt.

printer, daisy-wheel: <Typenraddrucker> Drucker, bei

dem die Zeichen sternförmig auf einem Schreibrad angeordnet sind. Der Typenraddrucker druckt wie eine Schreibmaschine Zeichen für Zeichen.

printer, dot-matrix: <Matrixdrucker> Drucker, bei dem die Zeichen durch eine Anzahl von rechteckig angeordneten Nadeln gebildet werden. Matrixdrucker sind preiswert, so daß sie vor allem bei kleineren Computern verwendet werden.

printer, ink-jet: <Tintenstrahldrucker> Drucker, bei dem die Zeichen durch Sprühen von Tintentröpfchen gebildet werden. Tintenstrahldrucker sind sehr leise, da kein direkter mechanischer Kontakt zum Papier vorhanden ist.

printer, laser: <Laserdrucker> Drucker, die, basierend auf dem Photokopiererprinzip, ganze Seiten auf einmal drucken. Laserdrucker können nicht nur Schriften, sondern auch graphische Darstellungen mit beträchtlicher Auflösung ausdrücken.

priority operations, execution program for: <Vorrangiges Durchführungsprogramm> Koordinationsplan der Tätigkeiten von Staat, öffentlichen und privaten Unternehmen zur Durchführung eines im französischen Plan als vorrangig erklärten Programms.

private placement: <private Plazierung> A securities offering under Regulation D, which is not registered with the SEC.

private securities transaction: <private Wertpapiertransaktion> A prohibited transaction by a registered representative acting outside the scope of his employment with a broker/dealer, for instance, selling a product not on the firm's approved product list without the knowledge and consent of the employer. This is also known as "selling away".

probability, calculation of: <Wahrscheinlichkeitsrechnung> Gebiet der Mathematik, bzw. der mathematischen Statistik, das sich mit der Untersuchung von Zufallsmechanismen und deren Ergebnissen befaßt.

proceedings, composition: <Vergleichsverfahren> see *composition proceedings*

proceeds: <Erlöse>

proceeds sale: <Erlösverkauf> Selling one security, and using the proceeds to buy another.

processing, batch: <Stapelverarbeitung> Form der Datenverarbeitung bei Computersystemen. Bei der Stapelverarbeitung werden die zu verarbeitenden Daten zunächst auf einem Datenträger erfaßt und in ihrer Gesamtheit (als Stapel) zu einem späteren Zeitpunkt verarbeitet. Gegensatz dazu ist die Echtzeitverarbeitung.

processing, interactive: <Dialogverarbeitung> Art der Verarbeitung in einem Computersystem, bei dem der Benutzer eines Computers direkt mit diesem kommunizieren kann.

processing unit, central (CPU): <Zentraleinheit (CPU)> Die Zentraleinheit besteht aus dem Steuerwerk, dem Rechenwerk und dem Hauptspeicher. Das Steuerwerk regelt den Programmablauf und die Eingabe-Ausgabe-Prozesse zwischen der Zentraleinheit und den Peripheriegeräten. Im Rechenwerk erfolgen die logischen und arithmetischen Operationen wie sie in den Programmen vorgesehen sind. Der Hauptspeicher enthält das Betriebssystem, die Anwenderprogramme und die benötigten Daten während des Programmablaufs.

processing, real-time: <Echtzeitverarbeitung> Form der Datenverarbeitung bei Computersystemen. Bei der Echtzeitverarbeitung werden die Daten erfaßt und unmittelbar anschließend durch den Computer verarbeitet. Gegensatz dazu ist die Stapelverarbeitung.

production[1]: <Produktion> Herstellung eines Gutes oder einer Dienstleistung, das oder die sich zur Bedürfnisbefriedigung eignet. Die Produktion entspricht damit der Bildung von Nützlichem.

production[2]: <Produktion> Aus technischer Sicht ist die Produktion eine zielgerichtete Kombination der Produktionsfaktoren (Arbeit, Rohstoffe, Halbfabrikate usw).

production[3]: <Produktion> Aus wirtschaftlicher Sicht hat der Begriff Produktion je nach Land einen unterschiedlichen Inhalt, abhängig von der Art der erzeugten Leistungen und von den Bedingungen, zu denen diese Leistungen zur Bedürfnisbefriedigung verfügbar sind.

production for own use: <Eigenfertigung> Herstellung von Gütern und Dienstleistungen durch einen Produzenten für den eigenen Gebrauch. Der Entscheid für die Eigenfertigung von Gütern und Dienstleistungen ist in normalen Zeiten durch Kostenüberlegungen oder den Wunsch nach Kapazitätsauslastung bedingt, so daß bei hoher indirekter Besteuerung oder hoher Inflation die Selbstfertigung tendenziell zunimmt. Probleme auf dem Beschaffungsmarkt und all-gemeine Notsituationen in der Wirtschaft begünstigen die Eigenfertigung, da die betreffenden Unternehmen einen hohen Unabhängigkeitsgrad erreichen.

production purchase program: see *oil and gas income programs*.

productivity: <Produktivität> Verhältnis der physikalischen Ausbringungsmenge an Produkten zur physikalischen Einsatzmenge des oder der Produktionsfaktoren. Die Produktivität oder technische Ergiebigkeit ist eine rein technische Verhältniszahl von Mengen der erzeugten Güter und Mengen der verbrauchten Produktionsfaktoren, die aber nichts über die Wirtschaftlichkeit der Produktion aussagt. Bei wertmäßiger Betrachtung wird die Produktivität zur Wirtschaftlichkeit.

productivity gain: <Produktivitäts-fortschritt> Verbesserung der Produktivität, d.h. des Verhältnisses zwischen Produktionsergebnis und dem Einsatz von Produktionsmitteln.

profit: <Gewinn> Positive Differenz zwischen den Erträgen und den Aufwendungen eines Unternehmens während eines Rechnungsjahres. Je nachdem, was bei den Erträgen und Aufwendungen berücksichtigt wurde, werden verschiedene Arten des Gewinns unterschieden. Werden in den Aufwendungen die Abschreibungen, Rückstellungen und Steuern nicht berücksichtigt, wird der Gewinn als Bruttogewinn, werden diese berücksichtigt, als Nettogewinn bezeichnet. Ebenso wird, je nachdem ob die entrichteten Steuern berücksichtigt wurden, zwischen Gewinn vor oder nach Steuern unterschieden. Der Nettogewinn (nach Steuern) ist der positive Saldo der Erfolgsrechnung und gleichzeitig der positive Saldo der Bilanz. Das Gegenstück zum Gewinn ist der Verlust.

profit, winding-up: <Liquidationsgewinn> Der bei der Liquidation eines Unternehmens allfällige Überschuß der Aktiva nach Rückzahlung aller Schulden. Der Liquidationsgewinn ist Eigentum der Aktionäre und wird vorbehaltlich anderslautender statutarischer Bestimmungen unter diesen verteilt.

profit and loss account: <Gewinn- und Verlustrechnung/Erfolgsrechnung> Kontomäßige Zusammenstellung der während eines Rechnungsjahres angefallenen Erträge und Aufwendungen. Die Erfolgsrechnung ist das Abschlußkonto der

Buchhaltung. Der Saldo der Erfolgsrechnung ist der erzielte Gewinn (positiver Saldo) oder der erzielte Verlust (negativer Saldo).

profit and loss statement: <Erfolgsrechnung> Konto, in dem die sich auf die gesamte Unternehmenstätigkeit beziehenden Aufwendungen und Erträge eines Rechnungsjahres erfaßt werden. Siehe auch *Gewinn- und Verlustrechnung.*

profitability: <Rentabilitat> Im allgemeinen Sinne die Fähigkeit eines Kapitals, einen Ertrag abzuwerfen, oder die Fähigkeit eines Unternehmens, einen Gewinn zu erwirtschaften. Prozentuales Verhältnis des erzielten Gewinns zum eingesetzten Kapital. Im engeren Sinn das Verhältnis des erwirtschafteten Gewinns zum Eigenkapital des Unternehmens.

program: <Programm> Logische und nach dem zeitlichen Ablauf geordnete Zusammenstellung der einzelnen Tätigkeiten und Mittel zur Erreichung eines Ziels.

program (EDP): <Programm (EDV)> Die aus Einzelbefehlen zusammengesetzten Arbeitsvorschriften für einen Computer. Als Synonym für Programm wird der Begriff Software verwendet. Programme sind in der Regel in einer höheren

Programmiersprache geschrieben (Quellenprogramm), die durch einen Compiler oder Interpreter in Maschinensprache übersetzt werden müssen (Maschinenprogramm) um auf dem Computer ablauffähig zu sein.

programming language: <Programmiersprache> Künstliche Sprache, in der die Arbeitsanweisungen (Befehle) für einen Computer formuliert sind. Bei den Programmiersprachen wird zwischen höheren Programmiersprachen und der Maschinensprache (Assembler) unterschieden. In höheren Programmiersprachen verfaßte Programme müssen vor oder im Ablauf durch einen Compiler oder Interpreter in Maschinensprache übersetzt werden. In der Programmierung werden zahlreiche Programmiersprachen eingesetzt, da sich gewisse Sprachen für bestimmte Problemstellungen und Computer besonders eignen. Die bekanntesten Programmiersprachen sind: ADA, ALGOL (Abk. für Algorithmic Language), APL (Abk. für A Programming Language), BASIC (Abk. für Beginners All-purpose Symbolic Information Code), C, COBOL (Abk. für Common Business-Oriented Language), FORTRAN (Abk. f, Formula Translator), PASCAL,

PL/1 (Abk. für Programming Language No. 1) und RPG (Abk. für Report Program Generator).

programming, linear: <Lineare Programmierung> Mathematisches Optimierungsverfahren eines in Form einer linearen Gleichung mit mehreren Variablen dargestellten Problems unter Berücksichtigung von Randbedingungen, die ebenfäh als lineare Gleichungen oder Ungleichungen formuliert sind.

progression: <Progression> Im Steuerwesen der überproportionale Anstieg der Steuerbelastung bei wachsendem Einkommen oder Vermögen.

progressive tax: <progressive Steuer> A tax that rises in rate as the taxpayer's income increases; for example, income tax.

project: <Projekt> Beabsichtigtes Vorhaben, das in der Zukunft verwirklicht werden soll.

project note: <Projekt Schuldverschreibung> A short-term municipal note used to finance low income housing projects.

promissory note: <Solawechsel/Eigenwechsel> Wechsel, bei dem der Aussteller und der Bezogene identisch sind. Der Eigenwechsel stellt ein dem Wechselrecht unterstelltes

Zahlungsversprechen dar.

property: <Eigentum> Recht, über eine Sache nach Belieben zu verfügen und jeden anderen davon auszuschließen. Das Recht beinhaltet das Nutzungsrecht (Usus), das Fruchtziehungsrecht (Fructus) und das Recht der freien Verfügbarkeit (Abusus). Das Eigentum ist eine soziale Gegebenheit, die überall verbreitet ist, jedoch von Land zu Land unterschiedlich geregelt ist. Vom Eigentum ist der Begriff Besitz zu trennen, obwohl Eigentum und Besitz in der Regel in derselben Person zusammenfällt. Wird eine Sache unredlich erworben, ist die betreffende Person zwar Besitzer, nicht jedoch Eigentümer.

property, movable: <Bewegliche Vermögenswerte>

prospectus: <(Werbe)Prospekt> The disclosure document for an offering registered with the SEC. The final prospectus is issued on the effective date, when the offering is released by the SEC.

protectionism: <Protektionismus> Wirtschaftstheorie, die der Inlandsproduktion den Vorzug gibt und deshalb Maßnahmen, beispielsweise Schutzzölle, befürwortet, durch die die ausländische Konkurrenz benachteiligt wird.

protest: <Protest> Öffentlich beurkundete Feststellung, daß der Bezogene die Annahme oder die Bezahlung eines Wechsels verweigert.

provision[1]: <Bedingung>

provision[2]: <Rückstellung>

provision[3]: <Verpflegung>

proxy: <Stellvertreter> A written authorization by a stockholder giving his voting rights to someone else. Shareholders who cannot attend the annual meeting usually give their proxies to someone else, often to management.

PTC: see *Permanent Technical Committee of the Customs Cooperations Council*

pts: see *points*

public accountant, certified: <Rechnungsprüfer/Wirtschaftsprüfer>

public funds: <öffentliche Gelder>

public housing authority bonds: <Wohnungsbauschuldverschreibung> Municipal bonds that provide long-term financing (mortages) for low income housing projects, commonly referred to as PHA bonds, and guaranteed by the U.S. government. Sometimes they are called *new housing authority bonds*, or NHAS.

public relations: <Öffentlichkeitsarbeit> Alle Maßnahmen und Handlungen, um das Image eines Unternehmens in der Öffentlichkeit zu verbessern oder zu bewahren. Im Gegensatz zur Werbung bezieht sich die Öffentlichkeitsarbeit nicht primär auf die einzelnen Produkte des Unternehmens, sondern auf den Gesamteindruck und das Gesamterscheinungsbild des Unternehmens.

public sector: <Staat> Sektor in der volkswirtschaftlichen Gesamtrechnung, der alle Institutionen umfaßt, die vorwiegend Dienstleistungen eigener Art für die Allgemeinheit erbringen und die sich hauptsächlich aus Zwangsabgaben (Steuern, Abgaben) finanzieren.

Der Sektor Staat beinhaltet die Gebietskörperschaften, die Sozialversicherungseinrichtungen und öffentliche Organisationen ohne Erwerbscharakter.

purchase: <Kauf> Handlung, durch die eine Person mittels Zahlung eines Geldbetrags in den Besitz eines Gutes oder einer Dienstleistung kommt. Die Inbesitznahme kann dabei sofort (Barkauf oder Kreditkauf) oder zu einem späteren Zeitpunkt (Terminkauf) erfolgen. Ebenso kann die Zahlung sofort (Barzahlung) oder später (Kreditkauf oder Terminzahlung) erfolgen. Der Kauf ist in den modernen Wirtschaften die übliche Methode, Güter und Dienstleistungen zu erwerben und hat die älteren Formen des Tauschhandels oder des Selbstverbrauchs fast völlig verdrängt. Der Tauschhandel wird heute nur noch in unterentwickelten Wirtschaften infolge ungenügender Versorgung mit Zahlungsmitteln und im internationalen Handel infolge Devisenrestriktionen betrieben. Der Selbstverbrauch, d.h. der Verbrauch von selbstproduzierten Gütern und Dienstleistungen, ist in der Regel auf spezifische Branchen wie die Landwirtschaft beschränkt.

purchased material and services: <Intermediärer Verbrauch/Vorleistungen (Volkswirtschaft)> In der volkswirtschaftlichen Gesamtrech nung der Verbrauch von Gütern und Dienstleistungen für die Produktion. Der intermediäre Verbrauch wird auch mit Vorleistungen bezeichnet und ist die Differenz zwischen dem Bruttoproduktionswert (Summe aller produzierten Güter und Dienstleistungen) und dem Bruttosozialprodukt.

purchaser: <Käufer>

purchaser's representative: <Repräsentant/Vertreter des Käufers> In a Rule 506 offering under Regu lation D, pertaining to a private placement, investors are encouraged to appoint someone to act as their representative. He is to analyze the offering to ensure that it is a suitable investment.

purchasing power: <Kaufkraft> Binnenwert einer Währung. Die Kaufkraft ist durch die Menge von Gütern und Dienstleistungen definiert, die für einen bestimmten Geldbetrag gekauft werden können.

put: see *to put*,

to **put**, put, put: <setzen, legen, stellen>

put: <Put, Verkaufsoption> see *Option:* An option contract which reserves the right to sell something at a specified price within a certain period of time. A put is purchased in expectation of lower prices. If prices are expected to rise, a put may be sold.

Ein Optionskontrakt mit dem Rechtsvorbehalt, etwas zu einem bestimmten Kurs innerhalb eines gewissen Zeitraumes zu verkaufen. Ein Put wird in Erwartung auf sinkende Kurse erworben. Erwartet man, daß die Kurse steigen, wird man den Put verkaufen.

put bond: <Put Obligation> A bond with a put option that allows the owner to sell the bond back to the Issuer at certain intervals, usually at par.

put option: <Verkaufsoption> An option that gives the holder the right to sell the underlying security, and the writer the obligation to buy the security at a specified price.

put spread: <Putspread> An options spread position in which the investor is long a put and short a put on the same security.

pyramiding: <Auftürmen, Anhäufen> purchasing additional contracts with the profits earned on open positions. der Erwerb zusätzlicher Kontrakte mit den Gewinnen aus offenen Positionen.

pyramid of ages: <Alterspyramide> Doppeltes Histogramm der Altersverteilung einer Bevölkerung getrennt nach Geschlechtern.

Q

QA: see *Quality Assurance*

quality: <Qualität, Güte>

quality assurance : <Gütezusicherung>

quality, seal of: <Qualitätssiegel> Ein von einem Fachverband oder einer staatlichen Einrichtung eingeführtes Etikett, das von den Produzenten auf ihren Produkten als Garantie für die Qualität und die Übereinstimmung mit einschlägigen Normen angebracht werden kann.

quantity: <Quantität, Menge>

quantity theory of money: <Quantitätstheorie> Wirtschaftstheorie, derzufolge in einer Wirtschaft das Preisniveau direkt von der sich im Umlauf befindenden Geldmenge abhängt.

quasi-money: <Quasigeld> Teil der in einer Volkswirtschaft vorhandenen Zahlungsmittel, die nicht unmittelbar, sondern erst nach einer bestimmten Frist zu Zahlungszwecken verwendet werden können. Das Quasigeld sind die Termineinlagen bei Banken, die Bestandteil der Geldmenge M2 sind.

querie: <Frage, Untersuchung>

quick assets: Assets that can readily be converted to cash, including marketable securities, accounts receivable, and checking accounts.

quick order: <Schnellauftrag>

quick ratio: <schnelle Quote> The ratio between the quick assets and the current liabilities. This is a measure of the liquidity of the company.

quiet market: <ruhiger Markt>

quota[1]: <Kontingent/Quote> Quantitative Beschränkung der Ausübung eines Rechts, in der Regel von den Behörden verfügt. Im Außenhandel ist die Festlegung eines Einfuhrkontingents eines der gängigen Instrumente des Protektionismus. Die gesamten Einnahmen oder Teile davon werden mengenmäßig beschränkt, um damit einen übermäßigen Abfluß von Devisen zu verhindern oder um bestimmte inländische Branchen vor der Auslandskonkurrenz zu schützen.

quota[2]: <Kontingent/Quote> Im Kreditwesen dient die Festlegung eines allgemeinen Kreditkontingents durch die Zentralbank der Beschränkung der Geldschöpfungsmöglichkeiten der Geschäftsbanken und ist ein Instrument der Inflationsbekämpfung.

quota[3]: <Kontingent/Quote> Eine Kontingentierung kann sich auch durch Gesetze oder Vereinbarungen ergeben, wenn die Ausnützung eines Rechts von der vorherigen Erbringung bestimmter Leistungen abhängt, So bestimmt sich beispielsweise die Möglichkeit der Kreditbeanspruchung beim Internationalen Währungsfonds aus der Höhe der jeweiligen Länderquote des Mitgliedslandes.

quotation: <Kurs> Einheitspreis für fungible Güter, der auf dem Markt aufgrund von Angebot und Nachfrage festgesetzt wird. Von Kurs anstelle von Preis wird vor allem bei Devisen, Wertpapieren, Edelmetallen gesprochen.

quotation (stock exchange), official: <Notierung (Börse)>

quotations (stock exchange), official list of: <Amtlicher Kurszettel> Öffentliches Dokument, in dem die offiziellen Börsenkurse sämtlicher kotierter Wertpapiere publiziert werden.

quote: <Notierung>

R

RAC[1]: see *Resident Agent-in-Charge*

RAC[2]: see *Resident Agent*

rally: <>

RAM: <RAM> Abkürzung für *Random Access Memory*. Teil des Arbeitsspeichers einer Zentraleinheit, der frei beschrieben und gelesen werden kann. Gegensatz siehe *ROM*.

ran: see *to run*,

RAN: see *revenue anticipation note*.

random: <zufällig> Vom Zufall abhängig. Bei der Statistik beruht das Stichprobenverfahren, d.h. die Bestimmung einer Stichprobe, auf der Anwendung der Wahrscheinlichkeitsrechnung.

random event: <Zufall> Nicht vorauszusehendes Ereignis, das ein Programm oder eine Vorausplanung beeinflußt. Im Bereich der Wirtschaft hat das Wort dieselbe Bedeutung wie im allgemeinen Sprachgebrauch.

random walk theory: <Zufallstheorie> An investment theory holding that all that can be known about a stock is incorporated into its price. It is, therefore, impossible to outperform market averages in the long run. It suggests that stock prices move in a random walk that cannot be foreseen.

rang: see *to ring*,

range: <Spanne>

rate: <Kurs>

rate for advances against collateral: <Lombardsatz>

rate of interest: <Zinssatz>

rate of sales: <Umsatzrate>

rate of return: <Rendite>

rating: <Beurteilung> Beurteilung von Unternehmen in Hinblick auf ihre Qualität als Investionsobjekt. Standardisierte Formen der Beurteilung werden vor allem in den Vereiten Staaten durch spezialisierte Firmen (Moody's und Standard and Poors) vorgenommen. Für die Beurteilung der Unternehmen werden nicht nur finanzielle Aspekte, sondern auch immaterielle, beispielsweise die Qualität der Unternehmensführung, berücksichtigt.

ratio: <Kennzahl/Verhältniszahl> Größe, die auf synthetische Art den Zustand oder die Entwicklung einer Gruppe von Basisgrößen wiedergibt.

rationing: <Rationierung> In Notzeiten von der Regierung verfügte Kontrolle und Zuteilung von knappen Gütern, insbesondere von Nahrungsinitteln. Durch die Rationierung wird der Marktmechanismus außer Kraft gesetzt. Die Verteilung erfolgt nicht mehr durch den Ausgleich von Angebot und Nachfrage, sondern aufgrund sozialer und gesamtwirtschaftlicher Kriterien. Zur technischen Durchführung werden den Berechtigten Bezugsscheine abgegeben, gegen die sie vom Lieferanten die rationierten Güter beziehen können.

ratio writing: <Verhältnisschreibung> When an investor writes more than one option to hedge an underlying futures contract. These options usually are written for different delivery months. Ratio writing expands the profit potential of the investor's option position. Example: An investor would be ratio writing if he is long one August gold contract and he sells (writes) two gold calls, one for February delivery, the other for August.

Wenn ein Anleger mehr als eine Option schreibt, um den zugrundeliegenden Terminkontrakt abzusichern. Diese Optionen werden normalerweise für verschiedene Terminmonate geschrieben. *Ratio Writing* vergrößert die Gewinnmöglichkeiten der Optionspositionen des Anlegers. Beispiel: Ein Anleger würde *Ratio Writing* betreiben, indem er einen August Goldkontrakt besitzt *<is long>* und er verkauft (*schreibt*) zwei Goldverkaufsoptionen, einen zur Lieferung im Februar, den anderen für August.

RC: see *Regional Commissioner*(s)

RCR: see *Registered Commodity Representative*

RD,CO: see *Regional Director, Commercial Operations*

RD,I&C: see *Regional Director, Inspection & Control*

RD,RA: see *Regional Director, Regulatory Audit*

read: see *to read,*

to **read**, read, read: <lesen>

real estate credit institution: <Bodenkreditbanken>

Real Estate Investment Trust: <Immobilienanlage Trust> A closed-end investment company

that invests in real estate, either directly or through real estate loans, commonly referred to as *REIT*s.

real estate levy: see *tax, real estate*

Real Estate Mortgage Investment Conduit: <Immobilien Hypothekenanlage Fazilität> Mortgages pooled to sell to investors, commonly called *REMIC*.

realizing: <Realisierung>

reallowance: <Vergütung> In a corporate underwriting, the compensation of a firm that is not a member of the syndicate or the selling group for selling shares to the public.

Bei einer korporalen Absicherung, die Vergütung einer Firma, die nicht Mitglied des Syndikats oder der Verkäufergruppe ist, für den Verkauf von Anteilen an die Öffentlichkeit.

rebate: <Rabatt> see *discount*

receipt: <Zahlungsbestätigung> Schriftstück, durch das der Gläubiger dem Schuldner die Begleichung der Schuld bestätigt.

receivable: <Forderung>

recession: <Rezession> A mild form of depression, identified by two consecutive calendar quarters of economic decline.

Teil des Konjunkturzyklus, gekennzeichnet durch eine allgemeine Verlangsamung der Wirtschaftstätigkeit, insbesondere rückläufige Produktion, sinkende Nachfrage und stagnierende Löhne. Wenn die **Rezession nicht durch wirtschaftspolitische Gegenmaßnahmen gestoppt wird,** mündet die Rezession in eine Depression mit stagnierender **Wirtschaftstätigkeit.**

reclassification: <Umbuchung> **Korrektur in der Buchhaltung, um eine betragsmäßig richtige Buchung,** bei der aber ein falsches Konto angesprochen wurde, auf das richtige Konto umzuleiten.

record: <Datensatz> Die zu einer logischen Einheit zusammengefaßten Einzelinformationen (Datenfelder), die in einem elektronischen Speicher gesammelt sind. Mehrere Datensätze bilden zusammen eine Datei.

record   date: <Auflistungsdatum> The date determining shareholders of record (those who own the stock) who are entitled to receive a dividend.

Der Tag an dem Vorzugsaktionäre berechtigt sind ihre Dividende zu erhalten.

recovery: <Erholung> The phase of the business cycle when economic activity begins to recover from a recession or depression.

Konjunkturphase, in der sich eine wirtschaftliche Wiederbelebung abzeichnet.

recovery,   economic: <Wiederbelebung/Wiederaufschwung> Erneut einsetzender Aufschwung einer Wirtschaft.

recourse   loan: <Haftungsdarlehen> In a limited partnership, a loan for which the limited partners are personally liable.

Darlehen, bei dem die beschränkt haftenden Gesellschafter einer Gesellschaft mit beschränkter Haftung oder einer Kommanditgesellschaft persönlich (voll) haften.

redemption: <Einlösung>

redemption   date: <Einlösungstag>

redemption fee: <Einlösungsgebühr> A fee charged some mutual funds upon sale of shares back to the fund, generally not exceeding 1 % of the sale proceeds.

redemption yield

red herring: see *preliminary prospectus.*

rediscounting: <Rediskontierung> Weitergabe eines bereits diskontierten Handelspapiers (z.B. Wechsel). In der Regel können die Geschäftsbanken Handelspapiere, die sie für ihre Kunden diskontieren, ihrerseits bei der Zentralbank zum Diskont vorlegen und sich auf diese Weise refinanzieren.

redistribution: <Umverteilung> Korrektur der Einkommensströme durch den Staat aus sozialen Gründen. Den Wirtschaftseinheiten werden durch Steuern und Sozialabgaben Teile des Einkommens zwangsweise entzogen und anderen Wirtschaftseinheiten in Form von kostenlosen öffentlichen Leistungen (z.B. Schulen), und von individuellen Sozialleistungen zur Verfügung gestellt. In der volkswirtschaftlichen Gesamtrechnung ist die Summe des gesammten Umverteilungsprozesses die Differenz zwischen dem primären und dem sekundären oder verfügbaren Haushaltseinkommen.

reduced rate: <reduzierter Rate/reduzierter Preis/reduzierte Gebühr>

reevaluation: <Neubewertung> Erneute Wertzuweisung an eine Größe.

refinancing: <Refinanzierung> Freisetzung von gebundenen Finanzierungsmitteln, um diese für andere Zwecke gebrauchen zu können. Die Refinanzierung

erfolgt durch Verpfändung oder Verkauf von bestimmten Aktiven. Die häufigsten Refinanzierungsinstrumente sind die Diskontierung oder Rediskontierung und der Lombardkredit. In der Bundesrepublik Deutschland ist der Begriff für die Refinanzierung der Geschäftsbanken bei der Zentralbank durch Rediskont-, Lombard- und Pensionsgeschäfte vorbehalten.

refinancing of lendings: <Refinanzierung des Aktivgeschäfts> Methoden, durch die sich Geschäftsbanken bei der Zentralbank Liquiditäten beschaffen, die sie auf dem Geldmarkt weiterverleihen. Der Gewinn der Bank resultiert aus der Differenz zwischen dem Ausleihungszinssatz und dem Refinanzierungszinssatz.

reflation policy: <Reflationspolitik> Maßnahmen zur Verstärkung der Nachfrage und Belebung der allgemeinen Wirtschaftätigkeit, insbesondere durch verstärkte Ausgabentätigkeit (*deficit spending*) des Staates.

refund credit: <Guthaben/Gutschrift> see *credit balance*

refunding: <Refinanzierung> Selling a new bond issue and using the proceeds to call an outstanding issue (which has a higher coupon rate).

248

Eine Neuemission veräußern, um die Erlöse zur Einlösung einer alten Schuldverschreibung zu ermöglichen, sofern diese eine höhere Kouponrae haben.

regional commissioner(s): <Regionalausschußmitglied>

regional director, commercial operations: <Regionaldirektor, Handelsaktivitäten (U.S.A.)>

regional director, inspection & control: <Regionaldirektor, Inspektion & Kontrolle (U.S.A.)>

regional director, regulatory audit: <Regionaldirektor, Revision (U.S.A.)>

register, commercial: <Handelsregister>

registered: <registriert>

Registered Commodity Representative (RCR): <zugelassener Warenvermittler> a person registered with the exchange(s) and the CFTC who is responsible for soliciting business, "knowing" his/her customers, collecting margin, submitting orders, and recommending and executing trades for customers. A registered commodity representative is sometimes called a . "broker" or "account executive."

Eine Person, die an der Börse (den Börsen) und der CFTC <*Commodity Futures Trading Commission* = Warentermin-handelsausschuß> zugelassen ist und die dafür verantwortlich ist, sich um Aufträge zu bemühen, seine Kunden "zu kennen", Margin einzuziehen, Gebote einzureichen und für die Kunden Geschäfte zu empfehlen sowie auszuführen. Ein *Registered Commodity Representative* wird manchmal "Broker" oder "*Account* Executive" genannt.

Registered Options Principal: <registrierte Optionsbeauftragter> A person who is in charge of supervising options trading. Commonly referred to as an *ROP*. Most branch managers perform this function.

Eine Person, die damit beauftragt ist, den Optionshandel innerhalb einer Firma zu beaufsichtigen. Allgemein ROP genannt. Meistens übernehmen die Filialleiter diese Funktion

Registered Options Trader: <registrierter Optionshändler> A person on the floor of an options exchange who buys and sells options for his own account, also known as a Market Maker or *ROT*. He performs the dealer functions of the specialist on the floor of the *NYSE*.

Eine Person auf dem Parkett einer Optionsbörse, der Optionen für das eigene Konto kauft und verkauft. Auch ROP oder Marktmacher genannt.

register of business names: <Handelsregister> *commercial register.* Amtliches Verzeichnis der Unternehmen, die ein Gewerbe nach kaufmännischer Art betreiben. Das Handelsregister ist öffentlich und enthält alle wesentlichen Angaben über die erfaßten Unternehmen. Die Eintragungspflicht und die Rechte der eingetragenen Unternehmen sind je nach Land verschieden.

registrar: <Registratur> The company official who maintains the list of corporate shareholders, and ascertains the correct number of outstanding shares.

Firmenangehöriger, der damit beauftragt ist, eine Liste der Firmenkunden (Aktionäre) zu erstellen und zu pflegen und die genaue Zahl der ausstehenden Aktien festzustellen.

regressive tax: <regressive Steuern> A tax the rate of which increases as the taxpayer's income decreases.

REGS: see *Regulations*

regulated investment companies: <regulierte Anlageunternehmen> Investment companies that qualify for special taxtreatment, avoiding the double income taxation on dividends.

Anlageunternehmen, die sich für steuerliche Begünstigungen qualifizieren und somit doppelte Einkommenssteuer auf Dividenden vermeiden.

Regulation A Offerings: <Richtlinie A Angebot> Offerings of $1,500,000 or less that do not have to be fully registered with the SEC.

Regulation D: <Richtlinie D Angebot> The federal regulation pertaining to private placements of offerings to a limited number of people meeting certain suitability standards. Private placements need not register with the SEC.

Regulation T: <Richtlinie T Angebot> The federal regulation governing extension of credit by broker/dealers to customers for trading securities. Regulation T mandates payment conditions and governs margin accounts.

Regulation U: <Richtlinie U Angebot> The federal regulation of bank loans collateralized by securities, including broker/dealer hypothecation of stock.

regular way settlement: <reguläre Abrechnung> For corporate and municipal securities, five business days. For U.S. government securities, the next business day. The word "settlement" applies only to broker/dealers, not customers.

reinsurance:
<Rückversicherung> Vorgang, durch den ein Versicherer sich selbst gegen die von ihm übernommenen Risiken bei einem anderen Versicherer, dem Rückversicherer, versichert. Ziel der Rückversicherung ist die Risikostreuung, bzw. die Risikoabsicherung,des Versicherers. Der Rückversicherer übernimmt einen Teil des Risikos gegen Zahlung einer Rückversicherungsprämie, tritt aber gegenüber dem Kunden des Versicherers nicht in Erscheinung.

REIT: see *Real Estate Investment Trust.*

REMIC: see *Real Estate Mortgage Investment Conduit.*

remittance: <Überweisung> Übertragung eines Betrags von einem Konto auf ein anderes. Die Überweisung ist eine Möglichkeit, eine Verbindlichkeit bargeldlos zu begleichen.

to **rend**, rent, rent: <(zer)reißen>

rent: see *to rend,*

rent: <Miete>

rent, economic: <Rente> Veraltete Bezeichnung für den Ertrag eines Produktionsfaktors, ursprünglich des Produkti-

onsfaktors Boden.

rental: <Vermietung> Überlassung einer Sache zum Gebrauch gegen Entgelt. Siehe auch: *lease*

rental contract: see *tenancy agreement*

rental expenses, incidental: <Mietnebenkosten> Kosten für die Versorgung von Mietobjekten mit Wasser, Elektrizität, Heizung und ähnlichem, die der Vermieter von seinem Mieter zurückfordert.

reoffering scale: <Wiederangebotsskala> In a municipal bond underwriting, the initial yields at which the bonds are offered to the public.

repayment ratio: <Rückzahlungsfaktor> Verhältnis des Cash-Flows zum gesamten oder zum lang- und mittelfristigen Fremdkapital eines Unternehmens. Der Rückzahlungsfaktor ist ein Maß für die Fähigkeit des Unternehmens, fälliges Fremdkapital zurückzahlen zu können.

repercussion: <Sekundärwirkung> Auswirkung eines wirtschaftlichen Phänomens auf einen anderen als den ursprünglichen Bereich. Sekundärwirkungen sind die Folge gegenseitiger Abhängigkeiten -

Interdependenzen - der Wirtschaften und Märkte.

representative: <Vertreter>

reproduction ratio: <Reproduktionsziffer> Maß für die Erneuerung einer Generation. Die Nettoreproduktionsziffer einer Generation ist die Gesamtzahl der von 100 Neugeborenen weiblichen Geschlechts innerhalb einer Generation zur Welt gebrachten Mädchen. Die Bruttoreproduktionsziffer ist die Hochrechnung der Nettoreproduktionsziffer unter der Annahme, daß in der Muttergeneration keine Sterblichkeit vorhanden ist.

repurchase agreement: <Rückkaufvereinbarung> A contract commiting a U.S. government securities dealer to sell U.S. government securities to a purchaser (often to a municipality or institutional investor), with a provision that he repurchase the securities at a set price at a specified time, usually the next day. This is a money market instrument.

request for exemption: <außerstreitiger Antrag (Steuerwesen)> An · die Steuerbehörden gerichtetes Gesuch, um in bestimmten gesetzlich vorgesehenen Fällen wie Zahlungsschwierigkeiten oder Bedürftigkeit in den Genuß eines Steuernachlasses zu gelangen.

reserve: <Rückstellung> Von einem Unternehmen zur Deckung eines erwarteten, zukünftigen Verlusts, dessen effektive Höhe jedoch noch nicht feststeht, bestimmter Betrag.

Rückstellungen werden beispielsweise für drohende Verluste aus schwebenden Geschäften, Bürgschaftsverpflichtungen, Wechselhaftung, Gewährleistung, uneinbringlichen Forderungen, Haftungsverpflichtungen usw. gebildet.

reserve requirements: <Rückstellungsanforderungen> A specified percentage of customers' deposits which a bank must keep on deposit with the Federal Reserve System. The reserve requirements vary according to whether the deposits are time deposits or demand deposits.

reserves:
<Rücklagen/Reserven> Werte, die ein Wirtschaftssubjekt in der laufenden Geschäftsperiode nicht verbraucht. Die Bildung von Reserven kann von Gesetzes wegen (gesetzliche Reserven oder Rücklagen) oder freiwillig (freiwillige oder freie Reserven) zur Vorsorge erfolgen. Rücklagen beziehen sich im

Gegensatz zu den Rückstellungen nicht auf bestimmte Aktiven, sondern stellen einen allgemeinen Gegenposten zu den gesamten Aktiven dar.

reserves, monetary: <Währungsreserven> Den Währungsbehörden eines Landes zur Verfügung stehende Zahlungsmittel zur Deckung allfälliger Zahlungsbilanzdefizite. Als Reserveinstrumente werden heute Gold, Devisenguthaben und Forderungen gegenüber dem Internationalen Währungsfonds (Ziehungsrechte) eingesetzt.

reserves, technical: <versicherungstechnische Rücklagen> Der anhand der übernommenen Risiken mittels spezieller mathematischer Verfahren errechnete Gesamtwert der möglichen Verbindlichkeiten einer Versicherung gegenüber den von ihr Versicherten. Damit die Versicherungen ihren Verpflichtungen nachkommen können, müssen entsprechend den versicherungstechnischen Rücklagen Aktiven vorhanden sein, deren Zusammensetzung in der Regel durch spezielle Gesetze vorgeschrieben ist.

resident agent : <residierender Vertreter/Agent>

resident agent-in-charge: <residierender verantwortlicher Vertreter/Agent>

residents: <Inländer> Alle Wirtschaftssubjekte (natürliche und juristische Personen), deren wirtschaftliches Zentrum sich innerhalb des geographischen Gebiets eines Landes befindet.

resistance: <Widerstand> A charting pattern where a stock price tops out or levels off. Breaking the resistance level is a buy signal for a technical analyst.

resistance area: <Widerstandsgebiet>

resources: <Ressourcen> Zur Verfügung stehende Mittel für die Wirtschaftätigkeit. Im engeren Sinn versteht man unter Ressourcen nur die von der Natur zur Verfügung gestellten Mittel, im weiteren Sinn wird der Begriff auf Güter, Dienstleistungen, Kapital und sogar die Arbeitskraft (menschliche Ressourcen) ausgedehnt.

response time: <Reaktionszeit> Vom Benutzer eines Computers her gesehen die Zeit zwischen Befehlseingabe und sichtbarer Ausgabe eines Ergebnisses vom System. Die Antwortzeit wird durch die Komplexität der Aufgabe, die technische Leistungsfähigkeit des Computers und durch die Qualität der Software bestimmt.

resting order: <ruhender Auftrag>

rest of the world: <Übrige Welt>

restricted account: <beschränktes Konto> A margin account below 50% equity.

retail buying chain, voluntary: <Freiwillige Ketten> Zusammenschluß von Unternehmen zwecks zentraler Durchführung des Einkaufs. In der Regel können die Mitglieder zudem eine Reihe von begleitenden Dienstleistungen (Organisation, Werbung, Beratung usw.) in Anspruch nehmen.

retail price: <Einzelhandelspreis>

retaliation: <Vergeltung> Maßnahmen oder Handlungen, die gegen die Interessen eines anderen Staates gerichtet sind, um diesen dazu zu bewegen, bestimmte, den eigenen Interessen abträgliche Maßnahmen oder Handlungen aufzuheben oder zu unterlassen.

retender: <Rückhalter>

retention: <Rückhaltung/Einbehaltung> 1) When securities are sold in a restricted margin account, at least 50% of the sale must remain in the account and be applied to the debit balance. 2) In an underwriting, the number of shares sold on a retail basis by a syndicate member. This is the syndicate member's

allotment, less any shares held in "the pot" for sale to institutional investors, and any shares given up to the selling group.

retirement pension: <Renten/- Pensionen> see *annuity*

return¹: <Umkehr>

return²: <Rendite>

revaluation: <Wiederbewertung>

revenue anticipation note: <Forderungsschuldverschreibung> A short-term municipal note sold when the issuer is expecting to receive a large sum of money, usually from the federal government, commonly referred to as a *RAN*. When the funds are received, the RAN is repaid.

revenue bond: <Umsatzbond> A municipal bond that is to be paid from the revenues of a specific project, such as a stadium. If the revenues are insufficient to the debt, the bond goes into default. The issuer is not required to use other revenues to redeem the bond.

revenues, non-appropriation of: <Nicht-Zweckgebundenheit der Einnahmen> Grundsatz des öffentlichen Haushalts, daß, von ausdrücklichen Ausnahmen abgesehen, sämtliche Einnahmen eine Ganzheit bilden, die zur Deckung der verschiedenen Ausgaben verwendet wird. Eine bestimmte

Einnahme des Staates ist, von ausdrücklichen Ausnahmen abgesehen, nicht zweckgebunden, wird also nicht zur Deckung einer ganz bestimmten Ausgabe, sondern zur Deckung der Ausgaben im allgemeinen verwendet.

reversionary working interest: <umkehrendes Arbeitsinteresse> In oil and gas programs, a sharing arrangement, whereby the general partner does not share in revenues until the limited partners have recouped their initial investment.

revolving credit: <revolvierender Kredit> Kredit in bestimmter Höhe, der während eines vereinbarten Zeitraums zurückbezahlt und entsprechend den geleisteten Rückzahlungen wieder beansprucht werden kann.

rid: see *to rid,*

to **rid**, rid, rid: <befreien, (sich) freimachen von>

ridden: see *to ride,*

to **ride**, rode, ridden: <reiten>

right[1]: <Anrecht> Certificate allowing shareholder to purchase enough new shares to maintain their percentage of ownership in the corporation. see *right (stock exchange).*

right[2]: <Recht>

right[3]: <rechts>

rights of accumulation: <Anhäufungsrechte> In mutual funds, the right to reduce sales charges when a shareholder's total purchases exceed a breakpoint. There is no time limit for rights of accumulation.

rights offering: <Rechtsangebot> A rights offering occurs when a corporation makes new shares (called "rights") available to its existing shareholders, thus allowing them to maintain their existing proportion of ownership in the corporation.

right of provisional expenditure: <provisorische Ausgabenermächtigung> Vom Parlament erteilte Bewilligung, bis zur Genehmigung des Haushalts zur Aufrechterhaltung des Betriebs öffentlicher Einrichtungen Ausgaben zu tätigen. In der Regel ermächtigt diese Bewilligung zu monatlichen Ausgaben in der Höhe eines Zwölftels der im vorangegangenen Jahr bewilligten Mittel.

right (stock exchange): <Anrecht/Bezugsrecht> Recht des Aktionärs auf Bezug von neuen Wertpapieren entsprechend dem von der Gesellschaft beschlossenen Zuteilungs- oder Zeichnungsrecht bei der Kapitalerhöhung.

right, usufructuary:

<Nießbrauch> Teil des Eigentumsrechts, nämlich den Nutzen aus einer Sache zu ziehen. Der Nießbrauch erstreckt sich jedoch nicht auf die Substanz einer Sache, über die nur der vollständige Eigentümer verfügen kann.

to **ring**, rang, rung: <klingeln>

ring: <Ring/Börsenring> Ort in einer Wertpapierbörse, an dem der Wertpapierhandel stattfindet.

to **rise**, rose, risen: <aufstehen>

risen: see *to rise*,

rising: <steigend>

risk: <Risiko> Die mit jeder wirtschaftlichen Tätigkeit vorhandene Verlustgefahr wie Gewinnminderung, Gewinnentgang, Kapitalminderung oder Kapitalverlust. Das Risiko hat seine Ursache in der Ungewißheit der zukünftigen Entwicklungen.

risk disclosure statement: <Risikobelehrung>

riskless transaction: <risikofreie Transaktion> A transaction by a broker/dealer who, upon a customer's request buys a security for its own account first then sells it to the customer as a dealer, and charges a markup. Riskless transactions are also known as simultaneous transactions.

to **rive**, rived, riven: <spalten>

rived: see *to rive*,

riven: see *to rive*,

rode: see *to ride*,

rollover credit: <Rollover-Kredit> Mittelfristiger Kredit am Euromarkt mit variablem Zinssatz, der in der Regel alle 3, 6, oder 12 Monate neu festgelegt wird.

ROM: <ROM> Abkürzung für Read Only Memory. Teil des Arbeitsspeichers einer Zentraleinheit, der nur gelesen, aber nicht überschrieben werden kann. Der ROM-Bereich des Arbeitsspeichers enthält in der Regel Teile des Betriebssystems, die durch den Benutzer nicht verändert werden dürfen. Gegensatz siehe *RAM*.

ROP: see *Registered Options Principal*.

RPG: see *programming languages*

rose: see *to rise*,

round lot: <rundes Lot> The normal trading unit of a security: 100 shares of stock or 5 bonds in the OTC market (1 bond on the NYSE).

Die normale Handelszahl bei Wertpapieren: 100 bei Aktien 5 bei Bonds im OTC Markt (1 Bond bei der NYSE)

round turn: <> abgeschlossener Handel, d.h. Kauf und Verkauf eines Wertpapiers, eines

Terminvertrages oder einer Option.

royalty: <Tantieme> In oil and gas programs, a percentage of revenues paid to the owner of the mineral rights in return for allowing the partnership to drill on the property.

Rules of Fair Practice: <Regeln der fairen Geschäftsgebahren> NASD rules governing firms dealing with customers.

Rule 144: <Regel 144> The federal law regarding resale of securities. Insiders must always sell under Rule 144. Non-affiliated persons are subject to Rule 144 if they sell shares that have not been registered with the SEC.

Rule 147 Offerings: see *intrastate offerings.*

run: see *to run,*

to run, ran, run: <rennen>

rung: see *to ring,*

S

S&P 500: see *Standard and Poors 500*

SAC: see *Special Agent-in-Charge*

safeguard measures: <Schutzmaß-nahmen> Vorübergehende Wiedereinführung von protektionistischen Maßnahmen, um die durch die Liberalisierung des Handels verursachten Nachteile oder Schäden zu vermindern.

said: see *to say,*

salary: <Lohn/Gehalt> Zeit- oder leistungsabhängiges Entgelt, das der Arbeitgeber an seine durch einen Arbeitsvertrag angestellten Arbeitnehmer gewährt. Der Arbeitsver-trag kann sich aus einer schriftlichen oder mündlichen Vereinbarung, aber auch stillschweigend aus einem wirtschaftlichen Unter-ordnungs- oder Abhängigkeitsverhältnis ergeben. Für den Begriff Lohn bestehen im allgemeinen Sprachgebrauch eine Reihe von Bezeichnungen, die die unterschiedlichen Formen des Arbeitsentgelts oder die Art der Leistung ausdrückt: Besoldung (Beamte), Sold (Soldaten), Gehalt (leitende Angestellte), Lohn (Arbeiter).

sale: <Verkauf>

sale-leaseback: <Sale-leaseback> Sonderform des Leasings, bei dem die Leasinggesellschaft das Leasingobjekt kaufen und anschließend an den Verkäufer im Rahmen eines Leasingvertrags vermieten kann

sample: <Stichprobe> Die aus einer statistischen Gesamtheit durch Zufallsauswahl gezogenen statistischen Elemente.

sampling: <Ziehung (Statistik)> Bildung einer Stichprobe aus einer statistischen Gesamtheit.

sampling method: <Stichprobenverfahren> Die aus einer statistischen Gesamtheit durch Zufallsauswahl gezogenen statistischen Elemente.

sang: see *to sing,*

sank: see *to sink,*

sat: see *to sit,*

savings[1]**:** <Ersparnis> Thesaurierung von Einkommen oder Verwendung von Einkommen für Anlagen (Wertpapiere, Darlehen) oder Investitionen. Negativ definiert ist Sparen das Nichtverwenden von Einkom-

men für den Verbrauch. Gesamtwirtschaftlich müssen die Gesamtersparnisse und die Gesamtinvestitionen betragsmäßig ex post übereinstimmen, doch sind Sparer und Anleger in der Regel nicht identisch. Der Ausgleich zwischen Sparer und Anleger wird durch den Finanzmarkt und seine Einrichtungen übernommen.

savings[2]**:** <Ersparnis, volkswirtschaftliche Gesamtrechnung> Begriff der volkswirtschaftlichen Gesamtrechnung. Teil des nach der Umverteilung verfügbaren Einkommens, der nicht für den Konsum verwendet wird. Zunahme des Vermögens der Wirtschaftsteilnehmer. Die Bruttoersparnisse beinhalten neben den eigentlichen Ersparnissen auch die Abschreibungen; die Nettoersparnisse hingegen nicht. Da die Investitionen und die Ersparnisse in einer Volkswirtschaft gleich groß sein müssen, entsprechen die Ersparnisse der Summe von Investitionen, Vorratsveränderungen und dem Saldo der Kreditgewährung mit dem Ausland.

savings (social accounting GB/national accounting US): <Ersparnis (volkswirtschaftliche Gesamtrechnung)> see *saving*[2]

savings bank: <Sparkasse>

savings certificate: <Sparzer-

tifikat>

savings passbook: <Sparheft/- Sparbuch> Kleines Heft oder Buch, das die Bank dem Inhaber eines Sparkontos übergibt und in dem sämtliche Bewegungen auf dem Sparkonto verzeichnet werden.

savings plan: <Sparplan> Von Banken dem Publikum angebotene Sparmethode, bei der durch regelmäßige Zahlungen ein bestimmtes Kapital gebildet wird. In einigen Ländern werden die Sparpläne steuerlich begünstigt oder durch Zinszuschüsse unterstützt.

saw: see *to see,*

to **saw**, -ed, -ed/sawn: <sägen>

sawn: see *to saw,*

to **say**, said, said: <sagen>

scalper: <Skalpierer> A speculator active on the floor of an exchange who buys and sells often to take advantage of small price fluctuations. This type of trading gives a great deal of liquidity to the market. Scalpers buy and sell often; therefore, they make it possible for others to enter or exit the market quickly. The term scalper arises from the fact that theses traders attempt to "scalp" a small amount on a trade.

Ein auf dem Börsenparkett tätiger Spekulant, der häufig kauft und verkauft, um von kleinen Kursschwankungen zu profitieren. Diese Art des Handelns verschafft dem Markt ein hohes Ausmaß an Liquidität. Scalpers kaufen und verkaufen häufig; daher ermöglichen sie es anderen, schnell in den Markt hinein und hinaus zu gehen. Der Ausdruck "Skalpjäger" rührt von der Tatsache her, daß diese Händler versuchen, eine kleine Summe bei einem Geschäft abzuschöpfen, zu "skalpieren".

scarcity: <Knappheit> Vorhandensein eines Wirtschaftsgutes in unzureichender Menge. Das Gegenteil der Knappheit ist Überfluß. Knappheit besteht in der Wirtschaft immer im Verhältnis zu einem objektiven, verspürten Bedürfnis, bzw. im Verhältnis zu einer bestimmten Nachfrage.

SCI: see *Supervisory Customs Inspector*

screening inspection system: <"siebendes" Inspektionssystem>

SDR (special drawing rights): <SZR (Sonderziehungsrecht)>

seasonal variation: <saisonale Schwankung> Jahreszeitlich bedingte Schwankung einer statistischen Größe, die regelmäßig auftritt.

SEC: see *Securities and Exchange Commission.*

secondary distribution:

<sekundärer Vertrieb> In underwriting, the sale of previously issued shares, such as held by insiders. Large block trades may also be called secondary distributions.

sector: <Sektor> Gruppe von Wirtschaftssubjekten mit gleichem oder ähnlichem wirtschaftlichen Verhalten in der volkswirtschaftlichen Gesamtrechnung. Das wirtschaftliche Verhalten wird im wesentlichen von zwei Faktoren beeinflußt, nämlich von der Art der ausgeübten Tätigkeit und von der Stellung im Markt und der sich daraus ergebenden Finanzierungsmöglichkeiten. Unterschieden werden die Sektoren Private Haushalte, Unternehmen, Staat und Ausland.

sector of industry/branch of business: <Branche> Alle Produktionseinheiten einer Wirtschaft, die gleiche oder ähnliche Produkte herstellen oder die gleiche oder ähnliche Tätigkeiten ausüben.

securities: <Wertpapiere>

Securities Act of 1933: <Wertpapiergesetz von 1933> The federal law regulating new issues, requiring their registration with the SEC.

Securities and Exchange Commission: <Wertpapier- und Börsenausschuß> The federal agency that regulates the securities market and administered federal securities laws, commonly known as the SEC.

Securities Exchange Act of 1934: <Wertpapierbörsengesetz von 1934> The federal law regulating the markets for existing securities, and governing public companies, broker/dealers, and exchanges. It allowed for the creation of self-regulatory organizations, such as the NASD.

Securities Information Center: <Wertpapierinformationszentrum> The agency that takes reports on lost, stolen, or counterfeit securities. Commonly known as the SIC.

securities market: <Wertpapiermarkt>

securities trader: <Wertpapierhändler>

security: <Wertpapier> Jede Urkunde, die ein Recht verbrieft, so daß es ohne Urkunde weder geltend gemacht, noch auf andere übertragbar ist. Im engeren Sinne ist der Begriff Wertpapiere auf jene Papiere eingeschränkt, die an einer Wertpapierbörse oder ähnlichen Einrichtungen gehandelt werden.

security pension transaction: <Pensionsgeschäft> Technik zur

Mobilisierung von handelsfähigen Wertschriften. Beim Pensionsgeschäft werden Wertschriften verkauft, wobei der Verkäufer sich gleichzeitig verpflichtet, diese nach Ablauf einer vereinbarten Frist zurückzukaufen. Dem Verkäufer steht damit für eine bestimmte Dauer Liquidität zur Verfügung.

security, registered: <Namenszertifikat> Auf den Namen ausgestelltes Wertpapier, das nur durch Zession übertragbar ist. Die Namenspapiere werden von der Ausgabestelle in ein Register, das *Übertragungsregister* eingetragen. Das Gegenteil der Namenszertifikate sind die Inhaberzertifikate.

SED: see *Shipper's Export Declaration*

to **see**, sawn, seen: <sehen>

to **seek**, sought, sought: <seeken>

seen: see *to see*,

self-employed: <Selbständiger> Natürliche Person, die auf eigene Rechnung und Gefahr eine unternehmerische Tätigkeit ausübt. Der Selbständige unterscheidet sich vom Lohnempfänger dadurch, daß er eine Leistung produziert und verkauft, wogegen der Lohnempfänger nur seine Arbeit als Produktionsfaktor zur Verfügung stellt.

self-management: <Selbstverwal-tung> Führung eines Unternehmens durch die Gesamtheit der im Unternehmen beschäftigten Arbeitnehmer. Durch die Selbstverwaltung werden die Entscheidungsgewalt und das Eigentum voneinander getrennt. Dies widerspricht dem Wesen des Kapitalismus, bei dem die Entscheidungsgewalt auf dem Besitz der Produktionsmittel gründet und der Kapitaleigner die Entscheidungsgewalt direkt oder indirekt ausübt. Die Selbstverwaltung widerspricht jedoch auch den Unternehmen in staatssozialistischen Ländern, wo die Kollektivierung der Produktionsmittel die Übertragung der Führungsgewalt nicht auf den Arbeitnehmer, sondern auf den Staat bewirkt.

self-sufficiency: <Autarkie> Situation eines Landes, das sich vollumfänglich selbst versorgen kann und deshalb nicht auf Handelsbeziehungen mit anderen Ländern angewiesen ist.

to **sell**, sold, sold: <verkaufen>

seller: <Verkäufer>

seller's market: <Verkäufermarkt>

seller's option: <Verkäuferoption> The seller chooses the date on which the trade is settled. The date must be no less than six business days, but no more than sixty calendar days after trade date.

seller's over: <Verkäufers Aufschlag>

selling at give-away prices: <Schleuderverkauf> Verkaufspraxis, bei der Waren zu stark herabgesetzten, allenfalls sogar unter den Beschaffungswerten liegenden Preisen verkauft werden. Grund für eine Verschleuderung kann beispielsweise der Wunsch sein, benötigte Lagerflächen zu räumen.

selling away: see *private securities transactions*.

selling dividends: <Dividendenverkauf> Including a customer to buy mutual fund shares just prior to an ex-dividend date, so that he receives the dividend. Because the price of the shares is likely to drop by the amount of the dividend, the customer is effectively getting his own money back, and is taxed on the dividend, besides.

selling group: <Verkaufsgruppe> A select group of broker/dealers who assist the syndicate in selling the new issue in a corporate underwriting.

Gruppe von Banken und Brokern, die vom Führer eines Emissionssyndikats (lead manager) eingeladen werden, gegen Entschädigung, aber ohne Abnahmegarantie an der Plazierung der emittierten Wertpapiere mitzuwirken.

selling group concession: <Verkaufsgruppenvergütung> In a corporate underwriting, the compensation paid to the selling group members.

selling price, American: <Verkaufspreis, amerikanischer>

sell MIT order: <verkaufe MIT> see *market if touched*

sell on close: <verkaufe bei Marktschluß>

sell on opening: <verkaufe bei Markteröffnung>

sell order: <Verkaufsauftrag>

sell stop: <Verkaufsstop> An order to sell a stock if the price falls to or below a specified price. It is often called a "stop loss" order.

Ein Auftrag Aktien oder Futures zu verkaufen, wenn der Kurs auf oder unter einen festgelegten Preis fällt. Oftmals "Stop-Loss" Auftrag genannt.

sell stop limit order: <bedingter Verkaufsstopauftrag>

sell stop order: <Verkaufsstopauftrag>

semiconductor: <Halbleiter> Elektronisches Schaltelement aus Silizium, das je nach angelegter elektrischer Spannung sich als Leiter oder Isolator verhält. In Form von sogenannten Chips werden die Halbleiter als Schaltelemente in Computern verwendet.

semi-fixed unit investment trust: <halbfestgelegte Einheiten Anlagetrust> A contractual plan investment company that creates its own portfolio, consisting solely of shares in an underlying mutual fund. The plan sells shares of its portfolio to investors on a contractual basis.

to **send**, sent, sent: <schicken>

senior executive service: <höherer öffentlicher Dienst>

sent: see *to send,*

separate account: <Sonderkonto> In a variable annuity, the investment account into which the annuitant's funds are deposited. The account is segregated from the insurance company's other investments, and registered as an investment company under the *Investment Company Act of 1940.*

serial bond: <Serienbond> An issue with bonds of different maturities.

Eine Emission mit Bonds unterschiedlicher Laufzeit.

series bond: <serieller Bond> A bond offering that took place at different times.

Ein Bondangebot, das zu unterschiedlichen Zeiten stattfand.

series of options: <Optionsserie> Options of the same type (put or call) on the same security, with the same exercise month and strike price

Optionen gleichen Typs, auf das gleiche Wertpapier, mit dem gleichen Andienungsmonat und dem gleichen Basispreis

service: <Dienst>

services: <Dienstleistungen> Nicht-materielle Leistungen der Produktion, die sich zur Befriedigung menschlicher Bedürfnisse eignen. Im Gegensatz zu Gütern erfolgt bei den Dienstleistungen nicht oder nur sekundär eine Eigentumsübertragung eines materiellen Gutes.

services, balance of: <Dienstleistungsbilanz> Teil der Zahlungsbilanz. Die Dienstleistungsbilanz enthält sämtliche Dienst- und Faktorleistungen zwischen dem In- und Ausland. Sie enthält die Einnahmen und Ausgaben aus dem Reiseverkehr, den Transport- und Transportversicherungsleistungen, den Lizenzen und Patenten. In der Regel werden in der Dienstleistungsbilanz auch die Kapitalerträge (Zinsen, Dividenden) erfaßt, doch werden diese gelegentlich gesamthaft in der Kapitalertragsbilanz ausgewiesen.

services rendered for own account: <Eigenleistungen> Produktionsleistungen eines Unternehmens, die das Unternehmen für eigene Zwecke verbraucht, beispielsweise selbsterstellte Anlagen, Unterhaltsarbeiten.

SES: see *Senior Executive Service*

set: see *to set*,

to **set**, set, set: <setzen, stellen, legen, zurechtmachen>

settlement: <Abrechnung> In a trade, the exchange of money and the security. Regular way settlement takes place five business days after trade date.

settlement price: <Abrechnungspreis>

to **sew**, -ed, -ed/sewn: <nähen>

sewn: see *to sew*,

to **shake**, shook, shaken: <schütteln>

shaken: see *to shake*,

shall, should: <sollen [Hilfsverb]>

share: <Aktie> Wertpapier, das einen Anteil am Kapital einer Aktiengesellschaft verkörpert und dem Besitzer dessen Rechte als Teilhaber (Stimm- und Wahlrecht an der Ge-neralversammlung, Recht auf Anteil am Gewinn, Recht auf Beteiligung bei Kapitalerhöhungen und Recht auf Beteiligung am Liquidationserlös) belegt. Die Aktien können, müssen aber nicht, an der Börse eingeführt (kotiert) sein.

share capital: <Grundkapital> see *capital stock*

share certificate: <Aktienurkunde>

shareholder: <Aktionär> Eigentümer einer oder mehrerer Aktien einer Gesellschaft.

share, participating: <Gesellschaftsanteil/Stammeinlage> Anteil am Grundkapital eines Unternehmens, im weiteren Sinne Wertpapier, das einen Anteil am Grundkapital verbrieft und den am Unternehmen Beteiligten für ihre Einlagen übergeben wird.

shares: <Aktien>

to **shave**, -ed, -ed/shaven: <rasieren>

shaven: see *to shave*

to **shear**, -ed, shorn: <scheren>

to **shed**, shed, shed: <abschütteln, abwerfen>

to **shine**, shone, shone: <scheinen, polieren>

shipper's export declaration: <Exportdeklaration des Verschiffers/Versenders>

shod: see *to shoe,*

to **shoe**, shod, shod: <beschuhen, beschlage (mit Hufeisen)>

shone: see *to shine,*

shook: see *to shake,*

to **shoot,** shot, shot: <schießen>

shopping center: <Einkaufszentrum> Ort mit zahlreichen, in der Regel rechtlich selbständigen Geschäften, deren Angebot sich ergänzt, so daß der Käufer seinen gesamten Bedarf decken kann. Einkaufszentren liegen meistens am Rand einer Stadt oder Agglomeration und sind mit großen Parkplätzen versehen.

shorn: see *to shear*

short[1]: <kurz/verkaufen> The sale of a futures contract, option or security. This sale is a legally enforceable agreement to make delivery of a specific quantity and grade of a particular commodity during a specified delivery period. This term also is used to describe someone who has sold a contract short.

Der Verkauf eines Terminkontraktes. Dieser Verkauf ist eine rechtlich vollstreckbare Vereinbarung, eine bestimmte Ware in einer bestimmten Menge und Güteklasse einer speziellen Ware während eines festgelegten Andienungszeitraumes zuliefern. Dieser

Ausdruck wird auch benutzt, um jemanden zu bezeichnen, der einen Kontrakt short verkauft hat.

short[2]: <Verkauf> In options, the position of the writer of an option. In securities and futures, the position of a seller of stock he does not own, but hopes to buy later.

short against the box: A position of an investor who is long and short the same security, usually for tax purposes, to lock in a sales price, but defer the gain into the year the short position is covered.

shortage: <Mangelsituation> Knappheit infolge ungenügender Versorgung eines Marktes.

short interest theory: <Theory des Verkaufsinteresses> An investment theory according to which a large volume of short sales constitutes a buy signal.

Eine Anlagetheory, nach der ein großes Volumen von Verkäufen ein Kaufsignal sei.

short sale: <Leerverkauf> The sale of a borrowed security. If the seller can buy back the security at a lower price he can reap a profit.

Der Verkauf eines beliehenen Wertpapiers. Wenn der Käufer das Wertpapier zu einem niedrigeren Preis zurückkaufen kann erzielt er einen Gewinn.

short selling: <leerverkaufen>

short straddle: <Verkaufsstraddle> An options position in which the investor sells both a call and a put on the same security. The position is profitable if the stock price remeins between the two breakeven points.

shortswing profit rule: <Regel zu kurzfristigen Umlaufprofiten> A federal law that forces insiders who sell securities of their company and take a short-term profit to pay that profit to the company.

Ein Bundesgesetz, das Insider zwingt Profite aus dem Verkauf von Aktien der eigenen Firma an die Firma abzutreten.

short term: <kurzfristig>

short-the-basis: <short in der Basis> When a person or firm needs to buy a commodity in the futures, they can protect themselves against price increases by making a substitute purchase in the futures market. The risk this person now faces is the risk of a change in basis (cash price - futures price). This hedger is said to be short-the-basis because he will profit if the basis becomes more negative (weaker); for example: if a hedger buys a corn futures contract at 325 when cash corn is 312, the basis is -.13. If this hedge is lifted with futures at 320 and cash at 300, the basis is -.20,.and the hedger has profited by the $.07 decrease in basis.

Eine Person oder Firma, die eine Ware in der Zukunft kaufen muß, kann sich gegen Kursanstieg schützen, indem sie einen Ersatzerwerb am Terminmarkt veranlaßt. Das Risiko, welchem sich die Person nun gegenübersieht, ist das Risiko einer veränderten Basis. (Kassakurs - Terminpreis). Von diesem Hedger sagt man, er sei *short-the-basis,* weil er profitiert, wenn die Basis immer negativer (schwächer) wird; zum Beispiel, ein *Hedger* kauft einen Getreideterminkontrakt zu 325 bei einem Kassakurs von 312, die Basis beträgt -0,13. Wenn der Hedge mit Terminkurs 320 und Kassa 300 aufgehoben wird, beträgt die Basis -0,20 und der Hedger profitierte von den $ 0,07, um die die Basis fiel.

shot: see *to shoot,*

should: see *shall,*

to **show**, -ed, shown: <zeigen>

to **shred**, -ded, -ded/shred: <zerreißen, zerstückeln, zerfetzen>

to **shrink**, shrunk, shrunken: <schrinken, einlaufen>

shrunk: see *to shrink,*

shrunken: see *to shrink,*

shut: see *to shut,*

to **shut**, shut, shut: <schließen, verschließen>

SIC: see *Securities Information Center*.

significant importation reports: <wichtige Einfuhrberichte>

silicon: <Silizium> Chemisches Element. Wichtigstes Ausgangsmaterial für die Herstellung von Halbleitern.

simultaneous transactions: see *riskless transaction*.

simulation: <Simulation> Untersuchung komplexer, durch eine große Zahl von Faktoren und möglicherweise von Zufälligkeiten beeinflußter Phänomene mittels fiktiver Experimente.

to **sing**, sang, sung <singen>

single user system: <Einplatzsystem> Kleinere Computer, die nur mit einem Terminal versehen sind und auf denen jeweils nur ein Programm gleichzeitig ablaufen kann. Die meisten Personalcomputer und Homecomputer sind Einplatzsysteme.

to **sink**, sank, sunk: <sinken>

sinking fund: <sinkeder Fond> A fund established to accumulate resources for the retirement of bonds.

sinking fund call: <sinkender Fond Aufruf> A repurchase of bonds by the issuer in which the money used to fund the bonds comes from a fund established for that specific purpose.

SIPC: see *Securities Industry Protection Corporation*.

SIR: see *Significant Importation Reports*

SIS[1]: see *Screening Inspection System*

SIS[2]: see *Supervisory Import Specialist*

to **sit**, sat, sat: <sitzen>

slain: see *to slay*,

to **slay**, slew, slain: <erlegen, ermorden, niedermachen>

to **sleep**, slept, slept: <schlafen>

sleeping partner: see *partner, dormant*

slept: see *to sleep*,

slew: see *to slay*,

slid: see *to slide*,

to **slide**, slid, slid: <rutschen, schieben, glitschen>

slide: <Verschiebung> Wertänderung einer aggregierten Wirtschaftsgröße infolge Änderung ihrer Zusammensetzung. Im weiteren Sinne, jedoch streng genommen falsch, Wertänderung einer Wirtschaftsgröße im, Zeitablauf, beispielsweise Preisverschiebung.

to **sling**, slung, slung: <schlingen>

to **slink**, slunk, slunk: <schleichen>

slit: see *to slit,*

to **slit**, slit, slit: <(auf)schlitzen>

SLUC: see *Standard Level Users Charge*

slung: see *to sling,*

slunk: see *to slink,*

SMA: see *Special Memorandum Account.*

to **smell**, -ed/smelt, -ed/smelt: <riechen, schnüffeln>

SMIC: <SMIC> Mindestlohn in Frankreich (Salaire minimum interprofessionnel de corissance), 1969 als Ersatz für den SMIG eingeführt. Der Mindestlohn richtet sich dynamisch nach dem durchschnittlichen Stundenlohn der Arbeiter.

to **smite**, smote, smitten: <schlagen, vernichten, heimsuchen, treffen, quälen>

smitten: see *to smite,*

smote: see *to smite,*

SNIF: see *Special Narcotics Identification Force*

snowball sales system: <Schneeballsystem> Betrügerisches Verkaufssystem, bei dem die Warenlieferung davon abhängig gemacht wird, daß der Käufer mehrere Kunden findet, die ihrerseits zu denselben Bedingungen Waren abnehmen würden. Dieses auf den ersten Blick vorteilhafte System ist deshalb betrügerisch, weil es den letzten Käufern infolge der schnell anwachsenden Zahl von verkaufenden Käufern nicht gelingt, die eingegangenen Verpflichtungen zu erfüllen.

SOCAR: see *Statement of Condition & Recommendation* (Audit Finding)

social accounting (GB): <Volkswirtschaftliche Gesamtrechnung>

social budget: <Sozialhaushalt> Teil des öffentlichen Haushalts, der die aus sozialen Gründen entrichteten Transferzahlungen und die Einnahmen aus den Sozialabgaben enthält. Ist die Sozialversicherung als unabhängige öffentliche Körperschaft organisiert, entspricht der Sozialhaushalt dem Haushalt dieser Körperschaft.

social class: <Gesellschaftsschicht> Personen, die in der Gesellschaft eine vergleichbare Funktion ausüben, ähnliche soziale und wirtschaftliche Positionen innehaben und sich infolge gemeinsamer Interessen und Verhaltensweisen miteinander verbunden fühlen. Der Begriff Gesellschaftsschicht ist mehrdeutig und gab Anlaß zu zahlreichen verschiedenen Auslegungen. Immerhin dürften zwei Elemente wesentlich für eine Gesellschaftsschicht sein: Ein objektives Element, nämlich die Art, wie die Mitglieder der Gesellschaftsschicht in der nationalen und ethnischen Gesamtgesellschaft eingegliedert sind, und ein subjektives Element, nämlich das mehr oder weniger starke Zusammengehörigkeitsgefühl innerhalb der Gesellschaftsschicht.

social insurance: <Sozialversicherung> Vom Gesetzgeber für alle Erwerbsfähigen als obligatorisch erklätre Versicherung gegen bestimmte Risiken und zur Sicherung der Altersversorgung. Die Sozialversicherung ist durch drei Merkmale gekennzeichnet: Sie ist obligatorisch, steht in Bezug zur Arbeit und zum Arbeitsentgelt und die Leistungen und Beiträge sind durch spezielle Gesetze geregelt.

socialism: <Sozialismus> Im 19. Jahrhundert entstandene Lehre, die sich für eine egalitäre Gesellschaft einsetzt, in der das Gemeinschaftsinteresse über dem Einzelinteresse steht und in der es keine Ausbeutung zwischen den sozialen Klassen mehr gibt. Im weiteren Sinn auch Systeme und Regime, deren Prinzipien diesen Zielsetzungen entsprechen. Historisch gesehen werden üblicherweise folgende sozialistische Strömungen unterschieden. Utopischer Sozialismus (Momas More, Fourier, Saint-Simon, Proudhon). Wissenschaftlicher Sozialismus (Marx, Engels). Der wissenschaftliche Sozialismus geht von der Analyse der gesellschaftlichen Entwicklung (historisr-her Materialismus) aus. Der Bruch mit der kapitalistischen Gesellschaft entsteht durch den revolutionären Ausgang des Klassenkampfes und der Kollektivierung der Produktionsmittel. Der Umsturz soll zur schrittweisen Verwirklichung einer kommunistischen Gesellschaft-führen in der der Staat verschwindet. Staatssozialismus (Lassalle, Rodbertus, Sismondi), dessen Zielsetzung die Reformierung des Kapitalismus ist. Christlicher Sozialismus (Lamehnais), der versucht, die sozialistischen und christlichen Zielsetzungen miteinander zu verbinden und dadurch das Individuum von den kollektivistischen Zwängen zu bewahren. Heute werden zwei sozialistische Hauptrichtungen unterschieden: Die reformistische Richtung, derzufolge die sozialistische Gesellschaft das Individuum befreit, anstatt es kollektiven Zwängen zu unterwerfen. Diese sozialistische Richtung ist den demokratischen Prinzipien verpflichtet und setzt sich für die Veränderung der Gesellschaft auf legalem Wege ein. Die kommunistische Richtung, die sich auf Marx und Engels beruft und der Gruppe, der Arbeiterklasse, den Vorrang gegenüber dem Individuum einräumt. Sie geht davon aus, daß die Kollektivierung der Produktionsmittel die wesentliche Voraussetzung für den Übergang zum Sozialismus ist und befürwortet den notfalls auch gewaltsamen Umsturz der kapitalistischen Ordnung. Angesichts der natürlichen Einbettung sozialistischer Zielsetzungen in der Wirtschaftsordnung ist der Sozialismus für die eine Richtung eine bereits erreichte Realität, für die andere, kommunistische, hingegen noch ein zu realisierendes Vorhaben.

social security: <Soziale Sicherung> Einrichtungen zur Gewährleistung der wirtschaftlichen Sicherheit einzelner Personen einer Gesellschaft.

social security benefits: <Sozialleistungen> Die vom Staat und den Unternehmen zugunsten der privaten Haushalte geleisteten, einseitigen Übertragungen mit sozialen Zwecken. Die Höhe dieser einseitigen Übertragungen hängt im allgemeinen von den in früheren Jahren geleisteten Beitragszahlungen der privaten Haushalte ab.

social security contribution: <Sozialversicherungsbeitrag> Pflichtbeitrag zugunsten der Sozialversicherungsträger oder des Staates als Gegenleistung für das Anrecht auf spätere Sozialleistungen. Die Sozialversicherungsbeiträge setzen sich aus verschiedenen Komponenten zusammen, nämlich in der Regel aus Beiträgen für die Alters-, Arbeitslosen-, Kranken- und Unfallversicherungen. Die Beiträge werden bei den Lohnabhängigen vom Arbeitgeber und Arbeitnehmer, bei den Selbständigen durch sie selbst entrichtet. Die Beiträge werden in der Regel als Prozentsatz des Arbeitsentgeltes erhoben, wobei teilweise eine obere Begrenzung des Beitragspflichtigen Arbeitsentgelts besteht. Die Höhe der Sozialversicherungsbeiträge und ihre Zusammensetzung sind von Land zu Land verschieden.

social welfare expenditure: <Sozialkosten> Gesamtheit der Bar- und Sachleistungen, die den Arbeitnehmern in direkter oder indirekter Form über das eigentliche Arbeitsentgelt zukommen. Diese Leistungen gehen teilweise direkt an den

Lohnempfänger, teilweise aber an bestimmte Institutionen wie Pensionskassen, Sozialversicherungseinrichtungen oder an den Staat. Sie sind teilweise zwingend durch das Gesetz vorgeschrieben, teilweise vertraglich vereinbart oder freiwillig gewährt. Die Sozialkosten beinhalten beispielsweise: - ✤ Entlohnung für Feiertage oder bezahlten Urlaub, Fortzahlung im Krankheitsfall usw. - ✤ Pflichtbeiträge für die Kranken-, Mutterschafts-, Todesfall-, Alters-, Unfallversicherung sowie bestimmte Familienbeiträge. - ✤ Vertraglich vereinbarte Zusatzleistungen für Arbeitslosigkeit und Altersvorsorge. - ✤ Spezielle Steuern und Abgaben wie Beiträge für die öffentliche berufliche Weiterbildung. - ✤ Freiwillige innerbetriebliche Weiterbildungs- und Schulungsmöglichkeiten. - ✤ Freiwillige Vergünstigungen für Urlaub und Sportmöglichkeiten. Für den Arbeitgeber stellen diese Leistungen Kosten dar, die in manchen Ländern bis zu 60 % der Lohnsumme ausmachen.

sold: see *to sell,*

software: <Software> Sammelbegriff für alle Programme, die in einem Computer verwendet werden. Bei der Software wird zwischen Betriebssoftware, durch die der Computer gesteuert wird, und Anwendersoftware, durch die die vom Benutzer gewünschten Aufgaben erfüllt werden, unterschieden.

software, applications: <Anwendersoftware>

software, communications: <Komunikationssoftware> Programme, meist Teil der Betriebssoftware, deren Aufgabe die Verbindung zwischen verschiedenen Zentraleinheiten oder Peripheriegeräten ist.

software, operating system: <Betriebssoftware>

solvency: <Zahlungsfähigkeit> Fähigkeit eines Unternehmens oder einer natürlichen Person, den finanziellen Verbindlichkeiten bei Fälligkeit nachkommen zu können.

SOP: see *Standard Operating Procedure*

sought: see *to seek,*

source code: <Quellenprogramm> Ein in einer höheren Programmiersprache geschriebenes Computerprogramm. Das Quellenprogramm selbst ist auf dem Computer nicht ablauffähig, sondern muß vorher durch einen Interpreter oder einen Compiler in ein Maschinenprogramm übersetzt werden.

to sow, -ed, -ed/sown: <sähen>

sown: see *to sow*

span: see *to spin,*

spat: see *to spit,*

to **speak,** spoke, spoken: <sprechen>

special agent-in-charge: <verantwortlicher Sondervertreter/-agent (U.S.A.)>

special assessment bond: <Sondererhebungsbond> A municipal bond that is backed by special assessments levied on the property of residents who benefit from the facility being financed, such as an improved sewer system.

Eine Kommunalobligation, die durch eine Sondererhebung auf Grundbesitz von Nutznießern des Projekts finanziert wird.

special auditor for company formation: <Gründungsprüfer> Person, die bei der Gründung einer Gesellschaft mit der Prüfung der Sacheinlagen beauftragt ist, um zu verhindern, daß diese zu übersetzten Ansätzen bewertet werden. Der Gründungsprüfer wird in der Regel durch ein Handelsgericht bestellt.

special bid: <besonderes Gebot> A bid for a large number of shares.

Ein Gebot für eine große Anzahl von Aktien.

Special Drawing Rights (SDR): <Sonderziehungsrecht (SZR), siehe *SZR*> Vom IWF 1961 geschaffenes, internationales Buchgeld, das den Mitgliedsländern im Verhältnis ihrer Länderquote zugeteilt wird und von diesen als Währungsreserve verwendet werden kann. Das SZR soll zum Hauptreservemittel des internationalen Währungssystems werden. Der Wert des SZR war ursprünglich in Gold definiert, später gegenüber einem gewichteten Mittel von 16 Währungen, seit 1. 1. 1981 gegenüber dem gewichteten Mittel von US$, DM, Yen, FF und englischem Pfund. Nicht beanspruchte SZR dienen als Währungsreserve und werden vom IWF verzinst (Zinssatz: 85.0 % des gewogenen Mittels der Marktzinsen in den USA, BRD, I, F und GB).

specialist: <Spezialist> An exchange member who makes the market in a particular security. He must maintain a "fair and orderly" market.

Ein Börsenmitglied, daß als Marktmacher für ein bestimmtes Wertpapier fungiert. Er muß einen fairen und ordnungsgemäßen Markt führen.

specialist's bid: <Spezialisten Gebot> A specialist's bid for a block of stock owned by a customer. The purchase is a negotiated action.

Gebot eines Spezialisten auf einen Aktienblock, der einem Kunden gehört. Der Kauf wird verhandelt.

specialist's offer: <Spezialisten Angebot> A specialist's sale of a block of stock to a customer in a negotiated transaction.

Verkauf eines Aktienblocks eines Kunden durch einen Spezialisten in einer verhandelten Transaktion.

special offer: <besonderes Angebot> An offer for a block of stock that is reported on the consolidated tape.

Ein Angebot für einen Aktienblock.

special memorandum account: <besonderes Memorandum Konto> In a margin account, SMA is a line of credit that is granted when the account generates equity in excess of 50%.

Auf einem Marginkonto ist SMA ein Überziehungskredit der gewährt wird, when das Konto Kapital über 50% erwirtschaftet.

special narcotics identification force: <besondere Betäubungsmittel Identifizierungseinheit>

special situation: <besondere Situation> Unusual circumstances that may cause a

company to buy or sell its securities, rather than the fundamental prospects of the corporation. An example is a company that has received a tender offer by someone trying to buy all outstanding shares. The decision to buy or sell stock is made more on the basis of the likely success or failure of the tender offer than on the long-term prospects of the company.

Ungewöhnliche Umstände, die eine Firma veranlassen könnten Wertpapiere zu kaufen oder zu verkaufen, anstatt der fundamentalen Aussichte des Unternehmens. Ein Beispiel wäre eine Firma, die ein Angebot sämtlichen ausstehenden Aktien aufzukaufen erhalten hat.. Die Entscheidung zu kaufen oder zu verkaufen basiert eher auf Erfolgserwartungen für das Angebot als langfristige Aussichten der Firma.

special tax bond: <Sondersteuerbond> A municipal bond that is supported only by the revenues from a specific tax. It is considered a revenue bond; for example, a state pledging its gasoline taxes to finance construction of roads.

specific: <spezifisch>

specific duties: <spezifisch> Steuern, Abgaben und Zölle, die anhand der Anzahl Einheiten des besteuerten Gutes berechnet werden. Gegenstück zu spezifischen Zöllen sind die Wertzölle. Vergleiche *Ad Valorem*.

speculation: <Spekulation> an attempt to profit from commodity price changes through the purchase and/or sale of commodity futures. In the process, the speculator assumes the risk that the hedger is transferring, and provides liquidity in the market. Ein Versuch, durch Warenpreisschwankungen mittels Erwerb und/oder Verkauf von Terminwaren zu profitieren. Bei dieser Verfahrensweise nimmt der Spekulant das Risiko auf sich, das der Kurssicherer zu übertragen sucht und sorgt für Liquidität am Markt. Kauf und Verkauf von Gütern oder Wertpapieren, um damit aus den Preis- oder Kursschwankungen einen Gewinn zu erzielen.

sped: see *to speed*,

to **speed**, sped, sped: <zu schnell fahren, rasen>

to **spell**, -ed/spelt, -ed/spelt: <buchstabieren>

to **spend**, spent, spent: <ausgeben, verbrauchen>

spent: see *to spend*,

to **spill**, -ed/spilt, -ed/spilt: <ver­schütten>

to **spin**, spun/span, spun:
<spinnen>

to **spit**, spat, spat: <spucken>

split: see *to split*,

to **split**, split, split: <teilen>

to **spoil**, -ed/spoilt, -ed/spoilt: <verderben, vergammeln>

spoke: see *to speak*,

spoken: see *to speak*,

spot: <Kassamarkt> The market in which commodities are available for immediate delivery. It also refers to the cash market price of a specific commodity. Der Markt in dem Waren zur sofortigen Lieferung bereitstehen.

spot price: <Kassapreis>

spot transaction: <Kassageschäft /Komptantgeschäft>

sprang: see *to spring*,

spread: see *to spread*,

to **spread**, spread, spread: <ver­streichen, verteilen>

spread[1]: <Spread> An options position in which the investor is long an option and short another option of the same. For example, he is long 1 ABC July 50 Call and short 1 ABC July 55 Call. In verschiedenen Bereichen verwendeter englischer Begriff für die Differenz zwischen zwei Werten. Synonym für Marge.

spread[2]: <Spread>An der Börse

Differenz zwischen Geld- und Briefkurs oder Differenz zwischen dem Kurs für Namen- und Inhaberaktien desselben Unternehmens.

spread[3]: <Spread>Im Euromarkt Differenz zwischen dem Zins für einen Kredit oder eine Anleihe und dem Kreditzinssatz LIBOR.

spreading: <Streuung> the purchase of one futures contract and the sale of another in an attempt to profit from the change in price differences between the two contracts. Inter-market, inter-commodity, interdelivery, and commodityproduct are examples of spreads.

Der Erwerb eines Terminvertrages und der Verkauf eines anderen in der Bemühung, von den Kursunterschieden dieser beiden Kontrakte zu profitieren. *Intermarket/inter-commodity, interdelivery* und *commodityproduct* sind Beispiele für einen

to **spring**, sprang, sprung: <springen, federn>

sprung: see *to spring,*

spun: see *to spin,*

stabilization: <Stabilisierung> Spontane oder künstlich herbeigeführte Unterbrechung einer · Hausse oder Baissebewegung auf einem bestimmten Niveau. Die Stabilisierung kann sich auf

Teilmärkte oder den Gesamtmarkt beziehen. Eine Stabilisierung kann durch künstliche Erhöhung des Angebots oder der Nachfrage erzielt werden. Im Währungsbereich dient beispielsweise die Offenmarktpolitik der Zentralbank zur Stabilisierung der Liquiditäten.

stabilizing bid: <stabilisierendes Gebot> In a corporate underwriting, a bid by the managing underwriter to buy out-standing shares of the issuer's stock. This is done to support the stock price so the new issue can be distributed. For example, if a company offers a new issue at $30 per share, and the price of the old shares falls below $30, the managing., underwriter may enter a stabilizing bid at $30 or slightly less to support the price.

Bei einer industriellen Schuldverschreibung an Gebot des verwaltenden Zeichners die ausstehenden Aktien aufzukaufen. Dies wird getan, um den Aktienkurs zu stützen, damit die Neuemission vertrieben werden kann.

stagflation: <Stagflation> Wirtschaftslage, die durch gleichzeitige Stagnation oder rezessive Tendenzen und Inflation gekennzeichnet ist.

stagnation: <Stagnation> Phase

des Konjunkturzyklusses, durch geringe Nachfrage, geringe Produktion und hohe Arbeitslosigkeit gekennzeichnet. Von der Stagnation können einzelne Nachfragekomponenten (Investition, Export, Konsum), einzelne Branchen oder die gesamte Wirtschaft betroffen sein.

to **stand**, stood, stood: <stehen>

Standard and Poors 100 Index: <> An index of 100 stocks published by Standard & Poor's Corporation; the index on which OEX options are based.

Ein Index von 100 Aktien, der von Standard & Poor's veröffentlicht wird. Dies ist der Index auf den OEX Optionen basieren.

Standard and Poor's 500 Index: <> An index of 500 stocks published by Standard & Poor s and considered representative of the overall stock market

Ein Index von 500 Aktien, der von Standard & Poor's veröffentlicht wird und als repräsentativ für den gesamten Aktienmarkt angesehen wird.

standard deviation: <Standardab-weichung> Streuungsindikator. Entspricht der positiven Quadratwurzel der Varianz. Sind x_i die einzelnen Werte und $E(x)$ der Mittelwert

dieser Einzelwerte, so ist die Standardabweichung **s**

$$s = \sqrt{ \left[\sum_{i=1}^{n} (x_i - E(x)^2 \right] }$$

standardization: <Normung> Bestimmung einheitlicher Definitionen, Merkmale, Verfahren, Größen und Qualitätsanforderungen von Produkten, die als allgemeine Industriestandards (Normen) Verwendung finden.

standard level users charge: <Grundgebrauchsgebühr>

standard operating precedure: <Standartverwahrensweise>

standby agreement: <Standby Agreement> Vereinbarung zwischen dem IWF und einem Mitgliedsland, durch die das betreffende Land unter bestimmten wirtschaftspolitischen Auflagen Kreditfazilitäten zugesprochen erhält. Vergleiche dazu internationaler Währungsfonds.

stank: see *to stink,*

statement: <Stellungnahme>

statement of account: <Kontoauszug>

statement of condition & recommendation (audit finding): <Bericht über Zustand und Empfehlung (Prüfungsergebnis) (U.S.A.)>

statement of account:

state   **supervision:**
<Staatsaufsicht> Beamte, die in der Regel den Wirtschaftsministerien angehören und mit der finanziellen Überwachung der öffentlichen Körperschaften und Unternehmen beauftragt sind.

statistics: <Statistik> Verfahren zur Analyse und Synthese der in größeren Mengen von Einzelerscheinungen enthaltenen Informationen. Die beschreibende Statistik: Darstellung der über eine statistische Grundgesamtheit gesammelten Informationen nach bestimmten qualitativen oder quantitativen Merkmalen. Beispielsweise die bei einer Volkszählung gesammelten Angaben über die Bevölkerung oder die aus einer Sonderauswertung der Steuerunterlagen gewonnenen Angaben über die Einkommen von Unternehmen. Die mathematische Statistik: Untersuchung der Gesetzmäßigkeiten statistischer Gesamtheiten mittels spezieller mathematischer Verfahren, wie beispielsweise Wahrscheinlichkeitsrechnung, Schätztheorie, Testen von statistischen Hypothesen, Vergleich der Parameter mehrerer statistischer Modelle, Varianzenanalyse usw.

status   **symbol:**

<Statusgüter/Statussymbol> Güter, die neben ihrem üblichen Gebrauchswert für die Bevölkerung einen Symbolwert aufweisen, da ihr Besitz als Zeichen für die Zugehörigkeit zu einer bestimmten sozialen oder wirtschaftlichen Schicht gewertet wird. Was als Statusgut empfunden wird, hängt von der betreffenden Gesellschaft ab. Statusgüter   können beispielsweise Autos, Transistorradios und ähnliches sein, oder aber bestimmte Marken von Gütern.

statutory   **limitation:** <Verjährung>

to **stave**, -ed/stove, -ed/stove: <abwehren>

to **steal**, stole, stolen: <stehlen>

Sterling zone: <Sterlingzone> Währungsgebiet von Ländern die in der Mehrzahl zum Commonwealth gehören oder gehörten und das Pfund Sterling bis 1976 als Reservewährung benutzten. Diese Reserven wurden als Einlagen der Sterlingbilanz in Großbritannien gehalten.

to **stick**, stuck, stuck: <kleben, dranbleiben>

to **sting**, stung, stung: <stechen>

to **stink**, stank/stunk, stunk: <stinken>

stock: <Lager> Die im Unternehmen   eingesetzten

Rohstoffe, Hilfsstoffe und Produkte, die bis zum Zeitpunkt ihrer Verwendung oder des Verkaufs aufbewahrt werden. Je nach Inhalt wird zwischen Roh-, Hilfs- und Betriebsstofflager, Zwischenlager (Halbfabrikate) und Fertigwarenlager unterschieden. Jedes Lager hat die Aufgabe, die unvermeidbaren Spannungen zwischen Erzeugung und Bedarf zu überbrücken, ist also gleichsam ein Ausgleichs- und Sicherheitsbecken, das einen gleichmäßigen Arbeitsfluß und eine sofortige Lieferbereitschaft gegenüber dem Kunden ermöglicht.

stock: <Aktie>

stockbroker: <Börsenagent/Bör-senmakler> Person, die an der Börse zugelassen ist, um Kauf- und Verkaufsaufträge für Rechnung seiner Kunden gegen Entgelt (Courtage) durchzuführen. Person, die sich berufsmäßig mit dem Handel von Wertpapieren befaßt. Je nach Land ist die Tätigkeit des Wertpapiermaklers auf den außerbörslichen Handel beschränkt oder umfaßt auch den eigentlichen Börsenhandel.

stockbroking: <Aktienhandel>

stock dividend: <Aktiendividende> A dividend in the form of stock. Shareholders are given additional shares of stock, rather than being paid cash. Stock dividends are stated as a percentage. For example, if a 10% stock dividend is paid, the owner of 100 shares receives an additional 10 shares.

stock exchange: <Wertpapierbörse> Organisierter und spezialisierter öffentlicher Markt, auf dem Kauf- und Verkaufsgeschäfte mit Wertpapieren abgewickelt werden. Aufgrund der Wirtschaftsentwicklung waren Privatunternehmen und öffentliche Körperschaften gezwungen, sich Kapital durch Ausgabe und Anlage von Wertpapieren (Aktien, Obligationen usw.) zu beschaffen. Aufgrund der Vielfalt der Wertpapiere und um die Homogenität und Sicherheit der Transaktionen zu gewährleisten, wurde der Handel an speziellen Orten - der Börse - konzentriert. Organisation und Arbeitsweise der Wertpapierbörsen sind von Land zu Land verschieden, folgen aber im allgemeinen ähnlichen Prinzipien: - Gegenstand der Transaktionen sind an der Börse zugelassene (kotierte) Wertpapiere - der Handel erfolgt über professionelle, konzessionierte Händler oder Vermittler. (In England durch Broker und Jobber, in Frankreich durch amtliche

Börsenmakler.)

stock exchange authorities:
<Börsenaufsichtsbehörde> Von den Behörden eingesetztes Organ, das mit der Überwachung der Börse beauftragt ist. Je nach Land ist der Kompetenzbereich unterschiedlich geregelt, umfaßt jedoch meistens die Überwachung des ordnungsgemäßen Handels und der Einhaltung der gesetzlichen oder statutarischen Bestimmungen der betreffenden Börse.

stock exchange committee: <Börsenausschuß> Entscheidungsgremium, das für die Organisation und den Betrieb einer Börse zuständig ist.

stockholder: <Aktionär>

stockholder's equity: <Eigenkapital/Eigene Mittel> The dollar value of all holdings of preferred stock including any paid-in surplus plus retaines earnings. Dem Unternehmen von den Eigentümern langfristig zur Verfügung gestelltes Kapital. Das Eigenkapital setzt sich zusammen aus dem Grundkapital und den Reserven einschließlich dem allfälligen Agio aus Kapitalerhöhungen (Differenz zwischen dem Emissionspreis und dem Nominalwert der Aktien). Das Eigenkapital steht auf der

Passivseite der Bilanz.

stock index

stock index futures: <Aktienindexterminverträge> based on stock market indexes, including Standard and Poor s 500, Value Line, NYSE Composite, the Major Market Index, and the over-the-counter Index, these instruments are used by investors concerned with price changes in a large number of stocks or with major long-term trends in the stock market indexes. basieren auf *stock market* Indexes <Aktienindizes> einschließlich *Standard and Poor s 500,* Value Line, NYSE Composite, the Major Market Index und der Over-theCounter Index. Diese Wertpapiere werden von Anlegern benutzt, die von Kursschwankungen bei großen Aktienpaketen oder von den maßgebenden, langfristigen Trends am Börsenmarkt betroffen sind.

stock split: <Aktiensplitting> Issuing new shares for the now outstanding. For example, a 2 for I stock split doubles the number of shares outstanding. The price is likely to fall to one-half the previous price.

Emission neuer Aktien für die noch ausstehenen.

stockholding: <Aktienbesitz>

stock power: <Aktienvollmacht> Instead of endorsing the back of a stock certificate, a customer may sign a separate form, called a stock power, which then is attached to the certificate to make it negotiable.

Anstatt die Rückseite eines Aktienzertifikats zu indossieren, kann der Kunde auch ein gesondertes Formular "stock power" genannt, ausfüllen, das dann der Aktien angeheftet wird und das Zertifikat somit handelbar macht.

stocks: <Aktien>

stole: see *to steal,*

stolen: see *to steal,*

stood: see *to stand,*

stop level: <Stopniveau>

stop limit order: <bedingter Stop Auftrag> An order activated when the stock price trades at or through a trigger price. The order then becomes a limit order.

Ein Auftrag der zum bedingten Auftrag wird, wenn der Auslöserkurs gehandelt oder durchgehandelt wird.

stop loss order: <Stop-Loss Auftrag> Another name for a stop order.

Andere Bezeichnung für Stop Auftrag. see *stop order*

stop order: <Stop Auftrag> An order that is activated if the stock price trades at or through a trigger price. The order then becomes a market order.

Ein Auftrag, der aktiviert wird, wenn das Wertpapier, der Future oder die Option zu einem vorbestimmten Kurs handelt oder durchgehandelt wird. Der Auftrag wird zum Marktauftrag. see also *buy stops* and *sell stops.*

stop orders: <Stop-Auftrag> an order which becomes a market order once a certain price level is reached. These orders are often placed with the purpose of limiting losses. They also are used to initiate positions. Buy stop orders are placed at a price above the current market price. Sell stop orders are placed below the market price; for example, if the market price for December corn is 320, a buy stop order could be placed at 320 1/4 or higher, and a sell stop could or trade at or above the stop price. A sell stop is triggered by a trade or offer at or below the stop price. Ein Auftrag, der zum Marktauftrag wird, wenn ein bestimmtes Kursniveau erreicht wird. Diese Aufträge werden häufig mit der Zielsetzung erteilt, Verluste in Grenzen zu halten. Sie werden auch dazu benutzt, Positionen aufzubauen. *Buy stop orders* <Kauf-Stop-Aufträge> werden zu einem

Kurs oberhalb des gegenwärtigen Börsenkurses erteilt. *Sell stop orders* <Verkaufs-Stop-Aufträge> werden unterhalb des gegenwärtigen Börsenkurses erteilt; zum Beispiel, wenn der Börsenkurs für Dezember Getreide bei 320 steht, könnte eine *buy stop order* bei 320 1/4 oder höher erteilt werden, während eine *sell stop order* bei 319 3/4 oder niedriger erteilt werden könnte. Eine *buy stop order* tritt durch ein Gebot oder durch Transaktionen zum Stop price <Stopkurs> oder darüber in Kraft. Ein sell stop wird durch eine Transaktion oder Angebot zum oder unterhalb des *Stop price* ausgelöst.

stopped out: <ausgestopt>

stopping stock: <Stopaktie> An execution guaranteed by a specialist to a floor broker for customer orders. The specialist guarantees the order will be filled at a specified price or better.

Eine von einem Spezialisten garantierte Ausführung für einen Parkettbroker für einen Kundenauftrag. Der Spezialist garantiert, daß der Auftrag zu einem bestimmten Kurs oder besser ausgeführt wird.

storage device: <Speichergerät> Peripheriegerät, an das Daten zur Archivierung ausgegeben und von dem diese wieder in die Zentraleinheit eingelesen werden können. Die häufigst verwendeten externen Speichergeräte, bzw. Speichermedien sind das Magnetband, die Magnetbandkassette, der Magnetplattenspeicher, die Diskette und die Winchesterplatte.

straddle: <Stellage-Geschäft> An options position in which the investor either buys a call and a put on the same security (a long straddle), or sells a call and a put on the same security (a short straddle). Form des Prämiengeschäfts an der Börse, bei der der Wertpapierkäufer gegen eine vereinbarte Prämie das Recht erhält, bei Fälligkeit die, Wertpapiere entweder zum vereinbarten Kurs zu übernehmen oder aber zu einem ebenfalls vereinbarten niedrigen Kurs zu liefern.

streamer tape: <Magnetbandkassette> Externes Speichergerät, das aus einem in einer Kassette fest eingeschlossenen Magnetband besteht. Magnetbandkassetten werden häufig zur Datensicherung, d.h. Duplizierung und Archivierung von Datenbeständen auf Magnetplatten oder Winchesterplatten verwendet.

street name: <Straßenname>

Stock held in the name of the broker/dealer carrying the account.

Aktie, die im Name des Brokers/Händlers der das Konto führt, geführt wird.

to **strew**, -ed, (have) -ed/ (be) strewn: <streuen>

strewn: see *to strew*,

stricken: see *to strike*,

stridden: see *to stride*,

to **stride**, strode, stridden: <schreiten>

to **strike**, struck, struck/stricken: <schlagen, zuschlagen>

strike: <Streik> Organisierte Arbeitsniederlegung der Beschäftigten, um damit den Arbeitgeber zur Erfüllung bestimmter Forderungen zu zwingen. Der Arbeitsvertrag zwischen den Angestellten und dem Arbeitgeber wird durch den Streik nicht aufgehoben. Hindert der Arbeitgeber zur Durchsetzung bestimmter Forderungen seine Belegschaft an der Arbeit, spricht man von Aussperrung.

strike price: <Basispreis, siehe *Option*> The price at which the stock trade will take place if an option is exercised. Also known as the exercise price.

strike price: <Basispreis, siehe *Option*> the specified price at which an option contract may be exercised. If the buyer of the

option exercises (demands performance) the futures contract positions will be entered at the strike price. ein festgelegter Preis, zu dem ein Optionskontrakt ausgeübt werden könnte. Für den Fall, daß der Käufer die Option ausübt (Durchführung verlangt), wird die Terminkontraktposition zum Basispreis eingenommen.

striking price: <Basispreis, siehe *Option*>

to **string**, strung, strung: <spannen, aufreihen>

to **strive**, strove, striven: <streben, sich bemühen>

striven: see *to strive*,

strode: see *to stride*,

strove: see *to strive*,

struck: see *to strike*,

structure, economic: <Wirtschaftsstruktur>

strung: see *to string*,

stuck: see *to stick*,

stung: see *to sting*,

stunk: see *to stink*,

subchapter M: <Unterkapitel M> A tax code provision favoring investment companies, avoiding double taxation of income. Investment companies qualifying for this treatment are called "Regulated Investment Companies."

Eine Steuercodevorschrift zum Vorteil von Anlagegesellschaften, die somit Doppelbesteuererung vermeiden. Anlagegesellschaften, die sich für diese steuerliche Behandlung qualifizieren, nennt man "regulierte Anlagegesellschaften".

subject quotes: <Bestätigungskurse> A quote subject to confirmation by someone else. It is not a firm quote, but a nominal quote.

Kurse, die der Bestätigung durch Dritte bedürfen. Es ist keine feste Kursnotierung, sondern eine nominale.

subroutine: <Unterprogramm> Teil eines Computerprogramms, das im Hauptteil an verschiedenen Stellen benötigt wird. Die Programmierung bestimmter, häufig benötigter Funktionen als Subroutine verkleinert das Programm, da die Subroutine an beliebigen Stellen durch einen Sprungbefehl aufgerufen werden kann und daher nur einmal programmiert werden muß.

subscription agreement: <Zustimmungsvereinbarung> In a limited partnership, the document a limited partner signs when he joins the partnership. It typically asks many questions regarding the investor's suitability for the program.

Bei einer Anlagegesellschaft das

Dokument, das der Anleger (beschränkt Haftende) unterzeichnen muß. Der Anleger muß etliche Fragen beantworten, um seine Teilnahmefähigkeit zu prüfen.

subsidiary: <Tochtergesellschaft>

subsidiary company: <Tochtergesellschaft>

subsidy: <Subvention> Finanzielle Unterstützung, die einer Körperschaft oder einer Unternehmung zur Erleichterung oder Kompensation von Aufwendungen gewährt wird. Subventionen können in indirekter Form, etwa als Steuer- oder Zollermäßigung, oder in direkter Form als Zahlung gewährt werden.

substitute purchase: <Ersatzkauf>

summary complaint procedure: <ganzheitliche Beschwerdeprozedur> An NASD investigation of possible violation of the rules. If the violation is not severe, and the facts are not in disputed, NASD may offer Summary Complaint Procedure. If accepted, the maximum penalty is censure and a fine up to $2,500.

Eine NASD Untersuchung einer möglichen Regelverletzung. Wenn die Regelverletzung nicht schwerwiegend ist, kann die

NASD eine ganzheitliche Be-
schwerdeprozedur anbieten.
Sollte diese akzeptiert werden,
beträgt die Höchststrafe ein
Bußgeld von bis zu $2.500,00.

sung: see *to sing*,

sunk: see *to sink*,

supermarket: <Supermarkt>
Verkaufsgeschäft mit großer
Verkaufsfläche und
Selbstbedienung, in dem in
erster Linie Nahrungsmittel und
zusätzlich andere Konsumgüter
verkauft werden.

supervisory board:
<Aufsichtsrat>
Überwachungsorgan einer
Aktiengesellschaft. Die
Mitglieder des Aufsichtsrats
werden von der Hauptver-
sammlung der Aktionäre, bzw.
aufgrund des deutschen
Mitbestimmungsrechts von den
Mitarbeitern gewählt. Beachte,
daß die Funktion und Or-
ganisation des Aufsichtsrats von
Land zu Land verschieden und
deshalb nur schwer vergleichbar
ist. Vergleiche auch
Verwaltungsrat und Vorstand.

supervisory customs inspector:
<überwachender Zollinspektor>

supervisory import specialist:
<übergeordneter
Einfuhrspezialist (U.S.A.)>

**supervisory office of public
finance:** <Oberste
Finanzaufsichtsbehörde> Dem

französischen Wirtschafts- und
Finanzministerium unterstelltes
Organ, das die Verwaltung und
das Finanzgebaren aller
Einrichtungen, die in den Genuß
staatlicher Zuwendungen
kommen, überprüft.

supplier: <Lieferant>

supply: <Angebot> Die Güter
und Dienstleistungen, die auf
dem Markt den Käufern angeboten werden, bzw. im weiteren
Sinne das gesamte Volumen von
Gütern und Dienstleistungen,
das auf dem Markt der
Nachfrage zur Verfügung
gestellt wird.

supply and demand

supply gap: <Angebotslücke>
Ungenügendes Angebot im Ver-
hältnis zur bestehenden
Nachfrage. Gängige
Bezeichnung der Wirt-
schaftssprache für eine vor-
übergehende oder dauerhafte
Anpassungsschwierigkeit des
Angebots an die auf dem Markt
vorhandene Nachfrage.

supply-side economics: <Wirt-
schaftstheorie, angebotsorien-
tierte> Wirtschaftstheorie die,
im Gegensatz zur Keynesschen
Theorie, die Angebotsseite als
zentralen Faktor für das
Wirtschaftswachstum ansieht.

support: <Unterstützung> A
charting pattern indicating
buying pressure. If the stock

price declines below the support level, a technical analyst views the decline as a sell signal. Eine Chartformation, die Kaufdruck andeutet. Wenn Preise unter die Unterstützungslinie fallen, betrachtet ein technischer Analyst dies als Verkaufssignal.

support area: <Unterstützunggebiet>

surplus: <Überschuß> Positive Differenz zwischen den vorhandenen und den benötigten finanziellen oder materiellen Ressourcen. In der Buchhaltung der (positive) Saldo zwischen Soll und Haben oder Aktiven und Passiven. Das Gegenstück zum Überrschuß ist das Defizit. In der Gewinn- und Verlustrechnung wird der Überschuß der Erträge über die Aufwendungen als Gewinn bezeichnet. Im internationalen Handel entspricht der Überschuß dem Gewinnsaldo der Handelsbilanz oder bei umfassender Betrachtung der Gewinnsaldo der Leistungsbilanz. Der Begriff Überschuß wird häufig als Bezeichnung eines algebraischen Saldos verwendet, so daß der negativ empfundene Begriff Defizit auch als negativer Überschuß umschrieben wird.

surplus fond

surrender value

survey: <Erhebung> see *census/Inquiry* Statistische Vorgehensweise, bei der eine Zählung der statistischen Einheiten erfolgt und eine bestimmte Anzahl von Merkmalen über diese Einheiten gesammelt werden. Beispiel: Volkszählung, bei der Angaben über Alter, Geschlecht, Einkommen usw. der erfaßten Personen gesammelt werden.

swam: see *to swim,*

swap: <Swap> Devisengeschäft, bei dem ein Kassaverkauf von Devisen mit einem gleichzeitigen Rückkauf auf Termin, oder ein Kassakauf von Devisen mit einem gleichzeitigen Verkauf auf Termin kombiniert wird. Swapgeschäfte dienen im Devisenhandel zur Kurssicherung auf Termin. Auf Zentralbankebene werden Swapoperationen als Instrument der Liquiditäts- und Währungspolitik eingesetzt.

to **swear**, swore, sworn: <schwören>

to **sweat**, -ed/sweat, -ed/sweat: <schwitzen>

to **sweep**, swept, swept: <fegen, kehren>

to **swell**, -ed, swollen: <schwellen, blähen>

swept: see *to sweep,*

to **swim**, swam, swum:

<schwimmen>

to **swing**, swung, swung: <schwingen>

swollen: see *to swell*,

swore: see *to swear*,

sworn: see *to swear*,

swum: see *to swim*,

swung: see *to swing*,

syndicate: <Bankenkonsortium/Syndikat/K onsortium> In an underwriting, a group of firms acting together to market a stock or bond issue. They are required to buy unsold shares for their own accounts, if they fail to sell them to their customers.

Zusammenschluß von Banken zur Durchführung größerer Finanzoperationen, beispielsweise Emissionen, Kredite. see also: *consortium*

syndicate **letter:** <Syndikatsabkommen/Syndikats brief> In a competitive bid underwriting, the contract governing the syndicate.

Dokument, das ein Syndikat creiert und reguliert.

synthetic position: <künstliche Position> a hedging strategy combining futures and futures options for price protection and increased profit potential; for example, by buying a put option and selling (writing) a call

option, a trader can construct a position that is similar to a short futures position. This position is known as a synthetic short futures position, and will show a profit if the futures price decline and receive margin calls if prices rise. Synthetic positions are a form of arbitrage. Eine Kursabsicherungsstrategie, die Terminkontrakte und Terminoptionen zum Zwecke der Kursabsicherung und erhöhter Gewinnmöglichkeit en koppelt; zum Beispiel, durch den Kauf einer Verkaufsoption und dem Verkauf (Schreiben) einer Kaufoption kann ein Händler eine Position aufbauen, die einer short Terminposition ähnlich ist. Diese Position ist als *synthetic short futures position* bekannt und wird Gewinne abwerfen, wenn der Terminkurs abflaut; und wird Nachschußforderungen unterworfen sein, wenn die Kurse steigen. synthetic *position* ist eine Form des Arbitragegeschäftes.

systematic **risk:** <systematisches Risiko> Another term for stock market risk.

Anderer Ausdruck für Aktienrisiko.

system, **economic:** <Wirtschaftssystem/Wirtschaftsordnung>

System of National Accounts

T

T&E: see *Transport and Exportation*

TA: see *Tariff Act*

TACM: see *Transit Air Cargo Manifest*

to **take**, took, taken: <nehmen>

takedown: <Erlös> In a municipal underwriting, the profit of a syndicate member selling bonds to a customer. Bei einer Kommunalobligation, der Gewinn, den ein Syndikatsmitglied durch den Verkauf an einen Kunden erwirtschaftet

taken: see *to take*

takeoff: <Entwicklungsschwelle> Phase in der Entwicklung einer Wirtschaft, bei der erstmals Wachstumsautomatismen auftreten, so daß die Weiterentwicklung unabhängig von äußeren Wachstumshilfen wird. Die Entwicklungsschwelle kann nicht in Formeln, Mengen oder Verhältnissen definiert und

dargestellt werden, sondern ist ein bildhafter Ausdruck für den Beginn einer Wandlung in einem Entwicklungsland.

takeover: <Übernahme> see *merger*

takeover bid: <1) Übernahmeange-bot/Aufkaufangebot 2) Öffentliches Kaufangebot> Öffentliches Angebot durch eine natürliche oder juristische Person an die Aktionäre eines Unternehmens, ihre Aktien ZU einem höheren Preis als dem Börsenkurs zu kaufen, um damit in den Besitz einer Mehrheitsbeteiligung zu gelangen oder diese zu verstärken. Öffentliches Angebot einer natürlichen oder juristischen Person, Aktien eines kotierten Unternehmens gegen Barentschädigung oder gegen eigene Aktien zu einem höheren Preis als dem Börsenkurs aufzukaufen. Ziel des Übernahmeangebots ist die mehrheitliche oder vollständige Übernahme des betreffenden

Unternehmens.

taker: <Nehmer, Akzeptant>

TAN: see *Tax Anticipation Note*.

tariff act: <Tarifgesetz>

tariff schedules of the United States: <Tariftabellen der Vereinigten Staaten>

tariff schedules of the United States annotated: <Tariftabellen der Vereinigten Staaten, kommentiert>

taught: see *to teach*,

tax: <Steuer> Obligatorische Abgabe ohne direkte Gegenleistung, die vom Staat oder öffentlichen Körperschaften zur Deckung der öffentlichen Ausgaben erhoben wird. In der Regel wird in erster Linie zwischen direkten und indirekten Steuern unterschieden. Bei den direkten Steuern (z.B. Einkommenssteuer) ist der Steuerzahler (= derjenige, der die Steuer abliefert) und der Steuerträger derjenige, der wirtschaftlich die Steuer trägt) identisch; bei den indirekten (z.B. Mehrwertsteuer) überwälzt der Steuerzahler die Steuerlast auf den Steuerträger. Die wichtigsten Steuern sind die Einkommens-, Vermögens-, Körperschafts-, Mehrwert-, Umsatz- und Kapitalgewinnsteuern, doch bestehen je nach Land eine Reihe weiterer

Steuern. Neben der Finanzierungsfunktion werden Steuern auch als Instrument der Wirtschaftspolitik eingesetzt. So werden wirtschaftspolitisch erwünschte Verhaltensweisen durch Steuerreduktionen gefördert, wirtschaftspolitisch unerwünschte Verhaltensweisen durch erhöhte Steuern gehemmt. Der Einsatz von Steuern als Lenkungsinstrument hat jedoch häufig Wettbewerbsverzerrungen zur Folge.

taxable event: <Steuergrund> Tatbestand, der eine Besteuerung begründet.

tax adjustment: <Berichtigungsveranlagung> Korrektur des Veranlagungsbescheids durch die Steuerbehörde, wenn diese bei der Überprüfung der Steuererklärung oder der Steuerunterlagen des Steuerpflichtigen Fehler, Unterlassungen oder Verheimlichungen von steuerbaren Tatbeständen entdeckt.

tax allowance: <Steuerfreibetrag> Bei Einkommenssteuer ermöglicht der Steuerfreibetrag den Teil des Einkommens, von dem angenommen wird, daß er zur Deckung der Grundbedürfnisse dient, von der Besteuerung zu befreien, d.h. von der Bemessungsgrundlage auszunehmen.

Tax Anticipation Note:
<Steuerrückzahlungsschuldschein> A short-term municipal note offered before receiving tax revenues, commonly referred to as a TAN. It may be issued three to six months before property tax bills are sent out. They are general obligation issues, and are repaid from property taxes.

Ein kurzfristiger Schuldschein, der angeboten wird, bevor eine Steuereinnahme fällig wird. Allgemein TAN genannt. Dieser Schuldschein kann 3 bis 6 Monate bevor Grundsteuerbescheide versandt werden ausgegeben werden. Sie sind allgemeine Schuldverschreibungen und werden von den Grundsteuern zurückgezahlt.

tax assessment, appeal against: <Einspruch (Steuer)> Antrag, den der Besteuerte an die Steuerbehörde richtet, um eine Korrektur der Festsetzung seiner Bemessungsgrundlage zu erreichen.

tax assessment, notice of: <Steuerbescheid> Dem Steuerpflichtigen von den Steuerbehörden zugestellter Entscheid, der ihn über die Höhe der zu bezahlenden Steuer und die Zahlungsbedingungen unterrichtet.

tax assessments, list of: <Steuerliste> öffentlich zugängliche Namensliste der erfaßten Steuerpflichtigen mit Angabe der Besteuerungsgrundlage und dem geschuldeten Steuerbetrag.

taxation, basis of: <Besteuerungsgrundlage> Umfang des Steuerobjektes. Die Feststellung der Besteuerungsgrundlage besteht in der Aufzählung der besteuerbaren Elemente.

taxation, lump-sum: <Pauschalbesteuerung> Vereinbarung, mit der die Steuerverwaltung auf die übliche Steuererklärung, -berechnung und -einziehung verzichtet und dem Steuerpflichtigen ermöglicht, statt dessen einen festgelegten Betrag im voraus zu zahlen. In vielen Ländern ist für bestimmte Steuern die Pauschalbesteuerung für jene Steuerpflichtigen vorgesehen, bei denen die übliche Steuerberechnung einen unvertretbaren Aufwand bedeuten würde.

tax at source: <Quellensteuer/Steuervorabzug> Steuer, die unmittelbar bei der Entstehung eines Einkommens und nicht erst beim Einkommensempfänger erhoben wird. Betrag, der von bestimmten Einkommen bei der Zahlung abgezogen und in der Regel vom Einkommensgeber, seltener vom Einkommensempfänger direkt an die Steuerbehörden abgeführt wird. Da dadurch das Einkommen am Ursprung der Entstehung besteuert wird, wird diese Form der Besteuerung auch als Quellenbesteuerung bezeichnet. Die Quellenbesteuerung hat entweder zum Ziel, die Steuererhebung zu vereinfachen, indem der Steuerpflichtige, ohne eine Steuererklärung abzugeben, seine Steuerpflicht erfüllt, oder aber bestimmte Einkommensarten einer Besteuerung zu unterwerfen, die dem Einkommensempfänger bei Deklaration des Einkommens in Form eines Steuerguthabens angerechnet wird, um damit die Tendenz zur Steuerhinterziehung zu verkleinern.

tax avoidance: <Steuerausweichung> Maßnahmen und Handlungen eines Steuerpflichtigen zur legalen Ausnutzung der Möglichkeiten der Steuergesetzgebung, um eine geringstmögliche Steuerbelastung zu erreichen. Sowohl für Unternehmen wie für Private ist die Steuergesetzgebung ein Faktor, der für Entscheidungen in Betracht gezogen wird. So ist beispielsweise aufgrund von Sonderbestimmungen über die Besteuerung von Einkünften aus Ersparnissen in den meisten Ländern eine ins Gewicht fallende Steuerausweichung möglich. Kleinere Länder wenden tiefe Steuersätze an, so daß gebietsfremde Unternehmen ihren Gesellschaftssitz aus Steuergründen verlegen. Dies bewirkt in anderen Ländern eine international nur schwer zu bekämpfende Steuerausweichung.

tax benefit: <Steuererleichterung> Bestimmten Unternehmen gewährte Steuerreduktion, um sie zu bestimmten Tätigkeiten oder Verhaltensweisen anzuregen. Siehe auch Anreiz.

tax burden: <Steuerdruck> Durch die Gesamtheit oder einzelne Steuern ausgeübter wirtschaftlicher Druck.

tax credit: <Steuerguthaben> Betrag, den ein Steuerpflichtiger von seiner geschuldeten Einkommenssteuer abziehen darf, weil bei bestimmten Einkommensbestandteilen bereits durch den Einkommensgeber eine Einkommenssteuer abgezogen wurde. In der Bundesrepublik Deutschland und in Frankreich werden beispielsweise bei Dividenden durch das Unternehmen Körperschaftssteuern abgezogen, die dem Dividendenempfänger in Form eines Steuerguthabens bei seiner Einkommenssteuer angerechnet werden. Das

Steuerguthaben kann vom Steuerpflichtigen zur Begleichung der gesamten oder eines Teils der geschuldeten Steuer verwendet werden. übersteigt das Steuerguthaben die Steuerschuld, wird dem Steuerpflichtigen die Differenz zurückerstattet.

tax deduction: <Steuerabzug> In der Steuergesetzgebung vorgesehene Möglichkeit, die Bemessungsgrundlage oder den Steuerbetrag herabzusetzen. Siehe auch Steuerfreibetrag, Steuerherabsetzung.

tax deferral: <Steuerstundung> Dem Steuerpflichtigen von den Steuer- oder Zollbehörden gewährte, zusätzliche Frist zur Bezahlung geschuldeter Abgaben oder Steuern.

tax evasion: <Steuerhinterziehung>

tax, forgiveness of a: <Steuererlaß> Vollständige oder teilweise Herabsetzung der Steuer infolge eines Urteils aus einem Steuerverfahren oder infolge eines außerstreitigen Antrags.

tax fraud: <Steuerhinterziehung> Unwahre Steuererklärung zum Nachteil der Steuerbehörde. Da in der Regel die Steuerveranlagung aufgrund einer Steuererklärung des Pflichtigen erfolgt, besteht die Steuerhinterziehung meist aus einer unwahren oder nicht gemachten Steuererklärung. Ein gutgläubiger Irrtum infolge oft komplexer Bestimmungen oder der Rückgriff auf die legalen Möglichkeiten der Steuerausweichung gelten nicht als Steuerhinterziehung. Allerdings ist es in der Pra½s oft schwierig, die Grenze zwischen Steuerhinterziehung und Steuerausweichung zu ziehen. Aus diesem Grund ist es nicht möglich, das genaue Ausmaß der Steuerhinterziehung festzulegen.

tax law: <Steuerrecht> Alle sich auf die Steuern beziehenden Gesetze, Verordnungen und praktischen Regelungen. Einzig der Gesetzgeber ist berechtigt, Steuern einzuführen. In der Regel werden jedoch in der Verwaltung Bestimmungen erlassen, die die Anwendung der einzelnen Steuergesetze näher regeln. Beeinflußt wird das Steuersystem zudem durch die Praktiken der Steuerbehörden im Rahmen der Gesetze und Bestimmungen. Im Steuerrecht werden drei wesentliche Vorgänge unterschieden: - Ä Die Bestimmung der Bemessungsgrundlage, d.h. die Berechnung des Steuerobjektes. - Ä Die Steuerfestsetzung, d. h. die Berechnung der zu entrichtenden Steuer durch Anwendung der vorgeschriebenen Steuersätze auf der Bemessungsgrundlage. - Ä Die Steuerzahlung, d.h. die Festlegung und Durchführung der Steuerabführung.

tax liability, bearer of: <Steuerpflichtiger> Zur Zahlung einer Steuer verpflichtete Person oder Unternehmung.

tax liability, payer of: <Steuerzahler> Juristische oder natürliche Person, die gesetzlich zur Zahlung einer Steuer oder steuerähnlichen Abgabe verpflichtet ist. Steuerzahler und Steuerträger, d. h. derjenige, der wirtschaftlich die Steuerlast trägt, können die gleiche oder verschiedene Personen sein.

tax, local: <Direkte Kommunalsteuern> Zugunsten kommunaler Körperschaften erhobene Steuern, beispielsweise Grundsteuern auf bebaute und unbebaute Grundstücke, Gewerbesteuer, Wohnraumsteuer usw.

tax, lump-sum: <Steuerpauschale> Vereinfachtes Steuerverfahren bei Klein- und Mittelbetrieben, die keine detaillierte Buchhaltung führen, in der Regel bei der Mehrwertsteuer oder der Einkommenssteuer für landwirtschaftliche Betriebe. Die Steuer wird nicht aufgrund einer detaillierten Aufstellung errechnet, sondern in Form einer bestimmten, von der Steu-

erbehörde festgelegten Summe erhoben.

tax, municipal: <Direkte Kommunalsteuer> Zugunsten kommunaler Körperschaften erhobene Steuern, beispielsweise Grundsteuern auf bebaute und unbebaute Grundstücke, Gewerbesteuer, Wohnraumsteuer usw.

tax on cyclical increase: <Konjunkturabgabe> Spezielle Abgabe, die in Zeiten hoher Inflation auf dem nominellen Anstieg der Wertschöpfung eines Unternehmens erhoben wird, um inflationären Verhaltensweisen der Unternehmen entgegenzusteuern.

tax on financial transactions: <Steuer auf Finanztransaktionen> Steuer in Frankreich, die auf das Entgelt aller Bank- oder Finanzdienstleistungen, ausgenommen den Zinserträgen, erhoben wird.

tax payment system, monthly: <System monatlicher Steuerzahlung> Methode der Steuerzahlung in Frankreich. Während des laufenden Jahres werden jeden Monat Steuern in der Höhe eines Zehntels des Gesamtsteuerbetrags des Vorjahres entrichtet.

tax prepayment: <Steuervorauszahlung> Vom Steuerzahler vor Abschluß der Steuerberechnung als Anzahlung zu leistende Steuerzahlung, die später am Gesamtbetrag des Steuerbetrags angerechnet wird.

tax-qualified annuities: <steuerbegünstigte Annuitäten> Plans available only to employees of non-profit organizations, such as schools, churches and charities, also known as 403(b) plans. When the employee makes the contribution to the annuity, it is tax-deductible. When the contract is annuitized, the entire payment is taxable as ordinary income.

Pläne, die ausschließlich Mitarbeitern von gemeinnützigen Institutionen zur Verfügung stehen, wie zum Beispiel Schulen, Kirchen, Wohlfahrtsorganisationen etc., auch als 403(b) Plan bekannt. Wenn der Mitarbeiter in den Plan einzahlt, ist die Zahlung steuerabzugsfähig. Wenn der Plan zur Auszahlung kommt, wird die gesamte Zahlung als normales Einkommen versteuert.

tax rate: <Steuersatz> Verhältnis des Steuerbetrags zur Bemessungsgrundlage, ausgedrückt in Prozent. Die Steuersätze werden in der Regel von der Steuerbehörde in Form einer Tabelle, nach zunehmender Bemessungsgrundlage geordnet, veröffentlicht.

tax, real estate: <Grundsteuer> Steuer auf bebaute und unbebaute Grundstücke, die meist zugunsten kommunaler Körperschaften erhoben wird.

tax reduction: <Steuerermäßigung> Von der Verwaltung gewährte Steuerherabsetzung zur Milderung des Steuerdrucks.

tax, residence: <Wohnraumsteuer> Steuer, die auf dem, Mietwert der vom Steuerpflichtigen bewohnten Räume erhoben wird.

tax swap: see *Bond Swap*.

tax, trade: <Gewerbesteuer/-Patentgebühren> Steuern und Abgaben, die für die Ausübung eines Gewerbes, meist zu Gunsten der kommunalen Körperschaften erhoben werden.

tax, value added (VAT): <Mehrwertsteuer (MwSt)> see *value added tax*

T-Bills: see *Treasury Bills*

T-Bonds: see *Treasury Bonds*

TD: see *Treasury Decision*

to **teach**, taught, taught: <lehren>

to **tear**, tore, torn: <reißen>

technical analysis: <technische Analyse> technical analysis uses charts to examine changes in price patterns, volume of trading, open interest, and rates of change to predict and profit

from trends. Someone who follows technical rules (called a technician) believes that futures market prices will anticipate any changes in fundamentals.
Bei der technischen Analyse werden Charts benutzt, um Bewegungen in der Kursstruktur, Geschäftsumfang, Terminengagements und Veränderungsraten zu untersuchen, vorherzusagen und von Trends zu profitieren. Jemand, sich nach verfahrenstechnischen Regeln richtet, Techniker genannt) glaubt, daß Terminmarktkurse aus jedweden Veränderungen der Grundlagen abzuleiten sind.

technical reserves (insurance): <Versicherungstechnische Rücklagen> Der anhand der übernommenen Risiken mittels spezieller mathematischer Verfahren errechnete Gesamtwert der möglichen Verbindlichkeiten einer Versicherung gegenüber den von ihr Versicherten. Damit die Versicherungen ihren Verpflichtungen nachkommen können, müssen entsprechend den versicherungstechnischen Rücklagen Aktiven vorhanden sein, deren Zusammensetzung in der Regel durch spezielle Gesetze vorgeschrieben ist.

to **tell**, told, told: <erzählen>

temporary importation bond:

<zeitweilige Einfuhrkaution (U.S.A.)>

tenancy agreement: <Mietvertrag> Vertrag, durch den der Eigentümer einer unbeweglichen Sache (der Vermieter) einem anderen (dem Meter) die Nutzung der Sache für eine bestimmte oder unbestimmte Dauer und gegen Zahlung eines bestimmten Preises (Miete) überläßt. Durch den Mietvertrag wird dem Mieter ein persönliches Gebrauchs- und Nutzungsrecht eingeräumt, das als eine Forderung an den Vermieter, nicht jedoch als dingliches Recht an der Sache selbst verstanden werden muß.

tenants in common: <Gemeinschaftskonten> A joint account in which, if one party to the account dies, his or her share goes to the estate, not to the surviving tenant(s)-in-common.

tender: <zart>

tender: <Ausschreibung/Angebot/Offerte> see *tender offer*

tender offer: <Ausschreibung/Angebot/Offerte> An offer to buy all or a large block of the securities of a particular company. The offer must be made to all shareholders.

Ein Angebot alle oder einen großen Block Wertpapiere einer

bestimmten Gesellschaft zu kaufen. Das Angebot muß an alle Aktionäre gemacht werden.

tendency: <1) Neigung, 2) Tendenz/Langfristige Entwicklung> Im Wirtschaftsleben: die Bezeichnung für die Tendenz der Wirtschaftssubjekte zu bestimmten Verhaltensweisen. Beispiele: Konsumneigung oder Sparneigung, d.h. die Tendenz der Haushalte, ihr Einkommen für den Erwerb von Gütern und Dienstleistungen auszugeben oder zu sparen. Investitionsneigung, d.h. Tendenz der Unternehmen zu investieren. Längere Zeit anhaltender Einfluß, der auf die Entwicklung einer Größe einwirkt. Die langfristige Entwicklung selbst.

terminal: <Terminal> Ein aus einem Bildschirm und einer Eingabetastatur zusammengesetztes Peripheriegerät eines Computersystems. Geräte, die nur für Eingaben an und Ausgaben von der Zentraleinheit benutzt werden können, bezeichnet man als dumme Terminals, Geräte, auf denen zusätzlich Programme unabhängig von der Zentraleinheit benutzt werden können, hingegen als intelligente Terminals.

terms of trade: <Realaustauschverhältnis>

Kennzahl zur Beurteilung der Vorteile, die eine Wirtschaft aus ihren Außenhandelsbeziehungen zieht. Diese Kennzahl ist das Verhältnis zwischen dem Ausfuhrpreisindex und dem Einfuhrpreisindex und gibt an, wieviel für ein bestimmtes Ertragsvolumen real im Vergleich zur Basisperiode importiert werden kann.

tests, theory of: <Testverfahren> Methoden der mathematischen Statistik, durch die ermittelt werden kann, mit welcher Wahrscheinlichkeit eine Variable der untersuchten statistischen Gesamtheit einer bestimmten statistischen Verteilung gehorcht.

to **think**, thought, thought: <denken>

third market: <tertiärer Markt> Over-the-counter market trades in securities listed on an exchange.

OTC Markthandlungen von Wertpapieren die an einer Börse geführt werden

third world: <Dritte Welt> Die noch nicht entwickelten Länder.

thought: see *to think,*

threw: see *to throw,*

to **thrive**, throve, thriven: <wachsen, gedeihen>

thriven: see *to thrive,*

throve: see *to thrive*,

to **throw**, threw, thrown: <werfen>

thrown: see *to throw*,

thrust: see *to thrust*,

to **thrust**, thrust, thrust: <vorstoßen>

tick: <Tick> kleinstmögliche Kursbewegung

tight money: <knappes Geld> A reduced rate of money creation by the Federal Reserve System.

Reduzierte Geldschöpfungsrate des Federal Reserve Systems.

time deposit: <Termineinlage>

time limit: <zeitliche Begrenzung>

time limit order: <zeitlich bedingter Auftrag> see also: *GTW* and *GTM*

time series: <Zeitreihe> Beobachtung einer zeitabhängigen statistischen Größe. Statistische Reihe, bei der ein Merkmal der beschriebenen Elemente die Zeit ist.

time spread: <Terminspread> An options spread position in which the strike prices are the same, but the expiration months are different.

Ein Optionsspread, bei dem die Basispreise gleich und die Andienungsmonate unterschiedlich sind.

time value: <Zeitwert> The premium on an out-of-the-money option reflecting the probability that an option will move into, the money before expiration constitutes the time value of the option. There also maybe some time value in the premium of an in-the-money option, which reflects the probability of the option moving further into money.

Die Prämie einer *out-of-the-money* Option unter der Maßgabe, daß sich die Option vor Verfall *in-the-money* bewegen wird, stellt den Zeitwert der option dar. Denkbar wäre auch ein gewisser Zeitwert der Prämie einer *in-the-money* Option, unter der Maßgabe, daß die Option sich noch weiter into *the money* bewegt.

T-Notes: *see* Treasury Notes

tobacco monopoly: <Tabakmonopol> Staatliches Monopol für die Herstellung und den Verkauf von Tabakerzeugnissen und Streichhölzern.

told: see *to tell*,

tombstone advertisement: <"Grabsteinanzeige> In a new issue an advertisement showing the security being sold, the price, and the names of the broker/dealer from whom a prospectus can be obtained.

Bei einer Neuemission eine Annonce, die das Wertpapier vorstellt, den Emissionspreis und die Namen der Broker/Händler über die ein Prospekt bezogen werden kann.

took: see *to take,*

top: <Spitze>

tore: see *to tear,*

torn: see *to tear,*

total contract price: <Bruttovertragspreis> In a bond trade, the price of a bonds plus the accrued interest.

Bei einem Bondhandel der Preis des Bonds plus angelaufene Zinsen.

total quality management: <Gesamtgütemanagement>

tpi: <tpi> Abkürzung für tracks per inch.

Maß für die mögliche Aufzeichnungsdichte auf einem Plattenspeicher und damit bei gegebener Plattengröße für die Speicherkapazität.

TPM: see *Trigger Price Mechanism (Steel)*

TQM: see *Total Quality Management*

trade: <Handel> Wirtschaftliche Tätigkeit, bei der Güter und Dienstleistungen gekauft werden, um sie danach (verändert oder unverändert) gegen Entgelt zu verkaufen oder zu vermieten. Die diese Tä-tigkeit ausübende Person wird als Händler bezeichnet. Die Ausübung des Handels ist in den meisten Ländern an bestimmte Voraussetzungen und Pflichten gebunden, beispielsweise Eintragung in das Handelsregister, Buchführungspflicht, besondere Steuern (beispielsweise Gewerbesteuer) und je nach Handelsgebiet an die Befolgung spezieller Gesetze.

trade association: <Berufsverband/Gewerkschaft/Fachverband> Berufsvereinigung, deren Aufgabe die vertretung und Verteidigung der beruflichen und wirtschaftlichen Interessen ihrer Mitglieder ist.

trade balance: <Handelsbilanz> Teil der Zahlungsbilanz. Die Handelsbilanz enthält sämtliche Importe und Exporte von Gütern eines Landes mit dem Ausland. Hauptquelle für die Berechnung der Handelsbilanz ist die Zollstatistik, so daß die Werte in den meisten Ländern innert Monatsfrist zur Verfügung stehen. Die Handelsbilanz ermöglicht die Untersuchung der Bedeutung des Außenhandels, was für die Beurteilung der wirtschaftlichen Gesamtentwicklung unerläßlich ist. Aus dem Saldo der Handelsbilanz ist ersichtlich, ob die Inlandsproduktion höher oder niedriger als die Inlandsnachfrage war.

trade credit: <Leasing> Kredit, den ein Lieferant seinem Kunden durch Gewährung einer Zahlungsfrist einräumt.

trade cycle: <Handelszyklus>

trade margin: <Handelsspanne/Marge/Verkaufsspanne> *price margin* Differenz zwischen dem Verkaufspreis und dem Einstandspreis (Kaufpreis) oder den Selbstkosten.

trademark: <Marke (eingetragene)/Handelsmarke> Eingetragene Bezeichnung eines Produktes, deren Verwendung ausschließlich dem Eigentümer der Marke vorbehalten ist.

trade price: <Handelspreis>

trader: <Händler> see *trade*

trade-related aspects of intellectual property: <Handelsbezügliche Aspekte des geistigen Eigentums>

trade tax: <Patentgebühren>

trade union (GB): <Berufsverband/Gewerkschaft/Fachverband> Berufsvereinigung, deren Aufgabe die vertretung und Verteidigung der beruflichen und wirtschaftlichen Interessen ihrer Mitglieder ist.

trading account: <Handelskonto>

trading day: <Handelstag>

trading flat: <Nettohandel>

Bonds trading without accrued interest, such as income bonds, bonds in default, and zero coupon bonds.

Bonds, die ohne angefallene Zinsen gehandelt werden. Z.B. Einkommensbonds, zahlungsunfähige Bonds und Zero-Koupon Bonds.

trading hours: <Geschäftsstunden>

trading limit: <Handelsgrenze>

trading session: <Handelssitzung>

transaction: <Transaktion> Vorgang, durch den eine Wirtschaftseinheit am Wirtschaftsgeschehen teilnimmt. Eine Transaktion im Sinne der volkswirtschaftlichen Gesamtrechnung liegt vor, wenn ein Gut, eine Dienstleistung oder eine Forderung von einer Wirtschaftseinheit auf eine andere übergeht.

transfer: <Übertragung> Vorgang im öffentlichen Haushalt, durch den Mittel, die für eine bestimmte Verwendung vorgesehen waren, eine neue Zweckbestimmung erhalten. Durch eine Übertragung wird die Struktur des Budgets, nicht aber das Gesamtvolumen verändert.

transfer account, balance on: <Übertragungsbilanz/Bilanz der unentgeltlichen Übertragungen>

Teil der Zahlungsbilanz. Enthält sämtliche Zahlungen zwischen dem In- und Ausland, denen keine direkte Leistung gegenüberstehen.

transfer agent: <Transferagent> The person or firm that cancels the shares in the name of the seller and reissues shares in the name of the buyer. Die Person oder Firma, die Aktien im Name des Verkäufer streicht und im Namen des Käufers neu emittiert und registriert.

transfer payments: <Transferzahlungen> Zahlungen zwischen Wirtschaftseinheiten ohne direkte Gegenleistungen zu einem sozialen oder wirtschaftlichen Zweck.

transformation, maturity: <Fristentransformation>

transit: <Transit> Personen- oder Warentransport durch ein Land, bei dem spezielle Zollvorschriften für die Einfuhr und Ausfuhr zur Anwendung kommen. In der Regel werden beim Transit die sonst üblichen Zollabgaben nicht erhoben.

transit air cargo manifest: <Transitluftfrachtmanifest>

transport and exportation: <Transport und Ausfuhr>

to **tread**, trod, trodden: <treten, schreiten, beschreiten>

treasury: <Staatskasse> Dienststelle, die als Verwalter der Einnahmen und Ausgaben des Staats fungiert. Bei organisatorischer Betrachtung die Dienststelle, die als Verwalter der staatlichen Einnahmen und Ausgaben fungiert, bei funktionaler Betrachtung der Staat in seiner Eigenschaft als Teilnehmer bei der Durchführung von Finanztransaktionen. Die Funktion und Organisation der Staatskasse sowie deren Kompetenzen sind von Land zu Land sehr verschieden.

treasury bill: <Schatzanweisung/Schatzschein/Schatzwechsel> A U.S. government security maturing in less than one year. It is issued at a discount, and matures at par.

treasury bills (T-bills): <Schatzbriefe> short-term U.S. government debt instruments of three, six, or twelve-month maturities, T-Bills are a fixed-income asset issued at a discount. The face value is paid at maturity. kurzfristige Schuldverschreibungen der US-Regierung mit Laufzeiten von drei, sechs oder zwölf Monaten. Es handelt sich um Vermögenswerte mit fester Rendite, die zu einem Diskontwert erworben werden. Bei Fälligkeit wird der

Nennwert ausgezahlt.

treasury bond: <Schatzanweisung/Schatzschein/Schatzwechsel> A U.S. government security maturing in more than ten years. It is issued with a coupon rate, and is quoted in 32nds. Kurz- und mittelfristige Schuldverschreibungen von Staaten, nationalen und internationalen öffentlichen Körperschaften.

treasury bonds (T-bonds): <Schatzobligationen> long-term U.S. government debt instruments with maturities of more than 7 years. These are fixed-income assets that pay interest semi-annually. langfristige Schuldverschreibungen der US-Regierung mit Laufzeiten von mehr als 7 Jahren. Es handelt sich um Vermögenswerte mit fester Rendite, für die halbjährlich Zins gezahlt wird.

treasury decision: <Entscheidung des Finanzministeriums (U.S.A.)>

treasury note: <Schatzanweisung/Schatzschein/Schatzwechsel> A U.S. government security maturing in one to ten years. It is issued with a coupon rate, and is quoted in 32nds. Kurz- und mittelfristige Schuldverschreibungen von Staaten, nationalen und internationalen öffentlichen Körperschaften.

treasury receipt: A type of zero coupon bond representing only the principal payment on a treasury Bond with twenty years to maturity. Since there are no interest payments, they trade at a steep discount.

treasury stock: <Schatzaktien> Stock that has been repurchased by the issuing corporation.

Aktien, die von einer emittierenden Firma zurückgekauft werden.

treasury strip: <Schatzamtstreifen> When a treasury receipt is created by clipping the coupons from a twenty-year treasury Bond, the forty interest coupons for the bond are sold separately as treasury strips.

Wenn ein Schatzamtbeleg durch Abtrennen des Koupons eines zwanzigjährigen Bonds kreiert wird, werden die vierzig Koupons gesondert als Schatzamtstreifen verkauft.

trend: <Trend/langfristige Entwicklung>

trigger price mechanism (steel): <Auslösepreismechanismus (Stahl) (U.S.A.)>

TRIPS: see *Trade-Related Aspects of Intellectual Property*

trod: see *to tread*

trodden: see *to tread,*

troy ounce: = 31.103 g

true interest cost: <tatsächliche

300

Zinskosten> In a competitive bid municipal bond offering, a method of calculating the interest cost that takes into account the time value of money.

Bei einer offenen Bondofferte eine Methode die Zinskosten zu berechnen und den Zeitwert des Geld zu berücksichtigen.

trust: <Treuhand> Gesetzlicher oder vertragliches Verhältnis, bei dem eine Person (Treugeber) einem anderen (Treunehmer oder Treuhänder) das Eigentum an einer Sache unter der Bedingung überträgt, diese zu Gunsten des Treugebers oder einer anderen Person zu verwalten. Die Institution Treuhand stammt aus dem angelsächsischen Recht, zu der es beispielsweise im französischen Recht keine genaue Entsprechung gibt. Form der Unternehmenskonzentration, bei der eine Anzahl von Unternehmen unter Aufhebung der rechtlichen und wirtschaftlichen Selbständigkeit zusammengeschlossen sind.

trustee: <Treuhänder> see *trust*

trustee securities: <Mündelsichere Wertpapiere> Wertpapiere mit geringem Verlustrisiko und breitem Markt, so daß sie keinen starken Kursschwankungen unterworfen sind. In der Regel werden inländische Staatspapiere, Pfandbriefe und Wertpapiere erstklassiger inländischer Unternehmen als mündelsichere Anlagen betrachtet.

Trust Indenture Act of 1939: <Treuhandvertragsgesetz von 1939> The federal, law requiring all bond issuers to create a trust indenture, which is the contract between the issuer and the bondholders. The trust indenture appoints a company (usually a bank) to act as trustee on behalf of the bondholders.

U.S. Bundesgesetz, das alle Bondemittanten verpflichtet einen Treuhandvertrag zu schließen, der der Vertrag zwischen den Emittanten und den Bondbesitzern ist. Der Treuhandvertrag benennt ein Unternehmen (meist eine Bank), das als Treuhänder für die Bondbesitzer fungiert.

trust, unit (GB): <Anlagefonds; offener/Investmentfonds, offener>

TSUS: see *Tariff Schedules of the United States*

TSUSA: see *Tariff Schedules of the United States Annotated*

turnover: <Umsatz> Summe der von einem Wirtschaftsteilnehmer während eines bestimmten Zeitraums verkauften Güter und Dienstleistungen, bewertet zu Verkaufspreisen. Der Umsatz beinhaltet sämtliche Verkäufe von Gütern, die Abtretung von Rechten, die Erbringung von Dienstleistungen, die Vermietung von Gegenständen usw. Bei Finanz- und Vermittlertätigkeit besteht der Umsatz aus der Summe der Provisionen, den Versicherungsprämien und vereinnahmten Courtagen. Aufgrund des Umsatzes wird das Volumen und die Entwicklung der Wirtschaftstätigkeit gemessen.

twist: <Twist> Politik der amerikanischen Währungsbehörden zur Beeinflussung der Zinssätze, so daß die kurzfristigen Zinssätze höher als die langfristigen Zinssätze waren. Diese Politik sollte zum Ausgleich des Zahlungs-

bilanzdefizits durch attraktive Bedingungen auf dem Geldmarkt und gleichzeitig zur Sicherstellung des Wirtschaftssystems durch günstige Konditionen für langfristiges Kapital führen.

two dollar broker: <Zwei-Dollar Broker> An independent floor broker on the floor of an exchange who assists other members in executing their orders.

Ein unabhängiger Parkettbroker, der andere bei der Ausführung von Aufträgen assistiert.

type of option: <Optionstypen> There are two: *puts* and *calls*.

Es gibt zwei Arten von Optionen: Puts und Calls

U

UGMA: *see* Uniform Gift to Minors Act.

uncovered: <ungedeckt> Teil einer Verpflichtung, einer Ausgabe oder eines Risikos, der die momentan verfügbaren Mittel oder Sicherheiten übersteigt. In der Wirtschaft jener Teil der Verbindlichkeiten oder Zahlungen, der die vorhandenen

Mittel übersteigt. In diesem Zusammenhang ist ungedeckt ein Synonym für Sollsaldo. Im Kreditwesen jener Teil eines Kredites, der nicht durch Sicherheiten (Pfand, Garantie) gedeckt ist. Im Versicherungswesen jener Teil eines Risikos, der nicht durch entsprechende Versicherung abgesichert, d.h. gedeckt ist.

uncovered options:
<ungedeckte Optionen> A short options position in which the writer has no obvious means of fulfilling the exercise requirement. They are also called *naked options*.

Eine Optionsverkaufsposition, bei der der Schreiber keine offensichtlichen Mittel hat, seinen eventuellen Verpflichtungen nachzukommen. Auch *naked options* genannt.

UNCTAD: see *United Nations Conference on Trade and Development*

underconsumption:
<Unterkonsumption> Eine im Vergleich zu einem bestimmten Angebot zu geringe Nachfrage, so daß ein Angebotsüberhang mit tendenziell sinkenden Preisen entsteht. Unterkonsumption ist zwangsläufig relativ, da sie im Verhältnis zu einem Angebot und nicht einem objektiv definierbaren Bedürfnisniveau steht. Unterkonsumption kann sich auf ein einzelnes Gut oder eine einzelne Dienstleistung, auf Gruppen von Gütern und Dienstleistungen oder auf das gesamte Angebot einer Wirtschaft beziehen.

underlying: <zugrunde liegend>

underlying commodity: <zugrunde liegende Ware>

underwriters: <Underwriters> A syndicate member in a firm commitment underwriting. The term is usually only given to those who have a financial commitment to buy the stock for their own account.

Mitglied eines Emissionssyndikats, das sich zusammen mit dem Syndikatsführer (lead manager) und den Mitgliedern der Führungsgruppe (co-manager) verpflichtet, die ausgegebenen Wertpapiere fest zu übernehmen und für die Plazierung bei den Investoren zu sorgen. Im Gegensatz dazu haben die übrigen an der Emission Beteiligten (selling group) keine Verpflichtung für die Plazierung der Wertpapiere.

underwriters concession: <Zeichnervergütung> In a corporate underwriting, the profit of a syndicate member selling securities to a customer.

Bei einer Zeichnung, der Profit, den ein Syndikatsmitglied, das Wertpapiere an einen Kunden verkauft, erwirtschaftet.

underwriting: <Zeichnung> The process in which broker/dealers form a syndicate to sell new issues of securities.

Der Vorgan mit dem Broker/Händler ein Syndikat bilden,

um eine Neuemission zu verkaufen.

undesignated order: see *Group Orders* or *Group Net Orders*.

unemployment: <Arbeitslosigkeit> Unfreiwillige, andauernde Nichtbeschäftigung infolge der Unmöglichkeit, eine Beschäftigung zu finden. In der Regel werden verschiedene Formen der Arbeitslosigkeit unterschieden: Friktionelle Arbeitslosigkeit, die nicht eine Folge mangelnder Nachfrage und/oder eines Überangebots an Arbeit, sondern eine Folge mangelnder Qualifikationen oder unzureichender Mobilität der Arbeitnehmer ist. Die Arbeitslosen sind nicht in der Lage, eine Beschäftigung zu finden, weil sie entweder die geforderten Qualifikationen nicht besitzen oder nicht am Arbeitsort wohnen. Strukturelle Arbeitslosigkeit, die aufgrund von Änderungen der Wirtschaftsstrukturen entsteht, beispielsweise infolge Schrumpfung der Bergbaubranche. Konjunkturelle Arbeitslosigkeit infolge einer Rezession oder einer Wirtschaftskrise. Die konjunkturelle Arbeitslosigkeit wird als schlimmste Form der Arbeitslosigkeit angesehen, weil von ihr nicht nur einzelne Branchen, sondern die gesamte Wirtschaft betroffen ist. Eine neue Form der Arbeitslosigkeit, die als freiwillige Arbeitslosigkeit bezeichnet werden könnte, tritt in jenen Ländern auf, in denen die Höhe der Arbeitslosenentschädigung das mutmaßliche Arbeitsentgelt annähernd erreicht, so daß ein Teil der Arbeitslosen die Untätigkeit vorzieht.

unfavorable price moves: <unvorteilhafte Kursbewegungen>

Uniform Gift to Minors Act: <allgemeines Gesetz zu Geschenken an Minderjährige> The law governing gifts of money or securities to a minor, commonly referred to as UGMA. The donor must appoint a custodian (frequently the donor) to manage the account.

U.S. Gesetz, das Geld- und Wertpapiergeschenke an Minderjährige reguliert, meist UGMA genannt. Der Spender muß einen Treuhänder bestellen (meist der Spender selbst), um das Konto zu verwalten.

unit, economic: <Wirtschaftseinheit/Wirtschaftsubjekt/Wirtschaftsteilnehmer>

United Nations Conference on Trade and Development: <Konferenz der Vereinten Nationen über Handel und Entwicklung>

United States Code: <Code der

Vereinigten Staaten>
United States Public Health Service: <Gesundheitsbehörde (U.S.A.)>

Unit Investment Trust: <Anlagetreuhand> An investment company that creates a portfolio of securities, often municipal bonds, and then sells the portfolio to investors.

Eine Anlagegesellschaft, die eine Wertpapierportfeuille erstellt, meist aus Schuldverschreibungen bestehend, und dann das Portfeuille an Anleger verkauft.

unit trust (GB): <Anlagefonds, offener/Investmentfonds, offener>

UNIX: <UNIX, siehe *Betriebssystem*>

uptick: <Mindestaufwärtsbewegung> A trade executed at a higher price than the previous trade.

Eine Handlung, die zu einem höheren Preis ausgeführt wird als die vorangegangene Handlung.

uptick rule: <Mindestaufwärtsbewegungsregel> A federal law requiring that short sales be executed on an uptick or a zero plus tick.

U.S. Bundesgesetz, das erfordert, das Leerverkäufe mit einem *Uptick* oder einem *zero plus tick* ausgeführt werden müssen

urban and regional policy: <Raumordnungspolitik> Maßnahmen zur Beeinflussung der Bevölkerungsverteilung und der Wirtschaftstätigkeit, um die regionale wirtschaftliche Entwicklung zu verbessern. Obwohl die Idee, durch gezielte Maßnahmen eine ausgewogene regionale Entwicklung herbeizuführen und der natürlichen Tendenz zur geographischen Konzentration der Wirtschaftstätigkeit entgegenzuwirken, bereits älteren Ursprungs ist (z.B. Tennessee-Valley in den USA, Nutzbarmachung der Polder in den Niederlanden), hat sich die Raumordnungspolitik erst nach dem Zweiten Weltkrieg durchgesetzt. (Beispiele: Development areas in Großbritannien, Cassa di Mezzogiorno zur Wirtschaftsförderung Süditaliens, Gründung der Hauptstadt Brasilia usw.) Die Grundlage der Raumordnungspolitik ist die Erkenntnis, daß mangelndes Wirtschaftswachstum die Ursache für die Ungleichgewichte, ungleiche Entwicklung und den Niedergang ganzer Regionen ist.

USC: see *United States Code*

USCA[1]: see *U.S. Customs Academy*

USCA²: see *U.S. Code Annotated*

U.S./Canada Free Trade Agreement: <U.S./Kanadisches Freihandelsabkommen>

U.S. Code Annotated: <Code der Vereinigten Staaten, kommentiert>

U.S.Consumer Product Safety Commission: <U.S Konsumgütersicherheitsausschuß>

USCS: see *U.S. Customs Service*

U.S. Customs Academy: <Zollakademie der Vereinigten Staaten>

U.S. Customs Service: <Zollbehörden (U.S.A.)>

USDA: see *U.S. Department of Agriculture*

U.S. Department of Agriculture: <Landwirtschaftsministerium (U.S.A.)>

USPHS: see *United States Public Health Service*

USTR: see *U.S. Trade Representative*

U.S. Trade Representative: <Handelsbeauftragter (U.S.A.)>

usufructuary   right: <Nießbrauch> Teil des Eigentumsrechts, nämlich den Nutzen aus einer Sache zu ziehen. Der Nießbrauch erstreckt sich jedoch nicht auf die Substanz einer Sache, über die nur der vollständige Eigentümer verfügen kann.

usury: <Wucher> Ausnützung einer Notlage, einer Abhängigkeit oder der Unerfahrenheit einer Person, um aus ihr gewährten Vermögensvorteilen einen übersetzten Ertrag zu erzielen. Die bekannteste Form des Wuchers ist der Geld- oder Zinswucher, bei dem ein Geldverleiher einen höheren als üblichen oder gesetzlich vorgeschriebenen Zins fordert und erhält. Von Wucher kann immer dann gesprochen werden, wenn ein offensichtliches Nußverhältnis zwischen Leistung und Gegenleistung besteht, das der Bewucherte infolge einer Notlage, Abhängigkeit oder Unerfahrenheit hinnimmt, bzw. hinnehmen muß.

V

VA: *see* Veterans Administration

to **value:** <bewerten>

value: <Wert>

value added: <Wertschöpfung> Begriff der volkswirtschaftlichen Gesamtrechnung. Die Bruttowertschöpfung ist die Differenz zwischen dem Bruttoproduktionswert, d.h. dem Gesamtvolumen der erzeugten Güter und Dienstleistungen zu Marktpreisen, und dem Wert des intermediären Verbrauchs, d.h. jenem Teil der Güter und Dienstleistungen, die für den Produktionsprozeß verbraucht werden.

value added tax (VAT): <Mehrwertsteuer (MwSt)> Allgemeine indirekte Steuer, die auf den Verbrauch von Gütern und Dienstleistungen erhoben wird. Steuerzahler ist bei der Mehrwertsteuer der Verkäufer, Steuerträger jedoch der Endverbraucher. Welche Güter und Dienstleistungen zu welchen Mehrwertsteuersätzen belastet sind, ist von Land zu Land verschieden. In der Regel sind die Leistungen freier Berufe (Rechtsanwälte, Ärzte usw.) sowie bestimmte Grundnahrungsmittel von der Mehrwertsteuer ausgenommen und bestimmte Gruppen von Gütern und Dienstleistungen unterschiedlich stark besteuert (z.B. Luxusgüter, Normalgüter, Existenzgüter).

value, expected: <Erwartungswert> Allgemeine Bezeichnung in der Statistik für (arithmetischer) Mittelwert. Synonym für arithmetischer Mittelwert. In der Wahrscheinlichkeitstheorie wird häufiger der Begriff Erwartungswert, in der beschreibenden Statistik häufiger der Begriff Mittelwert verwendet.

value, increase in: <Wertsteigerung> Zunahme des Wertes eines Gutes, die nicht aufgrund einer Veränderung des Gutes selbst, sondern auf externe Ursachen, beispielsweise Veränderung der Marktsituation oder buchhalterische Neubewertungen zurückzuführen ist.

value Line

variable: <Variable> Eine statistische Variable (auch Zufallsvariable genannt) kann verschiedene Werte annehmen, die entweder eine Gesamtheit sich unterscheidender diskreter Werte oder aber einen stetigen

Bereich bilden, der in Klassen (Teilbereiche) gleicher oder verschiedener Größen unterteil werden kann.

variable annuity: <variable Annuität> A type of annuity that assigns the investment risk to the annuitant.

Eine Annuität, die das Anlagerisiko beim Annuitanten beläßt.

variable capital: see *capital, variable*

variable limits: <veränderliche Limits> most exchanges set limits on the maximum daily price movement of some of the futures contracts traded on their floors. They also retain the right to expand these limits if the price moves up or down the limit in one direction for two or three trading days in a row. If the limits automatically change after repeated limit moves, they are known as variable limits. die meisten Börsen setzen für die maximale Kursbewegung pro Tag Limits bei einigen der Terminkontrakte, die auf ihrem Parkett gehandelt werden. Sie behalten sich ebenfalls das Recht vor, diese Limits auszudehnen, falls sich der Kurs in einer Richtung über oder unter das Limit im Verlaufe von zwei oder drei fortlaufenden Handelstagen bewegt. Wenn sich das Limit nach wiederholter

Limitverschiebung automatisch verändert, spricht man von variablen Limits.

variable trading limit

variance: <Varianz> Streuungsindikator. Größe, die Aufschluß über das Ausmaß der Abweichung der beobachteten Werte vom berechneten Mittelwert einer statistischen Gesamtheit gibt. Sind x_i die einzelnen Werte und $E(x)$ der Mittelwert dieser Einzelwerte, so ist die Varianz σ

$$\sigma = \sum_{i=1}^{n} (x_i - E(x))$$

Die positive Quadratwurzel der Varianz wird mit Standardabweichung bezeichnet.

variation: <Variation> Wertveränderung einer Variablen.

variation margin: <variable Margin>

variation margin call: <abweichende Nachschußforderung> a margin call from the clearinghouse to a clearing member. These margin calls are issued when the clearing member's margin has been reduced substantially by unfavorable price moves. The variation margin call must be met within one hour. eine Nachschußforderung vom *Clearinghouse* an ein *Clearing* *member.* *Diese* Nachschußforderungen ergehen, wenn sich die Deckungssumme eines *Clearing members* durch unvorteilhafte Kursbewegungen beträchtlich verringert. Der abweichenden Nachschußforderung muß innerhalb einer Stunde Folge geleistet werden.

VAT: <siehe *Mehrwertsteuer (MwSt)*>see *value added tax*

vehicle identification number: <Fahrzeugindentifikationsnumm er>

vendor: <Händler>

venture capital financing: <Risikokapitalfinanzierung/Wag nisfinanzierung> Vorübergehende Beteiligung am Risikokapital eines Unternehmens, um diesem durch die Vergröi3erung der Eigenkapitalbasis ein weiteres Wachstum zu ermöglichen. Diese Finanzierung durch Eigenkapital ist für den Kapitalgeber mit höheren Risiken verbunden und wird deshalb nur nach sorgfältiger Prüfung der Zukunftschancen des Unternehmens von spezialisierten Banken und Unternehmen vorgenommen.

venture capital financing company: <Wagniskapitalgesellschaft> Unternehmen, das andere im Aufbau befindliche Unternehmen durch Be-

reitstellung von Risikokapital finanziert, sich also an deren Grundkapital beteiligt.

vertical spread: <vertikaler Spread> An options spread position in which the expiration months are the same, but the strike prices differ. They are also called *Money Spreads*.

Eine Optionsspreadposition, bei der die Andienungsmonate gleich sind, aber die Basispreise unterschiedlich. Sie werden häufig auch Geldspread genannt.

vessel supply immediate export: <>

vessel supply transportation and exportation: <>

vessel violation profile system: <>

Veterans Administration: <Kriegsveteranenbehörde>

VIN: see *Vehicle Identification Number*

viscous market: <Markt, zähflüssiger> Markt, auf dem sich Angebot und Nachfrage nur schwer aneinander anpassen.

volatile: <unbeständig, schwankend>

volatile market: <unbeständiger Markt, volatiler Markt>A market which often is subject to wide price fluctuations is said to be volatile. This volatility is often due to a lack of liquidity.

Ein Markt, der des öfteren größeren Kursschwankungen unterliegt, wird volatile genannt. Diese Unbeständigkeit entsteht meist aus Liquiditätsmangel.

volatility: <Volatilität, Unbeständigkeit>

volatility price: <Kursvolatilität>

volume: <Volumen, Umsatzvolumen> is the number of contracts traded; i.e., the number of contracts bought or sold of a particular contract delivery month. Volume is a daily figure, while open interest is an ongoing figure for the life of a contract. Bezeichnet die Anzahl der gehandelten Kontrakte; d.h. die in einem bestimmten Kontraktmonat gekauft oder verkauft wurden. Volume gibt das Bild eines Tages wieder, während *Open interest* ein fortlaufendes Bild für die Dauer der Laufzeit des Kontraktes zeigt.

voluntary restraint agreements: <freiwillige Beschränkungsvereinbarungen>

voluntary retail buying chain: <Freiwillige Ketten> see *retail buying chain, voluntary*

vostro: <vostro>

vouchers: <Belege> Dokumente, die als Beweis für das Vorhandensein und die formelle und materielle Richtigkeit einer wirtschaftlichen Handlung oder einer Buchung dienen.

VRAs: see *Voluntary Restraint Agreements*

VSIE: see *Vessel Supply Immediate Export*

VSTE: see *Vessel Supply Transportation and Exportation*

VVPS: see *Vessel Violation Profile System*

W

wage: <Lohn/Gehalt> Zeit- oder leistungsabhängiges Entgelt, das der Arbeitgeber an seine durch einen Arbeitsvertrag angestellten Arbeitnehmer gewährt. Der Arbeitsver-trag kann sich aus einer schriftlichen oder mündlichen Vereinbarung, aber auch stillschweigend aus einem wirtschaftlichen Unterordnungs-

oder Abhängigkeitsverhältnis ergeben. Für den Begriff Lohn bestehen im allgemeinen Sprachgebrauch eine Reihe von Bezeichnungen, die die unterschiedlichen Formen des Arbeitsentgelts oder die Art der Leistung ausdrückt: Besoldung (Beamte), Sold (Soldaten), Gehalt (leitende Angestellte), Lohn (Arbeiter).

wage bill: <Lohnsumme> Die Summe der Löhne und Gehälter einschließlich der Arbeitgeberanteile, der Sozialbeiträge eines Unternehmens oder einer Volkswirtschaft.

wage scale, sliding: <Lohnskala, gleitende> Mechanismus zur automatischen Anpassung der Löhne an die Teuerung, Bindung der Löhne an den Teuerungsindex, beispielsweise den Konsumentenpreisindex. Bei der gleitenden Lohnskala unterscheidet man drei Hauptformen: - Ä Sofortige Anpassung der Löhne an jede Veränderung des Teuerungsindex - Ä Anpassung der Löhne zu festgesetzten Zeitpunkten entsprechend der eingetretenen Veränderung des Teuerungsindex - Ä Anpassung der Löhne bei Erreichung eines bestimmten Indexstandes mit oder ohne rückwirkenden Ausgleich der Teuerung.

to wake, woke, woken: <aufwachen>

warehouse: <Lagerhaus>

warehouse receipt: <Lagerhausbeleg>

warehouse withdrawal for export: <Lagerhausabzug für Ausfuhr>

warehouse withdrawal for immediate transportation: <Lagerhausabzug zum sofortige Transport>

warehouse withdrawal for transportation and exportation: <Lagerhausabzug zum sofortige Transport und Export>

warrant: <Lagerschein> A security that gives the holder the right to buy the common stock of the issuer at a specified price for a period of time, usually years. Warrants resemble rights, except warrants are long term. Urkunde zur Geltendmachung des Eigentums an Waren in einem Lager. Der Lagerschein kann in den meisten Ländern durch Indossament übertragen oder verpfändet werden, so daß er den Charakter eines Wertpapiers einnimmt.

warrant issue: <Optionsanleihe>

wash sale[1]: <Bogusverkauf> Buying and selling the same security, usually through

311

different brokerage firms, in an attempt to manipulate the price and inflate the trading volume without actually trading a position in the market.

Kauf und Verkauf des gleichen Wertpapiers, meist über verschiedene Broker, in dem Versuch, die Preise zu manipulieren und das Volume aufzubauschen, ohne tatsächlich eine Position im Markt zu haben.

wash sale[2]: <Bogusverkauf> In tax law, selling a security at a loss, and repurchasing the same or similar security within 30 days before or after the sale; a loss is not tax deductible.

Steuergesetz: Verkauf eines Wertpapiers mit Verlust und Kauf des gleichen oder eines ähnlichen Wertpapiers innerhalb von 30 Tagen. Der Verlust ist nicht steuerabzugsfähig.

wash sales: <Scheingeschäfte> an illegal process in which simultaneous purchases and sales are made in the same commodity futures contract, on the same exchange, and in the same month. No actual position is taken, although it appears that trades have been made. eine illegale Vorgehensweise, bei der gleichzeitig An- und Verkäufe im gleichen Warenterminkontrakt, an der gleichen Börse und im gleichen

Monat getätigt werden. Es wird keine tatsächliche Position eingenommen, obwohl es so scheint, daß Geschäfte abgeschlossen wurden.

ways and means: <Haushaltsbestimmungen> Im Finanzgesetz enthaltene Vorschriften, die die Art und den Umfang der Ausgabendeckung regeln.

WDEX: see *Warehouse Withdrawal for Export*

WDT: see *Warehouse Withdrawal for Immediate Transportation*

WDTE: see *Warehouse Withdrawal for Transportation and Exportation*

wealth: <Vermögen>

wealth, national: <Volksvermögen> Summe der Netto-Aktiva einer Volkswirtschaft. Während die jährliche Veränderung des Volksvermögens durch die volkswirtschaftliche Gesamtrechnung bestimmt werden kann, sind zufriedenstellende Werte des Volksvermögens selbst kaum ermittelbar.

weighted index

weighting coefficient: <Gewichtungsfaktor> Koeffizient, der die relative Bedeutung (das Gewicht) eines Teils an einer Gesamtheit wiedergibt. Werden bei der Berechnung des Mittelwerts die Stichprobenwerte mit ihrem Gewichtungsfaktor multipliziert, erhält man das gewogene arithmetische Mittel.

to **wear**, wore, worn: <tragen (Kleidung)>

to **weave**, wove, woven: <weben>

to **weep**, wept, wept: <weinen, schluchzen>

went: see *to go*,

wept: see *to weep*,

western underwriting agreement: <westliche Zeichnungsvereinbarung> In a firm commitment underwriting, an agreement that makes syndicate members liable severally, but not jointly.

Bei einer fest zugesagten Zeichnung eine Vereinbarung, die Syndikatsmitglieder voll haftbar aber nicht gemeinschaftlich haftbar macht.

to **wet**, wetted/wet, wetted/wet: <nässen, naß machen, anfeuchten>

wetted: see *to wet*,

when, as, and if issued: <wenn(zeitlich), so wie und wenn (konditional) emittiert> Settlement does not take place until the certificates are printed. New issues trade "when, as, and if issued."

Abrechnung findet erst statt, wenn die Zertifikate gedruckt sind. Neuemissionen werden *when, as, and if issued* gehandelt.

White's ratings: <Whites Bewertung> A bond rating measuring the marketability of a bond, rather than its credit risk.

Eine Obligationsbewertung, die die Vermarktbarkeit einer Schuldverschreibung mißt anstatt des Kreditrisikos.

will, would: <werden, wollen, [Hilfesverb]>

to **win**, won, won: <gewinnen>

Winchester disk: <Winchesterplatte> Speichergerät, das aus einer magnetisierbaren Metallplatte besteht. Im Gegensatz zur Magnetplatte sind bei der Winchesterplatte die Schreib- und Lesemechanik mit der eigentlichen Platte vakuumfrei eingeschlossen.

to **wind**, wound, wound: <winden, wickeln>

with recall: <mit Rückruf> In the municipal bond market, a dealer quote with an option to buy the bond at a guaranteed price for some period of time (often one hour).

Im Kommunalobligationsmarkt das Vorrecht die

Schuldverschreibung zu einem garantierten Preis innerhalb eines bestimmten Zeitraumes (meist eine Stunde) zurückzukaufen.

without recall: <Ohne Rückruf> Gegenteil von *with recall*

woke: see *to wake*,

woken: see *to wake*,

won: see *to win*,

wore: see *to wear*,

to **work**, -ed/wrought, -ed/wrought: <arbeiten>

workers council/employees council: <Betriebsrat> Vertretung des Personals in einem Unternehmen. Die Funktion und Organisation des Betriebsrates ist von Land zu Land verschieden. In der Regel muß der Betriebsrat bei Fragen der Organisation, der Führung und bei allen Personalfragen informiert und zu Rate gezogen werden.

working capital: <Umlaufvermögen> A corporation's current assets less its current liabilities.

Aktiva eines Unternehmens abzüglich der kurzfristigen Verbindlichkeiten

working capital ratio: <Liquiditätskoeffizient> Liquiditätskennzahl. Verhältnis zwischen dem Umlaufvermögen

und den kurzfristigen Verbindlichkeiten eines Unternehmens. Siehe auch Liquiditätsgrade.

working time: <Arbeitsdauer/Arbeitszeit> Tägliche, wöchentliche, monatliche oder jährliche Dauer der Arbeit gemessen in Stunden. Es lassen sich drei Formen der Arbeitsdauer unterscheiden: Arbeitsdauer in einem Unternehmen, nämlich die den Mitarbeitern vorgeschlagene Arbeitszeitregelung hinsichtlich Beginn, Dauer, Ende, einschließlich der allgemeinen Überstundenregelung. Die effektive Arbeitsdauer, nämlich die t2,tsächlich geleistete Arbeit ausgedrückt in Stunden. Sie kann infolge geleisteter Überstunden höher oder - was häufiger ist infolge Fehlzeiten (Ferien, Krankheit, Streik usw.) niedriger als die vereinbarte Arbeitsdauer sein. Die vergütete Arbeitszeit, nämlich die gemäß den bestehenden Tarifverträgen bezahlte Arbeitszeit, die in der Regel auch eine Vergütung nicht geleisteter Arbeitsstunden (Feiertage, Urlaub, Krankheit usw.) enthält.

workout quote: <Nominalkurs> In the over-the-counter market, a nominal quote. The actual price is subject to negotiation.

Auf dem OTC Markt der

Nominalkurs. Der tatsächliche Preis wird ausgehandelt.

World bank: <Weltbank> Kurzbezeichnung der Internationalen Bank für Wiederaufbau und Entwicklung.

worn: see *to wear,*

would: see *will,*

wound: see *to wind,*

wove: see *to weave,*

woven: see *to weave,*

WPG: see *Winnipeg Commodity Exchange*

to **wring,** wrung, wrung: <wringen, würgen>

to **write,** wrote, written: <schreiben>

writer: <Schreiber, Optionsverkäufer>

written: see *to write,*

wrote: see *to write,*

wrung: see *to wring,*

X Y Z

year, fiscal: <Rechnungsjahr/- Geschäftsjahr> Zeitraum zwischen zwei Rechnungsabschlüssen, an denen die Bilanz und für den die Erfolgsrechnung eines Unternehmens erstellt wird. Analog dazu wird die Zeitspanne, für die ein Budget eines Unternehmens oder des Staates aufgestellt wird, als Rechnungsjahr bezeichnet. Das Rechnungsjahr umfaßt, von Ausnahmen (Neugründung, Umstellung des Rechnungsjahres) abgesehen, zwölf Monate, stimmt jedoch nicht zwangsläufig mit dem Kalenderjahr überein. Vor allem Unternehmen mit saisonabhängiger Tätigkeit beginnen ihr Rechnungsjahr nicht am 1. Januar, sondern später, damit die Ergebnisse für einen vollständigen, geschlossenen Tätigkeitszyklus berechnet werden können. Aus meist historischen Gründen beginnt das Rechnungsjahr des Staatshaushaltes in verschiedenen Ländern ebenfalls nicht mit dem 1. Januar, sondern später. So beginnt das Rechnungsjahr in Großbritannien beispielsweise am 1. April und in den Vereinigten Staaten von Amerika am 1. Juli.

yellow sheets: <gelbe Blätter> A listing of corporate bonds in the OTC market, showing the

market makers and their quotes.
Eine Liste von Unternehmensanleihen auf dem OTC Markt, die die Marktmacher und ihre Notierungen zeigt.

yield: <Rendite, effektive, Ertrag> the production of a price of land; e.g., his land yielded 100 bushels per acre. 2) the return provided by an investment; for example, if the return on an investment was 10%, the investment yielded 10%. 1) Die Erzeugung auf einem Stück Land; z.B.: sein Land erbrachte 100 bushels <1 bushel = 4 pecks 32 quarts = 8 gallons (USA) =.33,351> pro acre <= 0,4947 ha>; 2) der Gewinn, den eine Investition erbringt; zum Beispiel, wenn dar Gewinn aus einer Investition 10% betrug, erbrachte <yielded> die Investition 10%. Zinssatz, der die effektive Verzinsung einer Anleihe unter Berücksichtigung der nominellen Verzinsung, der Zinsperioden, der Restlaufzeit und des tatsächlich eingesetzten Kapitals wiedergibt. Bei der Bruttorendite werden die Steuerabzüge, die je nach Eigentümer verschieden sind, nicht berücksichtigt, bei der Nettorendite werden die Steuerabzüge berücksichtigt.

to **yield1:** <nachgeben>

to **yield2:** <erwirtschaften>

yield curve: <Renditekurve> A chart showing yields of bonds with various maturities. Short-term debt normally has a lower yield than long-term debt.

Eine Graphik, die die Renditen von Anleihen mit verschiedenen Laufzeiten aufzeigt. Kurzfristige Anleihen haben meistens eine flachere Kurve als longfristige Anleihen.

yield to call: <Rendite zur Fälligkeit> The yield of a bond to its call date.

Die Rendite einer Anleihe bis zum Fälligkeitsdatum.

yield to maturity: <Rendite zur Reife> The yield of a bond, taking into account the gain or loss at maturity.

Die Rendite einer Anleihe unter Berücksichtigung des Gewinns oder Verlusts am Fälligkeitstag

zero coupon bond: <Nullkouponanleihe> A bond without payments. Because they pay no interest, they trade at a steep discount from par.

Anleihe ohne Zahlungen. Da keine Zinse gezahlt werden, werden diese Anleihen mit einem hohen Diskont gehandelt.

zero plus tick: <Nullplusbewegung> A trade that was preceded by a trade at the same price, but the prior

change in price was an uptick
Eine Handlung, der eine Handlung zum gleichen Preis voranging, deren Vorgänger aber eine Aufwärtsbewegung um einen Minimumtick aufwies.

ABBREVIATIONS
&
ACRONYMS

AAEI: see *American Association of Exporters and Importers*

AAS: see *Automated Accounting Systems*

ABI: see *Automated Broker Interface*

ABCS: see *Automated Bill Collection System*

ACH: see *Automated Clearing House* (Electronic Funds Transfer System)

AC: see *Assistant Commissioner*(s)

ACS: see *Automated Commercial System*

AD: see *Area Director*(s)

ADD: see *Anti-dumping Duty*

AD/CVD: see *Anti-dumping/Countervailing Duty*

ADP: see *Automated Data Processing*

Ad Val: see *Ad Valorem Tariff Rate*

AECA: see *Arms Export Control Act*

AERP: see *Census Automated Export Reporting Program*

AID: see *Agency for International Development*

AII: see *Automated Invoice Interface*

AIS: see *Accelerated Inspection System*

AISI: see *American Iron & Steel Institute*

AIT: see *American Institute in Taiwan*

AMAS: see *Airport Model Analysis System*

AMF: see *Airport Mail Facility*

AMF-JFK: see *Airport Mail Facility John F. Kennedy International Airport*

AMF-LA: see *Airport Mail Facility Los Angeles*

AMF-O'Hare: see *Airport Mail Facility O'Hare Internatinal Airport Chicago*

AMF-SF: see *Airport Mail Facility San Francisco*

ANDEAN: see *Andean Pact Countries*

APIS: see *Advanced Passenger Information System*

ATB: see *Automated Ticket and Boarding Pass*

ATPA: see *Andean Trade Preference Act*

AQUA: see *Accelerated Quota Unit Acceptance*

ASYCUDA: see *Automated System for Customs Data*

ATF: see *Bureau of Alcohol, Tobacco and Firearms*

AVE: see *Ad Valoreum Equivalent*

BET: see *Border Envelope Team*

BLOC: see *Blue Lighting Operation Center*

BTN: see *Brussels Tariff Nomenclature*

BXA: see *Bureau of Export Administration*

CAD/CAM: see *Computer Aided Design/Computer Aided Manufacturing*

CAPIS: see *Customs Accelerated Passenger Inspection System*

CARIBCAN: see *Canadian-Caribbean Basin Initiative*

CARIBCOM: see *Caribbean Common Market*

CBEMA: see *Computer Business Equipment Manufacturers Association-*

CBERA: see *Caribbean Basin Economic Recovery Act*

CBI: see *Caribbean Basin Initiative*

CC: see *Chief Counsel*

CCC: see *Customs Cooperation Council*

CCCN: see *Customs Cooperations Council Nomenclature*

CCL: see *Commodity Control List*

CCNAA: see *Coordination Council for North American Affairs*

CD: see *Customs Decision*

CE: see *Consumption Entry*

CEBB: see *Customs Electronic Bulletin Board*

CET: see *Common External Tariff or Contraband Enforcement Team*

CES: see *Centralized Examination Stations*

CESAC: see *Customs Electronic System Advisory Council*

CET: see *Contraband Enforcement Team*

CF: see *Customs Form*

CFEC: see *Commercial Fraud Enforcement Center*

CFR: see *Code of Federal Regulations*

CFTA: see *U.S./Canada Free Trade Agreement*

CI: see *Customs Inspector*

CIS: see *Customs Issuance System*

CIT: see *Court of International Trade*

CITA: see *Committee for the Implementation of Textile Agreements*

CM: see *Customs Manual*

CO: see *Commercial Operations* (Office of)

COCOM: see *Coordinating Committee for Multilateral Export Controls*

COP: see *Cost of Production*

CPO: see *Customs Patrol Officer*

CP&PMS: see *Customs Policy and Procedures Manual System*

CPSC: see *U.S.Consumer Product Safety Commission*

CR: see *Customs Regulations*

CRA: see *Customs Regulations Appendix*

CUSDEC: see *Customs Declaration Message in EDIFACT*

CUSREP: see *Customs Response Message in EDIFACT*

CV: see *Constructed Value*

CVD: see *Countervailing Duty*

DAC: see *Deputy Assistant Commissioner*(s)

DARC: see *Deputy Assistant Regional Commissioner*(s)

DARCO: see *Deputy Assistant Regional Commissioner(s) (Operations)*

DARPA: see *Defense Advanced Research Projects Agency*

DAV: see *Domestic Added Value*

DCMAO: see *Defense Contract Management Area Operations*

DCs: see *Developed Countries*

DD: see *District Director(s)*

D&F: see *Determination and Findings*

DEA: see *Drug Enforcement Administration*

DF: see *Duty Free*

DLBA: see *Drawback Liquidation by Account*

DNIS: see *Deputy National Import Specialist*

DOT: see *Department of Transportation*

EAAA: see *Export Administration Amendments Act*

EC: see *The European Community*

ECE: see *Economic Commission for Europe* (United Nations)

EDI: see *Electronic Data Interchange*

EDIFACT: see *Electronic Data Interchange for Adminstration, Commerce and Transport*

EDP: see *Electronic Data Processing*

EFT: see *Electronic Funds Transfer*

EFTA: see *European Free Trade Association*

EIG: see *Extraterritorial Investigative Group*

ELVIS: see *Eletronic Visa Information System*

ENF: see *Enforcement (Office of)*

EO: see *Executive Order*

EPA: see *Environmental Protection Agency*

EPIC: see *El Paso Intelligence Center*

ESS: see *Entry Summary Selectivity*

EST: see *Entry Specialist Team*

FAA: see *Federal Aviation Administration*

FAC: see *Foreign Assets Control*

FAS: see *Foreign Agriculature Service, U.S. Department of Agriculture*

FCC: see *Federal Communications Commission*

FDA: see *Food and Drug Administration*

FLECTC: see *Federal Law Enforcement Training Center*

FMS: see *Financial Management Service, U.S. Department of the Treasury*

FNIS: see *Field National Import Specialist*

FOB/CIF: see *Free on Board/Cost Insurance Freight*

FP&F: see *Fines, Penalties, and Forfeiture Program*

FS/S: see *Food Safety Inspection Service, Food and Drug Administration*

FTC: see *Federal Trade Commission*

FTZ: see *Foreign Trade Zone*

FV: see *Fair Value*

F/V: see *Fishing Vessel*

F&W (FWS): see *Fish & Wildlife Service*

GAO: see *General Accounting Office*

GATT: see *General Agreement on Tariff and Trade*

GLR: see *General License for Repair*

GLYNCO: see *Glynn County, Georgia* (Home of *FLECTC*)

GPO: see *Government Printing Office*

GRI: see *General Rules of Interpretation, Harmonized Tariff*

GSA: see *General Service Administration*

GSP: see *Generalized System of Preferences*

GTT: see *GLOBAL TRADE TALK*

HAZMAT: see *Hazardous Material Information*

HC: see *Holding Codes for Import Entries*

HHS: see *Health and Human Services*

HIN: see *Hull Identification Number*

HMF: see *Harbor Maintenance Fee*

HS: see *Harmonized Tariff System*

HTSUS: see *Harmonized Tariffs; Office of*

IA: see *Import Administration, Department of Commerce; or Office of Internal Affairs*

IAC: see *Interagency Committee on Customs Cooperation Council Matters*

IATA: see *International Air Transport Association*

ICAO: see *International Civil Aviation Organization*

I&C: see *Inspection and Control; Office of*

ID: see *Identification*

I/D: see *Immediate Delivery*

IE: see *Immediate Exportation of Informal Entry (as used)*

IFTA: see *Israel Free Trade Agreement*

IBIS: see *Interagency Border Inspection System*

IICT: see *Interagency Intelligence Committee on Terrorism*

ITT: see *International Instrument of Traffic*

IMO: see *International Maritime Organization*

IMPACT: see *International Mail Parcel Automated Communications Test*

IN: see *Office of International Affairs*

INTERPOL: see *International Criminal Police Organization*

INS: see *Immigration and Naturalization Service*

IPR: see *Intellectual Property Right*

IS: see *Import Specialist*

ISET: see *Import Specialist Enforcement Team*

ISTL: see *Import Specialist Team Leader*

IT: see *Immediate Transportation*

ITA: see *International Trade Administrator, Department of Commerce*

ITAR: see *International Traffic in Arms Regulations*

ITC: see *International Trade Commission*

JIG: see *Joint Industries Group*

LA/C: see *Center Latin America/Carribean Business Development Center, U.S. Department of Commerce*

LANDIT: see *Los Angeles Narcotics Detection and Interdication Team*

LASH: see *Lighter Aboard Ship*

LC: see *Letter Class Mail or Letter of Credit*

LDDC: see *Least Developed Developing Countries*

LEXIS: see *Legal Exchange Information System*

LQV: see *Landed Quantity Verification*

LTA: see *Long Term Agreement on Textiles*

MAIDEN: see *Manifest and Immediate Delivery Electronic Data Processing Network*

MBO: see *Management by Objectives*

MET: see *Merchandise Examination Team*

MFN: see *Most Favored Nation*

MOU: see *Memorandum of Understanding*

MPF: see *Merchandise Processing Fee*

MSR: see *Mexico Special Regime*

MTN: see *Multilateral Trade Negotiations*

M/V: see *Motor Vessel*

NAFTA: see *North American Free Trade Agreement*

NARA: see *National Archives and Records Administration*

NATA: see *Natioanl Apparel and Textile Association*

NBBA: see *Northern Border Brokers Association*

NCBFAA: see *National Customs Brokers and Forwarders Association of America*

NCIC: see *National Crime Information Center* (FBI)

NCITD: see *International Trade Facilitation Council*

NCSIS: see *National Commodity Sampling Information System*

NDEPB: see *National Drug Enforcement Policy Board*

NHTSA: see *National Highway Traffic Safety Administration, Department of Transportation*

NIC: see *Newly Industrialized Country*

NIS: see *National Import Specialist*

NISA: see *National Import Specialist Assistant*

NISCT: see *National Import Specialist Commodity Training*

NNICC: see *National Narcotics Intelligence Consumer Committee*

NVOCC: see *Non-vessel Operating Common Carrier*

OAS: see *Operational Analysis Staffs*

OFAC: see *Office of Foreign Assets Control, U.S. Department of the Treasury*

OMB: see *Office of Management & Budget*

ORA: see *Office of Regulatory Audit*

ORR: see *Office of Regulatory & Rulings*
OTO: see *Office of Trade Operations*

PAIRED: see *Port of Arrival Immediate Release and Enforcement Determination*
PAIRS: see *Port of Arrival Immediate Release System*
PAT: see *Passenger Analysis Team*
PIRP: see *Pre-importation Review Program*
PNR: see *Passenger Name Record*
POE: see *Port of Entry*
P&PMS: see *Policies and Procedures Manual System*
PTC: see *Permanent Technical Committee of the Customs Cooperations Council*

QA: see *Quality Assurance*

RAC: see *Resident Agent-in-Charge*
RAC: see *Resident Agent*
RC: see *Regional Commissioner(s)*
RD,CO: see *Regional Director, Commercial Operations*
RD,I&C: see *Regional Director, Inspection & Control*
RD,RA: see *Regional Director, Regulatory Audit*
REGS: see *Regulations*

SAC: see *Special Agent-in-Charge*
SCI: see *Supervisory Customs Inspector*
SED: see *Shipper's Export Declaration*
SES: see *Senior Executive Service*
SIR: see *Significant Importation Reports*
SIS: see *Screening Inspection System*

SIS: see *Supervisory Import Specialist*

SLUC: see *Standard Level Users Charge*

SNIF: see *Special Narcotics Identification Force*

SOCAR: see *Statement of Condition & Recommendation* (Audit Finding)

SOP: see *Standard Operating Precedure*

TA: see *Tariff Act*

TACM: see *Transit Air Cargo Manifest*

TD: see *Treasury Decision*

T&E: see *Transport and Exportation*

TIB: see *Temporary Importation Bond*

TPM: see *Trigger Price Mechanism (Steel)*

TQM: see *Total Quality Management*

TRIPS: see *Trade-Related Aspects of Intellectual Property*

TSUS: see *Tariff Schedules of the United States*

TSUSA: see *Tariff Schedules of the United States Annotated*

UNCTAD: see *United Nations Conference on Trade and Development*

USC: see *United States Code*

USCA: see *U.S. Customs Academy*

USCA: see *U.S. Code Annotated*

USCS: see *U.S. Customs Service*

USDA: see *U.S. Department of Agriculture*

USPHS: see *United States Public Health Service*

USTR: see *U.S. Trade Representative*

VIN: see *Vehicle Identification Number*

VRAs: see *Voluntary Restraint Agreements*

VSIE: see *Vessel Supply Immediate Export*

VSTE: see *Vessel Supply Transportation and Exportation*

VVPS: see *Vessel Violation Profile System*

WDEX: see *Warehouse Withdrawal for Export*

WDT: see *Warehouse Withdrawal for Immediate Transportation*

WDTE: see *Warehouse Withdrawal for Transportation and Exportation*

IRREGULAR VERBS:

to **abide,** abode, abode: <einhalten, beachten>

to **arise,** - arose, arisen: <aufstehen, auferstehen, hervorgehen>

to **awake,** - awoke, awoke, awaked: <aufwachen>

to **be,** (am, is, are), was (were),been: <sein>

to **bea,** bore, borne: <getragen>

to **beat,** beat, beaten, beat: <schlagen>

to **become,** became, become: <werden>

to **beget,** begot, begotten: <zeugen>

to **begin,** began, begun: <beginnen, anfangen>

to **belay,** belayed/belaid, belayed, belaid:<belegen, festmachen>

to **bend,** bent, bent: <biegen>

to **bereave,** bereaved/bereft, bereaved, bereft: <trauern>

to **beseech,** besought, besought: <anflehen>

to **bet,** bet/betted, bet/betted: <wetten>

to **bid,** bade/bid, bidden/bid: <bieten>

to **bind,** bound, bound: <binden>

to **bite,** bit, bitten: <beißen>

to **bleed,** bled, bled: <bluten>

to **blow,** blew, blown: <blasen>

to **break,** broke, broken: <brechen>

to **breed,** bred, bred: <brüten>

to **bring,** brought, brought: <bringen>

to **build,** built, built: <bauen>

to **burn**, burnt, burnt: <brennen>

to **burst**, burst, burst: <platzen, brechen>

to **buy**, bought, bought: <kaufen>

can, could: <können [Hilfsverb]>

to **cast**, cast, cast: <besetzen, gießen (z.B. in Bronze)>

to **catch**, caught, caught: <fangen>

to **chide**, chid, chid/chidden: <ermahnen>

to **choose**, chose, chosen: <wählen>

to **cleave**, clove, cleft/cloven: <spalten>

to **cling**, clung, clung: <klammern>

to **clothe**, clothed/clad, clothed/clad: <kleiden>

to **come**, came, come: <kommen>

to **cost**, cost, cost: <kosten>

to **creep**, crept, crept: <kriechen>

to **crow**, -ed/crew, crowed: <krähen>

to **cut**, cut, cut: <schneiden>

to **dare**, -ed/durst, -ed: <wagen>

to **deal**, dealt, dealt: <handeln, verteilen>

to **dig**, dug, dug: <graben>

to **do**, did, done: <tun>

to **draw**, drew, drawn: <zeichnen>

to **dream**, -ed/dreamt, -ed/dreamt: <träumen>

to **drink**, drank, drunk: <trinken>

to **drive**, drove, driven: <fahren>

to **dwell**, dwelt, dwelt: <wohnen, verweilen>

to **eat**, ate, eaten: <essen>

to **fall**, fell, fallen: <fallen>

to **feed**, fed, fed: <füttern>

to **feel**, felt, felt: <fühlen>

to **fight**, fought, fought: <kämpfen>

to **find**, found, found: <finden>

to **flee**, fled, fled: <fliehen>

to **fling**, flung, flung: <eilen, schmeißen>

to **fly**, flew, flown: <fliegen>

to **forbear**, forbore, forborne: <unterlassen>

to **forbid**, forbade, forbidden: <verbitten>

to **forget**, forgot, forgotten: <vergessen>

to **forgive**, forgave, forgiven: <vergeben>

to **forsake**, forsook, forsake: <aufgeben>

to **freeze**, frozen, frozen: <frieren>

to **geld**, -ed/gelt, -ed/gelt: <verschneiden>

to **get**, got, gotten: <bekommen, werden>

to **gild**, -ed/gilt, -ed/gilt: <vergolden>

to **gird**, -ed/girt, -ed/girdt: <gürten, umgeben>

to **give**, gave, given: <geben>

to **go**, went, gone: <gehen>

to **grave**, -ed, -ed/graven: <graben>

to **grind**, ground, ground: <mahlen>

to **grow**, grew, grown: <wachsen>

to **hang**, hung, hung: <hängen, aufhängen>

to **have**, had, had: <haben>

to **hear**, heard, heard: <hören>

to **heave**, -ed/hove, -ed/hove: <heben, hieven, schwellen>

to **hew**, -ed, -ed/hewn: <haue, hacken>

to **hide**, hid, hidden: <verstecken>

to **hit**, hit, hit: <schlagen>

to **hold**, held, held: <halten>

to **hurt**, hurt, hurt: <verletzen>

to **keep**, kept, kept: <halten, aufbewahren>

to **kneel**, -ed/knelt, -ed/knelt: <knieen>

to **knit**, -ted/knit, -ted/knit: <stricken>

to **know**, knew, known: <kennen>

to **lade**, -ed, -ed/laden: <laden>

to **lay**, laid, laid: <legen>

to **lead**, led, led: <führen>

to **lean**, -ed/lent, -ed/lent: <lehnen, anlehnen>

to **leap**, -ed/lept, -ed/lept: <springen, aufspringen>

to **learn**, -ed/learnt, -ed/learnt: <lernen>

to **leave**, left, left: <verlassen>

to **lend**, lent, lent: <verborgen>

to **let**, let, let: <lassen, überlassen, (vermieten)>

to **lie**, lay, lain: <liegen>

to **light**, -ed/lit, -ed/lit: <erleuchten, anzünden>

to **lose**, lost, lost: <verlieren>

to **make**, made, made: <machen>

to **may**, might:<können [Hilfsverb]

to **mean**, meant, meant: <meinen>

to **meet**, met, met: <treffen>

to **mow**, -ed, -ed/mown: <mähen>

must, must: <müssen, [Hilfsverb]>

to **pay**, paid, paid: <zahlen, bezahlen>

to **pen**, -ed/pent, -ed/pent: <schreiben>

to **put**, put, put: <setzen, legen, stellen>

to **read**, read, read: <lesen>

to **rend**, rent, rent: <(zer)reißen>

to **rid**, rid, rid: <befreien, freimache von>

to **ride**, rode, ridden: <reiten>

to **ring**, rang, rung: <klingeln>

to **rise**, rose, risen: <aufstehen>

to **rive**, rived, riven: <spalten>

to **run**, ran, run: <rennen>

to **saw**, -ed, -ed/sawn: <sägen>

to **say**, said, said: <sagen>

to **see**, sawn, seen: <sehen>

to **seek**, sought, sought: <seeken>

to **sell**, sold, sold: <verkaufen>

to **send**, sent, sent: <schicken>

to **set**, set, set: <setzen, stellen, legen, zurechtmachen>

to **sew**, -ed, -ed/sewn: <nähen>

to **shake**, shook, shaken: <schütteln>

shall, should: <sollen [Hilfsverb]>

to **shave**, -ed, -ed/shaven: <rasieren>

to **shear**, -ed, shorn: <scheren>

to **shed**, shed, shed: <abschütteln, abwerfen>

to **shine**, shone, shone: <scheinen, polieren>

to **shoe**, shod, shod: <beschuhen, beschlage (mit Hufeisen)>

to **shoot**, shot, shot: <schießen>

to **show**, -ed, shown: <zeigen>

to **shred**, -ded, -ded/shred: <zerreißen, zerstückeln, zerfetzen>

to **shrink**, shrunk, shrunken: <schrinken, einlaufen>

to **shut**, shut, shut: <schließen, verschließen>

to **sing**, sang, sung: <singen>

to **sink**, sank, sunk: <sinken>

to **sit**, sat, sat: <sitzen>

to **slay**, slew, slain: <erlegen, ermorden, niedermachen>

to **sleep**, slept, slept: <schlafen>

to **slide**, slid, slid: <rutschen, schieben, glitschen>

to **sling**, slung, slung: <schlingen>

to **slink**, slunk, slunk: <schleichen>

to **slit**, slit, slit: <(auf)schlitzen>

to **smell**, -ed/smelt, -ed/smelt: <riechen, schnüffeln>

to **smite**, smote, smitten: <schlagen, vernichten, heimsuchen, treffen, quälen>

to **sow**, -ed, -ed/sown: <sähen>

to **speak**, spoke, spoken: <sprechen>

to **speed**, sped, sped: <zu schnell fahren, rasen>

to **spell**, -ed/spelt, -ed/spelt: <buchstabieren>

to **spend**, spent, spent: <ausgeben, verbrauchen>

to **spill**, -ed/spilt, -ed/spilt: <verschütten>

to **spin**, spun/span, spun: <spinnen>

to **spit**, spat, spat: <spucken>

to **split**, split, split: <teilen>

to **spoil**, -ed/spoilt, -ed/spoilt: <verderben, vergammeln>

to **spread**, spread, spread: <verstreichen, verteilen>

to **spring**, sprang, sprung: <springen, federn>

to **stand**, stood, stood: <stehen>

to **stave**, -ed/stove, -ed/stove: <abwehren>

to **steal**, stole, stolen: <stehlen>

to **stick**, stuck, stuck: <kleben, dranbleiben>

to **sting**, stung, stung: <stechen>

to **stink**, stank/stunk, stunk: <stinken>

to **strew**, -ed, (have) -ed/ (be) strewn: <streuen>

to **stride**, strode, stridden: <schreiten>

to **strike**, struck, struck/stricken: <schlagen, zuschlagen>

to **string**, strung, strung: <spannen, aufreihen>

to **strive**, strove, striven: <streben, sich bemühen>

to **swear**, swore, sworn: <schwören>

to **sweat**, -ed/sweat, -ed/sweat: <schwitzen>

to **sweep**, swept, swept: <fegen, kehren>

to **swell**, -ed, swollen: <schwellen, blähen>

to **swim**, swam, swum: \<schwimmen\>

to **swing**, swung, swung: \<schwingen\>

to **take**, took, taken: \<nehmen\>

to **teach**, taught, taught: \<lehren\>

to **tear**, tore, torn: \<reißen\>

to **tell**, told, told: \<erzählen\>

to **think**, thought, thought: \<denken\>

to **thrive**, throve, thriven: \<wachsen, gedeihen\>

to **throw**, threw, thrown: \<werfen\>

to **thrust**, thrust, thrust: \<vorstoßen\>

to **tread**, trod, trodden: \<treten, schreiten, beschreiten\>

to **wake**, woke, woken: \<aufwachen\>

to **wear**, wore, worn: \<tragen (Kleidung)\>

to **weave**, wove, woven: \<weben\>

to **weep**, wept, wept: \<weinen, schluchzen\>

to **wet**, wetted/wet, wetted/wet: \<nässen, naß machen, anfeuchten\>

will, would: \<werden, wollen, [Hilfesverb]\>

to **win**, won, won: \<gewinnen\>

to **wind**, wound, wound: \<winden, wickeln\>

to **work**, -ed/wrought, -ed/wrought: \<arbeiten\>

to **wring**, wrung, wrung: \<wringen, würgen\>

to **write**, wrote, written: \<schreiben\>

DEUTSCH - ENGLISCH

A

Abänderungsrecht: Right of amendment

Abgabe: Levy

Abgaben: Fiscal charges

Abgrenzungskonten: Accruals and deferrals

Absatz: Distribution

Abschlag/Disagio: Discount

Abschreibung: Depreciation

Absentismus: Absenteeism

Abstinenz: Abstinence

Abweichungsanalyse: Analysis of deviation

Abwertung: Devaluation

Abwickler/Liquidator: Liquidator

Ad valorem: Ad valorem

Adjustierung: adjustment siehe Berichtigung.

AFB: AFB siehe Französische Bankenvereinigung.

AFEEF: AFEEF siehe Französische Vereinigung der Banken und Finanzgesellschaften.

Affidavit: Affidavit (lateinisch: er hat bestätigt).

Aggregat, volkswirtschaftliches: Aggregate

Agio/Aufschlag: Agio

Agiotage: Agiotage

Akkreditiv[1]: Commercial letter of credit (L/C)

Akkreditiv[2]: Letter of Credit

Akkumulation: Accumulation

Aktie: Share

Aktionär: Shareholder

Aktiva/Aktiven: Assets

Aktivierung: Activation

Akustikkoppler: Acoustic coupler

Akzelerationsprinzip/Akzelerat or: Acceleration principle

Akzelerator: Accelerator, siehe Akzelerationsprinzip.

Akzept: Acceptance

Akzise/Verbrauchssteuer: Excise tax

ALGOL: ALGOL

Siehe Programmiersprache.

Allgemeines Zoll- und Handelsbkommen (GATT): General Agreement on Tariffs and Trade (GA TT)

Alphanumerisch: Alphanumeric

Alter: Age

Alterspyramide: Pyramid of ages

Amerikanischer Verband der Exporteure und Importeure (U.S.A.): American Association of Exporters and Importers

Amerikanisches Eisen und Stahl Institut: American Iron & Steel Institute

Amerikanisches Institut inTaiwan (U.S.A.): American Institute in Taiwan

Amt für ausländische Landwirtschaft, U.S. Landwirtschaftsministerium (U.S.A.): Foreign Agriculture Service, U.S. Department of Agriculture

Amt für Handelsprozesse: Office of Trade Operations

Amtlicher Kurszettel: Official list of quotations (stock exchange)

Amtsblatt: Official journal

Anarchismus: Anarchism

Anden Handelsvorzugsgesetz: Andean Trade Preference Act

Anden Pakt Länder: Andean Pact Countries

Aneignung: Appropriation

Angebot: Supply

Angebotslücke: Supply gap

Angebotsmonopol: Menopsony

Siehe Monopson.

Angeld: Earnest money

Angleichung: Matching

Ankunftshafen sofortige Freigabe System: Port of Arrival Immediate Release System

Ankunftshafen sofortige Freigebung und Beaufsichtigungsbestimmung (U.S.A.): Port of Arrival Immediate Release and Enforcement Determination

Ankurbelung: Boost

Anlage: Investment

Anlagefonds/Investmentfonds: Investment fund

Anlagefonds, geschlossener/Investmentfonds, geschlossener: Investmentfund, closed-end

Anlagefonds, offener/Investmentfonds, offener: Investmentfund, open-end/unit trust (GB)/Mutual fund (US)

Anlagevermögen: Non-current assets

Anleihe: Loan

Annuität: Annuity

Anrecht/Bezugsrecht: Right (stock exchange)

Anreiz: Incentive

Anspannungskoeffizient: Debt equity ratio

Antagonismustheorie: Theory of antagonism

Antidumpinggebühr: Anti-dumping Duty

Antidumping/Gegenmaßnahme: Anti-dumping/Countervailing Duty

Antizipation: Anticipation

Antwortzeit: Response time

Anwendersoftware: Applications Software

Anzahlung: Down payment

APL: APL

Siehe Programmiersprache.

Applikationskurs: Marrying price

Arbeitsdauer/Arbeitszeit: Working time

Arbeitslosigkeit: Unemployment

Arbeitsplatzbewertung: Job evaluation

Arbeitszeit: Working time

Arbitrage: Arbitrage

Argumentarium: Argumentation

ASCII: ASCII

Assignat: Assignat

Assortierung: Allotment

Atomistisch: Atomistic

Aufkauf, spekulativer: Buy up

Aufkaufangebot: Takeover bid

Aufrechnung/Clearing/Verrechung: Clearing

Aufschlag: Agio/Premium

Aufschwung: Expansion

Aufsichtsrat: Supervisory board

Aufwendungen: Expenses

Ausfuhr/Export: Export

Auslandsinvestionskontrolle (U.S.A.): Foreign Assets Control

Ausland/übrige Weit: Abroad/Rest of the world

Ausschuß für die Durchführung von Textilabkommen (U.S.A.): Committee for the Implementation of Textile Agreements

Außenfinanzierung: Outside financing

Außerbörslich: Over-the-counter

Außerstreitiger Antrag Steuerwesen): Request for exemption

Aussperrung: Lock-out

Aussteller: Drawer

Siehe Trassant.

Autarkie: Autarky1Self-sufficiency

Automation: Automation

Automatimus: Automatism

automatisierte Brokerschnittstelle: Automated Broker Interface

automatisierte Datenverarbeitung: Automated Data Processing

automatisierte Flugschein und Platzkarte: Automated Ticket and Boarding Pass

automatisierte Rechnungsschnittstelle: Automated Invoice Interface

automatisiertes Buchhaltungssystem: Automated Accounting Systems

automatisiertes Exportaufzeichnungsprogramm (U.S.A.): Census Automated Export Reporting Program

automatisiertes Inkassosystem: Automated Bill Collection System

automatisiertes Handelssystem: Automated Commercial System

automatisiertes System für Zolldaten (U.S.A.): Automated System for Customs Data

automatisierte Verrechnungsstelle: Automated Clearing House (Electronic Funds Transfer System)

Aval/Wechselbürgschaft: Bill guarantee

Abänderungsrecht: Right of amendment

Abgrenzungskonten: Accruals and deferrals

Absatz: Distribution

siehe Vertrieb.

Abschlag/Disagio: Discount

Abschreibung: Depreciation

Aggregat, volkswirtschaftliches: Aggregate

Agio/Aufschlag: Agio

Agiotage: Agiotage

Amt für Allgemeine Dienste (U.S.A.): General Service Administration

Auslösepreismechanismus (Stahl) (U.S.A.): Trigger Price Mechanism (Steel)

Außenfinanzierung: financing, outside

Außenhandelszone (U.S.A.):
Foreign Trade Zone

außerbörslich: Over-the-counter

Siehe Freiverkehr.

Aval/Wechselbürgschaft: Bill guarantee

B

Baissier: Bear

Bank: Bank

Bank für Internationalen Zahlungsausgleich (BIZ): Bank for International Settlements (BIS)

Bank von England: Bank of England

Bank von Frankreich: Bank of France

Bank von Spanien: Bank of Spain

Bank Charter Act: Bank Charter Act

Bankeinlagen/Depositen: Bank deposits

Bankenaufsichtsbehörde: Banking supervisory authority

Bankenkommission, Eidgenössische: Federal Banking Commission (Switzerland)

Bankenkonsortium/Syndikat: Consortium

Banking School (Bankschule): Banking school

Bankwesen: Bank system

Bargeld: Cash

BASIC: BASIC
Siehe Programmiersprache.

Basispreis: Striking price
Siehe Option.

Basiszinssatz: Prime rate
Siehe Richtzinssatz.

Bedauxsystem: Bedaux system

Bedürfnis: Need

Behaviorismus: Behaviourism

Beherrschung: Domination/Control

Behörde für Auslandsinvestionskontrollen, U.S. Finanzministerium (U.S.A.): Office of Foreign Assets Control, U.S. Department of the Treasury

Behörde für harmonisierte Tarife (U.S.A.): Harmonized Tariffs; Office of

Behörde für internationale Angelegenheiten (U.S.A.): Office of International Affairs

Behörde für internationale Entwicklung (U.S.A.): Agency for International Development

Behörde für Inspektionen und Kontrollen (U.S.A.): Inspection and Control; Office of

Belege: Vouchers

Bemessungsgrundlage: Basis of assessment

Benelux: Benelux

Berichtigung/Bereinigung/Adjustierung: Adjustment

Berichtigungsfrist (Steuern): Period for assessment reconciliation

Berichtigungsveranlagung: Tax adjustment

Bericht über Zustand und Empfehlung (Prüfungsergebnis) (U.S.A.): Statement of Condition & Recommendation (Audit Finding)

Bernoulii-Verteilung: Binomial distribution/Bernoulli distribution

Siehe Binomialverteilung.

Berufsverband/Gewerkschaft/Fachverband: Association/Trade union (GB)/Labor union (US)

Beschäftigung: Employment

beschleunigtes Inspektionssystem: Accelerated Inspection System

besondere Betäubungsmittel Identifizierungseinheit: Special Narcotics Identification Force

Besteuerungsgrundlage: Basis of taxation

Beteiligung: Participation

Betriebsergebnisrechnung: Operating statement

Betriebsfonds: Operating fund

Betriebsnotwendiges Kapital: Necessary operating capital

Betriebsrat: Employees council/workers council

Betriebssoftware: Operating system software

Betriebsstätte: Plant

Betriebssystem: Operating system

Beurteilung: Rating

Bevölkerung: Population

Bevölkerungsentwicklung, natürliche: Natural development of population

Bevölkerungswachstum: Population growth

Bevölkerungswanderung: Migration

bewegliche Vermögenswerte : Movable assets/Movable property

Bewilligung/Lizenz: Licence/Permit

Bezogener: Drawee

Siehe Trassat.

Bezugsrecht: Right (stock exchange)

Siehe Anrecht.

BFCE: BFCE
Siehe Französische Außenhandelsbank.

Bias: Bias
Siehe Fehler, systematischer.

Bilanz: Balance sheet

Bilateralismus: Bilateralism

Bimetallismus: Bimetallism

Binärsystem/Dualsystem: Binary number system

BIP: *GDP*
Siehe Bruttoinlandsprodukt.

Bit: *Bit*

BIZ: *BIS*
Siehe Bank für internationalen Zahlungsausgleich.

Bland Allison Gesetz: Bland Allison Act

Blue chip: Blue chip

Bodenkreditbanken: Land mortgage bank/Real estate credit institution

Boom: Boom

Börsenagent: Stockbroker
Siehe Börsenmakler.

Börsenaufsichtsbehörde: Stock exchange authorities

Börsenausschuß: Stock exchange committee

Börsenkapitalierung: Market capitalization

Börsenkrach: Crash

Börsenmakler/Börsenagent: Stockbroker

Börsenring: Ring

Börsenwert: Market value

Boykott (boykottieren): Boycott

Brache/Brachliegendes Land Fallow land

Branche: Branch of business/Sector of industry

Broker: Broker

Bruttoinlandsprodukt/BIP: Gross domestic product (GDP)

Bruttoinvestitionen: Gross capital formation

Bruttosozialprodukt (BSP): Gross national product (GNP)

Buchführung/Buchhaltung: Accounting

Buchführung, öffentliche: Public accounting

Buchhaltung: Accounting

Budget: Budget

Budgetdefizit: Budget deficit

Budgetgesetz/Haushaltsgesetz: Budget law

Budgetspezialität: Budget specialization

Budgetübertragung: Carryover funds

Bullionismus: Bullionism

Bundesaufsichtsbehöre für Flugverkehr (U.S.A.): Federal Aviation Administration

Bundesaufsichtsrat für das Kreditwesen: Federal Banking Supervisory Office (Germany)

Bundesbank, Deutsche: Federal Bank of Germany

Bundesdruckerei (U.S.A.): Government Printing Office

Bundeshandelsausschuß (U.S.A.): Federal Trade Commission

Bundeskommunikationsaussch uß (U.S.A.): Federal Communications Commission

Bundespolizei Trainingszentrum (U.S.A.): Federal Law Enforcement Training Center

Bundesrechungsamt (U.S.A.): General Accounting Office

Bundesrechnungshof (U.S.A.): General Accounting Office

Bußgelder, Strafen, Beschlagnahme Programm (U.S.A.): Fines, Penalties, and Forfeiture Program

Bürgschaft: Guarantee

Bürgschaftsschein: Bond note

Siehe Zollbegleitschein.

Behörde für Alkohol, Tabak und Waffen (U.S.A.): Bureau of Alcohol, Tobacco and Firearms

Behörde für fortgeschrittene Verteidigungsforschungsprojek te (U.S.A.): Defense Advanced Research Projects Agency

Beratungsausschuß der Zollbehörden für elektronische Systeme (U.S.A.): Customs Electronic System Advisory Council

beschleunigte Quoteneinheitsbewilligung (U.S.A.): Accelerated Quota Unit Acceptance

beschleunigtes Passagierzollinspektions System: Customs Accelerated Passenger Inspection System

Bezugsrecht: Right (stock exchange)

Siehe Anrecht.

BFCE: BFCE

Siehe Französische Außenhandelsbank.

Brüsseler Tarif Nomenklatur: Brussels Tariff Nomenclature

Bundesvorschriftenbuch (U.S.A.): Code of Federal Regulations

C

CAD: CAD Abkürzung für computer-aided design

CAM: CAM

Cambridge-Gleichung: Cambridge equation

Cash flow: Cash flow

CCCE: CCCE

Siehe Zentralkasse für wirtschaftliche Zusammenarbeit.

CFCE: CFCE

siehe Französisches Außenhandelszentrum.

Check: Cheque (GB)lCheck (US)

Siehe Scheck.

Chip: Chip

Chronogramm: Chronogram

Diagramm einer Zeitreihe.

Chrysohedonismus: Chrysohedonism

CIF (cost, insurance, freight): CIF (cost, insurance, freight)

Clearing: Clearing

Siehe Aufrechnung.

Co-Manager: Co-manager

COBOL: COBOL

Siehe Programmiersprache.

Code der Vereinigten Staaten: United States Code

Code der Vereinigten Staaten, kommentiert: U.S. Code Annotated

COFACE: siehe Französische Außenhandelsversicherung

Colbertivismus: Colbertisrn

COM: COM

COMECON: COMECON

Siehe Rat für gegenseitige Wirtschaftshilfe-

Commonwealth: Commonwealth

Compiler/Kompilierer: Compiler

Computer: Computer

computerassistiertes Desigen/computerassistierte Herstellung: Computer Aided Design/Computer Aided Manufacturing

Computersystem: Computer system

Siehe Computer.

confidence interval: <Konfidenzintervall>

siehe Vertrauensbereich.

conjunktur: <Conjuncture>

Corner: Corner

Courtage/Maklergebühr: Brokerage

CP/M: CP/M
Siehe Betriebssystem.

CPS: CPS
Abkürzung für Charakters per Second.

CPU: CPU

Siehe Zentraleinheit.

Crawling Peg-System: Crawling peg

Currency and Bank Notes Acts: Currency and Bank Notes Acts

Currency School (Geldumlaufschule): Currency school

D

Darlehen: Loan

Datei: File

Datenanalyse: Data analysis

Datenbanksystem: Database system

Datenfeld: Field

Datensatz: Record

Datenverarbeitung: Data processing

Deckung: Collateral

Deckungsbeitragsrechnung/Grenzplankostenrechnung: Direct costing/marginal costs

Deckungsgrad: Cover ratio

Defizit: Deficit

Deflationspolitik: Deflation policy

Delegierter des Verwaltungsrates/Geschäftsfüh

rendes Verwaltungsratsmitglied: Managing director

Delphi (Methode): Delphi method

Demographie: Demography

Denier: Denier

Deport: Discount (US)/Backwardation (GB)

Depositen: Bank deposits
Siehe Bankeinlagen.

Depositenkonto: Deposit account

Depression: Depression

Devisen: Foreign exchange

Devisenbewirtschaftung: Foreign exchange controls

Devisenbilanz: Foreign exchange account

Devisenhändler: Forex-dealer

Devisenposition: Foreign exchange position

Devisenvorschuß: Advance in foreign exchange

Dezentralisation: Decentralization

Diagramm: Diagram

Dialogverarbeitung: Interactive processing

Dienstleistungen: Services

Dienstleistungsbilanz: Balance of services

Digitalisierungsgerät: Digitizer

direkte Kommunalsteuern: Municipal tax/Local tax

Direktkredit: Direct loan

Dirigismus/Wirtschaft, gelenkte: Government-controlled economy

Disagio: Discount

Siehe Abschlag.

Discount: Discount

Discount house (Diskontbank): Discount house

diskontfähig: Discountable

Diskontierung: Discounting

Diskriminierung: Discrimination

Distanzwechsel: Out-of-town bill

Dividende: Dividend

Dokumentenakkreditiv: Documentary credits

Dollar: Dollar

Dollar Gap: Dollar gap

Dollarzone: Dollar zone

Domizilierung/Domizilvermerk : Domicile clause

Dritte Welt: Third world

Drogenbekämpfungsbehörde (U.S.A.): Drug Enforcement Administration

Drucker: Printer

Drugstore: Drugstore

Dualsystem: Binary number system

Siehe Binärsystem-

Dumping: Dumping

Duopol: Duopoly

Duopson: Duopsony

Durchführbarkeitsanalyse: Feasibility study

Durchführung (Behörde für) (U.S.A.): Enforcement (Office of)

Dynamik: Dynamics

E

EAGFL: EAGGF

Siehe Europäischer Ausrichtungs- und Garantiefonds für die Landwirtschaft.

EBCDIC: EBCDIC

Echtzeitverarbeitung: Real time processing

ECU: ECU

Siehe Europäische Währungseinheit.

EEF: EDF

Siehe Europäischer Entwicklungsfonds.

EFTA: EFTA

Siehe Europäische Freihandelszone.

EFWZ: EMCF

Siehe Europäischer Fonds für währungspolitische Zusammenarbeit.

Ehernes Lohngesetz: Subsistence theory of labour supply

EEB: EIB

Siehe Europäische Investitionsbank.

Eigene Mittel: Stockholder s equity/Shareholder s equity

Siehe Eigenkapital.

Eigenfertigung: Production for own use

Eigenkapital/Eigene Mittel: Stockholder s equity/Shareholder s equity

Eigenleistungen: Services rendered for own account

Eigentum: Ownership/Property

Eigenverbrauch: In-house consumption

Eigenwechsel: Promissory note

Siehe Solawechsel.

Einfuhr: Import

Einfuhrbehörde, Wirtschaftsbehörde, oder Innenministerium (U.S.A.): Import Administration, Department of Commerce; or Office of Internal Affairs

Einfuhr- oder Ausfuhrgenehmigung: Import or export licence

Einfuhr- oder Ausfuhrverbot: Import or export prohibition

Einfuhrspezialist: Import Specialist

Einfuhrspezialistenüberwachungsgruppe (U.S.A.): Import Specialist Enforcement Team

Einfuhrspezialistenüberwachu ngsgruppenführer (U.S.A.): Import Specialist Team Leader

Eingabetastatur: Keyboard

Einkaufszentrum: Shopping centre

Einkommen: Income

Einkommen, steuerlich deklariert: Declared income

Einkommensmultiplikator: Income multiplier

Einkünfte aus Gewerbebetrieb: Income from trade or business

Einkünfte aus Land- und Forstwirtschaft: Income from agriculture and forestry

Einkünfte aus selbständiger Arbeit: Income from independent personal services

Einlage: Contribution

Einplatzsystem: Single-user system

Einreise Gesamtauswahl (U.S.A.): Entry Summary Selectivity

Einreisehafen: Port of Entry

Einreisespezialistengruppe (U.S.A.): Entry Specialist Team

Einspruch (Steuer): Appeal against tax assessment

Einvernehmensschrift: Memorandum of Understanding

Einwanderungs- und Einbürgerungsbehörde

(U.S.A.): Immigration and Naturalization Service

Einzelkontoauflösung: Drawback Liquidation by Account

Elastizität: Elasticity

elektronische Datenverarbeitung: Electronic Data Processing

elektronischer Datenaustausch: Electronic Data Interchange

elektronischer Datenaustausch für Behörden, Wirtschaft und Transportwesen (U.S.A.): Electronic Data Interchange for Adminstration, Commerce and Transport

elektronischer Zahlungsverkehr: Electronic Funds Transfer

Elektronisches Bulletin Board der Zollbehörden (U.S.A.): Customs Electronic Bulletin Board

elektronisches Datenverarbeitungsnetzwerk für Manifest und sofortige Lieferung (U.S.A.): Manifest and Immediate Delivery Electronic Data Processing Network

elektronisches Visa-Informationssystem (U.S.A.): Eletronic Visa Information System

El Paso Geheimdienstaußenstelle

(U.S.A.): El Paso Intelligence Center

Emission: Issue

Emissionsagio/Emissionsprämi e: Issue premium

Endnachfrage/Gesamtnachfrag e: Final demand

Engineering: Engineering

Entscheidung des Finanzministeriums (U.S.A.): Treasury Decision

entsparen: dissaving

Entwicklung: Development

Entwicklungshilfe: Development aid

Entwicklungsschwelle: Takeoff

Erdölzertifikat: Oil certificate

Erfolgsrechnung: Profit and loss statement

Erhebung: Census/Inquiy/Survey

Ersparnis (volkswirtschaftliche Gesamtrechnung): Savings (social accounting, GB/national accounting, US)

Ertragsbilanz: Current account Siehe Leistungsbilanz.

Ertragskraft: Earning capacity/earning power

Erwartungswert: Expected value

Erwerb: Acquisition

Erwerbsbevölkerung: Working population

ESVG: ESNA Siehe Europäisches System Volkswirtschaftlicher Gesamtrechnungen.

Eurodollars: Eurodollars

Europäische Freihandelszone (EFTA): European Free Trade Association (EFTA)

Europäische Gemeinschaft (EG): European Community (EC)

Europäische Investitionsbank (EIB): European Investment Bank (EIB)

Europäische Rechnungseinheit (ERE): European Unit of Account (EUA)

Europäische Währungseinheit (EWE/ECU): European Currency Unit (ECU)

Europäische Wirtschaftsgemeinschaft (EWG): European Economic Community (EEC)

Europäische Zahlungsunion (EZU): European Payments Union (EPU)

Europäischer Ausrichtungs- und Garantiefonds für die Landwirtschaft (EAGFL): European Agricultural Guidance and Guarantee Fund (EAGGF)

Europäischer Entwicklungsfonds (EEF): European Development Fund (EDF)

Europäischer Fonds für währungspolitische Zusammenarbeit (EFWZ): European Monetary Cooperation Fund (EMCF)

Europäischer Sozialfonds (ESF): European Social Fund (ESF)

Europäisches System Volkswirtschaftlicher Gesamtrechnungen (ESVG): European System of National Accounts (ESNA)

Europäisches Währungsabkommen (EWA): European Monetary Agreement (EMA)

Europäisches Währungssystem (EWS): European Monetary System (EMS)

Eurowährung: Eurocurrency

Eventualverbindlichkeit: Contingent liability

EWG (Europäische Wirtschaftsgemeinschaft): EEC (European Economic Community)

Siehe Europäische Gemeinschaft (EG) und Europäische Wirtschaftsgemeinschaft.

EWS: EMS

Siehe Europäisches Währungssystem.

ex ante, ex post: ex ante / ex post

Exponentiell: Exponential

Export: Export

Siehe Ausfuhr.

Exportaufsichtsbehörde (U.S.A.): Bureau of Export Administration

Exportbehördenänderungsgesetz (U.S.A.): Export Administration Amendments Act

Export Credits Guarantee Department (GB): Export Credits Guarantee Department (GB)

Exportdeklaration des Verschiffers/Versenders: Shipper's Export Declaration

Exportkundenkredit: Export customer credit

Exportmultiplikator: Export multiplier

Extrapolation: Extrapolation

EZU: EPU

Siehe Europäische Zahlungsunion.

F

Fabianismus: Fabian Society

Fachverband: Association/Trade union (GB)/Labor union (US)
Siehe Berufsverband.

Factoring: Factoring

Fahrzeugindentifikationsnumm er: Vehicle Identification Number

fairer Wert: Fair Value

Faktoren: Factors

Faktura: Invoice
Siehe Rechnung.

Familie: Family

Familienquotient: family quotient

Fayolsche Theorie: Theory of Fayol

Fällige Verbindlichkeiten: Liabilities due

Jener Teil der gesamten Verbindlichkeiten, der in einem bestimmten Moment fällig ist, d.h. jetzt erfüllt werden muß.

Federal Reserve System (FED): Federal Reserve System (FED)

Federführende Bank: Lead manager

Fehler, systematischer/Bias: Bias

Feingehalt: Fineness

Fertilitätsmaße: Fertility ratios

fest (Adjektiv): Firm (Adjective)

Feststellung und Beschlüsse: Determination and Findings

filterndes Inspektionssystem: Screening Inspection System

Finanzierung: Financing

Finanzierungsdefizit: Financing deficit

Finanzierungsrechnung: Statement of national financial flows

Finanzierungsüberschuß: Financing surplus

Finanzkontrolleur: Financial auditor

Finanzmanagementdienststelle, U.S. Schatzamt (Finanzministerium) (U.S.A.): Financial Management Service, U.S. Department of the Treasury

Finanzmathematik/Versicherungsmathematik: Actuarial theory/insurance mathematics

Finanzplatz: Financial centre

Finanzunternehmen: Financial institutions

Finanzvermögen: Financial assets

Firmenwert: Goodwill

Siehe Goodwill.

Fischereischiff: Fishing Vessel

Fisch- und Wild Behörde: In den U.S.A. ist der FWS zuständig für die Aufsicht über Fischerei und Fish & Wildlife Service Jagdbetriebe, erstellt Lizenzen und arbeitet eng mit anderen Naturschutzbehörden zusammen.

Fishersche Gleichung: Fisher equation

Fixe Kosten - Variable Kosten: Fixed costs - proportional costs

Fixing: Fixing

Flughafenmodellanalyse System: Airport Model Analysis System

Flughafenpostamt (U.S.A.): Airport Mail Facility

Flughafenpostamt John F. Kennedy International Airport (U.S.A.): Airport Mail Facility John F. Kennedy International Airport

Flughafenpostamt Los Angeles (U.S.A.): Airport Mail Facility Los Angeles

Flughafenpostamt O'Hare International Airport Chicago (U.S.A.): Airport Mail Facility O'Hare International Airport Chicago

Flughafenpostamt San Francisco (U.S.A.): Airport Mail Facility San Francisco

Flußdiagramm: Flow chart

Flüssige Mittel: Liquid funds

Flüssigkristalanzeige (LCD): Liquid crystal display (LCD)

Forderung: Account receivable

Forderungsbevorschussung: Advance on receivables

Forfaitierung: Forfaiting

FORTRAN: FORTRAN

Siehe Programmiersprache.

Frachtbrief: Freight bill/Bill of lading

Franc/Franken: Franc

Franc CFA: Franc CFA Währungseinheit mehrerer afrikanischer Staaten.

Franc CFP: Franc CFP

Franc-Zone: Franc zone

Franchising: Franchising

Franken: Franc

Siehe Franc.

Französische Außenhandelsbank (BFCE): French Bank of Foreign Commerce (BFCE)

Französische Außenhandelsversicherung (COFACE): French Foreign Trade Insurance Company (COFACE)

Französische Bankenvereinigung (AFB): French Association of Banks (AFB)

Französische Vereinigung der Banken und Finanzgesellschaften (AFEEF): French Association of Banks and Financial Companies (AFEEF)

Französisches Außenhandelszentrum (CFCE): French Foreign Trade Centre (CFCE)

Free alongside ship (fas): Free alongside ship (fas)

frei auf Schiff/Kosten-Versicherung-Fracht: Free on Board/Cost Insurance Freight

Freier Warenverkehr: Free movement of goods

Freihandel: Free trade/liberal trade

Siehe Freihandelszone und Liberalisierung.

Freihandelszone: Free trade area

Freiheit: Liberty

Freiverkehr/Außerbörslich: over-the-counter

freiwillige Beschränkungsvereinbarungen : Voluntary Restraint Agreements

freiwillige Ketten: Voluntary retail buying chain

Fremdkapital: Debt

Fristentransformation: Maturity transformation

Fronting: Fronting

Fungibilität/Vertretbarkeit: Fungibility

Funktion: Function

Fusion/Unternehmensverschmelzung: Merger

führender Rechtsanwalt (U.S.A.)/führender Rechtsbeistand (U.S.A.): Chief Counsel

G

Gantt (Gantt-Chart): Gantt chart

Gap: Gap

Garantie: Guarantee

GATT: GATT

Siehe General Agreement on Tariffs and Trade.

Gauss-Verteilung: Gaussian distribution

Gebietsdirektor (U.S.A.): District Director(s)

Gebietsmanager: Area Director(s)

Gebühr: Fee

Geburtenziffer: Birth rate

Gegenangebot: Counter demand/Counter offer

Gegenmaßnahmeabgabe: Countervailing Duty

Gegenposten (Geldmenge): Contra entries of money supply

Gegenseitigkeit: Mutuality

Gehalt: wage/salary

Siehe Lohn.

Geisteseigentumsrecht: Intellectual Property Right

gekreuzter Scheck: crossed cheque

Geld: Money

Geldkapital: Monetary capital

Geldmarkt: Money market

Geldmenge: Money supply

Geldschöpfungsmultiplikator: Money creation multiplier

Geldumtausch/Geldwechsel: Exchange

gemeinsamer externer Tarif: Common External Tariff

Genehmigungsbescheid: Notice of approval

General Agreement on Tariffs and Trade (GATT/ Allgemeines Zoll- und Handelsabkommen: General Agreement on Tariffs and Trade (GATT)

Generalgenehmigung für Reparaturen (U.S.A.): General License for Repair

generelle Richtlinien für die Interpretation, harmonisierter Tarife (U.S.A.): General Rules of Interpretation,

Genossenschaft: Cooperative society

geringst entwickelte Entwicklungsländer: Least Developed Developing Countries

Gesamtbevölkerung: total population

Gesamtgütermanagement: Total Quality Management

Gesamtheit (statistisch): Population (statistical)

Gesamtnachfrage: Final demand

Siehe Endnachfrage.

Geschäftsbücher: Books of account

Geschäftsführendes Verwaltungsratsmitglied: Managing director

Siehe Delegierter des Verwaltungsrates.

Geschäftsjahr: Fiscal year

Siehe Rechnungsjahr.

Geschäftswert: Business assets

Gesellschaft: Company/Partnership

Gesellschaft für regionale Entwicklung: Company for Regional Development

Gesellschaftsanteil/Stammeinlage: Participating share

Gesellschaftsschicht: Social class

Gesundheitsbehörde (U.S.A.): United States Public Health Service

Gesundheits- und Familienministerium (U.S.A.): Health and Human Services

Gewerbesteuer/Patentgebühren: Trade tax

Gewerkschaft: Association/Trade union (GB)/Labor union Siehe Berufsverband.

Gewichtungsfaktor: Weighting coefficient

Gewinn: Profit

Gewinn- und Verlustrechnung/Erfolgsrechnung: Income statement1Profit and loss account

Gewinnschuldverschreibung: Participating bond/income bond

Gewinnschwelle/Nutzenschwelle: Breakeven point

Giffen-Effekt: Giffen effect

Gleichgewicht: Equilibrium

Gold: Gold

Goldbarrenwährung: Gold bullion standard

Golddevisenwährung: Gold exchange standard

Goldklausel/Goldwertklausel: Gold clause

Goldpunkte: Gold points

Goldstandard: Gold standard Siehe Goldwährung.

Goldumlaufwährung: Gold specie standard

Goldwährung/Goldstandard: Gold standard

Goldwertklausel: Gold clause Siehe Goldklausel.

Goodwill/Firmenwert: Goodwill

Gosbank: Gosbank

Gosplan: Gosplan

Greenbacks: Greenbacks

Grenzausgleichszahlung: Monetary compensatory amount

Grenznutzenschule: Marginal utility theory

Grenzplankostenrechnung: Direct costing/marginal costing Siehe Deckungsbeitragsrechnung.

Greshamsches Gesetz: Greshams law

Grundgebrauchsgebühr: Standard Level Users Charge

Grundsatz und Prozeduren Handbuch System: Policies and Procedures Manual System

Grundgesamtheit (statistisch): Population (statistical)

Siehe Gesamtheit.

Grundkapital: Capital stock/share capital

Grundkapital, statutarisches: Legal capital

Grundsteuer: Real estate tax1Real estate levy

Gründeranteilschein: Founder s share

Gründungskosten: Foundation expenses/organization costs

Gründungsprüfer: Special auditor for company formation

Gut: Good

Guthaben/Gutschrift: Credit balance/refund credit

Gut, öffentliches: Collective good

Güter und Dienstleistungen: Goods and services

Gütezusicherung: Quality Assurance

H

Haben: Credit

Haben (Buchführung): Credit (accounting)

Hafengebühr (U.S.A.): Harbor Maintenance Fee

Halbleiter: Semiconductor

Handel: trade

Händler: trader

Handelsaktivitäten (Behörde für) (U.S.A.): Commercial Operations (Office of)

Handelsbeauftragter (U.S.A.): U.S. Trade Representative

Handelsbezügliche Aspekte des geistigen Eigentums: Trade-Related Aspects of Intellectual Property

Handelsbilanz: Trade balance

Handelsbörse: Mercantile exchange

Handelsmarke: Trademark

Siehe Marke (eingetragene)

Handelspapiere: Commercial papers

Handelsregister: Commercial Register/Register of Business Names

Handelsspanne/Marge/Ver-kaufsspanne: Trade margin/price margin

Handwerk: Craft

Handwerker: Craftsman

Hardware: Hardware

harmonisiertes Tarifsystem: Harmonized Tariff System

Haushalt, ordentlicher und außerordentlicher: Above and below the line

Haushalte, private: Consumer sector/household sector

Haushaltsbestimmungen: Ways and means

Haushaltsgesetz: Budget law Siehe Budgetgesetz.

Haushaltshaupttitel: Main budgetary item

Haushaltskapitel: category of budget

Haushaltsmittel, zugeteilte: Appropriated budget funds

Haushaltsrechnung: Budget audit

Haushaltstitel: Budgetary item

Haushaltsvorgänge: Budget transactions

Haussier: Bull

Havanna-Charta: Havana Charter

Häufigkeit: Frequency

Hebeleffekt: Leverage effect

Hebelwirkung: Leverage ratio

Heiratsziffer: Nuptiality

Heißes Geld: Hot money Siehe Hot money.

Herrschendes Unternehmen: Controlling entity

Herstellungskosten: Cost of Production

Hexadezimalsystem: Hexadecimal notation

Hinterlegungs- und Konsignationskasse: Deposit and Consignation Institute

Histogramm: Histogram

Historische Schule: Historic theory

Holdinggesellschaft: Holding company

Homo oeconomicus (ökonomischer Mensch): Homo oeconomicus (economic man

Hortung: Hoarding Siehe Thesaurierung.

Hot money/Heißes Geld: Hot money

höherer öffentlicher Dienst: Senior Executive Service

Hypothek: Mortgage

Hypothekenmarkt: Mortgage market

I

IBRD: IBRD
Siehe Internationale Bank für Wiederaufbau und Entwicklung.

IBWZ: IBEC
Siehe Internationale Bank für wirtschaftliche Zusammenarbeit.

IDA: IDA
Siehe Internationale Entwicklungsorganisation.

Identifizierung: identification

Ideologie: Ideology

IDI: IDI
Siehe Institut für industrielle Entwicklung.

IFC: IFC
Siehe Internationale Finanz-Corporation.

IHK: ICC
Siehe Internationale Handelskammer.

Imitationseffekt: imitation effect

Imperialismus: Imperialism

Import: Import
Siehe Einfuhr.

Incoterms: Incoterm

Index: Index

Indexanleihe/Indexierte Schuldverschreibung: Index-linked bond

Indexierung: Indexation/Index-linking

Indikator: Indicator

Indossament: Endorsement

Industrieländer: Developed Countries

Industrieverbundsgruppe: Joint Industries Group

Inflation: Inflation

Informationen über Gefahrgüter: Hazardous Material Information

Inkasso/Einziehung: Collection

Inland: Domestic

Inlandsnachfrage: Domestic demand

Inlandsproduktion: Domestic production

Inländer: Residents

inländischer Mehrwert: Domesti c Added Value

Innenfinanzierung: Internal financing

Innerbetrieblicher Verrechnungspreis

Internal transfer price/intercompany transfer price

Innovation: Innovation

Input-Output-Tabelle: Input-output table

INSEE: INSEE

Institut für industrielle Entwicklung (IDI): Institute for Industrial Development (IDI)

Institution: Institution

Institutionalismus: Institutionalism

Institutionelle Investoren: Institutional investors

Intelligenz, künstliche (KI): Artificial intelligence (AI)

Interessengemeinschaft (IG): Community of interests

Intermediärer Verbrauch/Vorleistungen (Volkswirtschaft): Purchased materials and services

Internationale Bank für Wiederaufbau und Entwicklung (IBRD): International Bank for Reconstruction and Development (IBRD)

Internationale Bank für wirtschaftliche Zusammenarbeit (IBWZ): International Bank for Economic Cooperation (IBEC)

Internationale Entwicklungsorganisation (IDA): International Development Association (IDA)

Internationale Finanz Corporation (IFC): International Finance Corporation (IFC)

Internationale Handelskammer (IHK): International Chamber of Commerce

Internationale Investitionsbank (IIB): International Investment Bank (IIB)

Internationale Liquidität: International liquidity

internationaler Handelsausschuß (U.S.A.): International Trade Commission

internationaler Handelsbeauftragter, Wirtschaftsministerium (U.S.A.): International Trade Administrator, Department of Commerce

internationaler Handelsermöglichungsausschuß: International Trade Facilitation Council

internationaler Luftverkehrsverband: International Air Transport Association

Internationaler Währungsfonds (IWF): International Monetary Fund (IMF)

internationales Computernetzwerk für Im- und Export: GLOBAL TRADE TALK

Internationales Handelsgericht: Court of International Trade

Internationale Seefahrtsorganisation: International Maritime Organization

internationales Verkehrsmittel: International Instrument of Traffic

Internationales Währungssystem: International monetary system

internationale Waffenhandelsrichtlinien: International Traffic in Arms Regulations

internationale zivile Luftfahrt Organisation: International Civil Aviation Organization

Interpolation: Interpolation

Interpreter: Interpreter

Intervention, Interventionismus: Intervention, interventionism

Investition: Investment

Investition (volkswirtschaftliche Gesamtrechnung): Investment (national accounting)

Investmentclub: Investment club

Investmentfonds: Investmentfund

Siehe Anlagefonds.

Investmentfonds, geschlossener: Investmentfund, closed-end

Siehe Anlagefonds, geschlossener.

Investmentfonds, offener: Investment fund, open-ended/unit trust (GB)/Mutual fund (US)

Siehe Anlagefonds, offener.

ISAM: ISAM

israelisches Freihandelsabkommen: Israel Free Trade Agreement

IWF: IMF

Siehe Internationaler Währungsfonds.

J

Jouissance: Start of interest entitlement

Journal: Journal

juristisches Informationsaustausch System (U.S.A.): Legal Exchange Information System

K

Kanadisch-Karibische Initiative: Canadian-Caribbean Basin Initiative

Kapital: principal/capital

Kapitalanlagegesellschaft: Capital investment company

Kapitalerhöhung aus Gesellschaftsmitteln: Capital increase out of retained earnings

Kapitalherabsetzung: Capital reduction

Kapitalisierung (Versicherung): Capitalization (insurance)

Kapitalisierungszinsfuß: Net present value interest rate

Siehe Kapitalwertmethode.

Kapitalismus: Capitalism

Kapitalist: Capitalist

Kapitalverkehrsbilanz: Balance of capital transactions/Capital account

Kapitalversicherung auf den Erlebensfall: Endowment insurance

Kapitalwert: Net present value

Kapitalwertmethode: Net present value method

Karibische Initiative: Caribbean Basin Initiative

Karibischer Gemeinschaftsmarkt: Caribbean Common Market

Karibisches Wirtschaftswiederbelebungsgesetz: Caribbean Basin Economic Recovery Act

Kartell: Cartel

Kartellabsprache: Cartel agreement

Kassageschäft/Komptantgeschäft: Spot transaction

Kasse: Cash-box

Kassenbestand: Cash in hand

Kassenführung: Cash management

Kassenobligation/Kassenschein: Bank issued medium-term note

Kauf: Purchase

Kaufkraft: Purchasing power

Kennedy-Runde: Kennedy Round

Kennzahl: Index

Kennzahl/Verhältniszahl: Ratio

Kettenraddrucker: Chain printer

Keynessche Theorie: Keynesian theory

KI: AI

Kibbuz: Kibbuz

Kingsche Regel: King s principle

Klassenkampf: class warfare

Klassisch/Klassiker: Classical/Classic

Knappheit: Scarcity

Koalition: Coalition

Kolchose: Kolchoz

Kollektivierung: Collectivization

Kollektivismus: Collectivism

Kolonialismus: Colonialism

Kolonisierung: Colonization

Kombinat: Combinat

Kommanditgesellschaft: Limited partnership

Kommunikationssoftware: Communications software

Kommunismus: communism

Kommunist: Communist

Kompatibilität/Verträglichkeit: Compatibility

Kompensationsabkommen: Offsetting agreements

Kompilierer: Compiler siehe Compiler.

Komptantgeschäft: Spot transaction Siehe Kassageschäfte-

Konferenz der Vereinten Nationen über Handel und Entwicklung: United Nations Conference on Trade and Development

Konfidenzintervall: Confidence interval Siehe Vertrauensbereich.

Konjunktur: Conjuncture

Konjunkturabgabe: Tax on cyclical increase

Konjunkturbarometer: Economic barometer

Konjunkturzyklus: economic cycle

Konkurrenz/Wettbewerb: competition

Konkurs: Bankruptcy

Konkursgläubiger, bevorrechtigter: Preferred creditor

Konkursgläubiger, nicht bevorrechtigter: Ordinary creditor/Nonpreferred creditor

Konkursverfahren: Bankruptcy proceedings

Konkursverwalter/Liquidator: Bankruptcy trustee

Konnossement: Bill of lading

Konnossementsantenschein/Konnossements Teilschein: Delivery order

Konsignation: Consignment

Konsolidiertes Konto: Consolidated account

Konsolidierung: Consolidation

Konsortialkredit: Syndicated loan

Konsortium: Syndicate/Consortium Siehe Syndikat.

Konsum: Consumption

Konsument: Consumer Siehe Verbraucher.

Konsumerismus: Consumerism

Konsumforschung: Consumer research

Konsumkredit: Consumer credit

konstruierter Wert: Constructed Value

Kontenplan, allgemeiner: Chart of accounts

Kontenrahmen, volkswirtschaftlicher: System of accounts

Kontingent: Quota

Kontingenz: Contingency

Kontokorrent: Current account

Kontokorrentkredit: Overdraft/Current account credit

Kontostand: Balance of an account

Konversion: Conversion

Konvertibilität/Konvertierbark eit: Convertibility

Konzentration: Concentration

Konzern: Group (of affiliated companies)

Konzertierte Aktion: Concerted economic action

Koordinationsausschuß für multilaterale Exportkontrollen (U.S.A.): Coordinating Committee for Multilateral Export Controls

Koordinationsausschuß für nordamerikanische Angelegenheiten (U.S.A.): Coordination Council for North American Affairs

Korrektur des Haushaltsentwurfs: Adjustment of the draft budget

Korrelation: Correlation

Kosten: Costs

Kostenarten: Categories of costs

Kosten-Nutzen-Analyse: Cost-benefit analysis

Kostenstelle: Cost centre

Kostenträger: Cost unit

Kovarianz: Covariance

Kredit: Credit

Kredit, aufgeschobener: Deferred credit

Kreditbrief: Letter of credit

Krediteröffnung: Credit opening

Kreditgenossenschaft: Credit cooperative/credit union

Kreditinstitute: Credit institutions

Kreditkarte: Credit card

Kreditrestriktionen: Credit restrictions

Kredit- und Banküberwachungsausschuß: National Commission for Credit and Bank Supervision

Kreditüberwachungszentrale: Central credit surveillance

Kreditversicherung: credit insurance

Kreditvolumen: Lending volume

Kreditvolumen, beanspruchtes: Outstanding credits

Kreis Glynn, Georgia, U.S.A. (Sitz der *FLECTC*: Glynn County, Georgia (Home of FLECTC)

Harmonized Tariff

kumulativ: Cumulative

Kupon: Coupon

Kurs: Rate/Quotation

Kursavance: Appreciation

Kurs-Gewinn-Verhältnis (KGV)/Price-Earnings Ratio (P/E): Price-earnings ratio (P/E)

Kurspflege: Price support

Kursvolatilität: Price volatility

Kurve: Curve

Kurzfristig realisierbare Aktiva: Short-term realizable assets

L

Ladungsmanifest: Manifest

Lager: Stock/Inventory

Lagercodes für Einfuhrgüter (U.S.A.): Holding Codes for Import Entries

Lagerhausabzug für Ausfuhr: Warehouse Withdrawal for Export

Lagerhausabzug zum sofortige Transport: Warehouse Withdrawal for Immediate Transportation

Lagerhausabzug zum sofortige Transport und Export: Warehouse Withdrawal for Transportation and Exportation

Lagerschein: Warrant

Landwirtschaftsministerium (U.S.A.): U.S. Department of Agriculture

langfristige Entwicklung: Long-term development

langfristiges Textilabkommen: Long Term Agreement on Textiles

Laserdrucker: Laser printer

Lastschriftanzeige: Debit advice

Lastschriftverfahren: Direct debiting

Lateinamerika Zentrum/Karibisches Wirtschaftsentwicklugszentru m, U.S. Handelsministerium (U.S.A.): Center Latin America/Carribean Business Development Center, U.S. Department of Commerce

Laufkundschaft: Occasional customers

LCD: LCD

Siehe Flüssigkristallanzeige.

Lead Manager : Lead manager

Leasing: Leasing

Lebensdauer: Life span

Lebenserwartung: Life expectancy

Lebensmittelsicherheitsdienst, Lebensmittel und Drogen Behörde(U.S.A.) : Food Safety Inspection Service, Food and Drug Administration

Lebensmittel und Drogen (Medikamente) Behörde (U.S.A.): Food and Drug Administration

Lebensstandard: Standard of living

Leihe: Loan

Leistungsbilanz/Ertragsbilanz: Current account

Leninismus: Leninism

Liberalisierung: Liberalization

Liberalismus: Liberalism

Lieberierung (des Kapitals, einer Aktie): Payment in (of capital, of stock)

LIBOR (London Interbank Offered Rate): LIBOR (London Interbank Offered Rate)

Lichtgriffel: Light pen

Lieferantenkredit: Trade credit

Liefermengenbestätigung: Landed Quantity Verification

lineare Programmierung: Linear programming

Linearitätskoeffizient: Linear coefficient

Liquidation: Liquidation

Liquidationsgewinn: Winding-up profit

Liquidator: Liquidator

Siehe Abwickler und Konkursverwalter.

Liquidität: Liquidity

Liquiditätsengpaß: Liquidity squeeze

Liquiditätsgrade: Liquidity ratios

Liquiditätskoeffizient: Working capital ratio

Lizenz: Licence/Permit

Siehe Bewilligung.

Lochkartenleser: Card reader

Lohn/Gehalt: Wage/Salary

Lohnskala, gleitende: Sliding wage scale

Lohnsumme: Payroll/wage bill

Lombardkredit: Lombard loan (GB)/Collateral loan (USA)

Lombardsatz: Rate for advances against collateral

Loro/Vostro: Loro

Los Angeles Betäubungsmittelauffindungs- und Abwehrgruppe (U.S.A.): Los Angeles Narcotics Detection and Interdiction Team

Lücke: Gap

M

M1: M1

M2: M2

M3: M3

Magnetband: Magnetic tape

Magnetbandkassette: Strearner tape

Magnetplattenspeicher: Disk memory

Mainframe: Mainframe

Makler: Broker

Maklergebühr: Brokerage

Siehe Courtage.

Makroökonomie: Macroeconomics

Malthusianismus: Malthusianism

Management und Etat Ministerium (U.S.A.): Office of Management & Budget

Mangelsituation: Shortage

Marge: Trade margin/Price margin

Siehe Handelsspanne.

Marginal: Marginal

Mark: Mark

Marke: Counter

Marke (eingetragene)/Handelsmarke : Trademark

Marketing: Marketing

Markt, flüssiger: Fluid market

Markt, zähflüssiger: Viscous market

Marshallplan: Marshall Plan

Marxismus: Marxism

Maschinenprogramm: Object code

Maschinensprache: Machine language

Materialbezugsschein: Delivering slip

Materialbilanz: Materials input-output statement

Materialprodukt: Material product

Matrixdrucker: Dot-matrix printer

Maus: Mouse

Median (Zentralwert): Median

meist begünstigte Nation: Most Favored Nation

Mehrheit: Controlling block

Mehrheitsbeteiligung: Majority interest/controlling interest

Mehrplatzsystem: Multi-user system

Mehrwertsteuer (MwSt): Value added tax (VAT)

Meistbegünstigungsklausel: Most-favoured-nation clause

Merkantilismus: Mercantilism

Merkmal: Characteristic

Methode der kleinsten Quadrate: Method of least squares

Mexikanisches Sonderabkommen: Mexico Special Regime

Mietnebenkosten: Incidental rental expenses

Mietvertrag: Tenancy agreement/Rental contract

Mikroökonomie: Microeconomics

Mikroökonomische Entscheidung: Microeconomic decision

Mikroprozessor: Microprocessor

Mindestbestand/Mindestein-deckung: Inventory reserve/inventory safety stock

Mindestlohn: Minimum wage

Mischkonzern: Conglomerate

Mitbestimmung: Codetermination

Mitbeteiligung: Participation of employees/Copartnership

Mittel: Mean

Mobilisierung: Mobilization

Modell: Model

Modem: Modem

Modus: Mode

Moment: Moment

monetäre Basis: Monetary base

Monetarismus: Monetarism

Monometallismus: Monometallism

Monopol/Nachfragemonopol: Monopoly

Monopson/Angebotsmonopol: Monopsony

Moratorium: Moratorium

Motorschiff: motor vessel

MS-DOS: MS-DOS

Siehe Betriebssystem.

multilaterale Handelsverhandlungen: Multilateral Trade Negotiations

Multilateralismus: Multilateralism

Multinationale Gesellschaft/Multinationales Unternehmen: Multinational company

Multiplikator: Multiplier

Mündelsichere Wertpapiere: Trustee securities

Münzfuß: Monetary standard Siehe Währungsstandard.

Münzprägung: Coinage

Münzverschlechterung: Debasement

Muttergesellschaft: Parent company

MwSt: VAT Siehe Mehrwertsteuer.

N

Nachfrage: Demand

Nachfragemonopol: Monopoly Siehe Monopol.

Nachtragskredit: Supplementary credit

Namenszertifikat: Registered security

Nationalbank, Österreichische: National Bank of Austria

Nationalbank, Schweizerische: National Bank of Switzerland

nationale Archiv und Dokumentenbehörde (U.S.A.): National Archives and Records Administration

nationale Bekleidungs- und Textilvereinigung (U.S.A.): National Apparel and Textile Association

nationaler Ausschuß für Drogenbekämpfungspolitik (U.S.A.): National Drug Enforcement Policy Board

nationaler Einfuhrspezialist (U.S.A.): National Import Specialist

nationaler Einfuhrspezialistenassistent (U.S.A.): National Import Specialist Assistant

nationaler Einfuhrspezialisten Warentraining (U.S.A.): National Import Specialist Commodity Training

nationaler Importspezialist im Außendienst (U.S.A.): Field National Import Specialist

Nationaler Verband der Zollmakler und Spediteure Amerikas: National Customs Brokers and Forwarders Association of America

nationale Straßenverkehrssicherheitsbeh örde, Verkehrsministerium (U.S.A.): National Highway Traffic Safety Administration, Department of Transportation

nationales Verbrechensinformations Zentrum (FBI) (U.S.A.): National Crime Information Center (FBI)

nationales Warenproben Informationssystem (U.S.A.): National Commodity Sampling Information System

National Grange: National Grange

nationale Buchführung: National accounting

Naturalleistung: Payment in kind

Negativklausel: Pari passu (clause)
Siehe Pari passu.

Neigung: Tendency

Netzwerk: Network

Neubewertung: Reevaluation

neuindustrialisierte Länder: Newly Industrialized Country

New Deal: New Deal

Nichterfüllung: Nonfulfilment

Nichmetallwährung: Nonmetallic standard

nicht schiffsbetreibende allgemeine Spediteure: Nonvessel Operating Common Carrier

Nicht-Zweckgebundenheit der Einnahmen: Non-appropriation of revenues

Nießbrauch: Usufructuary right

Nomenklatur/Schema: Nomenclature

Nordamerikanisches Freihandelsabkommen: North American Free Trade Agreement

normale Briefpost (U.S.A.): Letter Class Mail

Normalverteilung/Gauss-Verteilung: Normal distribution

Normung: Standardization

Nostro: Nostro

Notierung (Börse): Offtcial quotation (stock exchange)

nördlicher Grenzmakler Verband (U.S.A.): Northern Border Brokers Association

numerisch: Numeric

Nutzschwelle: Breakeven point
Siehe Gewinnschwelle.

O

oberste Finanzaufsichtsbehörde: Supervisory Office of Public Finance

objektorientiertes Management: Management by Objectives

Obligation/Schuldverschreibung: Bond

Obligo: Commitment

Obsoleszenz: Obsolescence

OCR: OCR

OECD: OECD
Siehe Organisation für wirtschaftliche Zusammenarbeit und Entwicklung.

OEEC: OEEC
Siehe Organisation für europäische wirtschaftfiche Zusammenarbeit.

Offshore Bank: Offshore bank

Offenmarktoperationen: Open market

Öffentliche Unternehmen: Government-owned enterprise

öffentliches Kaufangebot: Takeover bid

Öffentlichkeitsarbeit: Public relations

Ökologie: Ecology

Ökonometrie: Econometrics

Oligopol: Oligopoly

Oligopson: Oligopsony

Ophelimität: ophelimity

Optimum: Optimum

Option: Option

Optionenbörse: Options exchange
Auf den Handel mit Optionen spezialisierte Börse.

Optionsanleihe: Warrant issue

Optionsprämie: Premium
Siehe Option.

Organisation der internationalen Kriminalpolizei: International Criminal Police Organization

Organisation für europäische wirtschaftliche Zusammenarbeit (OEEC): Organization for European Economic Cooperation (OEEC)

Organisation für wirtschaftliche Zusammenarbeit und Entwicklung (OECD): Organization for Economic Cooperation and Development (OECD)

Organlehre: Organistic theory

P

Pacht: Lease

Papier: Paper

Pari: Par

Pari passu/Negativklausel: Pari Passu (clause)

Parität: Parity

Parkett: Floor

Partizipationsdarlehen: Participating loan

PASCAL: PASCAL

Siehe Programmiersprache.

Passagieranalysegruppe (U.S.A.): Passenger Analysis Team

Passagiernamensakte: Passenger Name Record

Passiva/Passiven: Liabilities

Patent: Patent

Patentgebühren: Trade tax

Siehe Gewerbesteuern.

Pauschalbesteuerung: Lump-sum taxation

Pauschalgewinn: Lump-sum gain

Pensionen: Annuity

Siehe Renten.

Pensionsgeschäft: Security pension transaction

P/E (Price-Earnings Ratio): Siehe Kurs-Gewinn-Verhältnis.

Peripheriegeräte: Peripheral equipment/Peripheral devices

permanenter technischer Ausschuß des Zollkooperationsausschsses: Permanent Technical Committee of the Customs Cooperations Council

Personalfluktuation: Labour turnover

Petrodollars: Petrodollars

Pfand: Pledge

Pfandbrief: Mortgage bond

Pfund: Pound

PL/1: PL/I

Siehe Programmiersprache.

Plafond: Ceiling

Plan: Plan

Planung: Planning

Planungstendenz: Planning tendency

Plotter: Plotter

Poisson-Verteilung: Poisson distribution

Pool: Pool

Preferenzen: Preferences

Prämie (Börse): Premium (stock exchange)

präsidiale Anordnung/Oberbefehl (U.S.A.): Executive Order

Preis: Price

Prime Rate: Prime rate

Prinzip der Unveränderlichkeit des Kapitals: Principle of constant equity

Produktion: Production

Produktionskosten: Cost of Production

Produktionsunternehmen: Manufacturing entity

Produktivität: Productivity

Produktivitätsfortschritt: Productivity gain

Prognose: Forecast

Programm: Program

Programm (EDV): Program (EDP)

Programmiersprache: Programming language

Progression: Progression

Projekt: Project

Protektionismus: Protectionism

Protest: Protest

provisorische Ausgabenermächtigung: Right of provisional expenditure

Prozessanalysestab: Operational Analysis Staffs

Puffer: Buffer

Put: Put
Siehe Option.

Q

Qualitätssiegel: Seal of quality

Quantitätstheorie: Quantity theory of money

Quasigeld: Quasi-money

Quellenprogramm: Source code

Quellensteuer: Tax at source

Quote: Quota

R

Rabatt: Discount/Rebate

RAM: RAM

Rat für gegenseitige Wirtschaftshilfe (COMECON/RGW): Council for Mutual Econonic Aid (COMECON)

Rationierung: Rationing

Raumordnungspolitik: Urban and regional policy

Realaustauschverhältnis: Term of trade

Siehe Terms of trade.

Rechner, elektronischer: Computer

Siehe Computer.

Rechnung/Faktura: Invoice

Rechnung, laufende: Current account

Rechnungshof: National audit office

Rechnungsjahr/Geschäftsjahr: Fiscal year

Rechnunsprüfer/Wirtschaftsprüfer: Auditor/Chartered accountant/Certified public accountant

Rediskontierung: Rediscounting

Refinanzierung: Refinancing

Refinanzierung des Aktivgeschäfts: Refinancing of lendings

Reflationspolitik: Reflation policy

Regionalausschußmitglied: Regional Commissioner(s)

Regionaldirektor, Handelsaktivitäten (U.S.A.): Regional Director, Commercial Operations

Regionaldirektor, Inspektion & Kontrolle (U.S.A.): Regional Director, Inspection & Control

Regionaldirektor, Revision (U.S.A.): Regional Director, Regulatory Audit

Reinvermögen: Net assets

Rendite, effektive: Yield

Rentabilität: profitability

Rente: Economic rent

Renten/Pensionen: Annuity/Retirement penston

Reproduktionsziffer: Reproduction ratio

Reserven: Reserves

Siehe Rücklagen.

residierender verantwortlicher Vertreter/Agent: Resident Agent-in-Charge

residierender Vertreter/Agent: Resident Agent

Ressourcen: Resources

Revisionsstelle (U.S.A.): Office of Regulatory Audit

Revisionsstelle & Entscheidungen (U.S.A.): Office of Regulatory & Rulings

Revolvierender Kredit: Revolving credit

Rezession: Recession

RGW: COMECON

Siehe Rat für gegenseitige Wirtschaftshilfe.

Richtlinien: guidelines, regulations

Richtzinssatz/Basiszinssatz: prime rate

Ring/Börsenring: Ring

Risiko: Risk

Risikokapitalfinanzierung/Wagnisfinanzierung: Venture capital financing

Rollover-Kredit: Rollover credit

ROM: ROM

RPG: RPG

Siehe Programmiersprache.

Rückerstattung: Drawback

Rückkopplung: Feedback

Rücklagen/Reserven: Reserves

Rückstellung: Provision/Reserve

Rückversicherung: Reinsurance

Rückversicherungspolice, offene: Open cover

Rückzahlungsfaktor: Repayment ratio

S

Sachvermögen: non-financial assets

Saisonale Schwankung: seasonal variation

Saisonkredit: seasonal credit

Saldenlisten: List of balances

Saldo: Balance/Account balance

Sale-leaseback: Sale-leaseback

Schatzanweisung/Schatzschein/ Schatzwechsel: Treasury note/treasury bill

Schätzfunktion: Estimator

Schätztheorie: Estimation theory

Scheck/Check: Cheque (GB)/Check (US)

Scheck, bestätigter: Marked cheque (GB)lCertified check (US)

Scheckkonto: Current account (GB)/Checking account (US)

Scheidemünze: Low-value coin

Schema: Nomenclature

Siehe Nomenklatur.

Schiffidentifikationsnummer (U.S.A.): Hull Identification Number

Schleuderpreis: Give-away price

Schleuderverkauf: Selling at give-away prices

Schneeballsystem: Snowball sales system

Schnittstelle: Interface

Schuld: Debt

Schuldverschreibung: Bond
Siehe Obligation.

Schutzmaßnahmen: Safeguard measures

schwarzer Freitag: Black Friday

Schwarzmarkt: Black market

Sektor: Sector

Sekundärwirkung: Repercussion

selbständig: self-employed

Selbständiger: self-employed

Selbstkosten: Cost price

Selbstverwaltung: Self-management

Selling Group: Selling group

Siedlung: Agglomeration

Silizium: Silicon

Simulation: simulation

SMIC: SMIC

sofortige Lieferung: immediate delivery

sofortiger Export von informellen Einfuhren (U.S.A.): Immediate Exportation of Informal Entry (as used)

sofortiger Transport: Immediate Transportation

Software: Software

Solawechsel/Eigenwechsel: Promissory note

Soll: Debit

Soll (Buchführung): Debit (accounting)

Sondereinheit für Hehlerei und Schmuggel (U.S.A.): Contraband Enforcement Team

Sonderhaushalt: Special budget
Siehe Zusatzbudget.

Sonderkonten der Staatskasse: Special treasury accounts

Sonderstelle für Betrugsangelegenheiten (U.S.A.): Commercial Fraud Enforcement **Center**

Sonderziehungsrecht (SZR): Special drawing rghts (SDR)
siehe SZR

Soziale Sicherung: Social security

Sozialhaushalt: Social budget

Sozialismus: Socialism

Sozialkosten: Social welfare expenditure

Sozialleistungen: Social security benefits

Sozialversicherung: Social insurance

Sozialversicherungsbeitrag: Social security contribution

Sparbuch: Savings Passbook
Siehe Sparheft.

Sparen: Savings

Sparheft/Sparbuch: Savings Passbook

Sparplan: Savings plan

Speichergerät: Storage device

Spekulation: Speculation

Sperrminorität: Blocking minority

spezifisch: Specific

Spitze: Fractional rights

Spread: Spread

Staat: Public sector

Staatsaufsicht: State supervision

Staatskasse: Treasury

Staatslotterie: National lottery

Stabilisierung: Stabilization

Stagflation: Stagflation

Stagnation: Stagnation

Stammeinlage: Participating share

Siehe Gesellschaftsanteil.

Stammkunden: Regular customers

Standardabweichung: Standard deviation

Standardverwahrensweise: Standard Operating Precedure

Standby Agreement: Standby Agreement

Ständestaat: Corporatism

Stapelverarbeitung: Batch processing

Statistik: Statistics

Statusgüter/Statussymbol: Status symbol

Stellage-Geschäft: Straddle/Put and call option

stellvertretender Ausschußregionalsekretär (U.S.A.): Deputy Assistant Regional Commissioner(s)

stellvertretender Ausschußregionalsekretär (Handlungen) (U.S.A.): Deputy Assistant Regional Commissioner(s) (Operations)

stellvertretener Ausschußsekretär (U.S.A.): Deputy Assistant Commissioner(s)

stellvertretender nationaler Importspezialist (U.S.A.): Deputy National Import Specialist

Sterbeziffer: Mortality ratio

Sterlingzone: Sterling zone

Steuer: Tax

Steuer auf Finanztransaktionen: Tax on financial transactions

Steuerabzug: Tax deduction

Steuerähnliche Abgaben: Parafiscal charges

Steuerausweichung: Tax avoidance

Steuerbescheid: Notice of tax assessment

Steuerdruck: Tax burden

Steuererlaß: Forgiveness of a tax

Steuererleichterung: Tax benefit

Steuerermäßigung: Tax reduction

Steuerfreibetrag: Tax allowance

Steuergrund: Taxable event

Steuerguthaben: Tax credit

Steuerhinterziehung: Tax fraud

Steuerliste: List of tax assessments

Steuerpauschale: Lump-sum tax

Steuerpflichtiger: *Bearer of tax* liability

Steuerrecht: Tax law

Steuersatz: Tax rate

Steuerstundung: Tax deferral

Steuervorabzug: Tax at source

Steuervorauszahlung: Tax prepayment

Steuerzahler: Payer of tax liability

Stichprobe: Sample

Stichprobenverfahren: Sampling method

Stiller Gesellschafter/Stiller Teilhaber: Dormant partner/sleeping partner

Streik: Strike

Streuungsindikator: Deviation

Strom: Flow

Subvention: Subsidy

Supermarkt: Supermarket

Swap: Swap

Syndikat: Consortium
Siehe Bankenkonsortium.

Syndikat/Konsortium: Syndicate/Consortium

System monatlicher Steuerzahlung: Monthly tax payment system

SZR (Sonderziehungsrecht): SDR (Special drawing rights)

T

Tabakmonopol: Tobacco monopoly

Tantieme: Director s bonus

Tarifgesetz: Tariff Act

Tariftabellen der Vereinigten Staaten: Tariff Schedules of the United States

Tariftabellen der Vereinigten Staaten, kommentiert: Tariff

Schedules of the United States Annotated

Tarifvertrag: Collective agreement

Tauschhandel: Barter

Technischer Koeffizient: Technical coefficient

Teilzahlungskredit: Installment credit

Tendenz/Langfristige Entwicklung: Tendency

Terminal: Terminal

Termingeschäft: Forward transaction

Terms of trade/Realaustauschverhältnis: Terms of trade

Test der automatisierten Kommuniation für internationale Postpak ete (U.S.A.): International Mail Parcel Automated Communications Test

Testverfahren: Theory of tests

Thesaurierung/Hortung: Hoarding

Tintenstrahldrucker: Ink-jet printer

Tochtergesellschaft: Subsidiary

tpi: tpi

Transaktion: Transaction

Transferzahlungen: Transfer payments

Transit: Transit

Transitluftfrachtmanifest: Transit Air Cargo Manifest

Transport und Ausfuhr: Transport and Exportation

Trassant/Aussteller: Drawer

Trassat/Bezogener: Drawee

Tratte: Draft

Tresorerie/Kassenführung: Cash management

Treuhand/Treuhänder: Trust/Trustee

Trust: Trust

Twist: Twist

Typenraddrucker: Daisy-wheel printer

Ü

Überbrückungskredit: Bridging loan

Überfluß: Abundance

übergeordneter Einfuhrspezialist (U.S.A.): Supervisory Import Specialist

Übernahme: Merger/Takeover

Übernahmeangebot: Takeover bid

Überschuß: Surplus

Übertragung: Transfer

Übertragungsbilanz/Bilanz der überwachender Zollsinspektor: Supervisory Customs Inspector

Überweisung: Remittance

übrige Welt: Abroad/Rest of the world

Siehe Ausland.

U

Umbuchung: Reclassification

Umlageverfahren: Pay-as-you-go basis (insurance)

Umlaufvermögen: Current assets

Umsatz: Turnover

Umverteilung: Redistribution

Umwelt: Environment

Umweltbelastungen: Environmental pollution

Umweltschutzbehörde (U.S.A.): Environmental Protection Agency

Unabhängigkeit, finanzielle: Financial autonomy

unentgeltlichen Übertragungen: Balance on transfer account

Ungedeckt: Uncovered

UNIX: UNIX

Siehe Betriebssystem.

Untergrenze: Floor

Unterkonsumption: Underconsumption

Unternehmen: Business enterprise/company

Unternehmen, volkswirtschaftliche Gesamtrechnung): Business sector (social accounting, GB/national accounting, US)

Unternehmensgruppe: Group of companies

Unternehmensspaltung: Split of a company

Unterprogramm: Subroutine

Untersuchungsgruppe im Ausland (U.S.A.): Extraterritorial Investigative Group

Urkunde: Deed

Ursprungszeugnis: Certificate of origin

Usanzen: Practices

U.S./Kanadisches
Freihandelsabkommen:
U.S./Canada Free Trade
Agreement

U.S
Konsumgütersicherheitsaussch
uß: U.S.Consumer Product
Safety Commission

V

Variable: Variable

Variable Kosten - Fixe Kosten:
Proportional costs - fixed costs

Siehe Fixe Kosten - Variable
Kosten.

variables Kapital: Variable
capital

Varianz: Variance

Variation: Variation

Venture capital/Wagniskapital:
Venture capital

Verabschiedete Mittel:
Appropriation

verallgemeinertes System der
verantwortlicher
Sondervertreter/-agent
(U.S.A.): Special Agent-in-
Charge

Vorzüge (U.S.A.): Generalized
System of Preferences

Verbindlichkeit: Liability

Verbraucher/Konsument:
Consumer

Verbraucherausschuß für
nationale

Betäubungsmittelauskünfte
(U.S.A.): National Narcotics
Intelligence Consumer
Committee

Verbrauchseinfuhr:
Consumption Entry

Verbrauchseintrag:
Consumption Entry

Verbrauchssteuer: Excise tax
Siehe Akzise.

Vereinigung der Hersteller von
Computer
Geschäftsausstattungen
(U.S.A.): Computer Business
Equipment Manufacturers
Association

Verfügbares Haushaltseinkommen: Disposable income of
households

Vergeltung: Retaliation

Vergleich: Composition

Vergleichsverfahren:
Composition proceedings

Verkaufsspanne: Trade
margin/Price margin

Siehe Handelsspanne.

Verkehrsministerium (U.S.A.): Department of Transportation

Vermarktung: Merchandising

Vermietung: Rental/Lease

Vermögen: Assets/Wealth

Verpfändung: Pledge

Verrechnung: Clearing

Siehe Aufrechnung.

Verrechnungsscheck: Crossed cheque (GB)/Deposit-only check (US)

Verringerung des Werts: Deprectation

Verschiebung: Slide

Verschuldungsfaktor: Debt factor

Verschuldungsgrad: Debt ratio

Versicherung: Insurance

Versicherungsleistung: Insurance benefits

Versicherungsmathematik: Actuarial theory/insurance mathematics

Siehe Finanzmathematik.

Versicherungsprämie: Insurance premium

Versicherungstechnische Rücklagen: Technical reserves (insurance)

Verstaatlichung: Nationalization

Verteidigungsvertrag Management Gebietsaktivitäten (U.S.A.): Defense Contract Management Area Operations

Verteilung: Distribution

Verteilung (Volkswirtschaftliche Gesamtrechnung): Distribution (social accounting, GB/national accounting, US)

Verteilungsfunktion: Cumulative distribution function/Distribution function

Verteilungskoeffizient: Input-output coefficient

Vertrauensbereich/Konfidenzin tervall: Confidence interval

Vertretbarkeit: Fungibility

Siehe Fungibilität.

Vertrieb/Absatz: Distribution

Verwaltung, öffentliche: Public adrninistration

Verwaltungsgesellschaft: Management company

Verwaltungsrat: Board of directors

Verwaltungsstrafe: Fine/Penalty

Verwendung: Employment

Verzerrung: Distortion

Vessel Supply Immediate Export :

Vessel Supply Transportation and Exportation :

Vessel Violation Profile System :

Vize-Ausschußmitglied:
Assistant Commissioner(s)

Volksbanken: Mutual banks

Volkseinkommen: National income

Volksvermögen: National wealth

Volkswirtschaftliche Gesamtrechnung: Social accounting (GB)/national accounting (US)

Volkswirtschaftliches Gesamtrechnungssystem der Vereinten Nationen (SNA): System of National Accounts of the United Natrons (SNA)

Volkswirtschaftslehre: Economics

Vorfinanzierung: Advance financing

Vorleistungen (Volkswirtschaft): Purchased materials and services
Siehe Intermediärer Verbrauch.

Vorrangiges Durchführungsprogramm: Execution program for priority operations

Vorräte, betriebliche: Inventory

Vorschuß: Advance

Vorstand: Management

Vortrag auf neue Rechnung: Balance carried forward

Vorübergehende Einfuhr: Temporary admission

vorzeitiges Passagier Informationssystem: Advanced Passenger Information System

Vostro/Loro: Vostro
Siehe Loro.

W

Wachstum: Growth

Waffenexportkontrollgesetz (U.S.A.): Arms Export Control Act

Wagnisfinanzierung: Venture capital financing
Siehe Risikokapitalfinanzierung.

Wagniskapital: Venture Capital
Siehe Venture capital.

Wagniskapitalgesellschaft: Venture capital financing company

Wahrscheinlichkeitsrechnung: Calculation of probability

Wandelanleihe/Wandelobligation: Convertible bond

Wandelprämie: Conversion premium

Wandelpreis: Conversion price

Warenbearbeitungsgebühr (U.S.A.): Merchandise Processing Fee

Warenkontrolliste (U.S.A.): Commodity Control List

Warenkredit (oder Lieferantenkredit): Commercial credit (or supplier credit)

Warenprüfungsgruppe: Merchandise Examination Team

Waren- und Dienstleistungsbilanz: Balance of goods and services

Währungsgebiet: Currency zone

Währungsreserven: Monetary reserves

Währungsschlange: Currency snake

Währungsstandard/Münzfuß: Monetary standard

Wechsel: Bill of exchange

Wechselbürgschaft: Bill guarantee
Siehe Aval.

Wechselkurs: Rate of exchange

Wechselkurse, feste: Fixed exchange rates

Wechselkurse, flexible: Floating exchange rates

Wechselkursrisiko: Exchange risk

Wechselpension: Loan against pledged bill

Weltbank: World Bank

Werbung: Advertising

Wertgleichheit: Ad Valoreum Equivalent

Wertpapier: Security

Wertpapierbörse: Stock exchange

Wertpapiermakler: Stockbroker

Wertschöpfung: Value added

Wertsteigerung: Increase in value

Werttarifquote: Ad Valorem Tariff Rate

Wettbewerb: Competition
Siehe Konkurrenz.

wichtige Einfuhrberichte: Significant Importation Reports

Wiederbelebung/Wiederaufschwung: Economic recovery

Winchesterplatte: Winchester disk

Wirtschaft, gelenkte: Government-controlled economy
Siehe Dirigismus.

Wirtschaftlichkeit: Economic efficiency/operational efficiency

Wirtschaftsanalyse: Economic analysis

Wirtschaftsausschuß für Europa (Vereinte Nationen): Economic Commission for Europe (United Nations)

Wirtschaftsbeobachtungen: Economic observation

Wirtschaftseinheit/Wirtschafts-subjekt/Wirtschaftsteilnehmer: Economic unit

Wirtschaftskrise: Economic crisis

Wiftschaftslehre: Economic doctrine

Wirtschaftsmathematik: Economic mathematics

Wirtschaftsmechanismus: Economic mechanism

Wirtschaftsordnung: Economic system

siehe *Wirtschaftssystem*

Wirtschaftsprognose: Economic forecast

Wirtschaftsprüfer: Auditor/Chartered accountant/certified public accountant

Siehe Rechnungsprüfer.

Wirtschaftsstruktur: Economic structure

Wirtschaftssubjekt: Economic unit

Siehe Wirtschaftseinheit.

Wirtschaftssystem/Wirtschafts-ordnung: Economic system

Wirtschaftstätigkeit: Economic activity

Wirtschaftsteilnehmer: Economic unit

Siehe Wirtschaftseinheit.

Wirtschaftstheorie, angebotsorientierte: Supply-side economics

Wirtschaftswissenschaft: Economics

Wohnraumsteuer: Residence tax

Wucher: Usury

X Y Z

Zahlung: Payment

Zahlungsbestätigung: Receipt

Zahlungsbilanz: Balance of payments

Zahlungseinstellung: Suspension of payments

Zahlungsfähigkeit: Solvency/Debt paying ability

Zehnerclub/Zehnergruppe: Club of Ten

Zeichner: underwriters

Zeitreihe: Time series

zeitweilige Einfuhrkaution (U.S.A.): Temporary Importation Bond

Zentralbank: Central bank

Zentraleinheit (CPU): Central processing unit (CPU)

zentralisierte Untersuchungsstationen (U.S.A.): Centralized Examination Stations

Zentralkasse für wirtschaftliche zusammenarbeit (CCCE): Bank for Economic Cooperation (CCCE)

Zentrum: Center (US)/Centre (GB)

Ziehung (Statistik): Sampling

Zins: Interest

Zinseszinsen: Compound interest

Zinssatz/Zinsfuß: Interest rate

Zinszuschuß: Interest rate subsidy

Zollager: Custom warehouse

Zollakademie der Vereinigten Staaten: U.S. Customs Academy

Zollbeamter im Außendienst (U.S.A.): Customs Patrol Officer

Zollbegleitschein/Bürgschaftsschein: Bond note

Zollbehörden[1]: Customs

Zollbehörden[2] (U.S.A.): U.S. Customs Service

Zolldeklarationsnachricht auf EDIFACT: Customs Declaration Message in EDIFACT

Zollentscheidung/Zollbeschluß: Customs Decision

Zollformular: Customs Form

zollfrei: duty free

Zollhandbuch: Customs Manual

Zollinspektor (U.S.A.): Customs Inspector

Zollkooperationsausschuß (U.S.A.): Customs Cooperation Council

Zollkooperationsausschußnomenklatur (U.S.A.): Customs Cooperations Council Nomenclature

Zollregel und Vorgehenshandbuch (U.S.A.): Customs Policy and Procedures Manual System

Zollstellungnahme auf EDIFACT: Customs Response Message in EDIFACT

Zolltarif: Customs tariff

Zolltarifierung: Customs classification

Zolltarifschema: Customs nomenclature

Zollunion: Customs union

Zollvorschriften: Customs regulations

Zollvorschriftenanhang (U.S.A.): Customs Regulations Appendix

Zollzuweisungssystem (U.S.A.): Customs Issuance System

Zufall: Random event

zufällig: Random/Aleatory

Zugriffszeit: Access time

Zusatzbudget/Sonderhaushalt:
Special budget

Zwangsabgaben: Compulsory
charges

Zweckbindung: Earmarking

**zwischenbehördlicher
Ausschuß zu
Zollkooperationsausschußangel
egenheit (U.S.A.):** Interagency
Committee on Customs
Cooperation Council Matters

**zwischenbehördlicher
Geheimdienstausschuß gegen
Terrorismus (U.S.A.):**
Interagency Intelligence
Committee on Terrorism

**zwischenbehördliches
Grenzpatrolsystem (U.S.A.):**
Interagency Border Inspection
System

VIKING SERIES: Börse und Terminhandel

Futures Broker Home Study Course

Series 3
Zweisprachige Ausgabe Englisch/Deutsch

Stichtag 1. Januar 1996

Die U.S. Börsenaufsichtsorgane (CFTC, NFA) verlangen schon
seit Jahren von jedem Broker die sogenannte Series III-
Prüfung. Jetzt wird diese Anforderung auch in Europa
gestellt. Die Prüfung der NASD kann auch hier in Deutschland
abgelegt werden, dabei ist dieser Vorbereitungslehrgang für
die National Commodity Futures Prüfung ein unentbehrlicher
Helfer. Der deutsche und englische Text wurde übersichtlich
nebeneinander angeordnet, das Werk umfaßt viele Prüfungs-
fragen zur Selbstkontrolle und ein ausführliches Glossar.

FUTURES BROKER HOME STUDY COURSE, Series 3,
ISBN 3-929521-05-9, 520 S., gebunden, DM 248,-- + NN/Versand

Das kleine Terminhandelsbuch

Eine Anleger-Schutzfibel
von Roland Kropf

Scheuen Sie sich, Ihr Geld an der Börse anzulegen, weil
Sie sich nicht auskennen? Haben Sie das Gefühl, daß Ihr
Broker nicht ganz aufrichtig ist?
Dann ist dieses Buch für Sie eine Pflichtlektüre!

DAS KLEINE TERMINHANDELSBUCH, Eine Anleger-Schutzfibel
ISBN 3-929521-14-8, 100 S., broschiert, DM 29,80 + NN/Versand

English for Brokers
Passing with Flying Colors
von Jens Borgwardt
Dieser Lehrgang vertieft bereits vorhandene Kenntnisse
und vermittelt wichtige Fachbegriffe. Eine unentbehrliche
Hilfe für den angehenden Börsenmakler bei der Vorbereitung
auf die Zulassungsprüfung für den U.S.-Börsenhandel.

ENGLISH FOR BROKERS, Passing with Flying Colors
ISBN 3-929521-15-6, 100 S., broschiert, DM 29,80 + NN/Versand

Erfolg im Terminhandel - How to sell Futures
von John Walsh
Übersetzung ins Deutsche: Jens Borgwardt

Von mehr als 2000 Beratern in den USA haben 40% das Gelernte
aus diesem Kurs umgesetzt und dabei für 20 von 100
potentiellen Kunden ein Konto mit einem durchschnittlichen
Kontoeröffnungsbetrag von $ 22.500 eröffnet.

ERFOLG IM TERMINHANDEL, How to sell Futures
ISBN 3-929521-13-X, 300 S., gebunden, DM 198,-- + NN/Versand

Viking Verlag, Andrea Albrecht, Hauptstr. 55, 25799 Wrohm
Tel: 04802 - 1284 Fax: 04802 - 1283